民主人士北上在辽宁

文史资料汇编

辽宁省政协文化和文史资料委员会　编

北方联合出版传媒(集团)股份有限公司

万卷出版有限责任公司

图书在版编目（CIP）数据

民主人士北上在辽宁文史资料汇编 / 辽宁省政协文
化和文史资料委员会编. — 沈阳：万卷出版有限责任公
司，2023.12
  ISBN 978-7-5470-6441-2

  Ⅰ. ①民… Ⅱ. ①辽… Ⅲ. ①爱国民主人士—生平事
迹—辽宁—1948-1949 Ⅳ.①K820.831
  中国国家版本馆CIP数据核字（2023）第246107号

出 品 人：王维良
出版发行：北方联合出版传媒（集团）股份有限公司
　　　　　万卷出版有限责任公司
　　　　　（地址：沈阳市和平区十一纬路29号　邮编：110003）
印 刷 者：辽宁新华印务有限公司
经 销 者：全国新华书店
幅面尺寸：170mm×240mm
字　　数：580千字
印　　张：39.5
出版时间：2023年12月第1版
印刷时间：2023年12月第1次印刷
责任编辑：王雨晴
责任校对：刘　洋
装帧设计：张　莹
ISBN 978-7-5470-6441-2
定　　价：198.00元
联系电话：024-23284090
传　　真：024-23284448

编 委 会

序：讲好百年党史中的辽宁故事

辽宁省政协主席、党组书记　周　波

　　今年是全面贯彻落实中共二十大精神的开局之年，也是中共中央"五一口号"发布75周年。在这样一个重要时间节点，重温"五一口号"，回顾中国共产党领导下多党合作的光辉历程，展望以中国式现代化全面推进中华民族伟大复兴的美好前景，意义十分重大。

　　1948年4月30日，中共中央发布纪念五一国际劳动节的"五一口号"，揭开了中国共产党同各党派、各团体、各族各界人士协商建立新中国的序幕，使政治协商这一政党合作机制重新焕发出生机和活力。为回应中国共产党的政治主张，一大批在香港的民主人士，在中共中央的周密部署和精心安排下，毅然冲破国民党当局的束缚和阻碍，踏上北上东北解放区的航程。李济深、沈钧儒、马叙伦、郭沫若等前三批民主人士，带着对成立新政协和建立新中国的满腔热忱在沈阳会合。1949年1月22日，在沈阳的34位民主人士和到达华北解放区的21位民主人士联名发表《我们对于时局的意见》，一致认定中共提出的关于召开政治协商会议、成立联合政府的主张"符合于全国人民大众的要求"，恳切表示"愿在中国引导下，献其绵薄，共策进步，以期中国人民革命迅速行动，独立、自由、和平、幸福的新中国早日实现"。这个政治声明表明，中国各民主党派和无党派民主人士自愿地接受了中国共产党的领导，决心走人民革命的道路，拥护建立人民民主的新中国。辽宁也成为民主人士北上的重要驻足地和历史见证地。

"五一口号"是中国共产党建立新中国的宣言书、动员书，也是新政协成立的开始。在中国共产党领导下的民主人士北上开展"新政协运动"，促进了人民民主统一战线的巩固和壮大，孕育了多党合作和政治协商制度的雏形，奠定了中国人民政治协商会议召开的基础，坚定了民主党派和无党派人士的道路选择。中国共产党携手各民主党派、无党派人士，把马克思主义政党理论与中国实际相结合，形成了中国共产党领导的多党合作和政治协商制度这一伟大的政治创造，为世界政党政治贡献了中国智慧。

习近平总书记指出："历史证明，中国共产党的百年奋斗史，包含着中国共产党和各民主党派肝胆相照、携手前进的同心奋斗史。"今天，我们对"五一口号"的最好纪念，就是要深入学习贯彻习近平新时代中国特色社会主义思想和中共二十大精神，深刻领悟"两个确立"的决定性意义，增强"四个意识"、坚定"四个自信"、做到"两个维护"，充分发挥我国新型政党制度的特色和优势，在全面建设社会主义现代化国家新征程上彰显多党合作的新作为新贡献。

民主人士北上是辽宁特殊的红色文化资源，是中国共产党统一战线理论和实践的经典范例，挖掘、研究、宣传民主人士北上，也是省政协倾力打造的文史品牌。近年来，文化和文史资料委员会认真查阅史料，积极联络、采访民主人士后代和相关专家学者，仔细核对史实，精心研究史料并和编辑了《民主人士北上在辽宁文史资料汇编》。本书以翔实可靠的史料、规范的文字体例，全面系统地记述了民主人士北上在辽宁筹备新政协的历史。本书的出版对于我们发掘民主人士北上在辽宁的历史，厘清一些重大历史脉络，努力讲好百年党史中的政协故事、辽宁故事，都将发挥重要作用。

不忘初心，方得始终；知所从来，方明所往。今天的我们，更当不负盛世、大道同行，为全面贯彻落实中共二十大精神、奋力谱写中国式现代化辽宁新篇章做出新的更大贡献！

目 录

人物录

档案汇

附 录

史实篇

护送民主人士北上

吴学先

1948年1月31日，任弼时和周恩来致电罗青长转钱之光："华东局答应拨黄金五百两，东北局拨粮二千吨，运至香港出售后交许涤新作为特别费用。"许涤新当时在香港工委负责财经工作，中共此时正在酝酿一个更加伟大的新计划。

1948年4月30日，中共中央发布"五一"劳动节的口号，号召"各民主党派、各人民团体、各社会贤达迅速召开政治协商会议"。中央制定了一份77人名单。

5月5日，客居香港的各界民主党派的代表李济深、何香凝、沈钧儒、章伯钧、马叙伦、王绍鏊、陈其尤、彭泽民、李章达、蔡廷锴、谭平山、郭沫若等联名致电毛泽东并转解放区人民，表示拥护"五一口号"，愿通电国内外各界及海外侨胞，共同策进，完成大业。

1948年8月2日，周恩来致电在大连的钱之光：

以解放区救济总署特派员名义前往香港，会同方方、章汉夫、潘汉年、连贯、夏衍等，接送在港民主人士进入解放区参加筹备新政协。

随即，钱之光从朝鲜罗津上船，乘坐苏联货船"波尔塔瓦"号，载着东北大豆、猪鬃和土特产，还有一批黄金，驶抵香港。同行的还有祝华、徐德明、翻译陈兴华。

他们所带的黄金事先就缝在马甲里了，上船后把黄金藏在船长室里，苏联船长很友好。这些马甲都是大连中华贸易公司的同志们亲手缝的。钱之光走之前，中央派他的妻子刘昂从西柏坡赶到大连，接替钱之光管理大连站，此前她是董必武的秘书。

"波尔塔瓦"号抵达香港后，港英当局缉私快艇来回穿梭，海关部门照例上船进行检查。检查的时候，船上要升起不同颜色的旗子：黄色旗子代表的是"卫生检疫"，花色旗子代表的是"移民局"。他们检查的时候，外人不许上船。还有，苏联船长对"锚地"不熟悉，需要"领航员"来领航。为了安全起见，钱之光扮成锅炉工，烧火，身上全是煤灰，等海关人员走了以后才洗澡、换西装。杨琳、刘恕、袁超俊到船上迎接，而后钱之光住进刘恕家里。

当晚，华润分别致电朱德、周恩来和大连的刘昂，报告钱之光顺利抵达的消息。

此后，钱之光任华润公司董事长，杨琳任总经理，袁超俊任业务部主任，刘恕任会计部主任。大家称钱之光为"简老板"。

钱之光到香港后，新的任务也随之来到华润：一方面，华润要通过与东北局的贸易活动，支援国内的解放战争；另一方面，华润还要把避居香港的民主人士护送到东北解放区，筹备召开新的政治协商会议，为建立新中国做准备。

先说经济任务。

一船接一船的货物从东北运到香港，华润员工有一批人负责出售这些货，同时，还有一批人负责采购内地所需物资。这样，两批人就形成了"进口"和"出口"的格局，在此基础上很快形成了进口部、出口部、储运部、财会部、秘书部。

采购量太大了，香港的商家、工厂，都在为华润赶制产品。华润买鞋子，一买就是成千上万双，都是给前线的解放军战士买的。买布匹，都是一卡车一卡车地买。

香港不产棉花，华润先是通过香港的洋行代理进口，了解市场情况，然后派出了自己的人，长期住在印度、巴基斯坦，专门进口棉花。这些人就成了棉花专家，一看棉绒就知道是什么等级。

此外，西药、轮胎、纸张、电信器材等是每次都要运的，大多从英国、美国进口。华润不断地订货，存在货仓里，有船就运走。

抗战时期与杨琳交朋友的那个尹先生，多年来一直与华润做生意。一次，袁超俊和尹先生谈购买真空管的事，钱之光在一边听，袁超俊介绍说"这位是简老板"，并把"简"字写给他看，尹先生看了字后用粤语说："原来是简先生，幸会。"

钱之光感受到学粤语的重要性，他要求大家一定要学好粤语。

再说政治任务。

钱之光、杨琳、刘恕、袁超俊等华润领导和香港中共地下党组织香港工委开始着手编制在香港的民主人士名单，并筹划如何把散居在香港不同地点的几十位民主人士从家里接出来、送上船而又不会引起国民党特务的警觉，谁负责联系哪一个民主人士，如何应对可能发生的意外情况，同时，谁负责采购货物，谁负责装船等。此外还要勘察地形、设计出海线路。这是一项非常复杂的工作。

8月下旬，准备工作就绪，决定9月初起航。航线是：从香港北上，经台湾海峡，至朝鲜的罗津，再到哈尔滨。他们把方案报告给中共中央。

8月30日，周恩来、任弼时、李维汉联名致电华润公司董事长钱之光：同意组织一批民主人士搭乘华润所租的苏联货船前往朝鲜，但须注意绝对保密。

就在这个时候传来了一个不幸的消息：冯玉祥将军在从美国归国途中因轮船失火于9月1日不幸遇难。

为了确保民主人士的安全，大家一致认为，不能让这么多民主人士乘一条船，要改为分批回去。他们请示中央。9月7日，周恩来代表中共中央致电香港："民主人士乘苏轮北上事，望慎重处理。"并指示："不宜乘一轮，应改为分批前来，此次愈少愈好。"沈钧儒和蔡廷锴听说以后，毫不犹豫，愿第一批前往解放区。

钱之光和大家经过反复协商，最后决定，第一批先走四位：蔡廷锴、谭平山、章伯钧、沈钧儒，由香港工委的章汉夫护送。

"波尔塔瓦"号上装满了华润公司的货物，包括：医疗器械、机床、卷筒新闻纸、真空管、麻袋、轮胎、鞋子等，还有纺织用的棉纱、棉花，车用的零部件。主要商品还是西药。我们无法一一列举这些货物，3000吨的货轮满载。以上五位扮作押运货物的华润员工。他们每人拿着一份货物清单。这里边有一个潜在的危险，这五个人更像大老板，而不像货物押运员，很容易引起怀疑，最好给他们配备几个助手。可是，当时其他可靠的华润员工还走不开，因为后期护送民主人士和采购物资的任务，更加艰巨。

杨琳决定让自己的儿子和博古的儿子同船前往，当"老板们"的助手。两个孩子会讲粤语，年轻，像普通员工。杨琳（秦邦礼）的儿子秦福铨当时在香港读大学，19岁；博古（秦邦宪）的儿子秦钢高中刚毕业，18岁。秦钢一直由叔父杨琳抚养。

9月，大学刚刚开学。10日左右，杨琳告诉儿子秦福铨："不要上学了。"秦福铨问："为什么？"杨琳没回答，只是告诉儿子："不要出门，不能打电话告诉任何人。"

黄美娴默默地为两个孩子准备行装。

杨琳完全知道，这可能是一次充满危险的航行。我们的保密工作虽好，但是，此前为联系民主人士，参与的人还是不少。万一被国民党特务察觉了，在大海上，国民党的军舰、飞机随时都有可能采取行动。

深夜，杨琳拿起笔，写了一封信，写给他的老战友、老上级陈云同志。他们为了党的事业共同战斗了18年，如今，下一代接上来了，博古虽然牺牲了，博古的儿子秦钢开始投身革命事业了，还有自己的长子秦福铨。

1948年9月12日，辽沈战役爆发。

就在同一天，9月12日黄昏时分，钱之光登上"波尔塔瓦"号轮船。

深夜，袁超俊、刘恕陪同四位民主人士和章汉夫乘坐小汽艇驶向"波尔塔瓦"号，钱之光在船上迎接四位民主人士和章汉夫，并话别。之后，钱之光下船回公司。袁超俊和刘恕完成任务后，也回到公司。

9月13日清晨，杨琳把两个孩子叫醒，匆匆吃过早饭，拿起行装就下了楼，在九龙附近的一个码头上，两个孩子上了一条游艇，驶向鲤鱼门方向，游艇很快就停靠在"波尔塔瓦"号旁边。

一位姓马的工作人员把两个孩子带上船，然后交给了水手长。水手长是一个很年轻的苏联人。水手长带着他们两个走进他自己的房间，里面有一个上下铺，两个孩子就住在这里。

刚安顿好，杨琳坐着另一艘小船也来了。杨琳上船后，介绍两个孩子跟章汉夫、蔡廷锴、谭平山、章伯钧、沈钧儒等前辈认识。

杨琳还带来一些日常药品，交给章汉夫，让他们路上用。把四位民主人士和两个孩子安排好以后，杨琳与大家告别，随后，他把儿子叫出来，把写给陈云的信交给儿子，嘱咐一番，就下了船。秦福铨回忆说："爸爸转身离开的时候，心情很沉重的样子。"

杨琳随后走进船长室，用俄语向船长嘱咐了一番。

这里有一个问题：轮船究竟是白天还是夜晚开船？

我们读到一些传记文章，说运送民主人士是在晚上开船。在采访的过程中，我们反复询问：您确定开船的时间是白天吗？秦福铨很肯定。《风雨同舟》一书也证实了这一点。

由此推断：民主人士是在头一天的夜里秘密上船，这是为了防止国民党特务跟踪，国民党要破坏我党召开新政协会议的计划。而这条船和船上的货物、乘客都是合法的，轮船出海前，船上所装货物、所载的乘客都要"报关"，香港海关人员要上船检查。苏联船长还需要香港领航员领航。沈钧儒等装扮成押运员主要是为了瞒过香港方面的检查，几个人当中，有老板模样的长者，也有年轻的助手，轻易不会引起怀疑，到了海上，即使碰到缉私船，也没问题。

那时出海基本上是在近中午的时候，有时候会在下午，不是在晚上开船，也没必要，我们的船是合法的，有报关单、货单、保险单等各种合法手续。

船上的居住情况：沈钧儒住在大副的房间里，在楼上，大副就睡在沙发上，大副是苏联人，很友好。

章汉夫、蔡廷锴、谭平山、章伯钧住在一个房间里，是两个上下铺。他们经常坐在一起聊天。

吃饭的时候，他们五人加两个孩子一起吃，有时候船长和大副会来。他们边吃边聊天儿。

其实，船上还有另外一些人，祝华和徐德明也在船上，他们二人是真正的货物押运员。他们在船上单独起居，表面上不跟民主人士发生联系，只在暗中保护。这是形势所迫，政治任务和贸易任务分离，万一国民党军舰赶来，抓走了沈钧儒、章汉夫等民主人士和共产党员，还有他们两个在，船上的物资就不会受到影响。船是苏联的，货是运往朝鲜的，都是合法的。而且，船本身属于客货两用船，船上搭乘的是什么人，有没有共产党，苏联船长可以不负责任。

轮船在海上行驶了8天。有一天，美国的飞机飞到轮船上空侦察，飞机飞得很低，很久不肯离去，苏联船员拿出苏联国旗，在两个孩子的帮助下，把旗子铺在甲板上，飞机驾驶员看到苏联国旗，大概也拍了照片，就飞走了。

轮船驶过东海，在朝鲜与日本之间的朝鲜海峡遇到台风，台风很大，轮船在大海里摇摇晃晃。那一夜，华润公司参与此项工作的人员彻夜不眠。钱之光一直在住地的走廊里走来走去。西柏坡的中央领导也彻夜未眠，他们担心轮船的安全，一直等电报。据日本报纸记载，那次台风造成2000余人伤亡。

轮船在台风中航行了一夜，驶过朝鲜海峡就安全了。华润公司接到"波尔塔瓦"号平安的电报后，马上向中央作了汇报。那天，华润人特别高兴，他们完成了这样一个伟大的任务。为了表示庆祝，钱之光和杨琳决定：晚餐加一个红烧肉。

9月18日，中共中央致电东北局：派人到罗津港迎接。头一天正好是中秋节，团圆的气氛依然浓重，大家格外高兴。

9月21日，货船到达朝鲜的罗津。陈云等忙于辽沈战役，东北局派李富春、朱理治到港口迎接。之后一行人乘火车抵达哈尔滨，高岗、陈云等在火车站迎接。

10月3日，毛泽东、朱德、周恩来从西柏坡致电表示欢迎。

电文写道：

诸先生平安抵哈，极为欣慰。弟等正在邀请国内及海外华侨、各民主党派、各人民团体及无党派民主人士的代表人物来解放区，准备在明年适当时机举行政治协商会议。尚希随时指教，使会议准备工作臻于完善。

此时辽沈战役正如火如荼。

1948年9月12日，辽沈战役爆发，我军在前线获得了巨大的军事胜利。辽沈战役历时52天，歼敌47.2万余，东北全境解放。

1948年9月13日，第一批民主人士离开香港奔赴解放区，这标志着我党统战工作的巨大胜利，赢得的是人心所向。

9月12日与9月13日，这两个日子绝不仅仅是历史的巧合，它是我党一直坚持的"党的领导、武装斗争、统一战线"三大法宝的具体体现。

到达解放区，大家异常兴奋，蔡廷锴、谭平山、章伯钧、沈钧儒等很快就与中共中央取得了联系，开始研究《关于召开新的政治协商会议诸问题（草案）》，并建议中共中央带给还在香港的其他党派团体的负责人征求意见，并请他们早日北来。他们给中共中央的这条建议后经钱之光和香港工委传达给了在香港的其他民主人士，从而使处于犹豫中的部分人士打消了顾虑。

再说杨琳的两个孩子：到哈尔滨以后，他们把杨琳写给陈云的信交给了李富春的夫人蔡畅。

不久，陈云把孩子接到自己的办公室。陈云问秦福铨有什么打算。秦福铨说："我想参军。"当时我军在东北刚刚建立了一所航空学院，缺少有文化的学员，考虑到秦福铨是大学生，陈云批准他进入航空学院，成为我军第一代飞行员。秦钢年龄小，继续读书，他和延安来的一批孩子编成一个班，开始了大学生涯，李鹏当班长。他们之中很多是像秦钢一样的烈士子女。

第一批民主人士在香港"消失"后引起舆论界种种猜测，这给第二批运送计划带来许多麻烦。华润和香港工委负责同志都一再强调要"绝对保密"，护送工作不能出现任何差错。

1948年9月，辽沈战役还在进行中，解放战争的形势还没有产生决定性的变化，加上美国政府支持蒋介石，在这种情况下，一些中间人士还处于观望状态。

为了保证新政协会议的顺利召开，1948年9月，周恩来等拟定了一份77人的民主人士名单，电告华润：务必将他们安全地送回解放区。我们在档案馆找到了这份名单。

名单上的人有一些不在香港，他们还在内地，在上海、昆明、重庆、成都等国统区。比如许广平，还在上海。现在的任务是，要派人把他们接到香港。这些人的生活大多很清苦，请他们到香港来，他们很可能没有举家迁移的路费。

钱之光、杨琳等决定：派人回内地接应，并送路费。

徐景秋参加了这项工作。1948年秋季，她化装成少妇，提着一个皮手袋，里面放着首饰和钱，乘火车北上，先到桂林，再到重庆，又到成都。她把经费和行程计划交给当地的中共地下党，再由他们交给民主人士。

在当地中共地下党组织的配合下，民主人士陆续抵达香港，与华润或香港工委取得了联系。徐景秋记得，她联系了好几个人，当时大家都用化名。

徐景秋本是书香门第出身，父亲早年留学法国，搞铜板制造和枪支设计。徐景秋1939年与李应吉结婚，在川东地区以教师身份为掩护，从事地下工作。严酷的环境让她经历了太多苦难。1940年，他们的第一个孩子出世后不久就送给了老乡，他们夫妻二人秘密转到湖南。两年后，条件好转，她再回鄨都，寻找自己的孩子。在地下党的帮助下，她找到了当初收养孩子的那个老乡，孩子2岁了，刚会走，骨瘦如柴，正患痢疾，病情严重。谢过老乡后她把孩子带了回来，送进医院。战争时期，医院条件很差，传染病相互交叉感染，消毒也不彻底，孩子在医院里住了7天就死了。

徐景秋在华润是交通员和资料员，常出入于香港和深圳之间，送情报时，把情报藏在鞋子里，有时藏在发髻里。

鲁迅的夫人许广平和儿子周海婴也在这个时候被接到香港，谁负责接的，我们没能采访到，但可以肯定，是香港派人送去了经费。

苏联货轮"波尔塔瓦"号从东北再次返航，杨琳推算，待轮船到香港后，卸完货，第二批民主人士在11月上旬可以起航，大家开始分头通知民主人士，让他们做好准备。

可是，就在11月1日下午5时10分，意外发生了："波尔塔瓦"号轮船在香港鲤鱼门与一艘英国轮船相撞，船舱进水。

香港《华商报》1948年11月5日记载：

> 本月一日下午五时十分，英国太古轮船公司蓝烟通轮"沃米亚"号，在鲤鱼门海口与苏联货船"波尔德华"号（即"波尔塔瓦"）相撞，苏轮船尾撞毁沉下，货舱入水，货物浸湿，关于该两轮相撞事件，海事处奉港督命组织特别海事法庭，昨日开庭研究。

袁超俊负责打官司，他拍了好多照片，包括轮船及船上货物受损的照片，准备索赔。

他们很快意识到：这是一场旷日持久的官司，运送第二批民主人士的任务不能由这条船承担了。可是，"阿尔丹"号还在回去的海上，也等不及。

钱之光和杨琳等紧急决定：在香港就地租一条船。

王兆勋和林其英等负责租船。他们租了一艘800吨的小轮船，原名叫"华中"号，挂挪威国旗（该船后被我党领导的运通公司买下）。

第二批民主人士于11月23日起航，包括：郭沫若、翦伯赞、许广平和儿子周海婴、马叙伦、陈其尤、沈志远、丘哲、朱明生、许宝驹、侯外庐、曹孟君、韩练成、冯裕芳等。

华润的王华生负责货物押运。

香港工委的连贯负责陪同。

行程中，许广平一直为儿子周海婴织毛衣，郭沫若因此为周海婴题字："团团毛冷线，船头日夜编。北行日以远，线编日以短。化作身上衣，大雪失其寒。乃知慈母心，胜彼春晖暖。"附言中写道："1948年11月月杪，由香港乘华中轮北上，同行者十余人。广平大姊在舟中日夕为海婴织毛线衣，无一刻稍辍，急成之以备登陆时着用也。因成此章，书奉海婴世兄以为纪念。郭沫若，11月28日。"

11月2日辽沈战役已经结束，东北全境解放。大家在船上开联欢会，郭沫若、马叙伦、丘哲等还在船上写诗朗诵。

为缩短行程，轮船改在长山群岛抛锚，再用小船把人员运上岸，送到安东（今丹东）。东北局负责同志前往迎接，并陪同北上哈尔滨。

陈其尤（右一）等第二批北上民主人士在"华中"号货轮上

第二批民主人士离开香港以后，不仅国民党特务有所察觉，港英政府也有所察觉，港英政府官员以洽谈业务为名，来华润打听情况。

为了保证第三批运送工作顺利进行，华润公司和香港工委决定：利用圣诞节的机会起航。这次护送的民主人士有李济深、朱蕴山、梅龚彬、邓初民、章乃器、施复亮、彭泽民、茅盾、王绍鏊、柳亚子、马寅初、洪深、孙起孟、吴茂荪、李民欣。

因为李济深在其中，所以要格外小心。李济深是中国国民党革命委员会主席。当时，各派政治势力都在拉他，港英当局与他常有联系；美国驻香港的领事馆也在频繁地与他接触，美国希望通过他扶植国共以外的"第三种势力"；国民党特务对他盯得很紧。白崇禧还曾亲笔写信，企图与他合作。

1948年12月26日上午，钱之光、杨琳和香港工委安排李济深接受合众社记者采访。

记者问：听说明春将召开新政治协商会议，届时李将军将前往参加否？

李答：新政协现在积极筹备中，明春正式召开时，我是可能前往参加的。

李济深公开接受记者采访，做出当天根本不会离开香港的假象。26日晚上，他在中环半山罗便臣道的家里，与家人一起吃饭，家里的窗帘故意拉开，特务们可以看见他在家里，衣架上挂着他的衣服。港英政府在他家对面的楼里租了一层楼，也派了几个特工监视，名曰"保护"。李济深在家里与大家举杯饮酒，过圣诞节。吃到一半，李济深起身去洗手间，随即出了后门，我党安排的小汽车刚好赶到，李济深上了车。

小车一直开到坚尼地道126号，这是《华商报》董事长邓文钊的家。杨琳和邓文钊在抗战时期就是老朋友。

邓文钊在家里举办圣诞联欢，何香凝出席晚宴为李济深等送行，一派歌舞升平的节日景象。在晚宴进行的同时，其他民主人士陆续被接到铜锣湾避风港，他们每人都有专门的接送员带引，登上小游艇，然后好像是去油麻地游览夜景，在不知不觉中将民主人士送上"阿尔丹"号轮船。游艇往返多次，半夜时分，李济深从邓家出来，也登上游轮，装作继续欢聚，在海上游览香港夜景，在夜色的掩护下，小游轮驶近"阿尔丹"号轮船，李济深神不知鬼不觉地登上轮船，小游艇上的其他人继续游览。

12月27日上午，"阿尔丹"号轮船驶出香港。

香港工委派李嘉仁陪同。

华润的货物押运员是徐德明。

中共负责人龚饮冰、卢绪章随行。那时解放区需要大批懂经济的干部，在香港工作的中共干部被不断地调回内地。

刘昂在大连安排迎接。周恩来电示刘昂：给民主人士安排大连最好的宾馆，为确保安全，要住单间；要举行欢迎宴会。1月天气寒冷，香港与大连温差超过40摄氏度，周恩来指示：要准备好皮大衣、皮帽子、靴子等。

"阿尔丹"号在海上逆风行驶，坏了一个引擎，走了12天，于1949年1月7日才到达大连，中共中央派东北局的李富春、张闻天及旅大地委的欧阳钦、韩光、李一氓，还有刚回国的朱学范到大连迎接。民主人士在大连游览了市区，还参观了几家工厂，然后乘专列于1月14日到达沈阳。

他们到沈阳的当天，毛泽东、朱德、周恩来即致电李济深等：

闻公抵沈，敬表欢迎。

1949年1月15日天津解放。1月31日北平解放。2月25日，林伯渠陪同前三批到哈尔滨和沈阳的民主人士乘专列从沈阳到达北平。

第四批民主人士于1949年3月14日起航，这次是租用的挪威轮船Davikon，这时平津战役已经结束，黄炎培、盛丕华和儿子盛康年、俞寰澄等民主人士在华润公司财务部主任刘恕陪同下，直驶天津。同船的还有二十几位文化界名人，如叶圣陶、郑振铎、曹禺等。

很多地下党员如杨延修等同船北上，调回解放区参加接收上海的准备工作。

这是香港与天津在战后第一次通航，华夏公司经理王兆勋以轮船买办的名义在船上指挥。刘双恩熟悉华北航道，作为普通船员与挪威船长一道负责轮船航行当中的工作。

1949年3月24日，第四批民主人士抵达天津，市长黄敬等前往迎接，25日到北平。26日，中共北平市委等四家单位在中南海怀仁堂为这四批民主人士举行盛大欢迎会。

1949年3月25日，毛泽东、朱德、刘少奇、周恩来、任弼时率中央机关及解放军总部人员从西柏坡抵达北平，在北平西苑机场举行阅兵式。检阅结束后，毛泽东就开始与民主人士一起商讨建立新中国的大事。

北平解放后，要求回国的爱国人士纷纷从世界各地回到香港。华润华夏公司的"东方"号等货轮此后又多次满载着爱国华侨、文化名人驶向大连或刚刚解放的天津。第五批达250余人，包括许多电影演员和作家。黄药眠、钟敬文等100余人是第七批。在隆隆的炮火中，华润公司先后把350多位民主人士和700多位文化名人及爱国华侨运回内地，保证了政治协商会议的顺利召开。许多民主人士、文化名人以及爱国华侨在新中国诞生以后担负起重要使命，为新中国的发展做出很大贡献。

李济深：中央人民政府副主席；

沈钧儒：政协副主席，最高人民法院院长；

黄炎培：政务院副总理，轻工业部部长；

郭沫若：政务院副总理；

蔡廷锴：政协委员、人民政府委员、人民革命军事委员会委员；

谭平山：中央人民政府委员，人民监察委员会主任；

章伯钧：政协常委；

茅盾：政协常委，政务院文教委员会副主席，文化部长；

马叙伦：政协常委，政务院政务委员，教育部长；

孙起孟：政协副秘书长，政务院副秘书长；

马寅初：政协委员、人民政府委员、政务院财经委员会副主任；

许广平：政协委员、政务院副秘书长；

宦乡：政协委员兼秘书长；

沙千里：政协委员、贸易部副部长；

柳亚子：政协代表、人民政府委员。

我们不想一一列举他们的职位和头衔，像华润老前辈一样，他们在抗日战争和解放战争中，都是中国历史舞台上的活跃人物，他们的传奇经历都是中国革命史的组成部分。

（原载《红色华润》，《红色华润》编委会编，中华书局2010年版）

第二批北上民主人士登陆大王家岛纪实

潘　龙

　　1948年4月30日，时值国民党反动统治即将灭亡、人民战争胜利在望之际，中共中央发布了纪念"五一"劳动节口号（以下简称"五一口号"）二十三条。其中第五条提出了："建议各民主党派、各人民团体、各社会贤达迅速召开政治协商会议，讨论并实现召集人民代表大会，成立民主联合政府。"

　　"五一口号"的发布得到了社会各界的热烈响应。各民主党派、无党派民主人士、人民团体、海外华侨等组织和个人纷纷发表宣言、通电、声明、文章，拥护中国共产党的政治主张，希望早日召开新政协会议，成立民主联合政府。

　　5月1日，毛泽东亲笔致信邀请在香港的李济深和沈钧儒等北上。

　　5月4日，陈嘉庚在新加坡主持召开侨团大会，支持中国共产党的政治主张，并代表120个华侨团体致电毛泽东，响应"五一口号"。随后马来亚、印度尼西亚、菲律宾、加拿大、古巴等地的海外侨团纷纷电函响应。

5月5日，聚集在香港的李济深、何香凝（中国国民党革命委员会），沈钧儒、章伯钧（中国民主同盟），马叙伦、王绍鏊（中国民主促进会），陈其尤（中国致公党），彭泽民（中国农工民主党），李章达（中国人民救国会），蔡廷锴（中国国民党民主促进会），谭平山（三民主义同志联合会），郭沫若（无党派）等联合致电中共中央主席毛泽东，赞同"五一口号"第五条。同时表示，中共提倡召开新政协，成立民主联合政府，"适合人民时势之要求，尤符同人等之本旨"。

台盟、民建、民进、致公党、民盟、农工党、民革、九三学社及民联、民促、救国会等民主党派以及海内外各界、各阶层人士纷纷举行会议，发表声明、通电、宣言，支持和响应中共"五一口号"。

中共"五一口号"也得到在香港的各民主党派、无党派民主人士的热烈拥护。在中国共产党的推动和领导下，迅速掀起了一场以香港为中心，主要由各民主党派和无党派民主人士参加，以筹备新政协会议为核心内容，以推翻国民党统治、建立新中国为目的的"新政协运动"。

8月1日，毛泽东复电在香港的各民主党派及各民主人士李济深、何香凝、沈钧儒、章伯钧、马叙伦、王绍鏊、陈其尤、彭泽民、李章达、蔡廷锴、谭平山、郭沫若。电文说："诸先生赞同敝党5月1日关于召开新的政治协商会议，讨论并实现召集人民代表大会，建立民主联合政府一项主张，并热心促其实现，极为钦佩。"希望他们北上解放区，共同研究新政协会议具体事宜，卓见见示。

此时，邀请组织民主人士北上解放区、筹备新政协，成为中共中央的一项重点工作。中共中央副主席周恩来则坐镇指挥，亲拟邀请名单和相关电函，制定接待方案；位于河北平山县李家庄的中共中央城市工作部于1948年9月更名为中共中央统一战线工作部；中共香港分局成立五人小组，具体实施接送民主人士北上的任务。与此同时，周恩来指定钱之光，以解放区救济总署特派员名义前往香港，负责秘密接运工作。

1948年9月20日，中共中央分别致电中共香港分局和中共华北局，提出邀请在香港和江南地区的李济深等77人和在平津地区的张东荪等24人前往解放区。后来又反复斟酌邀请名单并增加邀请人数。

中共中央邀请在香港及江南的李济深等77位民主人士名单（1948年9月20日）：李济深、蔡廷锴、何香凝、柳亚子、朱蕴山、沈钧儒、史良、邓初民、周鲸文、罗隆基、张澜、梁漱溟、曾昭抡、胡愈之、马哲民、张志让、沙千里、李章达、曹孟君、章伯钧、彭泽民、韩卓儒、丘哲、谭平山、王昆仑、侯外庐、许宝驹、章乃器、施存统、黄炎培、孙起孟、马叙伦、王绍鏊、陈其尤、司徒美堂、陈嘉庚、冯裕芳、王任叔、郭沫若、马寅初、陈叔通、徐朗西、李达、周士观、沈雁冰、老舍、曹禺、巴金、田汉、洪深、郑振铎、叶圣陶、翦伯赞、胡风、卢于道、张絅伯、包达三、简玉阶、篑延芳、盛丕华、黄默涵、陈鹤琴、沈体兰、潘震亚、李德全、许广平、刘王立明、俞庆棠、沈兹九、刘尊棋、徐铸成、宦乡、赵超构、储安平、王芸生、吴耀宗、黄次咸。

中共中央邀请在北平、天津的张东荪等24位民主人士名单（1948年9月20日）：张东荪、吴晗、潘光旦、李烛尘、李祖绅、许德珩、樊弘、袁翰青、张奚若、闻家驷、费孝通、李广田、徐悲鸿、陆志伟、劳君展、翁独健、王之相、向达、雷洁琼、卢念苏、周炳琳、钱端升、符定一、李锡九。

按照中共中央的指示，中共上海局、香港分局、华北局城工部立即行动，向民主人士发出邀请，并制定周密路线和措施，护送民主人士前往解放区。9月初，中共中央雇用的苏联轮船"波尔德华"号已停泊在香港口岸。原定全部应邀人员同乘该轮北上，适值传来中国国民党革命委员会常务委员冯玉祥由美国乘船回国参加新政协在黑海遇难的消息，为慎重起见，中共中央决定，安排著名民主人士分批成行。

在中共中央运筹和部署下，北上各个环节都经过反复斟酌、周密布置。从1948年9月到1949年9月，中共香港分局先后分20余批次秘密运送1000多人北上解放区。

郭沫若等人为第二批北上人员。

1948年11月24日，郭沫若（文学家、历史学家，无党派民主人士）、马叙伦（时任民进中央常务理事，后任民进中央主席）、陈其尤（中国致公党中央主席）、丘哲（农工党中央常委兼执监会秘书长）、丁玲（知名作家）、翦伯赞（历史学家、教育家）、冯裕芳（民盟港九支部主任委员）、侯外庐（中国历史学家、思想家、教育家）、许广平（女，鲁迅妻子）、许宝驹（民联的主要创始人之一）、沈志远（经济学家）、曹孟君（女，时任全国妇联国统区工作部长）、周海婴（鲁迅、许广平之子）等第二批北上的民主人士，由中共香港工委副书记连贯陪同，宦乡（国际问题专家）随行，钱之光派王华生（时任南京中共代表团办公厅文书科长）随船照料生活，乘坐悬挂葡萄牙国旗的"华中"号货轮离开香港北上。同船的还有一位早在20世纪20年代就和共产党建立联系，在解放战争特别是在莱芜战役中为革命立下大功的原国民党第四十六军军长韩练成。

当时与郭沫若等人一起准备同船北上的著名民主人士还有沙千里，并由胡绳随行。但后来据胡绳回忆，他和沙千里并没有与郭沫若等人同行，而是自行到南朝鲜仁川后又转赴大连的，经历了一次既离奇又惊险的"怪招"之旅。

本来，按照计划，这批民主人士是在1948年10月中旬北上的。由于从大连租用的"波尔塔瓦"号货船到港时与另一艘船相撞，要入坞修理，因而另行租用一艘葡萄牙货船"华中"号载客，迟至1948年11月24日才从香港出发。

关于郭沫若等从香港出发时间，许多资料记载为1948年11月23日深夜。2016年3月，中国政协文史馆启动了"民主人士北上、新政协筹备会及政协第一届全体会议"项目。2017年，北上项目组已在广东、山东、天津、河北和东北地区进行了5次调研活动，按照民主人士当年的日记、回忆录、照片等原始资料素材提供的线索，寻找民主人士足迹和文物遗存等，弄清了历史细节，还原了历史真相。项目组赴东北调研成员付裕2018年3月22日在《人民政协报》上发表《追寻北上的足迹》，文中确认："这趟'北上'之旅始于11月24日，郭老与马叙伦、许广平、周海婴、陈其尤、翦伯赞、冯裕芳、曹孟君、韩练成、宦乡等十余人，乘'华中'号货轮从香港启程。"

关于郭沫若一行人数，许多材料说成是30余人，但根据郭沫若11月28日在货轮上写给许广平的诗后附言来看，郭沫若一行应为10余人："1948年11月月杪，由香港乘华中轮北上，同行者十余人。广平大姊在舟中日夕为海婴织毛线衣，无一刻稍辍，急成之以备登陆时着用也。因成此章，书奉海婴世兄以为纪念。郭沫若，11月28日。"30余人说法应是包括船员人数。

关于船只悬挂的旗帜，许多资料显示是悬挂挪威国旗，但根据周海婴回忆，应为葡萄牙国旗。周海婴回忆："这是一条千吨级的小海轮，属于香港船东，挂着葡萄牙国旗，要经过台湾海峡，目的地说是北方。近年有些回忆护送民主人士北上的文章，对这条船所悬旗帜说法不一，有讲是挪威国旗的，但我以为是葡萄牙旗帜无疑，因为当时在船上的中共领导连贯、宦乡两位就曾告诉我，为了悬挂这幅旗帜，所付旗帜代价相等于租这一趟船的费用，我曾为此十分吃惊，故而至今仍印象深刻。"

每一批民主人士离港北上，都高度重视保密。在这批精英中，郭沫若工作较忙，从这一年的8月25日开始，他在《华商报》副刊《茶亭》上撰写《抗日战争回忆录》，每日一篇。为了掩饰自己离开香港北上，不让连载中断，郭沫若在离港的前三天赶写了七八篇文稿，预先交给报社，直至12月5日才连载完毕；文末有一个《后记》，日期写的是"1948年11月21日于香港"。其实，文章登出时，郭沫若已经离开香港十多天了。

此外，郭沫若在北上前还应邀前往香港南方学院演讲，用诗一般的语言向同学们指出："新中国在东方喷薄欲出了，建设新中国的神圣职责，落在年轻人的肩上。同学们！希望你们爱祖国，爱学习，学知识，长本领，为伟大的祖国贡献力量。""冬天来到了，难道春天还会远吗？让我们举起双臂，欢呼新中国的春天的来临吧！"话音刚落，大家报以热烈的掌声，积极响应他的召唤。

郭沫若身体力行，离妻别子，奔赴解放区。行前，曾作五言古体诗《赴解放区留别立群》，其中云："此身非我身，乃是君所有。慷慨付人民，谢君许我走。……中华全解放，无用待一年。毛公已宣告，瞬间即团圆。"待上船后，前往送行的钱之光特为此劝慰道："航海很是辛苦，一路还要提防国民党的飞机和军舰，这次于立群同志不能伴你同行，但我们一定设法，很快送她进解放区，早日与你团聚。"

马叙伦与郭沫若一样，上船之初既思念妻儿，又向往即将诞生的新中国，于是赋得一首五言古体诗云：

南来岁将晚，北去夜登程。

知妇垂离泪，闻儿索父声。

戎马怜人苦，风涛壮我行。

何来此汲汲，有凤在岐鸣。

人民争解放，血汗岂无酬。

耕者亡秦族，商人断莽头。

百郭传书定，千献借箸筹。

群贤非易聚，庄重达神州。

郭沫若读后深有同感，立即和诗两首加以赞誉和劝慰，其中一首云：

　　栖栖今圣者，万里赴鹏程。

　　暂远天伦乐，期平路哭声。

　　取材桴有所，浮海道将行。

　　好勇情知过，能容瑟共鸣？

　　同船的农工党中央常委兼秘书长丘哲患有高血压症，加上海上风高浪急，更加感到不适，但他毫无怨言，还以诗言志曰：

　　愿抱澄清酬故友，拼将生死任扶倾。

　　关山极目风云急，剑匣长鸣起执鞭。

　　郭沫若则写了一首《血压行》安慰他："君苦高血压，我苦血压低；高低之相悬，百度尚有奇。想见君心忧民切，而我颠顶无如之。请君多睡觉，尤宜寡所思，献身为三反，努力共良时。君不见鹤胫长凫胫短，长者不必断，短者不必展。一身之事听其自然，人民解放不可缓。"

　　"华中"号过台湾海峡时，遭遇强台风，在富有经验的船长驾驶下，有惊无险地闯了过去。周海婴后来回忆："这晚我们所遇到的危险还不止是风浪。那是事后船长告诉我的，他说如果那晚的风力再增强一级，这船必须靠岸躲避，硬顶是绝对顶不住的。而这时我们的船正驶行在台湾岛的边缘，即是说只能靠拢到'虎口'上去。幸而半夜过后，台风转移，风浪逐渐减弱，船才得以恢复正常航行，否则结局会怎样，谁也难以预测。"

　　周海婴爱好无线电，自己装配了一台收音机，在船上收到新华社播发的淮海战役取得重大胜利的消息，大家都很兴奋，开了一个热烈的庆祝会。郭沫若、曹孟君等即兴演了节目，有的唱歌、有的跳舞，还有朗诵的、讲故事的，船上充满了胜利的欢乐。

　　在郭沫若的倡议下，大家还在船上办起了《破浪壁报》，刊载胜利消息，"以俾传阅"。郭沫若并赋诗云：

> 破浪人三十，乘风路八千。
>
> 音机收捷报，钢笔写诗篇。
>
> 扑克投机巧，咖啡笑语喧。
>
> 我今真解放，仿佛又童年。

这首诗后来被郭沫若收入《北上纪行》之二。

1948年12月1日清晨，悬挂葡萄牙国旗的"华中"号货轮终于驶进渤海湾，大连已经在望。但是，由于当时大连处在苏联的管辖之下，码头属于军用，不准外国货船进港卸货，只好继续北上。后来，华中轮不能在大连停泊这件事，引起了周恩来的高度关注，他立即致电大连中华贸易总公司的冯铉、刘昂，要他们同苏联驻大连的有关部门交涉，今后租用的轮船，一定要在大连靠岸；上岸后，要安排最好的旅馆，民主党派负责人应住单间，并要确保安全。正是由于周恩来的特别关照，随后第三批北上的民主人士才得以在大连顺利上岸。

1948年12月1日夜，海面刮起大风，华中轮便抛锚在庄河王家岛（当时归安东管辖）前庙海湾靠近姜崴子屯外灯塔山下避风。

曾有人根据郭沫若诗名《船泊石城岛畔杂成》臆断郭沫若等人到达的是石城岛海岸，但事实并非如此。

其一：王家岛和石城岛同属石城列岛，石城岛不等于石城列岛。当时王家岛属安东（今丹东）庄河县石城岛区管辖，郭沫若所说的船泊石城岛畔没有错误，只不过后人主观将其臆断为石城岛。

其二：许多史料、回忆、论证，均证明商船停泊在王家岛海岸。①周海婴在《航向新中国——我所亲历的新政协前奏曲》一文中回忆："12月3日（应为12月1日）一早，船已抛锚停泊了。远远可以望见海滩和少数几幢高耸的建筑。领导告诉大家这里已是安东（现丹东）附近的大王岛。"②付裕2018年3月22日在《人民政协报》发表《追寻北上的足迹》，文中确认："1948年12月6日，第二批北上民主人士在丹东大王岛登陆后辗转抵达沈阳。"③马叙伦孙女马今2018年6月15日在《沈阳日报》发表《我的祖父马叙伦：跟着共产党走，才是正道》一文，文中写道："马叙伦与许广平（母子）随第二批民主人士于1948年11月23日夜晚，乘坐挂葡萄牙旗的华中轮离开香港，于12月4日在安东（今丹东）附近的大王家岛登陆。"④1988年12月由庄河县委党史办公室编辑的《庄河党史资料》第一辑中记载："郭沫若、胡风、丁玲等9人，从香港乘坐挪威商船来到庄河王家岛停泊。县公安局局长刘铮带领干部做安全保卫工作，保证了他们安全到达东北解放区。"

其三："华中"号货轮从大连方向驶往安东（今丹东），只能途经王家岛开阔水域航行，石城岛、寿龙岛等主要岛屿间礁石及小岛很多，各岛屿间水道狭窄，潮流也较复杂，因此"华中"号货轮不可能从岛礁交错的石城岛水道驶往安东。

1948年12月2日，在停泊于王家岛的船上，郭沫若遥望石城列岛，诗性大发，即兴赋诗《船泊石城岛畔杂成》，抒发了奔向解放区的豪情。

　　　　天马行空良可拟，
　　　　踏破惊涛万里程。
　　　　自庆新生弥十日，
　　　　北来真个见光明。

　　　　魏子窝前舟暂停，
　　　　阳光璀璨海波平。
　　　　汪洋万顷青于靛，

小屿珊瑚列画屏。

葡人大副传佳话，
曾作逋逃到此间。
往日喧宾今伏钺，
春光先到岸头山。

彩陶此地传曾出，
傲杀东瀛考古家。
今日我来欣作主，
咖啡饮罢再添茶。

关于诗词的标题，以往为"船泊石城岛畔杂感"四首，根据《郭沫若全集》文学编卷02，篇名应为"船泊石城岛畔杂成"。根据《郭沫若年谱》记载："同日（1948年12月2日），郭沫若作七绝《船泊石城岛畔杂成》四首，抒发来到东北解放区的喜悦心情：'自庆新生弥十日''今日我来欣作主'。收《文集》二卷《蜩螗集》。又，作五言古诗《渔翁吟》，由渔翁数年来难得用鱼换取大米'留以过新年'引起感慨：'我辈何德能？饱食尚思鲜！'收《文集》二卷《蜩螗集》。"

当日，郭沫若通过船员和渔民用米换鱼的诚信交易，引发对渔民生活的感慨，写下《渔翁吟》一诗：

渔翁来卖鱼，系舟轮船下。
以米还易之，相问鱼米价。
米是香港米，鱼是安东鱼。
翁言价不知，两不相诈虞。

十斤对十斤，不争分与两。

海鱼缒轮升，白米缒轮降。

翁见大白米，怡然笑颜开。

自言不见者，于今已数载。

南人还慰问：今夕可加餐。

翁言吾岂敢，留以过新年。

匆匆掉船去，回问再要不？

明朝当再来，换米十斤足。

翁言感我心，吃饭良艰难。

我辈何德能？饱食尚思鲜！

无怪古之人，讥彼有悬狟！

12月2日夜，郭沫若在船上，通过收音机收听到淮海战役的前线捷报，联想到结束不久的辽沈战役胜利，他不禁抚今追昔，感慨顿生。于是，挥笔写下了《北上纪行》之三：

人海翻身日，宏涛天际来。

才欣克辽沈，又听下徐淮。

指顾中原定，绸缪新政开。

我今真解放，自愧乏长才。

12月3日早晨，郭沫若遥望王家岛东部海上日出，又写下了《北上纪行》之四：

八日波臣乐，难忘数石城。

涟漪青胜靛，岛屿列如屏。

烽镝域中远，云霞海上明。

我今真解放，倍觉一身轻。

由于大风原因，再加上岸上无人迎接，郭沫若等人在船上待了两夜，直到12月3日上午，郭沫若等人被舢板接下岸。时任安东省政府副主席、安东市长吕其恩代表东北行政委员会前来迎接，辽南解放区庄河县26岁的公安局长刘铮也临时受命，带干部先后乘民间木帆船破冰赶赴王家岛，保证由香港取道海上的民主人士的安全。

曾经在庄河县公安局工作的叔弓（本名张仁寿）在2009年《回忆郭沫若辗转庄河进北平》一文中回忆："1948年，我刚刚岁满16。那年冬天，我所在的辽南解放区庄河县26岁的公安局长刘铮临时受命，先后乘民间木帆船破冰赶赴石城列岛，迎接由香港取道海上的知名人士郭沫若、胡风等人进北平（今北京）。当年我是内务文书，进局才两个月，举止拘谨，只是为局长进岛做行前准备，所以我没能请求随行，也没理由申请陪同前往列岛迎送贵客。这，不能不算是一个不小的憾事。后来得知，迎接的贵宾是应邀参加1949年6月的中国人民政治协商会议筹备会的。"

随华中轮北上的周海婴也回忆："12月3日一早，船已抛锚停泊了。远远可以望见海滩和少数几幢高耸的建筑。领导告诉大家这里是安东（现丹东）附近的大王岛，让我们等待舢板接到小码头上岸，那里已有吉普车和大、小汽车在等候，并有交际处的干部及几位领导来迎接。还告诉我们，由于解放战争进展神速，暂时不用去哈尔滨了，可以直接前往沈阳待命。大王岛等候迎接，也等候小舢板船运送行李时，大家兴致勃勃地留影一张，人员是：左起翦伯赞、马叙伦、宦乡、郭沫若、陈其尤、许广平、冯裕芳、侯外庐、许宝驹、连贯、沈志远、曹孟君、丘哲、安东市和当地领导（吕其恩）。照片左侧还可看到三件简陋包扎的行李卷，可见民主人士生活之艰苦朴素。"

民主人士上岸后，分别安置在老百姓家中。据王家岛前庙姜崴子屯93岁老人姜淑芬回忆："大货船在灯塔山下面停了好几天，晚上船上灯火辉煌。几天后，下来一帮人。当天傍晚，一个个头挺高，长得非常漂亮的女人来到我家东屋炕上，当晚上面领导让我陪她在这铺炕住了一晚，因为我丈夫滕树本是村干部、是积极分子，所以才安排住在我家和我亲属家。当天晚上负责安保的人员在房屋前后设了4~5道岗。当晚是否还有其他人下船安排在其他地方住我也不知道。晚上我和她聊天时，她曾说她要去哈尔滨。第二天早上起来后，这个女的就坐别的船走了，大货船继续停在灯塔山下。那年我20岁（虚岁）。"

郭沫若在辽东土地上看到了解放区人民在中国共产党的领导下，真正当家作主，过上了幸福生活。诗人兴奋了，再次打开了诗歌创作的闸门，写下了《北上纪行》之五：

> 卅五年前事，安东一度过。
>
> 彼时来负笈，远道去游倭。
>
> 弹指人将老，回头憾苦多。
>
> 我今真解放，矢不再蹉跎。

12月4日，郭沫若一行乘坐安东派来的船只离开王家岛。因为翦伯赞要随华中轮到山东烟台登陆，再到河北省的阜平县等地；连贯、宦乡需随船赶回香港，因此他们就此与郭沫若等告别。临行前，郭沫若作五律一首赠翦伯赞。《郭沫若年谱》记载："四日在大王爷岛（应为大王家岛）与同行的连贯、宦乡、翦伯赞等人分手，见翦伯赞临别颇郁郁，遂作五律一首赠之：'又是别中别，转觉更依依。中原树桃李，木铎振旌旗。瞬见干戈定，还看锤钰挥。天涯原咫尺，北砚共良时。'载一九七九年北京《光明日报》，由辑录者题为'送翦伯赞'。"

12月4日傍晚，在吕其恩的护送下，第二批北上民主人士安全到达安东大东沟，改乘小船上岸。安东省政府主席刘澜波前往二道沟码头迎接。此时沈阳已解放，随后，大家在丹东五龙背温泉休息了一夜，于12月6日乘火车抵达沈阳。

到达沈阳后，冯裕芳（1881—1949）因为年老，长年多病，1949年1月27日在沈阳逝世。中共中央为他举行了隆重的追悼活动，同行北上的郭沫若赋诗高度评价冯裕芳的一生：

> 等是在疆场，一死正堂堂。
>
> 后有冯裕芳，前有冯玉祥。
>
> 献身无保留，不用待协商。
>
> 历史开新页，领导要坚强。
>
> 视死咸如归，百万若国殇。
>
> 何为学儿女，泪落沾襟裳。
>
> 死贵得其时，二冯有耿光。
>
> 不忘人民者，人民永不忘。

不久，第二批、第三批各民主党派负责人和无党派民主人士辗转来到哈尔滨。他们中有李济深、何香凝、郭沫若、马叙伦、许广平、茅盾、章乃器、彭泽民、陈其尤、沙千里、邓初民、柳亚子、马寅初等，共40余人。在哈尔滨期间，他们同先期抵达的沈钧儒等人一起，游览参观了哈尔滨市容，瞻仰了东北烈士纪念馆，听取了哈尔滨市有关方面的工作汇报，提出了中肯的意见和建议，并开始了筹备新政协和建立新中国的具体工作。

随着北平和平解放，人民解放军进行的辽沈、淮海、平津三大战役胜利结束。1949年2月1日，李济深、沈钧儒、马叙伦等民主党派领导人和无党派民主人士共56人，联名致电毛泽东主席和朱德总司令，祝贺人民解放战争取得的伟大胜利。北平和平解放后，原定在哈尔滨召开新政协筹备会的构想已显不适，中共中央决定新政协会议移至北平举行。与此同时，在哈尔滨的各民主党派负责人和无党派民主人士，在中共的安排下乘专列南下，经沈阳前往北平。

6月15日，经各方协商，新政协筹备会第一次会议在北平召开。中共中央主席毛泽东在会上讲话指出，召集新的政治协商会议，成立民主联合政府的一切条件均已成熟。这个筹备会的任务就是完成各项必要的准备工作。9月17日，新政协筹备会第二次全体会议在北平举行，决定将新政治协商会议定名为"中国人民政治协商会议"。至此，新政协筹备会胜利完成了历史使命。

10月1日，在北京天安门广场举行盛大开国典礼，五星红旗在亿万人民的翘首仰望中升起。

护送民主人士前往解放区行动，对于中国的政治格局是一次关键的转折，在中国近现代史、中共党史、新中国成立上，都是一个意义深远的重大历史事件。

民主人士北上经安东

王瑞利

1948年4月30日，中共中央向全国发布"五一口号"，拉开了民主协商建立新中国的序幕。安东市（今丹东市）是众多民主人士北上协商建立新中国的重要驻足地和历史见证地，时至今日，这里依然留下了珍贵的红色印记。

1948年末，郭沫若、马叙伦、许广平、翦伯赞等30余人，在香港乘船北上，开启了一趟不寻常的远行。有郭沫若当时作的诗为证："鸭绿江头望，烟囱浑如林。"当时，民主人士乘船，从鸭绿江口进入安东。郭沫若进入到浪头，看到安东的工业区，有感而发，遂作此诗。

郭沫若、马叙伦、许广平等民主人士，千里迢迢乘船北上，目的地是哪里呢？9个月后，中南海怀仁堂的盛会揭开了谜底。1948年4月30日，中共中央向全国发布"五一口号"，公开呼吁迅速召开政治协商会议，讨论并实现召集人民代表大会，成立民主联合政府。以中国民主促进会马叙伦、无党派人士郭沫若等为代表的众多著名民主人士积极响应，从香港秘密乘船北上，不仅推动了1949年第一届政治协商会议的胜利召开，宣告了中华人民共和国的诞生，也标志着中国各民主党派参政党地位的初步形成。

当年民主人士北上是秘密进行的，没有留下太多历史资料。我们现在对这段历史进行挖掘和整理，再现民主人士北上召开政协会议协商建立新中国的过程，对填补北上史料的空白，充分发掘、利用丹东乃至辽宁珍贵的红色文化资源，具有极其重要的价值。

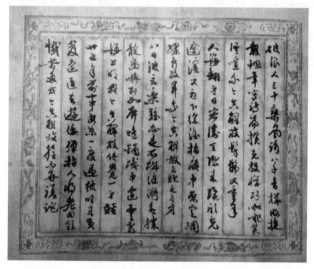

郭沫若《北上纪行》手稿

据史料记载，郭沫若、马叙伦、许广平等民主人士经安东北上是1948年12月3日傍晚，从王家岛起航驶往安东，午夜抵达大东沟抛锚。12月4日早，时任安东市委书记吕其恩带队，用港口小型客船将民主人士接往陆地。12月5日，前往五龙背汤浴。12月6日晨，抵达沈阳。

民主人士在浪头登陆之后，在安东市委、市政府领导的陪同下，进行了合影留念，然后又游览了安东市区，并参观了鸭绿江大桥，随后到五龙背洗了温泉，进行了休整，最后在安东市政府的护送下，到达了沈阳。

在振安区五龙背温泉疗养院里，有个建筑叫五龙阁，当年就是北上民主人士的驻足地，民主人士北上经过安东的时候在这洗过温泉，进行过休整，当时郭沫若先生有感而发，写了两首诗，以表达到达东北解放区的高兴心情。

据史料记载，安东市在民主人士北上过程中地位独特。当年民主人士北上，其中有三批途经安东，批次多、人数多、领袖人物多。在民主党派领导人和无党派民主人士代表共九人中，有无党派人士郭沫若、民进中央主席马叙伦、致公党中央主席陈其尤、台盟中央主席谢雪红四位经安东北上。

1949年9月21日，中国人民政治协商会议第一届全体会议在北平举行，参加这次会议的有各民主党派、团体，无党派民主人士和特邀代表，经安东北上的民主人士也都在这个会场上一一亮相。

民主人士秘密北上途经大连史实述略

孙　军

　　自1947年夏季开始，解放战争由战略防御转入战略进攻阶段，人民解放军在多个战场捷报频传。到1948年春，鉴于全国形势发生的巨大变化，中共中央在4月30日发布"五一口号"，正式向全国各民主党派、各人民团体、各社会贤达发出"迅速召开政治协商会议，讨论并实现召集人民代表大会，成立民主联合政府"的号召。这一号召立即得到热烈响应和赞成，于是从1948年9月政治局会议召开以后，中共中央便着手筹备召开新的政治协商会议。按照会议计划，把在香港和国统区的各民主党派代表人士和著名进步爱国人士安全接到解放区，参加新政协会议，自然成为当时统战工作的一项紧急和重要任务。从1948年9月至1949年5月，由中共中央直接部署，在周恩来的直接指挥下，经过缜密策划、细心安排，有多批民主党派人士和无党派爱国人士从不同渠道相继北上。作为特殊解放区，大连成为当时民主人士北上的重要通道和与中共中央、香港方面保持联络的交通站。李济深、茅盾、朱蕴山、孙起孟等著名民主人士，都是以大连为中转秘密北上参与建国大业的。大连也因这条"大连通道"而成就一段统战佳话，进而载入多党合作的光辉史册。

笔者翻阅相关史料发现，有关这一历史事件的记录，主要散见于相关当事人的回忆。由于年代久远，回忆角度不同，加之"在那凡事必须严格保密的情形下，留给几十年后的记忆——都准确，大概是不可能的"，因此对某些情节的叙述难免存在抵牾之处。本文试图对这一历史事件的脉络经过做一番梳理，便于读者对这段历史有一个相对清晰的了解。

一

1947年2月，国民党宣布国共和谈完全破裂，要求中共驻南京、上海、重庆等地担任谈判联络工作的代表全部撤回。同年9月，根据周恩来、任弼时等领导人关于"去香港主持海外及内地经营，并筹划今后蒋管区地下党经济接济"的指示，时任中共驻南京代表团办公厅主任的钱之光奉命打通解放区沿海口岸与香港的航道。钱之光等人编成一支小队伍，准备先到山东烟台，打通山东解放区与香港的海上通道。1947年9月，烟台被国民党军队占领，钱之光等人辗转前往作为特殊解放区的大连，秘密创办中华贸易总公司。钱之光在大连得到了以朱毅为书记的华东局财经委员会驻大连办事处的工作支持。后者为钱之光等人在天津街靠火车站附近找了一座三层楼房作为办公地点（该建筑后为大连木材公司办公楼，20世纪80年代末已被拆除）。鉴于大连当时已经在苏军军事管制之下，国民党大连地方组织又抢先挂出市党部的牌子，为了更加有利于斗争需要，经报请中共中央东北局批准，市委及其组织机构暂不公开，党的工作一般都是秘密进行。各解放区到大连从事兵工生产、物资采购的单位也都是以各种公司、商行的面目出现。在此背景下，钱之光考虑到工作需要，没有到大连市委备案，中华贸易总公司也没有公开挂出牌子，对外以隶属于中央书记处的"钱之光同志处"名称开展工作。为保持与中央直接联系，公司还设立了电台。当时国内各解放区正在面临国民党军队的疯狂进攻，对外交通几乎全部被切断，物资供应严重不足。特别是解放区对外的海上通道，只有大连这个当时还在苏联红军管辖下的唯一港口，而且苏联的船只也从来没有同香港通航。为满足解放区所需要的各种物资，特别是各军工企业生产炮弹和武器所需的化工原料，支援前线作战，中华贸易总公司的主要任务便是设法探索开辟出一条大连通往香港的海上通道。通过这条海路与香港方面保持经济贸易和人员往来的联系，为解放区采购物资。这也是中央交给钱之光的主要任务。

钱之光到大连不久，便派祝华到哈尔滨，向时任中共东北局常委兼财经委员会副主任李富春请求物资支持，李富春当即调拨了1000吨大豆，并按中央指示拨给了一笔黄金。钱之光还派人到朝鲜罗津港乘坐苏联货轮去香港试探航线，准备与香港开展通商。因为工作需要，经钱之光提出，中央同意在香港增设新的秘密电台。在钱之光等人的努力下，中华贸易总公司利用大连特殊解放区和"自由港"的有利条件，筹划打通了大连至香港航线。通过在大连租用外国船只，往返于大连、朝鲜罗津和香港之间，运出大豆、皮毛、猪鬃等土特产品，购进解放区急需的药品、医疗器械、电信器材、印制钞票的纸张和兵工生产所需的各种化工原料。来大连采购战略物资的华东、晋察冀、东北等解放区的人员也都是与中华贸易总公司联系，再由他们到香港办货。当时大连的建新公司便是通过中华贸易总公司在香港采购各种重要物资。此外，当时许多从南方北上的干部也通过这条海上通道进出解放区。在钱之光等人的努力下，中华贸易总公司还完成了接送在香港等待参加第六次全国劳动代表大会的代表进入解放区的任务。据钱之光回忆，中华贸易总公司除了开辟出通过海路采购物资的通道之外，还广泛收集国民党方面的报纸杂志，便于中央及时掌握、研判敌人动向。虽然只有十多个人，但是中华贸易总公司在大连的成立及其所开展的工作，特别是电台的架设，以及大连至香港海路的开辟，为后来接送民主人士北上进入解放区参加新政协筹备会议，创造了有利条件。

1948年5月5日，在香港的12位民主党派负责人和无党派民主人士，分别代表各党派和各界联名发表通电，响应中共中央"五一口号"，并号召海内外同胞，"共同策进，完成大业"。8月初，毛泽东复电在香港的民主人士，对他们赞同召开新政协会议并热心促其实现表示钦佩，提出"关于召集此项会议的时机、地点、何人召集、参加会议者的范围及会议讨论的问题等项，希望诸先生及全国各界人士共同商讨，并以卓见见示"。与此同时，中央亦开始筹备在哈尔滨召开新的政治协商会议。当务之急则是要把在香港的民主人士安全接到东北解放区商谈和进行会议准备工作。

中央最初的设想是开辟从香港经伦敦到苏联再转赴哈尔滨的路线。但由于英国方面的拖延搪塞，这条路线未能打通。加之当时华北沿海尚未解放，于是中央决定利用大连至香港的海上通道，从香港坐外国轮船到大连进入解放区，从而完成接送民主人士北上这项非常重要而又机密的使命。这对当时设在大连的中华贸易总公司来说，无疑是一项艰巨而重大的政治任务。

二

1948年8月2日，周恩来致电钱之光，要他以解放区救济总署特派员名义前往香港。除继续搞经济工作外，会同中共香港分局、香港工委，开展上层统战活动。此外，还要负责安排在香港的工人代表进入解放区以及处理几起干部事件。其中最紧迫、重大的一项政治任务便是以从大连租船来往香港运送货物为掩护，参与将在香港的民主人士秘密送到解放区参加新政协的筹备工作。大连方面的工作则交由其妻子刘昂（蔡畅侄女）接替。8月初，刘昂跟随赴匈牙利出席国际民主妇女大会的解放军妇女代表团，从西柏坡出发，经山东益都（华东局所在地，今山东省青州市），从胶东半岛俚岛（今山东省荣成市）渡海抵达大连，开始主持中华贸易总公司工作。

钱之光在与刘昂交接完工作之后，便向大连市委辞行，经安东前往朝鲜罗津港，以锅炉工身份为掩护搭乘苏联"波尔塔瓦"号轮船启程赴香港，随行的还有祝华、徐德明和翻译陈兴华等人。当时船上装载有大豆、皮毛、猪鬃等土特产品，还带了一些黄金，准备在香港换回解放区急需的西药、电信器材、高级纸张以及汽车轮胎等物资。货船驶抵香港之后，苏联驻港办事机构派人乘汽艇到船上迎接。抵达香港不久，钱之光便与中共香港分局取得联系，并会同方方、章汉夫等人一起研究护送民主人士北上进入解放区的问题，决定成立运送工作专门领导小组，并做了具体分工。考虑到香港情况复杂，以及海上航行会受到国民党海军的干扰，周恩来一再指示对民主人士的接送要绝对保密，保证安全。1948年9月7日，周恩来为中共中央起草致潘汉年并香港分局电，再次提出民主人士乘苏轮北上事，望慎重处理。"第一，如该轮确无航行保证，以不乘该轮为妥。""第二，如该轮有保证，而民主人士表示有顾虑，亦可不乘该轮。""第三，如该轮有保证，而民主人士愿意北上，亦不宜乘一轮，应改为分批前来，此次愈少愈好。"根据周恩来的指示精神，钱之光与香港分局潘汉年等经过认真研究，决定采取搭乘外籍货轮，分批秘密接送的方式。钱之光和潘汉年还就运送工作进行了分工：凡是上船之前的联络、搬运行李、送上货船的工作，统由香港工委负责；钱之光主要与大连方面进行联系，负责租赁货轮，并派出熟悉旅途情况的人在船上照顾民主人士的生活。从1948年9月起，陆续有民主人士在中共的秘密安排和护送下离港北上。其中，至少有四批经由大连中华贸易总公司出面租用外轮运送。

三

根据当时条件和与香港方面联络的情况，第一批安排北上的民主人士有沈钧儒、谭平山、蔡廷锴、章伯钧等，由中共香港工委副书记章汉夫陪同。所乘轮船便是钱之光搭乘来港的苏联"波尔塔瓦"号。因为是第一批，要绝对保密，保证安全，加之租用的苏轮"波尔塔瓦"号货船不大，客房很少，所以这一批北上的民主人士人数不多。1948年9月12日上午，"波尔塔瓦"号顺利驶离香港，向北航行。经过16天的海上航行，9月27日早上抵达朝鲜罗津港。在大连的刘昂电告香港：船已顺利到达朝鲜的罗津。中共中央东北局负责人李富春受周恩来委托，在罗津港迎接，并陪同第一批民主人士前往哈尔滨。尽管没有途经大连，但是乘坐的"波尔塔瓦"号苏联货船却是由大连中华贸易总公司租用。货船驶离香港以后，也是通过在大连的刘昂与香港保持着密切联系。

第一批民主人士安全到达后，刘昂又在大连以中华贸易总公司的名义租借了苏联货轮"阿尔丹"号，并装载解放区出口的物资和一些黄金开赴香港准备接送第二批民主人士北上。但该船行至香港时遇到大雾，与英国"艾缪斯"号轮船相撞，搁浅在海湾，1000吨大豆全部浸泡在海水里，损失惨重。货船入坞检修，至少需要7个月时间完成大修。而民主人士北上行期已定，因而改租一艘悬挂挪威国旗的800吨海轮"华中"号负责运送，于11月23日深夜离港。这批民主人士主要有郭沫若、马叙伦、许广平、陈其尤、宦乡、曹孟君、韩练成、侯外庐等，由中共香港工委书记连贯陪同。"华中"号原计划也是经朝鲜上岸转赴哈尔滨。途中鲁迅先生之子周海婴从收音机中听到新华社广播，得知沈阳及东北全境已经解放，于是改变原来计划，准备在大连靠岸。1948年12月初，"华中"号驶进渤海湾。但由于大连处在苏军管辖之下，军用码头是深水泊位，虽可停靠万吨船只，但不准外国货船进港卸货。因此华中轮于12月1日在大连与安东之间的大东沟海域抛锚，再改乘小船在王家岛（今属大连庄河市）上岸。时任安东省主席高崇民，安东省委副书记、省政府副主席吕其恩代表东北行政委员会前来迎接。因天气有风，郭沫若等民主人士在岛上住了两天。郭老看到解放区人民在中国共产党的领导下，真正当家作主，并过上了幸福生活，当即作七绝《船泊石城岛畔杂成》（注：当时王家岛归石城岛区管辖）四首，描绘在海岛所见所闻。12月4日，民主人士离开王家岛，前往安东。李富春、张闻天等人在安东迎接，并全程陪同民主人士转乘专列前往沈阳。连贯等人则在大连停留多日，并住在中华贸易总公司。后接到周恩来电示，要他陪同翦伯赞、宦乡、韩练成以及从南朝鲜仁川抵达大连的胡绳等人坐船到烟台，秘密进入山东解放区，再转赴位于华北的中共中央机关所在地河北省西柏坡村。据刘昂回忆，这一批党内人士较多，多数由中华贸易总公司接来大连。

　　第三批北上的民主人士最多，主要是国民党革命委员会、民主促进会、民主建国会的成员，而且直接从大连上岸。包括李济深、茅盾夫妇、朱蕴山、章乃器、彭泽民、邓初民、孙起孟、施复亮、李民欣、吴茂荪、梅龚彬等著名人士。由于李济深先生很有影响，钱之光等人为避免引起外界注意，将这次行动的出发时间确定在圣诞节第二天，即1948年12月26日深夜。一行人等化装成商人，穿着西服或长袍，并随身携带装有提货单的公事包。由于第二批北上船只未能在大连上岸，这一次中共中央极为重视，周恩来亲自电示，指示在大连的冯铉（时任中共中央东北局社会部副部长、旅大地委委员）、刘昂，务必要与苏联驻大连的有关部门交涉，租用苏联轮船，并在大连港靠岸。周恩来还专门对民主人士到达以后的具体接待工作做出详尽指示，并特别强调：要把民主人士安排在大连最好的宾馆，党派领导人住单间，确保安全；要举行欢迎宴会，甚至连宴会的席位、座次都做了具体指定；考虑到北方天气寒冷，还要求负责接待的人员准备好皮大衣、皮帽子、皮靴等御寒衣物。经过大连方面的精心准备和与苏联方面的积极协调，1949年1月7日上午，第三批民主人士搭乘苏联货轮"阿尔丹"号顺利抵达大连港。朱蕴山在途中感慨万千，赋诗多首，其中就有"解放声中到大连，自由乐土话翩翩""神州解放从今始，风雨难忘共一舟"等含义深长的诗句，表达了民主人士欢庆祖国解放的喜悦心情。茅盾在回忆录《我走过的道路》中也这样描述当年踏上大连港的心情："一九四九年元月七日，轮船驶进了大连港。大家蜂拥到甲板上贪婪地眺望这片神圣的自由的土地。啊，我们来到了！我们终于胜利地来到了！"

李富春、张闻天等东北局负责人受周恩来委派，会同朱学范以及旅大地委的欧阳钦、韩光、李一氓等人亲自到大连港迎接。民主人士被安排在当时条件最好、面积最大的关东饭店（今大连饭店）下榻。当天中午，李富春以中共中央名义在关东饭店隆重举行欢迎宴会，为民主人士接风洗尘。驻大连苏军负责人也对李济深一行表示特别欢迎和礼遇，并请他们到苏军司令部做客。由于适逢苏联海军歌舞团在大连劳军演出，民主人士一行当晚在大连火车头俱乐部（今铁路文化宫）观看了演出。当时大连正值隆冬季节，天气寒冷。中共中央东北局按照周恩来的嘱托，给他们每个人送来了貂绒大衣、獭皮帽、皮靴等御寒衣物，民主人士非常感动，尤其听到给他们御寒的衣物是周恩来亲自指示交办的，更是心情激动。李济深一行在关东饭店停留3天，对饭店的内部设施、服务人员的接待质量，以及餐厅制作的菜肴都给予了高度评价。民主人士在大连期间，在有关人员的陪同下，还游览了市区，参观了工厂，然后在李富春、张闻天陪同下于1月10日转乘专列前往沈阳。

在这之后，中共香港分局采用各种方式护送旅居香港及在南洋一带的民主人士陆续北上。还有一些民主人士则是经其他路线或海外进入解放区的。值得一提的是，著名爱国华侨领袖陈嘉庚一行在受到毛泽东邀请之后，从新加坡启程，前往北平参加完新政协筹备会后，专程到大连进行了参观访问。1949年8月3日上午，陈嘉庚乘坐火车抵达大连，下榻关东饭店。次日在大连市长毛达恂的陪同下，对市区进行参观游览。陈嘉庚一行对大连市容环境和公共卫生给予了高度评价，认为可以媲美香港，并对大连未来的发展提出不少建议。

由于革命形势的迅猛发展，特别是在北平和平解放之后，中共中央决定将新政协筹备会议移至北平举行。1949年4月，就在钱之光、刘昂等人准备把在大连的中华贸易总公司迁往北平的时候，由于新的对外贸易机构的成立，中央决定停办中华贸易总公司。大连中华贸易总公司的不少干部被分配到外贸部门工作。该公司开辟对外贸易工作共为中央创造了数千万美元的收入，这在当时是一笔不小的数目。

虽然成立的时间不到2年，但是中华贸易总公司却圆满完成了中央交办的各项任务，得到了周恩来的高度肯定。特别是以大连为中转站，接送民主人士北上的重要工作，使命艰巨、责任重大，保密性高，但是在钱之光、刘昂等人的出色努力和周密安排下，成功使多批民主人士顺利离开香港安全前往解放区，为新政协的顺利召开做出了重要贡献，也反映了中国共产党与民主党派在民主革命时期风雨同舟、患难与共的亲密关系。大连也因这条统战史上的"大连通道"，永载多党合作的光辉史册。

（原载《文史学刊》第八辑，中国政协文史馆编，中国文史出版社2018年版）

北上与沈阳实录

周　斌

1948年4月30日，中共中央发布"五一口号"，提出召开新政协会议，成立民主联合政府。"五一口号"的发布得到包括各民主党派、无党派人士和海内外各界积极而普遍的响应。随后，在中共中央部署安排下，李济深、沈钧儒、马叙伦、郭沫若等大批民主人士冲破重重阻挠，冒着生命危险，义无反顾地从香港、上海、北平、天津及海外北上，奔赴东北解放区，参加新政协筹备活动，为中国人民政治协商会议第一届全体会议的召开和新中国的成立做出了重要贡献。

沈阳作为70多年前大批民主人士响应"五一口号"奔赴解放区协商建立新中国重大史实发生地、见证地，储存着极其丰富而重要的历史资料。2020年，笔者参加《沈阳政协志》编撰和沈阳政协文史馆创建工作，到沈阳市档案馆、图书馆、报社，对与北上相关特别是三批民主人士来沈阳期间的史料进行了系统查找、广泛寻访、深入挖掘，收集到包括图片、报刊、书信、回忆录、诗作等在内的一批有价值的史料。

抚今追昔，感慨万千。北上曾经影响深远的事件，让人难忘的故事，功勋卓著的人物，人民政协筹备成立时那波澜壮阔的史诗画面，一幕幕、一篇篇，依然那么清晰，那么鲜活……

一、民主人士北上原因透视

从1948年9月到1949年9月，根据中共中央的决策和部署，共组织接送350多位民主人士陆续踏上北上之路，到达解放区。当时，民主人士北上有其深刻的背景。

（一）国民党背信弃义，迫害民主人士

破坏停战协定。1946年，蒋介石破坏停战协定是从东北开始的。国共双方签订的停战协议中将东北问题移除在外，是中国共产党为尽快结束国内战争，和平民主建国做出的极大让步，但蒋介石在美帝国主义的大力协助下，控制了东北的大多数城市。据统计："1946年1月至5月，蒋介石调动了40多个军130余万人，向各解放区发动大小进攻达3675次，强占解放区村镇达2077个，县城26座，先后使用兵力达258万余人。"全面内战爆发，第二次国共合作彻底破裂。

召开伪国民大会。蒋介石不顾中共等方面的反对，悍然于1946年11月15日召开非法国大，并制定了伪宪法。此后，又自导自演了"还政于民"的改组政府。著名国民党员李济深、民主同盟彭泽民、救国会人士陈比生等民主人士，对国民政府之改组发表声明："这样的政府改组，不能解决中国的任何问题，只能助长内战，增加人民之痛苦，是用民主的外衣，掩盖国民党的一党专政。对此政府不存在任何幻想，愿与我全国同胞共同反对之。"

迫害民主人士。1946年，蒋介石扩大内战，进攻解放区，与军事相关的是在北平、沈阳等地非法大批逮捕市民，公开实施法西斯恐怖政策。大

批捕杀民主人士，惨遭杀害者3000余人。1947年，国民党为挽救军事上的失败，疯狂镇压爱国民主运动。国民党独裁政府内政部宣布民盟是非法组织，并将矛头指向其他民主党派。在中国共产党的鼎力相助下，民盟等被迫转入香港，内地的民主党派不得不转入地下，开始坚持海外斗争和地下斗争。民盟和其他民主党派被迫害，唤醒了一部分对国民党反动派抱有幻想的中间人士，坚定了与国民党反动派斗争到底的决心，得到了海内外同胞的广泛同情和支持。正如当时的新华社时评所说，民盟被国民党宣布为非法，并不能损害民盟，反而给民盟以走向更为光明道路的可能性。

（二）中共对民主人士的争取

揭露蒋美假和平阴谋。中国共产党和民主党派的关系是不断发展递进的。在抗日救亡时期，中国共产党及时纠正党内"左"倾关门主义错误，提出了建立最广泛的抗日民族统一战线，并视民主党派为团结抗日的重要友党。解放战争时期，中国共产党深刻揭露蒋美假和平阴谋。第一，针对蒋介石发动内战的揭露。第二，针对蒋介石分化瓦解第三方（民盟等民主党派）的揭露。第三，针对蒋介石迫害民主人士的揭露。同时，积极教育引导民主人士。在人民解放军取得节节胜利和中国共产党的正确领导下，民主人士在政治上、思想上的认识发生了很大变化。

建立广泛爱国统一战线。抗战初期，中国共产党就在党内强调，为粉碎蒋介石的进攻，团结一切可以团结的人。具体来说，第一，颁布《中国土地法大纲》；第二，保护中小工商业政策；第三，扩大国统区爱国民主运动；第四，争取国民党军队反正。从土地政策方面、城市政策方面、爱国民主运动方面、国民党军队方面，促成了爱国统一战线，为争取、教育、引导民主人士起到了积极作用。通过统一战线，民主人士熟知和了解了中共的政策，更加紧密团结在中共的周围，为民主人士转变思想，顺利北上提供了重要条件。

"五一口号"强烈感召作用。1948年4月下旬，在解放战争迅猛推进的隆隆炮火中，毛泽东主席在晋察冀军区改定了史称"五一口号"的文本内容。对正式成文后共计二十三条的这篇重要文件，毛泽东一共做出了27处修改，其中第五条为重新起草："各民主党派、各人民团体、各社会贤达迅速召开政治协商会议，讨论并实现召集人民代表大会，成立民主联合政府！"这一点睛之笔，开启了中国共产党与各进步民主力量协商的精彩华章。在中共"五一口号"强烈感召下，各民主党派迅速响应，全国各界人心所向，中间党派政治态度已开始转变，一种新的和平的希望，一种"筹备新政协"的波涛，作为一个广泛而强大的运动开展起来。各界纷纷发表声明，拥护"五一口号"。

（三）民主人士自身开始觉醒

在港开展"新政协运动"。在港的民主人士开展了一场由中共领导的，香港分局为轴心，各民主党派、人民团体为主体的声势浩大的"新政协运动"。采取座谈会、报告会、刊登专论等多种形式，为召开新政协献计献策。民主人士将新政协与旧政协的性质、任务、成分，做了本质上的区别和比较，对新政协地点、时机、步骤、召集人进行了广泛协商讨论。初具政治协商模型。毛泽东主席曾说："旧政协"让国民党一手推翻了，我们现在要求一个"新政协"运动，希望所有的民主人士都能联合起来。

在国统区开展反蒋军事活动。秘密进入香港的民主党派，充分运用自己的社会关系，搜集政治、经济、军事情报。中国国民党革命委员会（简称"民革"）先后发表《告国民党将士书》《告本党同志书》，在国统区策动国民党军队起义。举办游击训练班，开展形式多样的反蒋军事行动，动摇国民党内部军心，支援人民解放军作战，为人民解放战争的胜利发挥了重要作用。

协助解放区开展各方面建设。民盟开始在解放区发展和建立组织，输送盟员进入解放区参加解放斗争，协助政治、经济、文化建设。农工党、致公党领导群众开展了"三支""三保""三劝"等活动，并组织策应和平接管小组，积极参与城市接管工作，征集大量药品送往解放区，为解放军的最终胜利奠定基础。

二、北上民主人士在沈活动

据资料记载，根据中共中央的决策和部署，从1948年9月到1949年9月，李济深、沈钧儒、马叙伦、郭沫若、许广平、章乃器等三批民主人士，冒着生命危险，从香港等地辗转来到沈阳。

（一）三批民主人士到达沈阳

1948年11月2日，沈阳解放。随后，陈云带领东北局军政人员进入沈阳，宣布将沈阳铁路宾馆（今辽宁宾馆）作为东北行政委员会交际处。1个月后，铁路宾馆迎来郭沫若、马叙伦等第二批北上的民主人士。

沈钧儒一行在12月19日抵达沈阳，与先期到达的郭沫若一行"会师"铁路宾馆，阵容"壮大"了不少。民主人士入住后，铁路宾馆一层的会议室便经常举行时事报告会、座谈会。张闻天同志作了打倒三大敌人的重要报告，给大家很大启发教育，加强了革命必胜的信心。

1949年1月10日李济深一行抵达沈阳，在沈阳铁路宾馆与前两批入住的民主人士会合。至此，从香港北上的三批民主人士34人共聚沈阳铁路宾馆，济济一堂，大家还共同迎来了1949年一个非常有意义的新春佳节。除夕，铁路宾馆举行了多姿多彩的大型联欢晚会，唱歌、跳舞、扭秧歌，应有尽有，各适其适，大家在欢乐的气氛中守岁。开始了一段并肩为新政协和新中国而呐喊、努力、奔走的难忘时光。

（二）组织民主人士参观考察

从民主人士齐聚沈阳，到他们离开沈阳前往北平，有将近2个月的时间。除一些必要的政治活动，民主人士有一段相对空闲的时光。东北局便按照中共中央的指示精神，为民主人士安排了一系列参观。

中共东北局、东北行政委员会组织北上民主人士参观了东北解放区。先后到沈阳机车车辆厂、第一机床厂、沈阳市郊农村等地，目睹了当家作主的工人、农民努力生产建设，恢复战争创伤的情景。参观丰满水电站、抚顺煤矿以及沈阳故宫、东陵、北陵，对祖国的锦绣河山，特别是东北丰富资源有了进一步了解。

民主人士第一次来到解放区，有一种对从未体验过的解放区生活的新鲜感，对新时代、新社会和新中国的向往和憧憬。这在他们参加集体活动时或日常生活中，都有这样或那样的流露。民主人士章乃器深有感慨地说："解放区人民的伟大力量是我过去意想不到的。这是一个真正的人民的社会，在中国历史上从来找不到解放区这样光明的时代。"他因此得出结论："共产党领导下的人民，不但善于破坏旧中国，也善于建设新中国。"

（三）民主人士在沈共商国是

在沈阳，民主人士共襄建国大计，共同发表声明，拥护中国共产党领导，主张坚决将革命进行到底。

1949年1月22日，李济深、沈钧儒、郭沫若等55人联名发表《我们对于时局的意见》的声明。明确地表示："愿在中共领导下，献其绵薄，贯彻始终，以冀中国人民民主革命之迅速成功，独立、自由、和平、幸福的新中国之早日实现。"1月27日，中国国民党革命委员会在沈阳发表《对时局的声明》，强调反对帝国主义、封建主义和官僚资本主义的革命"必须在中国的无产阶级政党——中共领导下，才有不再中途夭折的保证"。这是各民主党派、无党派民主人士第一次明确地提出在政治上接受中国共产党的领导，中国共产党同民主党派和无党派民主人士之间的关系发生了历史性的改变。1949年2月1日，中国民主促进会常务理事马叙伦、王绍鏊、许广平在沈阳铁路宾馆发表致各地会员书。同日，李济深、沈钧儒、马叙伦等56人致电中共中央主席毛泽东和中国人民解放军总司令朱德，祝贺平津解放的伟大胜利。

新中国成立在即，毛泽东主席和中共中央实施民主新路，这就是在全国还没有完全解放，不能召开普选的人民代表大会客观情况下，首先召开人民政协会议，制定《共同纲领》，实行共产党领导的多党合作和政治协商制度，迅速建立人民民主政权。

1949年2月23日，在林伯渠、高崇民、田汉的陪同下，民主人士又从沈阳转赴北平，踏上参加新政协、建立新中国的"光明行"。

民主人士专列在沈阳南站缓缓启动，郭沫若久久凝视着窗外，看到严冬已去，春回大地，心潮澎湃、感慨万千。他无比激动地赋诗一首：

> 多少人民血，换来此矜荣。
>
> 思之泪欲堕，欢笑不成声。

这首诗，代表了此时此刻北上民主人士的共同心声。

三、民主人士北上的历史作用

北上的成功，为中共党史、中华人民共和国国史、人民政协诞生史的研究提供了丰富的线索和价值。意义深远，非同寻常。

加快了新中国的诞生。解放战争后期，毛泽东主席就曾在党的任务中提出："1949年必须召集没有反动派参加的以完成中国人民革命任务为目标的各民主党派各人民团体的政治协商会议，宣告中华人民民主共和国的成立，组成共和国的中央政府，并通过《共同纲领》。"随着第一届新政协会议的胜利举行，如一轮朝阳，新中国在东方地平线上喷薄而出。民主人士在沈阳共同发表声明，拥护中国共产党领导，主张坚决将革命进行到底。他们积极响应中共号召成功北上，从沈阳转赴北平，参加人民政协会议。

开创了多党合作新局面。第一届中国人民政治协商会议的召开，开创了多党合作新局面，标志着中国各民主党派的参政党地位初步形成，标志着中国共产党领导的新型党派关系最终形成。从各民主党派与中国共产党的合作历程看，民主党派与中国共产党逐渐走向合作是历史的必然结果，是民主党派追求光明与进步的必然结果。

传承红色基因。沈阳是一座历史文化名城，目前，已经建设十个红色教育基地，从历史维度看，北上自然也理应在其中。2020年，全国政协"大道同行"巡展，沈阳市政协建设文史馆，让我们开始触摸这段历史。站在新时代的高峰，行走在传承红色基因、加强红色教育的路上，回望70多年前的北上，不由得浮想联篇，感慨无限。历史足以证明：沈阳是共和国新型政党制度和人民政协诞生的源头之一。这给沈阳这座历史文化名城又增添了红色底蕴，是宝贵的精神财富。

重走北上民主人士在沈阳活动之路

陈　政

2016年9月，中国政协文史馆启动了"民主人士北上、新政协筹备会及政协第一届全体会议"文史项目（简称"北上项目"），辽宁省政协文化和文史资料委员会是项目参加单位之一。

2017年7月，中国政协文史馆副馆长王京平带领项目专家和部分民主人士后人来辽宁开展史料征集活动。辽宁省政协文史委配合项目组，重走了一次北上民主人士在沈阳活动之路……

第一站：沈阳南站

1948年底至1949年初，北上民主人士多次在沈阳南站乘坐专列往来于东北各地，参观东北解放区新貌。最终于1949年2月23日，全体民主人士在沈阳南站乘车前往北平。

沈阳南站就是今天的沈阳站，最早叫"茅古甸"，是由满语"谋克敦"（天眷盛京之意，盛京即今沈阳）音译而来。1896年，沙俄政府与李鸿章签订了《中俄密约》，清政府允许俄国人修筑从赤塔经过中国东北连接俄国乌苏里铁路的东清铁路，1899年11月修到了沈阳，建成了包括一座俄式青砖站舍和5条线路的小车站。

日俄战争后，沈阳站被日本占领并改名奉天驿。1908年，日本帝国大学设计师太田毅开始设计新的奉天驿。因太田毅中途病故，又由吉田宗太郎继续设计，最终在1910年10月1日建成。

奉天驿是一座欧式风格与日式风格相结合的两层红砖建筑，与日本东京火车站极为相似。该建筑在平面上讲究严格轴线对称，正立面横、纵分三段式。中央及两翼有穹顶，红砖为墙，线脚、门窗框、墙角用白石砌成，红白相间，色彩明快，属于辰野式建筑风格，体现了日本人当年脱亚入欧的思想。新奉天驿建成后，原来的茅古甸车站就成了铁路货场和仓库区（今老道口附近）。

随后，日本人以奉天驿为中心，在周边地区修建多条马路，修建住宅、商店、警察署、公园、学校等，这片区域被称为"满铁附属地"。在奉天驿东边，开辟了3条放射型干线道路，自北向南分别定名为浪速通（今中山路）、千代田通（今中华路）、平安通（今民主路）。经过日本人20多年的"苦心经营"，在沈阳古城西边，中东铁路周边形成了一片"新市街"（今和平区）。它与奉系军阀占据的盛京皇城地区（今沈河区）形成了竞争的格局。

沈阳铁路局的一位老职工介绍说，1945年8月24日，苏联红军一支坦克部队与日本关东军在沈阳站展开了激烈战斗，最终取得了胜利。1945年9月，18岁的鲍文仲带领50名石匠，根据苏联人的设计图纸，历时51天，于11月7日建成了一座花岗岩条石砌成的纪念碑。纪念碑占地146.8平方米，高24.27米，碑座为正方形，刻有中俄文碑文。碑顶是鞍山一家工厂制造的一辆重13吨铜铸绿色坦克模型，坦克炮筒指向日本方向。纪念碑基座下面有一个宽0.8米、长2.5米、深2米的墓穴，安葬了10位苏联红军烈士的骨灰。坦克纪念碑曾经是沈阳市一处地标式建筑，2006年纪念碑被迁至苏军烈士陵园，2010年8月，在原址修建了一块卧式纪念碑。

1946年，奉天驿被更名为沈阳南站。

第二站：宏大电影院

沿着奉天驿最南边的主干线平安通（今民主路）一路向东而行，经过红梅町（今昆明南街）、弥生町（今民族南街）和霞町（今兰州南街），就来到了平安广场（今民主广场）。这里曾经是繁华的商业街区，建有满洲文化协会、国际饭店、满日大厦、奉天输入组合、平安座、祥利洋行大厦、南满瓦斯株式会社营业所和奉天建筑会社。其中，最高建筑物为1940年建成的六层船型建筑——平安座。

1949年1月26日，平安座门前人山人海，中共东北局、东北行政委员会、解放军东北军区以及东北各界人民代表举行盛大会议，热烈欢迎为参加新政协会议北上东北解放区的民主人士。

大会下午2时开始，东北行政委员会主席林枫首先致欢迎词，随后中国国民党革命委员会主席李济深、中国民主同盟中央常务委员沈钧儒、无党派民主人士郭沫若、三民主义同志联合会主任委员谭平山、民主同盟云南总支部主席彭泽民、中国农工民主党中央执行委员会主席章伯钧、中国国民党民主促进会负责人蔡廷锴、中国民主建国会副主任委员章乃器、中国妇女联谊会主席李德全、中国人民救国会中央常务委员沙千里、无党派民主人士茅盾、中国致公党主席陈其尤、国民党统治区全国学生联合会代表黄振声、中国民主同盟中央委员邓初民、中国民主促进会常务理事王绍鳌、上海人民团体联合会代表许广平、三民主义同志联合会中央常务委员许宝驹、著名戏剧家洪深、中国妇女联谊会常务理事曹孟君等分别发表讲话。他们一致痛斥南京国民政府的假和平阴谋，拥护中共中央毛泽东主席对时局的声明，主张在中国共产党的领导下把革命进行到底。最后，中共东北局常委李富春在讲话中说："今天的盛大欢迎会，象征着中国民主力量的大团结和全国胜利的快要到来，全国人民民主党派团结一致，一定能争取真正的民主和平。"

平安座最初地址名为奉天平安广场十八番地，后改为平安座电影院。主体建筑地下一层、地上六层，钢筋混凝土框架结构，空心砖围护墙。外墙贴天然大理石板和马赛克贴面，是当年非常豪华的装饰。平安座建筑面积9610平方米，剧场面积5190平方米，座位1704个。楼顶建有船只烟筒造型设施一处，当年是一个防空警戒观察所。

抗战胜利后，平安座改名为大光明影院。沈阳解放后，改为宏大影院。1956年，改为沈阳市文化宫，成为沈阳市民休闲娱乐场所。

第三站：鲁迅文艺学院

从平安广场出来，沿着民主路南行再东转南三条通（今南三马路），继续向东穿过富士町（今南京街），就来到了满铁附属地的最大公园——千代田公园（今中山公园）。在公园的西南角，现存一座标志性构筑

（左起）郭沫若、李济深、章伯钧等在沈阳中山公园

物——千代田水源水塔。该水塔建于1928年，塔高53.55米，容量450吨，是为当时满铁附属地居住的日本人供水之用。

沿着南三马路继续东行，一路来到一条宽阔的大街。街西是日本人建设的满铁附属地，街东是奉系军阀建设的奉天商埠地。因此，这条分界线在当时具有"国界"的性质，被老百姓称为国际大马路（今和平大街）。

在国际大马路路东有一座建于1936年的三层建筑，原名"康德楼"。后为"兴农合作社"办公楼，又称兴亚会馆。

兴农合作社是日本侵略中国东北后建立的一个经济组织，在各省设有兴农合作社支部，在各市、县设办事处，在村、屯设兴农会。农民以户为单位，成为兴农会的会员或合作社的社员。侵华期间，日本在东北强制推行"粮食出荷"政策，将中国农民生产的粮食强行征收，作为军粮，供应"大东亚圣战"。

国民党统治时期，这里为中正大学学生宿舍和图书馆。沈阳解放后，鲁迅文艺学院曾在这里短暂停留。1949年后，成为苏联专家招待所。"文革"期间，为辽宁省革命委员会办公楼。改革开放后，为辽宁省人大常委会办公楼。现为中泽集团使用。

初到沈阳的许广平和周海婴，听说此地有一个"鲁迅文艺学院"，很有名气，是由延安鲁艺辗转来到东北解放区而建立的。1949年2月21日上午，许广平带着周海婴来到鲁迅文艺学院，院长吕骥、副院长张庚向全体师生介绍了他们。许广平为学院师生做了一次讲座，之后，她将鲁迅先生的稿费捐献给了鲁迅文艺学院并与全体师生合影留念。

第四站：东北书店

从鲁迅文艺学院出来，转向北行，就来到了沈阳人都知道的"马路湾"。由于奉天商埠地的十一纬路和满铁附属地的千代田通（今中华路）

有一个夹角，所以沈阳市区的横轴线在此拐弯，马路湾因此得名。

在马路湾的西北角有一座建筑——日满贸易馆，它建成于20世纪30年代，功能类似于今天的展览馆。抗战胜利后，这里成为正中书局沈阳分局。沈阳解放后，东北书店副总经理卢鸣谷等在这里重建东北书店第一门市部，也称马路湾第一门市部。今天，这里是马路湾新华书店。

在东北书店第一门市部东边不远有一座五层钢混结构的建筑，即奉天孙氏投资建设的泰东大厦。沈阳解放后，这里为东北书店使用。1949年后为人民宾馆，现为爱尔眼科医院。

周海婴在《鲁迅与我七十年》中回忆："在沈阳期间，跟随大人来到一家书店。"这家店铺面积不大，陈列着东北出版的各类新书，除了马列和毛泽东的著作，他还看到了鲁迅先生的著作，有《呐喊》《彷徨》《野草》等，也有整套的《鲁迅全集》和鲁迅的翻译作品，品种很多。书的末页标明出版者为"光华书店"和"东北书店"，印刷地点在大连、哈尔滨和安东。

在国统区，《鲁迅全集》等进步书籍属于禁书，而在东北解放区的书店里，读者已经可以任意选购了！周海婴感到无比亲切和高兴，每个版本都买了一册留作收藏。

70年后，周海婴的儿子周令飞随"北上项目"组又来到新华书店追忆往事。

第五站：铁路宾馆

在中山广场周围，坐落着七座欧式、日式建筑。近百年来，这里一直是沈阳的金融中心。其中，铁路宾馆就是北上民主人士在沈阳的落脚点。

铁路宾馆，最初称南满洲铁道株式会社奉天大和旅馆，1926年动工，1929年建成。它是由日本设计师横井谦介和市田菊治郎按照英国建筑风格设计，主建筑呈"凹"字形，有两个对称的天井，远看宛如一座欧洲古堡。大楼共五层，装饰古朴典雅，洁白瓷砖罩面。据记载，满铁先后在大连、沈阳、长春、哈尔滨等地修建了5家大和旅馆，沈阳的大和旅馆名气最高。

九一八事变当晚，大和旅馆成为关东军的指挥部。抗战胜利后，改名为铁路宾馆。沈阳解放后，这里成为东北行政委员会交际处，负责接待东北局、东北行政委员会、东北军区的主要领导。1954年，更名为辽宁宾馆。

根据李正南同志的回忆文章，1949年1月22日，李济深、沈钧儒、郭沫若等55人联名发表《我们对于时局的意见》的声明，明确宣告："在人民解放战争进行中，愿在中共领导下，献其绵薄，贯彻始终，以冀中国人民民主革命之迅速成功，独立、自由、和平、幸福的新中国之早日实现。"为推进中国革命和建设新中国而贡献自己的力量。当时，有34位民主人士已经到达沈阳铁路宾馆。

1月28日（农历除夕）晚上，中共中央东北局在这里举行盛大招待宴会，热情款待在沈阳的民主人士。之后，沈钧儒从餐厅出来，走向二楼楼梯，看见扭秧歌的队伍，不禁顿生感喟。回到房间后，他以"除夕纵饮狂欢"为题，得诗三句"一串秧歌扭上楼，神灯枉为日皇留。光明自有擎天炬"，而第四句怎么也吟不出来了。第二天，天没亮沈钧儒就起来敲开郭沫若的房门，请他续之。郭沫若揉着惺忪的睡眼，信口吟出"照澈千秋与五洲"。沈钧儒连连点头，这正是他想说却又没说出来的意思。

1月29日，是农历大年初一，按照中国传统和习俗，人们要互相拜年，庆贺新春。沈钧儒是德高望重的"家长"，向他拜年的人很多。有人向他赠送了一方端砚，雕着一对池中戏水的鸳鸯，勾起了他对已故夫人张孟婵的怀念。有感而作《鸳鸯砚》一诗："赠我鸳鸯砚，谛视为踟蹰。一鸟赴池急，一鸟伏在池。回头如欲语，形影已分离。分离难复合，戢翼长相思。缠绵玉臂句，凄清宝瑟辞。同命四十年，一旦隔尘土。此砚永宝用，此情誓终古。"

2月1日，中国民主促进会常务理事马叙伦、王绍鏊、许广平在沈阳铁路宾馆发表致各地会员书。

同日，李济深、沈钧儒、马叙伦等56人致电中共中央主席毛泽东和中国人民解放军总司令朱德，祝贺平津解放的伟大胜利。

2月2日，毛泽东、朱德电复各民主党派、人民团体及无党派民主人士李济深、沈钧儒、马叙伦等56人。

2月5日，郭沫若先生在沈阳一家古玩店淘到一个有三条龙花纹图案的笔洗和有三只凤凰花纹图案的水瓶。珠联璧合，恰成一对。郭沫若大喜，称之为"龙凤喜瓶"，并赋诗一首："三龙水洗三凤瓶，龙凤齐飞入旧京。四海山呼三万岁，新春瑞庆属编氓。"

接下来的几天，中共中央东北局、东北行政委员会又组织北上民主人士参观了东北解放区。他们先后到沈阳机车车辆厂、第一机床厂、沈阳市郊农村，抚顺龙凤、老虎台、露天矿及鞍钢等地，亲眼见到了当家作主的工人、农民努力生产建设，恢复战争创伤。旧中国常见的吸毒赌博等社会弊病在解放区几乎绝迹，到处是一派欣欣向荣的景象。

章乃器深有感慨地说："解放区人民的伟大力量是我过去意想不到的。这是一个真正的人民的社会，在中国历史上从来找不到解放区这样光明的时代。"他因此得出结论："共产党领导下的人民，不但善于破坏旧中国，也善于建设新中国。"

2月14日，林伯渠离开西柏坡前往沈阳。2月16日他一下火车，就来到铁路宾馆看望民主人士。

2月19日，李富春召集在沈的民主人士全体会议，林伯渠代表党中央欢迎他们到北平共商大事，并征询大家对行期等方面的意见，商定于23日启程赴北平。

在离开沈阳前的一两天，铁路宾馆里还举行了两项活动。一是郭沫若先生将他在东北解放区收罗到的各种古玩字画搞了一次展览，将各种稀奇的瓶子、罐子、条幅、画轴摆满了一楼大厅，很是热闹。二是为了欢送民主人士，特邀沈阳京剧院演出新编历史剧《九件衣》。

2月23日午后，在林伯渠、高崇民、田汉的陪同下，民主人士在沈阳南站登上悬挂着毛主席彩像的蓝色专列"天津解放号"。专列在沈阳南站缓缓启动，车厢里三五相聚，谈笑风生。郭沫若久久凝视着窗外，看到严冬已去，春回大地，心潮澎湃、感慨万千。他无比激动地赋诗一首："多少人民血，换来此矜荣。思之泪欲堕，欢笑不成声。"这首诗，代表了此时此刻北上民主人士的共同心声。

民主人士参观抚顺煤矿

辛　凯

　　1949年2月11日，煤都抚顺的三座煤矿，迎来了一批特殊的参观者，他们就是从香港北上到达东北解放区筹备新政协的民主人士。随行的鲁迅之子周海婴用相机记录下民主人士参观抚顺煤矿的难忘历史瞬间，民主人士章乃器在文章中记录了参观心得。

　　按照中共中央于1949年1月22日发给东北局并告各地的《关于对待民主人士的指示》中"组织参观"的要求，为增进北上民主人士们对解放区的了解，中共中央东北局、东北行政委员会精心部署北上民主人士的参观事宜。2月11日，北上民主人士从沈阳出发，开始了在东北解放区为期一周的集体参观访问。这次参观访问的地点有抚顺煤矿、吉林小丰满水电站等工业区，和长春、哈尔滨的街道以及烈士纪念馆。抚顺煤矿作为此次民主人士参观考察的仅有的两处工业区之一，凸显出其在当时解放区工业发展中的重要性。

　　抚顺西露天煤矿东起平顶山麓，西至古城子河畔，南起千台山，北至今石油一厂，矿坑东西长6.6公里，南北宽2.2公里，矿坑面积10.87平方公里，以规模大、矿藏丰富、历史悠久闻名于天下，是排名亚洲第一、世界第七的大露天矿。1901年，民族资本家王承尧等人上书清政府，申请开发抚顺煤田，获得批准，开启了这里百余年的开采历史。1914年，抚顺煤矿转为露天开采，日本侵略者曾对西露天矿进行了大肆掠夺，使该煤矿成为中国被掠夺资源最多的煤矿。从1914年至1945年，日本帝国主义从西露天矿掠夺煤炭8651万吨，油母页岩7809万吨。1948年10月31日抚顺解放，西露天煤矿迎来新生。

抚顺龙凤矿是1903年开始开采的，其特色是高大的竖井。日本殖民统治期间大肆掠夺抚顺的煤炭资源，龙凤矿上部煤层开采完毕后，开始开凿竖井，竖井始建于1934年，1936年12月投入使用。竖井楼通高63.1米，竖井深度670米。竖井里共有一大一小两台"戈培式"绞车，都是德国西门子公司制造的，电动机为4025千瓦，绞车功率5395马力。2003年辽宁省政府公布抚顺龙凤矿为辽宁省级文物保护单位。

抚顺老虎台矿是民主人士此行参观的又一座煤矿。老虎台矿开采于1907年，井田面积10平方公里，和西露天、胜利、龙凤并称为"抚顺四大煤矿"。

根据周海婴的记录，北上民主人士是1949年2月11日上午从沈阳出发，中午就抵达了抚顺煤矿。当时从沈阳有火车通往抚顺煤矿，民主人士乘坐火车大大节省了交通时间。

由于民主人士当天参观抚顺煤矿的详情缺乏文字资料记载，我们只能从周海婴拍摄的照片中进行相关的了解。

周海婴用他从香港登船北上前购置的一台德国"禄莱牌"相机，在民主人士参观抚顺煤矿时进行了拍照。由于种种原因，相关照片后来正式发表了四张，一张是蔡廷锴、章伯钧、朱蕴山、李民欣、林一元等五位民主人士在抚顺煤矿的合影；一张是来自民革、民盟的民主人士朱学范、沈钧儒、李济深、李民欣（按照片中由左至右顺序）在抚顺合影；一张是周海婴母亲许广平在抚顺煤矿的单人照片；还有一张是民革中央执行委员赖亚力在抚顺煤矿的单人照片。这里重点介绍其中的两张。

民主人士合影照片的背景即为抚顺煤矿的一处立井井架前，朱蕴山在前排居中，李民欣、章伯钧在朱蕴山左右，蔡廷锴站在朱蕴山身后，蔡廷锴左手边站着林一元。值得一提的是，照片中总共有六人，另一位是警卫人员，站在章伯钧身后。照片中的五位民主人士神态自然安详，后排的蔡廷锴面对西方若有所思。民主人士们都头戴貂皮帽，身穿貂绒大衣，穿着御寒的皮棉鞋。照片中的五位民主人士中，蔡廷锴、朱蕴山、李民欣、林一元均是民革成员；蔡廷锴、朱蕴山、李民欣都是民革中央常务委员；蔡廷锴、李民欣还是中国国民党民主促进会重要成员；林一元作为蔡廷锴秘书，既是民革成员，也是"民促"常务理事，章伯钧既是中国农工民主党中央执行委员会主席，也是民盟中央常务委员。

民主人士参观抚顺煤矿时合影

在周海婴之子周令飞主编、上海锦绣文章出版社2009年出版的《镜匣人间——鲁迅之子周海婴摄影集》，收录了许广平于1949年2月摄于抚顺的单人照片。当时周海婴还健在，在他为照片所配的说明中写道："母亲初次与严冬亲密接触，身着依照'供给制'所量身定制的袍皮大衣，在东北抚顺郊外参观考察"，照片中，许广平脚下是一段铁路线的铁轨。根据照片中的场景考证，这张照片也是摄于抚顺煤矿，这段铁路就是抚顺煤矿开采的原煤外运的铁路线。当时许广平是中国民主促进会三位常务理事之一。

值得一提的是，当时虽然东北全境已经解放，但还有国民党特务等敌对分子潜伏破坏。因此，出于保密、安全保卫等多种原因考虑，民主人士在抚顺的参观访问并没有大造声势，如没有举行欢迎会、座谈会等，可以说是半公开的参观访问。在抚顺矿业集团档案馆保存的1949年2月的西露天煤矿"大事记"中，就没有留下民主人士前来访问的记载，2月11日当天的"大事记"记载的是西露天煤矿干部职工当天对苏军在抗战胜利后进驻煤矿期间拆走的机器进行调查统计，可见民主人士参观访问该煤矿并没有大张旗鼓，更没有影响当天煤矿的正常生产和工作。

民主人士们在抚顺煤矿冒着寒风参观访问，虽然参观访问时间只有不

许广平在抚顺煤矿附近的铁路线上

冯玉祥秘书赖亚力在抚顺煤矿参观

到半天，且没有留下详细的档案资料记载，但解放区的工业发展变化和成就给民主人士留下了深刻印象。时任民主建国会常务理事章乃器（中华人民共和国成立后曾任政务院政务委员、粮食部部长）在参观访问中详细了解了抚顺煤矿在新政权接管前后的变化，章乃器在《人民的东北》一文中用近三百字的篇幅记述了参观访问抚顺煤矿的感想：

> 抚顺煤矿在国民党时代，用"撒烂污"的开采方法——如不顾及工人危险大量放炮，以及露天矿场只采煤不拨石层等等——去年九月份每日平均产量不过一千六百吨，其后更少。民主政府接办以后，在"替国民党还债，修复重于生产"的经营原则下，二月份的每日平均产量，已经达到三千五百吨，他们相信，一俟修复工作完成，产量可以倍增。他们计划在五年以内，可以把产量提高到每年五百万吨，一合即每日平均产量一万三千七百吨，而且很可能提前完成计划。此外，接办时电车只能开动三十台，现在已经增加到六十四台。火车头只能开动三台，现在增加到六台。国民党的破坏力量和共产党的建设力量，在这里有一个鲜明的对照。

通过耳闻目睹，章乃器得出结论："共产党领导下的人民，不但善于破坏旧中国，也善于建设新中国。"章乃器在《人民的东北》一文中坦率地承认，过去自己对新华社所报道的有关解放区的政治、经济情况持一定程度的怀疑态度，而在实地参观之后，惭愧地认为自己过去的怀疑是毫无根据的。通过对抚顺煤矿等地的参观访问，章乃器在《人民的东北》文末得出："历史上最灿烂光辉的伟大时代，就在今朝。我们是如何幸运，能够躬逢这一个伟大的时代！献身为国，全心全力地为人民服务，这真是知识分子和工商业家千载难逢的一个时机。"1949年3月17日，章乃器《人民的东北》一文撰写完毕。次日，章乃器在北平的中国大学演讲时饱含深情地朗读此文，第一次向外界介绍了参观访问包括抚顺煤矿在内的东北解放区的深刻感受。

（左起）朱学范、沈钧儒、李济深、李民欣在抚顺合影

民主人士顶着凛冽寒风参观访问抚顺煤矿，是抚顺乃至辽宁地方史、统一战线史的难忘一页。抚顺煤矿向北上筹备新政协的民主人士展现了辽宁解放后生产恢复发展的新面貌、新变化，这次参观访问，增强了北上筹备新政协的民主人士对东北解放区的了解，也为抚顺煤矿注入了特殊的统战文化内涵。

从《东北日报》看民主人士北上

程丽红

1948年4月30日,中共中央向全国发布"五一口号",拉开了民主人士北上协商建立新中国的序幕。辽宁是众多民主人士北上协商建立新中国的重要驻足地和历史见证地。当年,中共中央东北局机关报《东北日报》曾据实记录了这段70多年前的历史。由于当年民主人士北上是秘密进行的,没有留下太多历史资料,我们对《东北日报》对这段历史的报道进行挖掘和整理,对丰富民主人士北上史料,充分发掘、利用辽宁珍贵的红色文化资源,具有极其重要的价值。

东北人民的喉舌

1945年11月1日,中共中央东北局机关报《东北日报》在沈阳创刊,这是抗日战争胜利后,中国共产党在东北创办的第一家报纸,也是中共中央东北局的机关报。它在向受奴役14年的东北人民进行爱国主义和人民当家作主教育、介绍中国共产党的历史和其领导的人民军队的光辉形象、揭露美蒋罪行、宣传土地改革、动员组织人民发展生产支援前线等方面起了很大的作用。

《东北日报》是4开4版小型报。从当时的政治环境出发，在前10期报上的出版地点是山海关。《发刊词》宣称"本报是东北人民的喉舌"，"为东北人民自己作主的民主自由繁荣的新东北而奋斗。一切都为东北人民而服务，这就是我们的宗旨，我们的天职"。该报随军转移，先后在沈阳、本溪、海龙、长春等地出版。1946年5月28日进入哈尔滨，在稳定环境中出版，日出对开4版。1948年11月辽沈战役后，东北全境解放，该报于同年12月2日迁回沈阳出版。至1954年8月31日，报纸随东北大区行政机构撤销而终刊。发行量创刊时近2万份，到1953年底上升到31万份，居当时全国大行政区报纸的首位。

《东北日报》在8年零10个月的时间里，经历四次搬迁。在环境动荡、物资短缺、人力短缺的情况下，报纸除了在转移过程中有过短暂的中断以外，一直坚持出报。作为中共中央东北局机关报，它在向东北人民进行爱国主义教育、宣传党的抗日路线，揭露美国的侵华罪行和国民党当局反共反人民的面目，宣传人民解放军节节胜利的大好形势，指导东北解放区的土改和经济建设以及支援全国解放战争等方面，都起到很大的作用。

在解放战争时期，《东北日报》对解放战争的宣传，不仅通过大量新闻报道和言论传播胜利的消息，进行深入人心的宣传鼓动，还通过战地通讯、漫画等多种形式，宣传毛泽东军事思想的伟大胜利，深刻揭露国民党反动派的反动本质和它必败的下场。

记录民主人士的政治主张

1948年8月至1949年1月先前转移至香港的民主人士在中国共产党的统

一部署下秘密北上，分三批进入了东北解放区。在东北解放区的近半年时间里，民主人士开展了许多重要的工作。民主人士与中共中央东北局领导人多次举行关于筹备新的人民政治协商会议的座谈会，在充分交换意见、碰撞思想后，达成了新政协诸问题协议；与到达华北解放区的民主人士联合发表了对于时局的意见，正式明确接受了中国共产党的领导，推动了政治协商新格局的形成。《东北日报》于此期间充分发挥记录历史、舆论引导的重要作用，为中国新闻史留下光辉的一页。

《东北日报》1949年2月1日报道"来沈民主人士一致痛斥南京伪和平阴谋，拥护毛主席时局声明，一致主张在中国共产党领导下把革命进行到底"。陈其尤、郭沫若、谭平山、彭泽民、章伯钧、蔡廷锴、许广平等分别发表讲话。他们一致痛斥南京国民政府的假和平阴谋，拥护中共中央毛泽东主席对时局的声明，主张在中国共产党的领导下把革命进行到底。民主人士明确表示"愿在中共领导下，献其绵薄，共策进行，以冀中国人民民主革命之迅速成功，独立、自由、和平、幸福的新中国之早日实现"。从此各民主党派、无党派人士一致正式、明确地承认了中国共产党的领导地位，彻底抛弃了所谓的中间路线，在中共领导下，为建立独立、自由、民主、富强的新中国奋斗努力。

《东北日报》1949年2月1日刊登马叙伦先生讲话《争取真和平不要马马虎虎妥协的和平》。报道中强调，我们所争取的是真正的和平而不是马马虎虎妥协的和平，因此必须彻底打倒帝国主义、封建势力与官僚资本主义等革命对象，绝不是单纯蒋介石一个人"引退"的问题。国民党反动政府只有全部接受毛主席的八项条件，才能实现真正的和平，为了加速革命的胜利，前方应加紧作战，勇猛前进，后方应加紧生产，努力支援前线。

《东北日报》1949年2月1日刊登民主人士郭沫若先生讲话《应在毛主席的领导下争取真正和平的实现》，强调蒋介石与毛主席领导人的对比，抨击蒋介石的阴谋论，坚决拥护毛主席的领导方针及原则，决心为实现人民的公意，争取真正的和平而彻底奋斗。

《东北日报》1949年2月1日刊登谭平山先生讲话《讲述辛亥革命经验教训说明革命必须进行到底》，希望大家学习闻一多、李公朴两教授的革命精神，"行百里者半九十"，要吸取辛亥革命和大革命失败的教训，不要上当受骗，将革命进行到底。

《东北日报》1949年2月1日刊登《彭泽民、章伯钧、蔡廷锴等先生说各民主党派团结一致革命阵地不容有反对派》一文，指出只有在中国共产党毛泽东先生的正确领导下，中国人民才能翻身，中国才能得到真正的民主独立和平。南京反动党派，完全是美帝国主义侵略中国的工具。现在它看到人民革命力量已经不能遏止，就示意蒋介石引退……可见，当前美帝全方位对中国发难！全中国人民大敌当前必须清醒，必须合力团结，必须先国而后家，必须坚信只有中国共产党才能救国救民战胜美帝！

《东北日报》1949年2月28日报道"马叙伦呼吁上海同胞要为实现八项和平条件而奋斗"，呼吁上海人民团结起来，坚定意志，伸出铁拳，为实现毛泽东提出的八项和平条件而努力奋斗。无情粉碎蒋介石反动集团的和谈阴谋，为全部实现毛主席所提出的八项和平条件而努力奋斗。

肯定民主人士的历史贡献

民主人士是新中国建设中不可或缺的重要力量。众多民主人士云集东北，根本原因在于中国共产党正确有力的领导，充分体现了中国共产党的巨大凝聚力，体现了民主人士为国家尽责的爱国情怀。《东北日报》翔实地记录和报道了民主人士北上推动政治协商新格局形成的过程。

《东北日报》1949年2月4日报道"毛主席、朱德司令电复民主人士"，毛泽东和朱德复已到达解放区的李济深、沈钧儒、马叙伦、郭沫若等56位民主人士电。电报对他们来电祝贺人民解放战争的伟大胜利极感盛意，并指出，此次人民解放战争之所以胜利，是由于全国人民不畏强御，团结奋斗，各民主党派各人民团体一致奋起，相与协力，从而使人民解放军获得各方面的援助，使人民的敌人完全陷于孤立，胜负之数，因以判明。现在残敌尚存，诡谋时作。求喘息谓为求和平，待外援名曰待谈判。口诵八条，手庇战犯，眼望美国，脚向广州。欲求人民解放斗争获得最后胜利，必须全国一切民主力量同德同心，再接再厉，为真正民主的和平而奋斗。

《东北日报》1949年2月5日刊登《抵解放区民主人士电贺解放军伟大胜利愿加紧团结为新中国之建设奋斗到底》：

中国共产党主席毛泽东先生，中国人民解放军总司令朱德先生，并转全体战友均鉴：我人民解放大军，乃人民之武力，革命之前锋……诸先生指挥若定，劳苦功高。诸战士俯仰如神，鞠躬尽瘁。旌旗所指，箪食壶浆。击刺之加，迅雷惊电。近者锦沈大捷，使东北全部解放；淮海大捷，使京沪彻底动摇；而津沽大捷，尤使北平古都兵不血刃而告光复。武功彪炳，空前未有。革命完成，指日可待。顾元凶蒋匪，虽若逋逃，助恶美帝，犹弄鬼蜮，务望追奔逐北，振至上之雄威；扫蒂除根，莫无疆之大业。任是天涯海角，使奸犯无处潜藏，纵有羊狠狼贪、令阴谋断难实现……窃愿竭力追随，加紧团结，为中国之建设奋斗到底。

《东北日报》1949年2月11日报道《中国民主促进会马叙伦等发表致各地会员电》，表达了民进人的信念和期待，"此次为人民翻身之革命，进行必须到底；为国家独立之大业，任务必须完成。"

马叙伦的孙女马今后来评价："这是祖父奋斗一生得出的结论，也是他发自心灵的声音，更是他的信念。"回顾祖父与"五一口号"的往事，已加入中国致公党，同样作为一名民主党派成员的马今表示，中国共产党在百年发展史中，始终把统一战线作为重要法宝，在不同历史阶段，注意团结不同的政治力量共同致力于中华民族伟大复兴。我国各民主党派在与中国共产党的长期合作中，充分认识到了中国共产党的先进性，最终自觉选择接受中国共产党的领导，走上了与中国共产党团结合作的道路。"承继祖父等民主党派先辈的精神和多党合作事业，是我们新一代民主党派人士义不容辞的历史责任。"马今说。

《东北日报》1949年2月24日报道《在北平中共负责人欢宴北平民主人士》。1949年1月31日，北平和平解放，为新政治协商会议在北平召开创造了有利条件。在中国共产党的真诚感召和周密安排下，各民主党派代表和无党派人士冲破国民党反动派重重障碍，从东北、华北解放区及上海、香港等地区相继会聚北平，共同参加筹备新政治协商会议的伟大盛举，参与筹建新中国的光辉伟业。民主人士代表在会上发言，表示共商建立新中国大计，准备政协筹备会议。这次欢迎会是民主人士在北平的第一次大联欢，正如中国国民党革命委员会中央委员李德全所说："这次集会表示着全国民主力量空前的大团结，表示着全中国的民主力量愿意在中国无产阶级、中国共产党、中国革命的英明领袖毛泽东先生的领导之下，齐心协力来彻底完成革命。"

由此可见，新中国建设初期，《东北日报》既坚持党性原则，通过舆论宣传推动党的事业发展，又作为人民的喉舌，反映广大人民的心声。在对待民主人士，团结民主人士上，除了向他们宣传中国共产党的各项方针政策外，更好的宣传方式是让他们身临其境去解放区感受人民的生活，感受解放区所发生的变化，相信中国共产党，团结在党的周围，一起为建设新中国努力奋斗。

民主人士北上在辽宁活动述略

张恺新

1948年4月30日，中共中央发布"五一口号"，正式发出"召开政治协商会议，成立民主联合政府"的响亮号召，揭开了中国共产党同各党派、各团体、各族各界人士协商建立新中国的序幕，奠定了中国共产党领导的多党合作和政治协商制度的基础。"五一口号"发布后，得到各民主党派、无党派民主人士、人民团体、海外华侨的积极响应。当时，在国民党反动集团的压制迫害下，各民主党派主要领导人和很多无党派民主人士转移到香港继续从事爱国民主运动，反对国民党一党专政的独裁统治。在中共中央的周密部署和精心安排下，从1948年8月起，李济深、沈钧儒、马叙伦、郭沫若等在香港的各民主党派领导人和无党派民主人士毅然冲破国民党当局的束缚和阻碍，踏上北上东北解放区的航程，三批北上民主人士汇聚到辽沈大地，谱写了筹备新政协、建立新中国的新篇章。1949年1月22日，在沈阳的34位民主人士和到达华北解放区的21位民主人士联名发表《我们对于时局的意见》，标志着各民主党派和无党派民主人士自愿接受中国共产党的领导。除上述三批北上民主人士外，截至1949年2月，还有21位民主人士从香港北上抵达大连或取道苏联回国抵达沈阳，总计有55位民主人士为筹备新政协来到辽宁境内。本文记述的就是民主人士从香港北上到辽宁筹备新政协的这段历史。

一、中共中央发布"五一口号"和筹划民主人士北上

1945年抗日战争胜利后，中国人民面临"两种命运、两种前途"，必须做出艰难选择。1946年6月，蒋介石集团置全国人民愿望于不顾，撕毁停战协定和政协（简称旧政协）协议，发动全面进攻。解放区军民被迫自卫，相继粉碎了国民党军队的全面进攻和重点进攻。到1947年夏季，刘邓大军跃进大别山，拉开了人民解放战争由战略防御转入战略进攻的序幕。与此同时，在中国共产党引导下，国统区的爱国民主运动热情日益高涨，反对国民党独裁统治的第二条战线形成并不断扩大。

在国民党统治处于强弩之末的状态下，以蒋介石为首的国民党反动集团一意孤行推行独裁、专制统治，打压和破坏爱国民主运动，制造了"较场口惨案""下关惨案""李闻惨案"等一系列惨案，使民主党派和无党派民主人士从"第三条道路"的幻梦中清醒过来，同共产党团结合作，一起推翻国民党独裁政权，建立一个独立、民主、和平、统一的新中国，成为各民主党派的共同愿望和自觉选择。

随着蒋介石在政治上更加孤立、军事上节节败退，中共中央于1947年10月10日发表《中国人民解放军宣言》，在发出"打倒蒋介石，解放全中国"口号的同时，提出："联合工农兵学商各被压迫阶级、各人民团体、各民主党派、各少数民族、各地华侨和其他爱国分子，组成民族统一战线，打倒蒋介石独裁政府，成立民主联合政府。"从此，蒋介石集团被排除在中共号召建立的联合政府之外。

1947年12月，中共中央在陕北米脂县杨家沟召开扩大会议，史称"十二月会议"。到1948年上半年，随着全国解放战争形势的发展和反对蒋介石统治的爱国民主运动高涨，召开新的政治协商会议（简称新政协）的时机逐渐成熟。在新的形势下，中共中央和毛泽东及时调整了建立新政权的步骤。1948年4月25日，毛泽东致电在西柏坡的刘少奇、朱德、周恩来、任弼时等，通知他们即将召开的中共中央书记处会议拟讨论的问题，第一项就是"邀请港、沪、平、津等各地中间党派及民众团体的代表人物到解放区，商讨关于召开人民代表大会并成立临时中央政府问题"。革命胜利指日可待，成立民主联合政府是人心所向、大势所趋，中共中央认为，建立新政权、成立新中国的时机已经成熟，是时候向国内外择机发布了。

1948年4月30日，中共中央书记处扩大会议（史称"城南庄会议"）讨论通过了经毛泽东修改后的《中共中央纪念"五一"劳动节口号》。当日，"五一口号"通过新华社正式对外发布，同一时间，新华广播电台也进行了广播。随后，《晋察冀日报》《人民日报》《东北日报》等报全文发表。中共中央发布的"五一口号"第五条内容最为关键："迅速召开政治协商会议，讨论并实现召集人民代表大会，成立民主联合政府。"这一条是毛泽东亲自修改的，代表中国共产党向全国各阶级、各社会阶层的民主进步力量发出了协商共建新中国的号召，标志着中国的民主政治建设和政党制度建设揭开了新的一页。

中共中央发布"五一口号"后，立即在海内外引起热烈反响。各民主党派、无党派民主人士、人民团体、海外华侨等组织和个人纷纷发表宣言、通电、声明、文章，拥护中国共产党的政治主张，希望早日召开政治协商会议，成立民主联合政府。台盟、民建、民进、致公党、民盟、农工民主党、民革、九三学社及民联、民促、救国会等民主党派以及海内外各界、各阶层人士纷纷举行会议，发表声明、通电、宣言，支持和响应中共"五一口号"。

　　"五一口号"极大地鼓舞了艰苦斗争中的各民主党派。5月2日，在香港的各民主党派代表聚首一堂，对中共中央"五一口号"进行了热烈广泛的讨论。5月5日，中国国民党革命委员会李济深、何香凝，中国民主同盟沈钧儒、章伯钧，中国民主促进会马叙伦、王绍鏊，中国致公党陈其尤，中国农工党彭泽民，中国人民救国会李章达，中国国民党民主促进会蔡廷锴，三民主义同志联合会谭平山和无党派民主人士郭沫若等12位民主人士联名致电毛泽东和全国同胞，响应中共"五一"号召，拥护召开新政协。同一天，他们还向国内各报馆、各团体及全国同胞发出《响应中共"五一"号召的通电》，指出，中共"五一"号召"事关国家民族前途，至为重要。全国人士自宜迅速集中意志，研讨办法，以期根绝反动，实现民主。用特奉达，至希速予策进"。5月7日，台湾民主自治同盟发表《拥护中共"五一"号召告台湾同胞书》。当时在上海处于地下状态的民主建国会中央也于5月23日秘密召开常务理监事会议，通过决议，响应中共"五一口号"。总部在北平的九三学社，处于国民党高压统治之下，当时不便发表公开声明，直至北平和平解放前夕，才得以在报纸上公开发表《拥护中共"五一"号召暨毛泽东八项主张的宣言》。"五一口号"发布后，在中国共产党的推动和领导下，迅速掀起了一场以香港为中心，主要由各民主党派和无党派民主人士参加，以筹备新政协会议为核心内容，以推翻国民党统治、建立新中国为目的的"新政协运动"。"新政协运动"主要以座谈会和在报刊发表文章等形式展开，围绕新政协的性质、影响、任务以及召集者、召开时间、召开地点等问题展开热烈讨论，充分发表意见和建议。

　　"新政协运动"以及民主人士北上的重要原因是民主力量在香港重新集结。1946年6月全面内战爆发后，国民党当局进一步打压迫害民主力量，各民主党派和无党派民主人士或转入地下活动，或转移到政治环境相对宽松的香港继续从事民主活动。1947年10月，国民党当局宣布民盟为非法团体，对民盟"严加取缔，以遏乱萌"，民盟总部于11月6日在上海被迫解散，沈钧儒等民盟骨干被迫转移到香港继续开展爱国民主活动。到1947年底，除民主建国会和九三学社总部仍留在内地坚持斗争外，其他民主党派总部及其主要领导人先后转移到了香港。在港的各民主党派、无党派民主人士在中国共产党的帮助下，重新组织起来，公开和国民党统治集团决裂，明确表示加入人民民主统一战线，为香港"新政协运动"的兴起打下坚实基础。1948年1月1日，代表中国国民党民主派力量的中国国民党革命委员会在香港宣告成立，宣布"脱离蒋介石劫持下的反动中央，集中党内忠于总理忠于革命的同志，为实现革命的三民主义而奋斗"，并愿与全国各民主党派、民主人士携手，建立独立、民主、幸福之新中国。1948年1月5日至19日，中国民主同盟在香港召开一届三中全会，宣布不承认蒋介石政府宣布民盟为非法团体，不接受解散民盟的任何决定，制定了"联共反蒋"的政治路线，主张彻底推翻国民党反动政府，建立民主联合政府，标志着民盟转向了新民主主义革命的立场。

中共中央及时指示香港分局及香港工委，要正确掌握和领导"新政协运动"，大力推动这场运动沿着健康的轨道发展。据此，香港分局的领导成员充分利用中共在香港创办的报刊《华商报》、《群众》周刊等宣传阵地，积极宣传中共中央"五一口号"，阐述党的有关方针、政策，中共中央香港分局书记方方在1948年5月13日发表的《为成立民主联合政府而奋斗》一文中指出："迅速召开政治协商会议，讨论并实现人民代表会议，成立民主联合政府，目前是全国人民的一个斗争方向。"中共香港工委书记章汉夫于5月20日发表了《论旧政协与新政协》，指出"新政协，是在共产党领导的新民主主义革命已发展到历史的转折点的新阶段，而由各民主党派、各人民团体及社会贤达召开，任务是讨论和实现召集人民代表大会，成立民主联合政府，以争取新民主主义革命在全国的胜利。这是争取新民主主义在全国胜利的、划时代的会议"。这些言论都发挥了重要的舆论引导作用，到1948年夏，筹备召开新政协、成立民主联合政府已成为在香港的各民主党派和无党派爱国人士的普遍共识。

"五一口号"发布后，邀请和组织民主人士北上解放区、筹备政治协商会议，成为中共中央的一项重点工作。"五一口号"发布的第二天，1948年5月1日，中共中央向上海局、香港分局发出邀请民主人士来解放区的指示，提出一份29人名单和需要合作、协商的有关问题。这封电报是以中共中央名义为召开政治协商会议向各民主党派、人民团体和无党派人士发出的第一封"邀请函"。随着形势的发展和时间的推移，中共中央邀请的人士也在不断增加，到1948年11月已达100余人。也是在5月1日，毛泽东亲笔致信在香港的李济深和沈钧儒，就召开政治协商会议、成立民主联合政府提出明确建议，并就政治协商会议的代表组成、会议地点和时间、三党发表联合声明等事项提出具体建议。

早在讨论通过发布"五一口号"的中共中央城南庄会议上，周恩来就发言指出："'五一口号'不是宣传口号，是行动口号。这个行动，就是邀请、部署和组织在香港及国统区的民主人士前往解放区，筹备和召开新政协，建立新中国。"中共中央对邀请及护送民主人士来解放区高度重视，"五一口号"正式发布后，中共中央便开始筹划部署民主人士从香港北上到解放区筹备新政协事宜，因为这项工作涉及党的统一战线和隐蔽战线工作，中共中央书记处决定由周恩来亲自主持和统筹指挥。周恩来亲自草拟邀请名单，制定具体路线和安全措施，甚至亲自安排和确定接待方案，周恩来要求每次护送均要有中共党员陪同，要严守秘密并确保安全，中共香港分局制定的所有北上行动计划都报经周恩来批准实施。为具体做好民主人士北上的护送工作，中共香港分局、香港工委专门成立五人接送小组，成员分工为：潘汉年负责全面工作，夏衍、连贯负责与各民主党派负责人联络，许涤新负责筹措经费，饶彰风负责接送的具体工作。经过精心谋划和周密准备，从1948年8月起，护送民主人士秘密从香港乘船北上解放区，成为落实"五一口号"的一个实质性行动。为适应形势需要，1948年9月26日，中共中央城市工作部更名为中共中央统一战线工作部，承担起筹备新政协、安排和护送民主人士前往解放区等工作职责。

最初，中共中央将新政协的筹备地点选在1946年4月即宣告解放的哈尔滨，因香港与解放区的陆上和空中交通当时都已中断，周恩来起初考虑开辟香港—英国—苏联—哈尔滨的专门线路，潘汉年布置萨空了找到香港大学校长史乐斯，请其向香港总督葛量洪说明李济深、沈钧儒等想经伦敦去苏联转赴东北解放区，结果港督葛量洪答复称此事要请示英国政府，不可能很快答复。周恩来于是决定放弃这一设想，改由香港坐船到大连或营口港进入解放区的海上通道。周恩来决定将时任大连中华贸易总公司负责人的钱之光派往香港参与护送民主人士北上的工作，将时任董必武秘书的钱之光夫人刘昂派到大连接替钱之光的工作，并亲自找刘昂谈话，交代她赴大连对接香港民主人士北上登陆的相关工作任务。为谨慎起见，1948年8月初，钱之光专门为此和祝华、徐德明等同事从大连出发去香港。当时钱之光为便于公开活动，以解放区救济总署特派员的名义前往香港，走的是经大连、安东到朝鲜新义州、平壤、罗津，然后在罗津港租用苏联货轮"波尔塔瓦"号，船上装的是大豆、皮毛、猪鬃等土特产品，还带了一些黄金，准备到香港采购西药、电信器材、高级纸张以及汽车轮胎等解放区所需物资，然而途中遭遇了国民党海空军监视，也遇到了龙卷风。虽然这条航线早在一年前就已经打通，但从钱之光一行这次实践来看，仍存在一定风险。8月下旬钱之光到达香港后，与中共香港分局负责人方方和潘汉年等接上关系，传达了中共中央的指示，方方和潘汉年表示已收到中央电示，双方随后讨论了接送民主人士北上的具体问题并进行了分工：香港分局负责上船之前与民主人士联络、搬运行李、护送上船等任务；钱之光主持的香港联合行（华润公司前身）负责租赁货船、安排开船时间并派员上船随行护送。后来在民主人士乘船北上时，钱之光还特意安排来往过这条航线的大连中华贸易总公司工作人员祝华、徐德明、王华生随船护送。在筹划和护送民主人士从香港北上的过程中，考虑到当时严峻复杂的斗争形势，特别是国民党保密局特务和港英当局相勾结打压迫害爱国民主运动，中共中央特别强调了保密纪律，要求保密工作不能有一丝一毫的疏漏和松懈。钱之光后来回忆："每次都是由原来与民主人士保持联系的人去联系好，等载货回解放区的船准备好以后，就由他们负责，把民主人士送上船。在当时复杂的情况下，要保守秘密是一件很不容易的事。每次护送民主人士，特别是一些引人注目的民主人士上船，我们事先都做了比较周密的安排。要求负责联系的同志机智灵活，特别注意摆脱密探的跟踪。对于上船要经过的路线，事先要调查熟悉；还事先约好什么人去接，遇上情况如何对付，等等。由于民主人士社交活动多，认识他们的人也多，为了避免遇到熟人，每次都安排在黄昏以后上船。"面对国民党特务和港英当局的监控、阻挠和破坏，保密工作必须做到万无一失，每一个运送方案都需要严谨而周密的设计与安排。据蔡廷锴日记记述，连他家人当时也不知道北上人士的具体行动。1949年5月，周恩来电召钱之光到北平工作，对钱之光、刘昂夫妇为接送民主人士北上所做的贡献予以充分肯定。可以说，筹划安排民主人士从香港北上东北解放区这项充满风险而又富有意义的工作最终得以安全顺利完成，既体现出中共中央的英明决策部署，又凝结着钱之光、潘汉年、连贯等全体参与这项工作的中共党员和相关工作人员的不懈努力和辛勤付出。

二、第一批民主人士北上和抵沈经过

1948年8月底，经过精心筹划，第一批北上民主人士名单和北上方案已经确定并上报中共中央，这个方案中的北上人数要超过后来的实际人数。8月30日，周恩来、任弼时、李维汉联名致电中共中央香港分局和钱之光，同意组织第一批民主人士搭乘苏联货轮前往朝鲜，但须注意绝对保密。然而，9月1日，乘船回国准备参加筹备新政协的冯玉祥将军在途经黑海时因客轮失火不幸遇难，这个消息传到香港，难免让人担心民主人士北上行程的安全问题。考虑到同样是乘坐轮船，有的民主人士担心会在船上遭到国民党特务暗害，建议同为国民党民主派代表人士的李济深暂缓北上。中共中央为此做了慎重考虑。9月7日，周恩来代表中共中央致电香港分局，"民主人士乘苏轮北上事，望慎重处理""不宜乘一轮，应改为分批前来，此次愈少愈好"。在得到周恩来的电示后，香港分局最后确定沈钧儒、谭平山、蔡廷锴和章伯钧第一批北上。值得一提的是，为了安全考虑，李济深最终没有第一批北上，但中共中央香港分局于8月28日和9月4日两次在罗便臣道李济深寓所召开会议，与民主人士们商讨北上的具体事宜，这两次会议李济深均参加，同样参加会议的蔡廷锴在这两天的日记里分别有"行踪严守秘密""决定行动日期及行动秘密方法"的记述。

　　1948年9月12日晚，沈钧儒、谭平山、蔡廷锴、章伯钧和以蔡廷锴秘书身份北上的中国国民党民主促进会常务理事林一元等5位民主人士在香港维多利亚港登上悬挂苏联国旗的"波尔塔瓦"号货轮。临行前，蔡廷锴为保守北上行动的秘密，连夫人都未告知，而且他在当天下午还陪夫人罗西欧看了场电影，又去探望了在医院养病的女儿。按照蔡廷锴日记所记述，他当晚先是前往陈其尤住所聚餐，晚9时方与谭平山离开，到中共香港工委统战工作委员会委员谭天度（谭平山同乡族亲）住处（离海不远），林一元已经在此等候。不久，沈钧儒、章伯钧在中共香港工委副书记连贯的陪同下也赶到谭天度住处，至晚10时大家化装完毕后，由罗培元带往湾仔码头，乘小船驶向"波尔塔瓦"号货轮。"是晚天气炎热，至天明尚未睡觉，但水手整夜装货，晨早起锚。"据罗培元回忆，他们是从谭天度住所步行前往湾仔码头的，"各人各间开几步行走，装作彼此不相识的样子"。

　　为了安全起见，第一批北上民主人士均进行了"乔装打扮"。沈钧儒、谭平山当时已是六七十岁的老人，且平时蓄有长须，穿长褂；章伯钧、蔡廷锴五十多岁，平时多西装革履，且蔡廷锴身高在1米85左右，如果穿西装尤为显眼。在罗培元等人帮助下，沈钧儒、谭平山扮作老太爷；章伯钧扮成着长袍瓜皮帽的老板；蔡廷锴个子高，穿褐色薯莨绸，脚蹬旧布鞋，扮作运货员。在9月12日晚民主人士们登船时，钱之光、章汉夫已经事先在船上等候为他们送行。钱之光在一个月前即是乘坐"波尔塔瓦"号货轮从朝鲜来到香港，非常熟悉这艘货轮。话别后，钱之光仍留下工作人员在小舢板上瞭望了一段时间，直到确定没有特务盯梢才返回。

　　第一批北上民主人士总计5人，中共香港工委书记章汉夫、中共香港分局统战委委员李嘉人陪同北上，钱之光派祝华、徐德明随船护送。此外，联合行（1948年12月更名为华润公司）总经理杨琳（秦邦礼）之子秦福铨和博古（秦邦宪）之子秦钢此前分别在香港读大学和高中，也乘坐此船北上解放区参加革命。秦福铨、秦钢是堂兄弟，他们是9月13日早晨被杨琳在九龙附近一个码头送上一艘游艇赶往"波尔塔瓦"号货轮的。据秦福铨回忆，之所以秦家兄弟登船北上，还有一点考虑就是兄弟两人分别是19岁、18岁，都会说粤语，可以扮作年轻的货运押运员。在秦福铨的记忆中，他们上船后不久，父亲杨琳也登上"波尔塔瓦"号，以联合行经理的身份察看轮船各个部门，"对各项安排、安全情况再次做了全面检查，对两个孩子又嘱咐了一番，并把他们介绍给了民主人士和章汉夫等前辈，然后又把一封写给陈云的信交给了秦福铨，而后和船长用俄语嘱咐了一番，然后心情沉重地下了船。"杨琳还带来一些日常药品交给章汉夫，让他们路上用。就这样，连同秦氏兄弟，此行正好是12人，与蔡廷锴日记中记述的"我们齐集共12人"相吻合。

　　在民主人士登船前，12日白天，钱之光等组织有关人员已经将民主人士们的大件行李搬运上船并进行了妥善的放置。由于事先已经接洽好，

"波尔塔瓦"号货轮为民主人士一行腾出了房间：沈钧儒住在大副的房间里，在楼上，大副就睡在沙发上；谭平山、蔡廷锴、章伯钧和章汉夫住在一个房间里，是两个上下铺，他们经常坐在一起聊天，而秦氏兄弟被交给了水手长，"水手长是一个年轻的苏联人，两个孩子就被安排在水手长的房间住下，上下铺"。秦氏兄弟和民主人士一起用餐，有时候苏联船长和大副也和他们一起用餐。而负责护送民主人士一行的联合行祝华、徐德明在船上作为真正的货物押运员是单独起居的，对民主人士和陪同干部行保护之责。在华润公司编辑出版的《红色华润》中对此有专门的描述："这是形势所迫，政治任务和贸易任务分离，万一国民党军舰赶来，抓走了沈钧儒、章汉夫等民主人士和共产党员，还有他们两个在，船上的物资就不会受影响。船是苏联的，货是运往朝鲜的，都是合法的。"为了隐蔽和保密起见，也避免沿途受到国民党军舰巡逻盘查，以商人货主身份乘船的蔡廷锴还使用了假名崔子行。

第一批北上民主人士乘坐的"波尔塔瓦"号从香港起航时间长期以来多有9月12日的说法，还有一些材料和叙述者会将其与辽沈战役9月12日打响结合起来。这里必须说明的是，辽沈战役在9月12日打响的当天，消息无法从交战地冀东、辽西一带迅速传到香港，且辽沈战役打响当天也没有"辽沈战役"这一称谓，至于民主人士选在9月12日登船与辽沈战役第一天实在是时间上的巧合，没有必然关联。事实上，民主人士是于9月12日晚登船，按照蔡廷锴日记记述"是晚天气炎热，至天明尚未睡觉，但水手整夜装货，晨早起锚"。蔡廷锴在9月13日的日记中则记录："8时早餐。祝君宣布行船临时规则并说：'本拟6时开船，因船主货单手续未清，9时30分启程。'"这里的祝君即钱之光派去全程护送民主人士的联合行工作人员祝华。蔡廷锴的日记并非后来补记，应该是第一批民主人士北上的第一手资料，他在当天日记中还写道在开船后，"倚船栏遥望香港半山，与本宅分别"。亲历此次航程的秦福铨也清晰回忆："确定开船时间是白天"。

由此可见，民主人士们是在9月12日夜间秘密登船，这主要是防止特务跟踪，而这条船和船上的货物、乘客是合法的，轮船出海前，船上所装货物、所载的乘客都要"报关"，接受香港海关人员上船检查，苏联船长还需要香港领航员领航。这一套程序下来至少得需要一两个小时的时间，有时货轮即便早晨接受检查都得拖延到接近中午时分才能开船，而检查又只能在白天进行，因此可以确定，第一批北上民主人士系于1948年9月12日夜10时许登船，一直到9月13日上午9时许才起航，这在当天上午离港的货轮中已经是比较早起航的了。

"波尔塔瓦"号是一艘货轮，除了十几位经过乔装的"船员"和"押运员"，还满载3000吨要运往东北解放区的货物，其中包括医疗器械、机床、卷筒新闻纸、真空管、麻袋、轮胎、鞋子、棉纱、棉花、车用零部件等，这些都是解放区急需且匮乏的物资。由于这是在中共中央部署下的第一批民主人士离港乘船北上行动，因此无论是乘船的民主人士和陪同、护送人员，还是参与筹备此次行动的后方团队，都对此行充满了一定程度的担心，这从联合行经理杨琳（秦邦礼）离开船时"心情很沉重"就可见一斑。杨琳清楚，这一定是一次充满危险的航行，"万一被国民党特务察觉了，在大海上，国民党的军舰、飞机随时都有可能采取行动。"钱之光在送别民主人士离开货轮后也一直忐忑不安，"因为这仅仅是开始，货船要经过台湾海峡，随时有被国民党炮击或被劫的危险，而且航程很长，不知道在什么地方会出什么问题。"而据9月18日中共中央给东北局的电报中说"据钱之光电告"第一批北上民主人士"约申有可抵罗津"来看，钱之光在"波尔塔瓦"号北上途中曾给中共中央电告，推算出货轮大体会在"申"日也就是9月25日抵达朝鲜罗津港。

事实上，"波尔塔瓦"号此次航程确实遇到风险。9月16日，当货轮行至台湾海峡附近时遭遇到强台风，形势十分危急。据蔡廷锴日记记述："海中无边，所见均属白头大浪，汹涌而来……午后风浪猛于虎将。船吹近澎湖岛，距半米就岩石岸。"可以说，这是一个极为危急的时刻，一旦货船触岩，后果难以设想。当时，苏联船长立即动员全船人投入抢险，蔡廷锴和船员们一起手持铁条木棍等工具，合力顶住岩石，才使得货轮避免触岩，蔡廷锴浑身湿透，这位有着近四十年军旅生涯的国民党上将被冻得浑身发抖，他在日记中写道："入夜，风仍未减，我终夜不眠，须与风浪奋斗。至12时，风已稍刹。"一直到凌晨时分，风浪退去，海面恢复了平静。蔡廷锴秘书林一元也回忆"当行经台湾海峡时，忽遇大风，风急浪涌，船行缓慢"。秦福铨在回忆当时感受时也称："我被那排山倒海般的风浪吓住了，海水像一堵墙似的站了起来朝船首猛扣下来，我真担心这艘老式货船能不能经受住。"而这次台风据当时的报纸记载，造成的伤亡达2000余人，"波尔塔瓦"号货轮有惊无险，实在是躲过一劫。一路上，"波尔塔瓦"号除了遭遇台风外，基本没有遇到人为有目的的阻挠，仅在9月24日下午驶近南朝鲜釜山港海域时遭遇美军两架侦察机低飞侦察，但货轮当时是在公海航行，美军侦察机或许发现是苏联货轮，故而在低空侦察之后便飞离。

"波尔塔瓦"号货轮此次航程长达15天之久，这是历次从香港北上民主人士海上航程中最长的，主要还是台风等恶劣天气的干扰所致。航行中，民主人士和陪同、护送人员经常进行言语交流，通过交谈对话驱除乘船的枯燥和乏味。9月18日是中秋节，章汉夫、祝华提议大家在船上举行一场小型联欢晚会，大家边赏月边竞相表演节目，有人唱民歌，有人唱粤剧，沈钧儒则熟练地打起太极拳，当天苏联船长也决定杀猪加菜与大家同庆中国节日，蔡廷锴、林一元则自告奋勇下厨帮工，他们把苏联船员准备抛入大海的猪肚肠捡起，洗得干干净净，红烧出两盘地道的粤菜，大家边吃边赞，有人还请他们传授厨艺。行程中，大家少不了幽默调侃，尤其是渡台湾海峡，经历台风后大家开玩笑认为"渡过海就是神仙"，于是章汉夫将12位不同年龄段乘客以"十二仙团"命名，长髯仙为沈钧儒，白髯仙为谭平山，怪仙为章汉夫，童仙为秦氏兄弟……在旅途生活中，一行人还遇到了缺水的不便，由于货轮航程远比预期要长，故而到9月19日即出现用水紧张，只得除了吃喝外基本不再供水，甚至连洗脸水都不再供应，蔡廷锴不得不将洗米水用毛巾润湿后擦拭面部。这种用水管制一直到9月26日靠岸前一天才放开，因当时货轮已航行到罗津港附近，苏联船长宣布从当天中午开始开放洗澡用水，但由于淋浴房只有一个，大家轮流洗澡，从下午一直洗到午夜。也正是在这一天，护送民主人士北上的祝华在船上收听到华东野战军解放济南的播音报道并转告大家，蔡廷锴在日记中记述称："各友欢喜若狂，料想蒋军崩溃当不远矣……"

经过长达15天的海上航行，"波尔塔瓦"号货轮于9月27日上午抵达朝鲜罗津港。中共中央东北局常委李富春专程前往迎接，东北局驻朝鲜全权代表朱理治也到码头迎接。当晚6时，民主人士一行从罗津乘专列启程，当晚在列车上过夜。9月28日早餐后，民主人士一行走下火车，到中朝交界的图们江桥头等处参观，午餐后又参观了当地的蚬场和造纸厂。9月29日上午，民主人士一行乘坐的专列抵达哈尔滨；中共中央东北局、东北行政委员会相关领导高岗、陈云、林枫、高崇民、蔡畅等在火车站迎接，沈钧儒走下火车时，摄影师拍下了一张珍贵的历史照片，成为此次第一批北上民主人士行程中唯一一张留下的照片。当晚，东北行政委员会主席林枫设宴为民主人士一行洗尘，沈钧儒等5位民主人士入住马迭尔宾馆，先期抵达哈尔滨的朱学范也在此时从原先居住的总工会招待所搬到马迭尔宾馆。此后几天，第一批北上民主人士在哈尔滨得到充分休息。蔡廷锴除了写信向香港家人报平安外，还致函李济深，建议他尽早北上，共商国是。沈钧儒等在10月2日联名致电毛泽东、周恩来和朱德："愿竭所能，借效绵薄；今后一切，伫待明教。"毛泽东、周恩来、朱德于次日联名回电："诸先生平安抵哈，极为欣慰。弟等正在邀请国内及海外华侨、各民主党派、各人民团体及无党派民主人士的代表人物来解放区，准备在明年适当时机举行政治协商会议。一俟各方代表大体到达，弟等即当趋前候教。"第一批北上民主人士抵达后，10月2日，中国民主促进会常务理事王绍鏊（当时民进未设主席、副主席，主要负责人即马叙伦、王绍鏊、许广平等3位常务理事）从香港北上经朝鲜抵达哈尔滨；冯玉祥夫人李德全和冯玉祥秘书赖亚力这两位民革党员于11月2日经苏联回国抵达哈尔滨，李德全是在冯玉祥黑海遇难后顶着悲痛怀抱冯玉祥骨灰盒继续行程的。连同原先就在哈尔滨办公的东北行政委员会副主席、民盟盟员高崇民，到11月初，集结在东北解放区参与筹备新政协的民主人士已达8位，他们中除高崇民外，均下榻在哈尔滨马迭尔宾馆。

中共中央指定中共中央东北局就筹备新政协、建立新中国的重大问题，与抵达哈尔滨的民主人士开始进行实质性协商。10月8日，周恩来率中央统战部草拟了《关于召开新的政治协商会议诸问题（草案）》和《提议邀请参加新政协的单位表》两个文件。两个文件经毛泽东审改后，发给了中共中央东北局高岗、李富春。中央指示高岗、李富春就文件中提到的新政协诸问题，与在哈尔滨的沈钧儒、谭平山、章伯钧、蔡廷锴、王绍鏊、高崇民、朱学范等举行商谈，并指示"他们如有不明了之处，你们应善为解释"。与此同时，周恩来及中央统战部的同志与已经到达河北平山县李家庄的民主人士符定一、周建人等进行了会谈协商。10月11日，毛泽东致电中共中央东北局，指示高岗、李富春与在哈尔滨的民主人士恳谈一两次，征得民主人士对新政协的意见并请民主人士提出筹备新政协会议的名单。10月21日，在哈尔滨马迭尔宾馆会议室，高岗、李富春根据中共中央的电报指示精神，邀请沈钧儒、谭平山、章伯钧、蔡廷锴、王绍鏊、朱学范和高崇民，举行了第一次"新政协诸问题"座谈会，就《关于召开新的政治协商会议诸问题（草案）》，交换了意见。这次座谈会，标志着协商筹开新政协会议由此开端。10月23日，第二次座谈会举行。大家对新政协的原则、新政协的参加范围、新政协重要讨论事项、如何成立中央政府，以及筹备会的组成等具体事宜进行讨论，发言非常踊跃，会场气氛热烈。11月15日，高岗、李富春与在哈尔滨的民主人士们举行了第三次座谈会。经过三次重要协商及以后的几次座谈，并结合香港等方面讨论的情况和意见，中共中央由高岗、李富春为代表，与在哈尔滨的民主人士沈钧儒、谭平山、章伯钧、蔡廷锴、王绍鳌、高崇民、李德全、朱学范8人，在25日达成《关于召开新的政治协商会议诸问题的协议》。这份文件为新政协筹备会的成立、人民政协第一届全体会议的召开、中央人民政府的组成乃至新中国的成立，都奠定了坚实的政治基础。

1948年11月2日沈阳解放，标志着辽沈战役胜利结束。沈阳是东北中心城市，工业基础雄厚，城市基础设施完备，在政治、经济、军事、交通、文化教育等诸多方面都较当时的哈尔滨更具优势。沈阳解放后，按照中共中央指示，中共中央东北局、东北行政委员会就已经开始着手迁址沈阳办公。在11月25日高岗、李富春在哈尔滨代表中共中央与沈钧儒、谭平山等人达成《关于召开新的政治协商会议诸问题的协议》后，中共中央东北局即开始筹备民主人士从哈尔滨前往沈阳继续讨论新政协筹备事宜。行前，东北局召集民主人士们开了一次会，讨论行程等具体事宜。会上决定，为免遭国民党飞机干扰，保证民主人士人身安全，此行不乘火车而走小路，沿途也可实地感受东北解放区的氛围。遗憾的是，由于原始档案缺乏，在哈尔滨的民主人士启程前往沈阳的具体时间如今很难考证，据朱学范回忆："我们与沈钧儒等民主人士十余人为一组，11月下旬从哈尔滨出发，有时坐汽车，有时步行，有时坐雪橇……到达长春后进行参观访问，大约住了半个来月，然后到达沈阳，住在铁路宾馆。"此次从哈尔滨前往沈阳的民主人士有沈钧儒、谭平山、章伯钧、蔡廷锴、王绍鳌、朱学范、李德全、林一元、赖亚力和时任东北行政委员会副主席的民盟盟员高崇民，共计10人，朱学范所回忆的十余人应该包括随行的工作人员。12月19日，民主人士一行到达沈阳入住沈阳铁路宾馆，与此前于12月6日入住沈阳铁路宾馆的第二批北上民主人士马叙伦、郭沫若等人会合。而中共中央东北局、东北行政委员会于12月6日正式由哈尔滨迁址沈阳办公。

两批民主人士在沈阳铁路宾馆会合后，宾馆热闹了许多，民主人士每天都从广播、报纸中收听、阅览全国解放战争的最新消息，对当时的淮海战役进展、解放区新面貌和国民党统治弊端尤为关注。1948年12月31日夜，在民主人士下榻地沈阳铁路宾馆先是举行了大型的联欢晚会。联欢晚会开始前，中共中央政治局委员、中共中央东北局常委兼组织部部长张闻天为民主人士们作了《打倒三大敌人》的重要报告，给民主人士们很大的启发和教育，加强了他们对革命必胜的信心。据时任中国国民党民主促进会常务理事、蔡廷锴秘书林一元回忆：“晚会是多姿多彩的，唱歌、跳舞、扭秧歌，应有尽有，各适其适，欢乐的人们，在欢乐的海洋中守岁，子夜后才陆续归寝。”沈钧儒当夜十分激动，这位晚清进士“纵酒狂欢”，在睡前即兴吟诗三句“一串秧歌扭上楼，神灯枉为日皇留。光明自有擎天炬”后，“不能续”便入睡，次日晨续了最后一句“照澈千秋与五洲”，因当时沈阳铁路宾馆入门处大堂有日伪时期留下的神社式石灯一座，从餐厅走向楼梯必经过此石灯，故沈钧儒才有“神灯枉为日皇留”之感慨。实际上，爱好作诗的沈钧儒在从哈尔滨到沈阳的路上，就曾有感而发写下打油诗《翻身乐吟》《月上射枕睡不着》等，后来这两首诗都收入沈钧儒诗集《寥寥集》中。郭沫若在1948年12月31日夜间的欢庆氛围中也吟诗一首，是和许宝驹原诗，郭沫若的这首《和许昂若除夕口占》写道：“豪饮狂欢老益妍，醉来扭舞似秋千。推翻历史五千载，迎接明朝全胜年。”对解放战争胜利的期待和热望可见一斑。

1948年岁末最后一天的沈阳铁路宾馆内可谓张灯结彩、通宵达旦。据朱学范回忆：“我们在沈阳与当地群众一起度过了一个非常有意义的新年，大家欢欣鼓舞地迎来了光辉灿烂的1949年，除夕晚会之后，我们民革小组还举行茶话会，李富春、沈钧儒、章伯钧、陈其尤、王绍鳌、高崇民等，以及旅馆的经理和部分工作人员也参加了茶话会，一直畅谈到深夜，尽兴而散。在茶话会上，李富春还告诉我们一个好消息，说是李济深等三十多位（实际是十多位——引者注）民主人士已于12月26日启程北上，预计明年初抵达大连。"由此可见，在沈阳的这些民主人士是在此时方知李济深等人已经在船上。但很显然此时在沈阳的前两批民主人士十分期待李济深等人的到来。

李富春（左）和沈钧儒在沈阳铁路宾馆

1949年1月1日是中国国民党革命委员会成立一周年，朱学范等民革小组成员在铁路宾馆会议室举行纪念民革成立一周年茶话会。下午，民革小组召开第五次小组会。会上，就在朱学范、谭平山、蔡廷锴、李德全、许宝驹、林一元、赖亚力等人在学习当天报纸上所载新华社发表的《将革命进行到底》新年献词时，李富春来到小组会会场，告诉大家蒋介石也发表了新年文告。针对蒋介石新年文告的内容，小组会对此进行了讨论，大家纷纷揭露蒋介石的阴谋。朱学范回忆："大家的心情是愉快的，认为推翻蒋政权已在眼前了。"这次民革小组会还讨论了是否派人到大连迎接李济深一行的问题。谭平山在会上认为："任公是应中共中央邀请北上的，中共方面自会热情迎接，民革小组就不一定再去人了。"而蔡廷锴、李德全、许宝驹、赖亚力、林一元都认为李济深来解放区是一件大事，民革小组理应派人去迎接，于是决定由朱学范代表民革小组赴大连迎接李济深一行。

1月2日，沈阳铁路宾馆仍然沉浸在新年的节日气氛中。沈钧儒对林一元说，在这个难得大家住在一起而又有空闲的机会，可以请一些同志写字、吟诗。林一元后来回忆："沈老还说，他带有一张宣纸，可分给我半张。在沈老的教导下，我便先请他老人家带个头，沈老爽快地答应了，接着我再请郭沫若、马叙伦、丘哲、彭泽民、邓初民、洪深、沙千里、侯外庐等一共9位民主人士都留了墨宝。"其中，沈钧儒将前述的七言绝句题写在宣纸上。中华人民共和国成立后，这幅手书绝句长期悬挂在林一元家的客厅里，直至1988年林一元逝世。

三、第二批民主人士北上登陆和抵沈经过

第一批北上民主人士顺利抵达目的地的消息传到香港，钱之光等领导的联合行的大多数工作人员为了表示庆祝任务顺利完成，特意在晚饭时加了一个红烧肉。中共香港分局、香港工委和联合行随后开始启动第二批民主人士北上的准备工作。在大连的刘昂特意以中华贸易总公司的名义租了一艘苏联货轮"阿尔丹"号，装上解放区出口的物资和一些黄金来香港，以便接第二批民主人士北上，并带去解放区所需的物资。按照计划，第二批北上民主人士应该在10月中旬启程，但这期间又发生了一个意外："波尔塔瓦"号货轮在返回香港进港时在鲤鱼门一带与一艘英国商船相撞导致搁浅，不得不入船坞修理，且短时间内难以修完。随着全国解放战争形势的发展，特别是筹备新政协相关事项的不断深入推进，中共中央指示香港分局和钱之光想办法及早推进这批民主人士北上。可"阿尔丹"号还在海上，也来不及。于是，钱之光另租了一艘悬挂葡萄牙国旗（有一些史料记载是挪威国旗，此处据郭沫若诗和周海婴回忆认为是葡萄牙国旗）的"华

中"号货轮于11月23日从香港启程。

第二批北上的民主人士在人数上比第一批明显增加。先前在李济深寓所两次开会时均参加的马叙伦、郭沫若，原本计划第一批北上，后来因安全等方面考虑，成为第二批北上民主人士中的代表人物。马叙伦是民进主要领导人，郭沫若是无党派民主人士的代表人物。这批北上民主人士还有救国会常委沈志远（1902—1965）、农工党中央秘书长丘哲（1885—1959）、致公党主要领导人陈其尤（1892—1970）、九三学社监事侯外庐（1903—1987）、民盟盟员翦伯赞（1898—1968）、民盟港九支部负责人冯裕芳（1883—1949）、救国会常委曹孟君（1903—1967）、民联中央常委许宝驹（1899—1960）、民进常务理事许广平（1898—1968），1948年5月在香港加入中国共产党的著名新闻工作者宦乡（1909—1989）此时未对外公开中共党员身份，仍以文化界无党派民主人士身份北上。此行中的翦伯赞和宦乡是作为文化界人士北上的，他们的具体使命并非参加筹备新政协，而是前往位于河北省西柏坡的中共中央宣传部报到。中共中央香港分局副书记兼统战委书记连贯亲自陪同北上，钱之光派王华生随船护送。随船同行的还有长期潜伏在国民党军队中为党提供情报、曾任蒋介石侍从室中将高参的韩练成，韩练成曾在1947年莱芜战役中为围歼李仙洲兵团提供重要情报，此时身份暴露的他由中共中央特别安排护送，准备从香港北上前往河北平山县的中共中央社会部接受新的工作。虽然后来钱之光在回忆文章中将韩练成也归入北上民主人士之列，但当时同船者并不清楚韩练成的真实姓名和身份，"都管他叫老张"，"除了连贯，没有人知道韩练成的真实姓名，也没有人知道他的真实身份"。因此，尚未明确公开身份的韩练成虽然和第二批北上民主人士同乘华中轮北上，但严格意义上说，韩练成并非属于民主人士范畴。此外，许广平之子、年仅19岁的周海婴当时也随母亲乘船北上。

第二批民主人士北上虽与第一批相隔一个多月，但仍是一次秘密行动。当时，沈钧儒等第一批民主人士北上东北解放区的消息并未对外公开，加上第二批北上民主人士人数增多，因此仍须注意保密。为此，郭沫若在得知北上的确切日期后，赶写出七八篇《抗日战争回忆录》文稿预先交给《华商报》，以供该报《茶亭》副刊连载，一直到12月5日，郭沫若撰写的《抗日战争回忆录》才在《华商报》副刊《茶亭》连载完毕，而此时郭沫若已经北上到达辽宁了。在北上前，郭沫若应邀到香港南方学院演讲，他激动地对同学们说："新中国在东方喷薄欲出了，建设新中国的神圣职责，落在年轻人的肩上。同学们！希望你们爱祖国，爱学习，学知识，长本领，为伟大的祖国贡献力量。"虽然没有说明即将北上，但郭沫若讲道："冬天来到了，难道春天还会远吗？让我们举起双臂，欢呼新中国的春天的来临吧！"

据周海婴回忆，第二批北上民主人士也是分头行动去往码头的，而且也是乘小船驶离码头后靠近并登上"华中"号货轮的。郭沫若和夫人于立群在准备就绪后，还特意去同行的民盟港九支部主委冯裕芳家中做客，看到冯老家中养的金鱼，郭沫若还即兴作诗一首。而后，郭沫若夫妇和冯裕芳一起前往侯外庐住所集合，直到当天夜幕降临，郭沫若告别夫人于立群，和冯裕芳、侯外庐乘小船出海后登上"华中"号货轮。

"华中"号货轮出海后，在航行至台湾海峡时也遭遇了强台风，由于船长富有应对风浪的经验，沉着指挥轮船航行，故而有惊无险。周海婴后来回忆，当时大家最担心的还不是风浪，而是如果风力再增强一级，此船将必须靠岸躲避，也就是靠近台湾岛的海岸，那样极有可能遭遇到国民党兵舰盘查。"华中"号货轮由于是临时租赁，当时可供选择的合适货轮很少，因此该船的配置在从香港北上到达东北解放区的三艘货轮中是较差的，并不具备真正的客货两用功能，周海婴回忆称该船"没有正规客房，仅有少量几间舱房，原是大副、水手长的卧室，临时让出来，照顾郭沫若、马叙伦、冯裕芳等几位长者。多数人睡统舱，男女分开，睡舱里又

暗又狭，不适宜聊天"。因此，民主人士们经常到船的顶层大厅和甲板上
"聚首谈天"。

（前排左起）马叙伦、郭沫若、许广平、曹孟君、侯
外庐和周海婴（后站立者）等民主人士在北上途中

　　在三批北上抵达东北解放区的民主人士中，只有第二批留下了在船上
的影像资料，这归功于随民主人士北上的许广平之子周海婴。离开香港
前，连贯给许广平送去一些港币，供许广平母子采购一些棉衣、箱子等北
上的必备品。由于许广平母子刚从上海到达香港不久，从上海带来的秋冬
装衣物尚足，故而周海婴在采购时缩减了棉衣等方面的开支，用省下的钱
买了一架德国"禄莱"牌照相机，这架照相机为记录民主人士北上历史瞬
间做出了不可替代的贡献。周海婴为此行大多数民主人士拍摄了在船上的
照片，多为三五人合影。由于此相机是低价所买，所以周海婴认为"后来
使用结果，成像的清晰度差了很多，放大后的相片比较'软'，这也是无
可奈何的事"。在操作这架照相机前，周海婴已经学会了摄影并使用过照
相机，从他在此行中拍摄且洗印下来的数十幅照片来看，照片拍摄的专业
程度还是比较高的。

　　第二批北上民主人士中有数位擅长吟诗填词，十几天的海上长途旅
行，在没有现代媒体的年代，写诗唱和成为船上几位民主人士文化生活必

不可少的内容。马叙伦在上船之初既思念妻儿，又向往新中国即将诞生，写了两首五言古体诗出示郭沫若，郭沫若当晚就奉和两首；农工党中央秘书长丘哲年龄稍长且患有高血压症，加上海上风高浪急而感到不适，但他毫无怨言，吟诗见志，上船之后写了一首《十一月二十三日自香港乘轮赴东北口占留别亲友》的诗，郭沫若随即写了一首《血压行》安慰丘老。在郭沫若的提议下，华中轮上的北上民主人士们办起了一个《破浪壁报》，以便于诗词传阅。由于年代久远加之当事人回忆并不翔实，这个壁报究竟是在小黑板还是在其他"壁"上写诗已经无从考证，但极大方便了诗歌的传抄留存，让民主人士们有感而发的诗作得以保存下来。

11月28日，在第二批北上民主人士登船起航五天后，郭沫若看到许广平在船上每天都为周海婴织毛线衣，原来临出发前，许广平担心东北寒冷，临时在香港买了两磅绒线，带到船上为周海婴赶织毛线衫裤，郭沫若见此情景深受感动，向周海婴要了他随身带的纪念册，在上面题写了一首《拟游子吟》，内容："团团毛冷线，船头日夜编。北行日以远，线编日以短。化作身上衣，冰雪失其寒。乃知慈母心，胜彼春晖暖。"还在后面附上一段文字。周海婴对这个纪念册一直珍藏。到沈阳后，李济深、李德全、章伯钧都在这个纪念册上为周海婴题过词，李济深题写的是《论语》中的"吾日三省吾身"语句，李德全题写的是"苟日新，日日新，又日新"这句励志词，章伯钧则题写"无欲则刚"以勉励周海婴。而郭沫若除了即兴作诗赠与许广平母子外，还在纪念册上题写了鲁迅先生的经典诗句"横眉冷对千夫指，俯首甘为孺子牛"并附言"鲁迅先生这两句诗实即新民主主义之人生哲学，毛周诸公均服膺之，愿与海婴世兄共同悬为座右铭，不必求诸远矣"。

周海婴爱好无线电，而华中轮上恰好有一台"国际"牌收音机。于是，摆弄这台收音机就成了周海婴的日常工作。每天，周海婴都要打开收音机，把频率对准到延安新华广播电台，当时的新华台信号不强却听起来极清晰，每天到了新闻发播时间，民主人士们会自动聚拢来听。据周海婴回忆，当时由于每天都能收听到解放军节节胜利的好消息，大家都显得欢欣鼓舞，有的民主人士还计算着什么时候解放军能够过长江，几年可以解放全中国。当民主人士们在船上收到新华社播发的淮海战役取得重大胜利、徐州解放的消息后异常兴奋，甚至在船上开了一个热烈的庆祝会，有的民主人士还即兴表演起文艺节目，他们能唱些解放区的歌，还能讲些笑话，许宝驹的京剧清唱很精彩，曾在船上唱京剧《秦琼卖马》选段。

第二批北上民主人士原定乘苏联货轮在大连登陆，然后前往哈尔滨。1948年12月1日清晨，华中轮驶近大连港，但由于临时更换了船只，而当时大连港由苏军管理，悬挂苏联以外国家旗帜的船只一律不准进港卸货，几经冯铉、刘昂等协调均未果。无奈之下，华中轮只好继续向北航行，计划驶往安东港登陆。当夜，海面突然刮起大风。在黑暗中摸索前行的"华中"号突然发现了前方一座灯塔的亮光，便向灯塔方向驶去，临时停在一座海岛后滩海湾，等待风停后再起航。12月2日清晨，郭沫若醒来后，到甲板上向北眺望，只见一座冥蒙的大岛展现在眼前，巍峨的石山南北纵横，峭壁屏列，高山突兀，宛如一座石城，它就是位于大王家岛北侧，更靠近陆地的石城岛。石城岛与大王家岛一起组成了石城列岛。郭沫若即兴赋诗《船泊石城岛畔杂成》抒发了奔向解放区的豪情。12月2日夜，郭沫若通过收音机收听到了淮海战场频频胜利的捷报，联想到刚刚胜利的辽沈战役，他感慨顿生，挥笔写下了《北上纪行》系列诗篇中的第三首，内容："人海翻身日，宏涛天际来。才欣克辽沈，又听下徐淮。指顾中原定，绸缪新政开。我今真解放，自愧乏长才。"12月3日清晨，郭沫若在船上遥望大王家岛东部海上日出，又吟诗一首。值得一提的是，由于突然遭遇大风降温天气，近岸海面大量结冰，导致岸上无法登船迎接，小舢板一时间也无法靠近华中轮，马叙伦等第二批北上民主人士所乘华中轮竟然在大王家岛海域停泊了两夜，直到12月3日上午，中共中央东北局和东北行政委员会代表、安东市委书记兼市长吕其恩带领庄河县公安局局长刘铮和其他干部先后乘小舢板木帆船破冰靠近华中轮，北上民主人士才得以换乘小船在大王家岛码头登岸。一些材料称这批民主人士是12月3日早晨乘坐华中轮在庄河县大王家岛抛锚是不准确的，实际上他们早在12月1日晚就已经搁浅至大王家岛附近海域，只不过由于近岸冰层较厚无法真正靠岸而已。而民主人士们经历一路旅途颠簸，又在这处陌生的海岛附近停泊两夜，真正登岛并见到前来迎接的中共干部后自然有种劫后重生的感觉，他们提议由周海婴在大王家岛拍摄一张合影照片，留下了珍贵的历史瞬间，这也成为三批北上到东北解放区的民主人士唯一一张整批集体合照，照片最右侧穿着皮靴的高个男子即是安东市委书记兼市长吕其恩。在照片左侧可以看到三件简陋包扎的行李卷，可见民主人士生活之艰苦朴素，更佐证出他们是刚刚乘货轮来到大王家岛陆地上。

第二批北上民主人士在大王家岛登陆时合影

　　民主人士登岸后，被分别安置在比较可靠的老百姓家中，据当地民众回忆，郭沫若被安置在岛上日伪时期警察所的房屋内休息。大王家岛前庙村姜崴子屯的老人姜淑芬回忆："大货船在灯塔山下面停了好几天，晚上船上灯火辉煌。"她还回忆，由于自己丈夫滕本树是当地村干部，所以自己家里被安排住了一个个头挺高、长相漂亮的女人，就住在她家东屋炕上，当晚和她聊天时，她曾说她要去哈尔滨，第二天早晨起床后就坐着别的船走了。姜淑芬提到的这位女同志其实就是王昆仑夫人曹孟君，曹孟君个子较高，更主要的是，华中轮上另一位女乘客许广平是母子同行，周海婴不大可能和母亲分别居住在两户人家，而且许广平头发花白且比曹孟君个子矮。

第二批北上民主人士在大王家岛上休息了一晚。12月4日天气好转，他们清晨即准备启程离开大王家岛前往安东市。此时，宦乡、翦伯赞以及同行的连贯、韩练成要前往山东烟台，再到河北西柏坡的中共中央机关报到，他们在12月4日早晨和马叙伦、郭沫若等在大王家岛话别。看到历史学家翦伯赞临别时依依不舍，郭沫若特意赋诗《送翦伯赞》以赠之。就这样，宦乡、翦伯赞与其他民主人士分别，他们到达大连后，与胡绳会合，然后乘船在山东烟台登陆，又辗转青州、济南、石家庄等地，到河北西柏坡已经是1949年1月上旬了。宦乡、翦伯赞作为北上民主人士和前文中的胡愈之、沈兹九夫妇一样，虽然在辽宁境内登陆，但又按照中共党组织安排转道前往河北平山县李家庄参加筹备新政协，他们都是著名的《我们对于时局的意见》（即"55人通电"）中署名的民主人士，虽然没能同大多数北上民主人士一道聚首沈阳筹备新政协，但他们的这段北上到达辽宁的经历是不能湮灭的。

这里需要说明的是，从庄河大王家岛老人姜淑芬回忆来看，在民主人士于12月3日于大王家岛登陆时，尚未明确此行目的地是沈阳，因此曹孟君仍对当地村民称此行目的地是哈尔滨。直到12月4日，民主人士们到安东二道沟（今浪头港）登陆时才知晓由于沈阳解放、东北局机关正在从哈尔滨迁址沈阳，筹备新政协不必再前往哈尔滨，可以从安东直接抵达东北地区中心城市沈阳。当时民主人士北上目的地由中共中央安排，并不存在一些材料里提及的在靠岸前大家得知沈阳解放遂改变行程前往沈阳的"自行决定"的可能性。可以说，特殊的历史机缘，让沈阳接力哈尔滨成为新政协筹备之地。

第二批北上民主人士于12月4日离开大王家岛后，在吕其恩等中共干部的护送下，换乘船只到达安东二道沟登陆，中共安东省委副书记、安东省政府主席刘澜波前往迎接。登岸后，郭沫若看到解放区人民在中国共产党领导下真正当家作主，过上了幸福生活，不禁回忆起自己35年前少年时代来安东的情形，今昔对比，郭沫若不觉吟出"我今真解放，矢不再蹉跎"之句。登岸后，民主人士们在乘汽车驶往安东市区的途中购买了御寒的棉帽。当天下午，民主人士们参观了安东市容市貌，到鸭绿江大桥进行了参观，晚上由安东省政府宴请，当晚入住安东火车站前的日伪时期建筑安东旅馆。12月5日，在安东市政府组织安排下，民主人士们动身前往五龙背温泉汤浴。五龙背温泉疗养所系1904年由日本人始建，当时称安东省五龙背疗养所，后改称解放军第二四〇医院，现为解放军联勤保障部队大连康复疗养中心五龙背疗养区。郭沫若在五龙背作诗两首。至今，接待民主人士们沐浴的该疗养地日伪时期五龙阁犹在，已经成为民主人士北上足迹的历史见证。当晚，民主人士们在五龙背火车站登上安沈铁路开往沈阳的客运火车，于12月6日晨抵达沈阳南站。值得一提的是，据铁路部门史志资料记载，安沈铁路此前于12月2日刚刚恢复通车。时任中共安东省委副书记、省政府主席刘澜波亲自陪同民主人士们乘坐火车前往沈阳。据中共中央东北局12月6日发给中共中央的电报"中央并告富春：民主人士郭沫若等十一人，今晨抵沈"，按照当时的火车时速推断，第二批北上民主人士应该是在火车上度过了一夜，抵达沈阳南站时已经是12月6日早晨。东北局电文中所述的11人，应为马叙伦、郭沫若、沈志远、丘哲、陈其尤、侯外庐、冯裕芳、曹孟君、许宝驹、许广平和随行的许广平之子周海婴。

这里需要特别作以说明的是，第二批北上民主人士抵达沈阳后，民盟港九支部主委冯裕芳不幸于1949年1月27日晚11时30分在沈阳逝世。有关冯裕芳去世原因，周海婴回忆称："入住铁路宾馆不久，冯裕芳身体不适，在医院积极治疗，似乎是肺炎之症。"从周海婴回忆来看，冯裕芳住院不治，应不可能在去世前一天还参加1月26日在沈阳宏大电影院举办的民主人士欢迎会，至于新华社、《人民日报》《东北日报》所登载参加民主人士欢迎会名单中有冯裕芳，当为对外公布消息时将此时已重病住院的冯裕芳也统计在列。冯裕芳于1月27日逝世，享年66岁。冯裕芳是唯一一位逝世于辽宁的北上民主人士，也是中共中央安排北上的民主人士中唯一因病逝世而未能参加新政协会议者。2月4日，中共中央东北局机关报《东北日报》第一版刊登了冯裕芳逝世的消息，对冯先生去世原因叙述为"到沈阳后因宿病加剧，医治无效"，并记述在冯裕芳逝世的第二天即1月28日，其遗体

《东北日报》刊登的冯裕芳逝世消息

由沈钧儒、章伯钧、蔡廷锴、郭沫若、茅盾、李富春、李初梨、朱其文等"亲观入殓"，还刊登了新华社2月2日发布的毛泽东1月31日吊唁冯裕芳的电文全文："冯裕芳先生家属礼鉴：裕芳先生不幸因病逝世，曷胜哀悼，特电致唁，尚希节哀。"而后，2月8日，《东北日报》还在第三版上刊登了《冯裕芳先生略历》，用七百余字的篇幅叙述了冯裕芳从加入同盟会开始投身民主革命的简要经历，以此缅怀冯裕芳先生。1月28日从殡仪馆入殓冯裕芳后，郭沫若专门作诗《吊冯裕芳》悼念冯裕芳先生。

第二批北上民主人士到达沈阳后，即被东北行政委员会交际处安排入住沈阳铁路宾馆，该宾馆是当时沈阳住宿条件最好的宾馆，主体建筑建于1927年，抗战胜利前名叫大和旅馆。当时，沈阳铁路宾馆也是东北行政委员会交际处办公地。此时，沈钧儒等第一批

北上民主人士以及朱学范、王绍鏊、李德全、赖亚力等民主人士还在从哈尔滨转往沈阳的路途上，李济深等第三批北上民主人士尚未离开香港。除先几日抵沈并被安排入住沈阳铁路宾馆的来自上海的国统区学联代表黄振声外，马叙伦、郭沫若等第二批北上民主人士成为第一批抵达沈阳的北上民主人士。

四、第三批民主人士北上大连登陆并抵沈

第三批北上的民主人士是北上东北解放区的三批民主人士中人数最多的，主要有民革主席李济深（1885—1959）、著名作家茅盾（1896—1981）和夫人孔德沚（1897—1970）、民革中央常委朱蕴山（1887—1981）、民建常务理事章乃器（1897—1977）、农工党中央监察委员会主席彭泽民（1877—1956）、民盟中央委员邓初民（1889—1981）、著名戏剧家洪深（1894—1955）、民建常务理事施复亮（1899—1970）、民革中央常委兼宣传部副部长梅龚彬（1901—1975）、民建常务理事孙起孟（1911—2010）、民联中央常委吴茂荪（1911—1984）、民促中央常委李民欣（1890—1955）等，以国民党民主派居多，几乎囊括了民革的大多数领导人。周恩来及早谋划，由于第二批北上民主人士所乘船只未能如愿在大连上岸，周恩来特地事前给在大连的中共中央东北局社会部副部长兼中社部大连情报处处长冯铉（中华人民共和国成立后曾任国务院副秘书长、中联部副部长）和在大连负责中华贸易总公司工作的钱之光夫人刘昂拍去电报指示：这一批民主人士北上，要与苏联驻大连的有关部门交涉，租用他们的轮船，而且这次一定要在大连港靠岸。到达后，要安排在大连最好的旅馆，民主党派领导人要住单间，确保安全；要举行欢迎宴会，并请大连市委协助做好接待工作。还特地电报嘱咐刘昂，北方天气寒冷，要为民主人士们准备好皮大衣、皮帽子、皮靴等。

随后，周恩来专门电示钱之光：已经走了两批人员，很可能引起外界注意，因此这次行动要更加谨慎，并提出了"保密、谨慎、周到、安全"的八字原则。果然，国民党特务发现不少民主人士已在香港不再露面后，加紧了监控，港英当局方面更加关注华润公司，连港英当局政治部的负责人都以谈业务为名到华润公司一探究竟，一时间气氛陡然紧张了起来。

第三批北上民主人士中的李济深是当时在香港的民主人士中的"重量级"人物。李济深是国民党民主派的代表人物，也是中国国民党革命委员会的主要创始人之一和首任主席，他在国民党内资历很深，他曾任黄埔军校副校长、国民革命军总参谋长，在国民党内乃至全国军政界都很有影响力，是当时国共两党都在争取的人物。中共中央1948年9月20日向香港分局提出77人邀请名单时提道："国民党革命委员会如李济深能来最好。"11月15日中共中央再电香港分局指出："如民革李济深在看到我们关于新政协诸问题的提案后，有北上意，望即电告，以便再由毛主席去电相邀。"同一电报还将邀请名单中的10位人士列为"最重要者"，李济深名列第一位。

当时，李济深是各方瞩目的人物，中共与他有密切联系，港英当局和他经常往来，美国方面也有代表同他频繁接触。在国民党军事失败已成定局的情况下，一些人对李挑拨说："你不能去解放区，到那里你就身不由己了。"国民党当局当然不愿意看到李济深去解放区，于是千方百计地进行阻挠，宋子文出任广东省政府主席后，曾到香港会晤李济深，建议李济深组织"和平民主大同盟"，以期在广州建立新的政府。

实际上，李济深参与了前两批民主人士北上行动的策划，甚至前两次北上准备会议都是在李宅召开的。随着国民党军队在战场上节节失利，李济深在香港连续接受《华商报》、路透社、合众社等媒体记者的采访，一再抨击蒋介石的独裁政策，这使蒋介石不但宣布开除李济深的国民党党籍，甚至打算派特务到香港暗杀他。在这种错综复杂的情势下，李济深想要离开香港，确实困难重重。为此，1948年冬季的一天，吴茂荪约请李济深、何香凝、朱蕴山、梅龚彬、陈邵先、陈此生等人吃饭，饭后，何香凝对李济深说："任公，你还是早走的好，一则是形势需要，二则为了任公你自身的安全。"为解除李济深的后顾之忧，钱之光等对李济深的家属做了妥善安排，并组织民革中与李济深亲近的人士一同北上。

此时，港英当局政治部的华人帮办黄翠微在李济深居住的香港中环罗便臣道92号的马路对面租了一层楼房，多名特工人员在那里二十四小时轮流值班，名为对李济深"保护"，实则对其严密监视。为保险起见，钱之光和香港分局潘汉年等"五人小组"决定把该批民主人士离港时间定在圣诞节的后一天，以利用香港圣诞节放假三天狂欢、港英当局和国民党特务松懈之机行动。12月23日，香港分局"五人小组"成员潘汉年、饶彰风约执行护送李济深登船计划的《华商报》经理杨奇见面喝咖啡，饶彰风向杨奇详细介绍了接送方案，并要杨奇牢记时间、地点和程序；潘汉年当场叮嘱杨奇：不能有任何闪失。

为了转移港英当局的注意力，李济深盛情邀请港英当局政治部的华人帮办黄翠微及妻子于12月27日到其寓所做客，因此特务们没有怀疑李济深将会在26日夜离港。26日，香港太平山下仍然沉浸在节日欢乐的气氛之中，晚上近6时许，李济深的寓所灯火通明，热闹非常，也是一派节日气氛。像平日宴客一样，宾主谈笑甚欢。李济深身穿一件小夹袄，外衣则挂在墙角的衣架上。这一切，对面那几个持望远镜监视李济深的特务看得一清二楚，他们便也安心去享用自己的晚餐了。然而，他们没有想到：晚宴开始不久，李济深却离席到洗手间去，为了避免被人怀疑，特意将外套仍挂在衣架上，随即悄悄出了家门。在距离寓所二十米远的地方，中共香港地下组织工作人员杨奇，借用《华商报》董事长邓文钊的小轿车已按照约定的时间在此等候。李济深迅速上了车，直奔坚尼地道126号被称为"红屋"的邓文钊寓所。中共香港分局书记方方和潘汉年、饶彰风等早已在此等候，同船北上的民革成员朱蕴山、梅龚彬、李民欣等也已到达，何香凝、陈此生亦赶来送行。李济深和何香凝等人在"红屋"即邓文钊寓所内共进晚餐，一同聊叙国事和民革组织发展，到晚上9时许，先是杨奇提前起身告退到维多利亚港岸边的六国饭店进行登船前的最后准备和安全排查，发现无异常情况后才打电话通知仍在邓文钊寓所的饶彰风，随后饶彰风借用邓文钊的两辆轿车，将李济深等5人送到六国饭店对面停泊小汽船的岸边。据钱之光回忆，为了掩人耳目，李济深等人登上小汽船时还带了酒菜，装作去海上游览的样子，乘着小汽船在水面上游弋于一些外轮之间，一个多小时后才靠拢苏联货轮"阿尔丹"号，此时已是深夜。登船后，李济深看到熟人很多，有点惊异。为了安全起见和安抚李济深情绪，护送人员特意把李济深和朱蕴山、李民欣安排在船长室，以便他们在海关检查时不露面。按照亲历者杨奇的回忆，周而复负责护送的彭泽民等3位民主人士和李济深一同登上小汽船，而茅盾、章乃器、邓初民、施复亮等十多人在别的护送人员护送下已经先李济深登上"阿尔丹"号货轮。据钱之光回忆："这一次走的人，有的西服革履，扮成经理模样；有的则是长袍马褂或普通衣着，装成商人，当作坐船到东北做买卖的，所以口袋里还装一套货单，大家并事先准备了一套话，以便应付检查时的盘问。"按照《李济深日记》记述，当夜为避免检查，"十二人当作货主，七老人，二女人，坐于靠近机器旁之一房间。坐了一夜，不寝"。综合来看，这12人中除去李济深、朱蕴山、李民欣被安排在船长室内，其他民主人士即茅盾、梅龚彬、吴茂荪、邓初民、章乃器、施复亮、孙起孟、彭泽民中有7位老者以及茅盾夫人孔德沚、随行的中共地下工作者王一知等两位妇女都靠在轮船机器旁的一间船舱内一夜未眠。直到27日"晨七时领港人上船，又紧张了一度。船出口自西南经玛丽医院西南行"，"一直俟出尽口，不见有山，始得出外舷行"。李济深日记记述得虽有些简略，但可管窥当时的惊险程度。

除了上述登船的民主人士和王一知，"阿尔丹"号货轮北上时，中共香港分局和香港工委派李嘉人陪同，钱之光派李海、徐德明随船护送，随行者还有中共在香港的秘密机构"广大华行"负责人卢绪章以及王一知的丈夫龚饮冰。此外，登船后，茅盾带了一个记事的手册请同船人士题名留作纪念，在这个本子上签名的除前述人员外（茅盾夫人孔德沚未签名，李嘉人出于特殊身份没有签名），还有徐明和董晨，总计22人，并非有些书籍上所写的30余人。12月26日夜，当将李济深等人安排停当后，杨奇、周而复等人返回岸上向饶彰风汇报，他们虽很疲惫却不敢入睡，直到清晨得知货船已经通过海关检查并驶出鲤鱼门，才如释重负。而当时在岸上等候消息的"五人小组"成员夏衍后来回忆，当时他和潘汉年等人十分紧张地在一家旅馆守着一部电话机听消息，直到听到"船开了，货放在大副房间里，英姑娘没有来送行"这个谜语一般的电话，才松了一口气。而此时已经是12月27日上午。或许是出于对此行前景的向往，朱蕴山即兴赋七律《夜出港口》。事实上，按照当时香港维多利亚港的货轮航行规则，真正出港时间当在天明之后，朱老很显然是将夜色下登船和正式起锚开船的意境综合在一起了。

李济深一行秘密离港北上时，港英当局和国民党特务还蒙在鼓里。据李济深之子李沛金回忆，12月27日傍晚，港英当局政治部华人帮办黄翠微按照约定带了一些食品作为礼物来李济深寓所赴宴，李济深的三个密友舒宗鎏、叶少华、吕方子受邀出席宴会，表面上是陪同赴宴的客人。然而，主人李济深却不在家，黄翠微被告知李济深去看牙医了。到了晚上6点钟，李济深还没出现。到了晚上7点钟，主人还没有出现。叶少华和舒宗鎏说，李先生可能被别的什么事缠住脱不开身，时辰不早了，我们最好就开席吧！直到晚上9点钟晚宴结束仍不见主人归来，黄翠微只得带着满腹疑虑离开了李公馆。直到1949年元旦时，有人想找李济深了解他对蒋介石元旦文告的意见，这才发现李济深已经北上了，但却仍猜测李济深北上目的地是哈尔滨。1949年1月4日，香港《大公报》刊登消息："美联社香港二日讯：据可靠人士告本报记者，李济深已离港赴华北中共区。据说，经北韩赴哈尔滨。这是以前北上开新政协会的其他民主人士所采取的途径。"钱之光回忆："由于李济深的北上，港英当局政治部专责打听中共和民主党派情报的黄翠微找到民革的副秘书长吕集义，责问说'李济深先生的安全，我们是要负责的。他走了，你们为何事先不告诉我们？这样一个有影响力的人离开香港，连我们都不知道，叫我们怎样交代？'"据说黄翠微因李济深离港而受到港英政府辅政司的斥责，不久就遭到撤职。鉴于李济深的威望，桂系白崇禧派李济深的广西同乡、陆军上将黄绍竑携亲笔信和大笔钱款到香港，"敦请任公到武汉主持大计"，但当黄绍竑抵达香港时方知李济深已经北上，"黄大失所望"。而国民党特务头目毛人凤收买了一个混进民革组织的特务张序（化名何友芳）准备趁机接近李济深实施暗杀计划，但由于李济深及时离开香港而作罢。

"阿尔丹"号货轮吨位不大，设备简陋，航速不快，伙食也很一般。途中，有几次遇上风浪，大多数人都晕船。但一想到即将进入解放区筹建新中国，大家心情都十分振奋和愉快。李济深一行虽未像前两批民主人士北上那样在台湾海峡遭遇强台风，但此程航行也不顺畅。《李济深日记》中有"船行甚慢，每小时三浬，三日二百余浬""船每小时行二浬而已""日走不过百浬"等记录。

"阿尔丹"号货轮驶过舟山群岛附近海域时，是1948年12月31日。当晚，民主人士们拿出各自携带的食品一道分享，有鱼、牛肉、腊鸭、水果和一些罐头等，大家还包饺子并邀请全体船员聚餐，共迎1949年新年。大家互相祝贺元旦，茅盾取出手册来请各人签名留念。李济深在手册上写道："同舟共济，一心一意，为了一件大事！一件为着参与共同建立一个独立、民主、和平、统一、康乐的新中国的大事……前进！前进！努力！努力！"

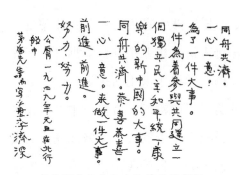

李济深在北上途中给茅盾的题词

第三批北上民主人士在"阿尔丹"号货轮上的签名

由于船上的民主人士多为年纪五六十岁的社会名流，因而打发船上时间的一项主要活动，就是各自讲自己的经历。元旦当天，李济深"将粤军第一师及国民党改组后与蒋3月20日事变一切，杂说了一顿"，又介绍了自己求学、从军、北伐、反蒋等方面的经历。据《李济深日记》记载，1月2日由彭泽民讲"兴中会、同盟会的成立与南洋吉隆坡革命党成立经过与发展，及辛亥后国民党之腐化，孙先生另组中华革命党情形，及后更组中国国民党；后蒋介石叛党，宁汉分裂，汪动摇，后被汪开除党籍情形"。1月4日由朱蕴山讲述参加1907年徐锡麟刺杀恩铭的事情，并详细谈到故友邓演达和中国国民党临时行动委员会组党的情况。茅盾、邓初民、洪深、李民欣也讲了各自经历过并值得一说的往事。

就在李济深一行在海上航行之际，钱之光和在大连等候迎接人员却都异常焦急。钱之光回忆："事情又很不凑巧，这趟船航行很不顺利。起航后的第十天，船还没有到达大连。我们都十分着急，通过苏联办事机构，才知道船到青岛海面时遇到逆风，加上坏了一个引擎，每小时只能走六海里。一连几天，我们焦急不安，直到轮船过了青岛海域才放心。"经过12天的航行，"阿尔丹"号货轮于1949年1月7日抵达大连港，中共中央东北局常委李富春、常委兼组织部部长张闻天，中共沈阳市工委书记陶铸，中共旅大地委书记欧阳钦、第一副书记韩光、第二副书记李一氓等亲自到大连港码头迎接李济深一行。已经到达沈阳的前两批民主人士公推民革中央执行委员会常委兼组织工作委员会主任朱学范到码头迎接。茅盾在回忆录《我走过的道路》中描述当年在大连港登陆情形时写道："一九四九年元月七日，轮船驶进了大连港。大家蜂拥到甲板上贪婪地眺望这片神圣的自由的土地。啊，我们来到了！我们终于胜利地来到了！"

由于东北天气寒冷，按照周恩来的部署，在大连的中华贸易总公司负责人刘昂等人已经为民主人士准备好御寒的皮大衣、皮帽子和皮靴。按照《李济深日记》记述，李济深等人登岸后即被接至"大连最大苏联人所开之大酒店""午宴在关东酒楼""席为燕席，极其丰盛"。"关东酒楼"即当时的关东饭店，后改称大连饭店，当天中午，李富春以中共中央的名义在关东饭店隆重举行欢迎宴会，为民主人士接风洗尘。午宴后转赴大连当时最高级的大和饭店（今大连宾馆）。驻大连苏军负责人也对李济深一行表示特别欢迎和礼遇，由于适逢苏联海军歌舞团在大连慰问演出，民主人士一行当晚被安排到大连火车头俱乐部（今铁路文化宫）观看了演出。民主人士们在大连停留了三天，在有关人员陪同下，他们游览了大连市区，参观了工厂，然后在李富春、张闻天、陶铸等陪同下于1月10日转乘专列前往沈阳。

李济深等第三批民主人士成功北上，具有重要的历史意义。其标志着国民党内的民主派与蒋介石政权从此分道扬镳、彻底决裂，也是中国共产党团结一切民主力量的重大胜利。

应该说，民主人士从香港冲破国民党反动集团阻挠毅然北上东北解放区，当时是冒着很大风险的。可以说，对这些已经到中年甚至老年的民主人士来说，面临着一段时间会抛家舍业、妻离子别，甚至是面临生命危险。蔡廷锴出行前担心妻女惦念，直到登船后才嘱咐送其上船的罗培元给妻子带去口信。据李济深女儿李筱桐、李筱微回忆，"当时李济深夫人因生活劳累及思念一双在外的儿子重病住院，肝癌已到晚期，腹部出现腹水，他北上就是生离死别"。马叙伦动身前最大的牵挂就是尚在台湾工作的两个儿子，临行前一天深夜，他迟迟不能入睡，写了一张留条嘱咐女儿想方设法联系中共方面将兄弟俩接到香港，幸运的是后来马老的两个身居台湾的儿子均脱离危险并经香港北上解放区。郭沫若也向子女隐瞒了即将北上的行程，但特意给妻子于立群留下家书作以嘱托。

当第二批北上民主人士平安顺利抵达东北解放区后，当中共中央香港分局指派罗培元把好消息上门通知给在香港的民主人士家属时，"陈其尤夫人患病躺在沙发上，听到好消息，马上坐起，连说好消息使她的病都好了"。可见其压力有多大。

五、通过其他途径北上到达辽宁的民主人士

除了前述三批从香港北上民主人士外，在中共中央"五一口号"发布后，从1948年8月至1949年2月，还有胡愈之、沈兹九、王绍鏊、方与严、力扬、李德全、赖亚力、黄振声、李文宜、王昆仑、胡子婴、李章达、陈其瑗、陈邵先、陈此生、卢于道、千家驹、夏康农、林植夫、胡风、谢雪红、吴耀宗、李纯青等23位民主人士通过北上或从苏联回国到达辽宁。此外，在中共中央"五一口号"发布前，民革中央执委会常委朱学范就从欧洲取道苏联到达哈尔滨，后又同沈钧儒等第一批北上民主人士一道转赴沈阳。下面，就对这24位民主人士到达辽宁的情况作以概述。

1. 朱学范经苏联回国到哈尔滨后转赴沈阳

朱学范（1905—1996）在中共中央发布"五一口号"前已经抵达东北解放区，他是抗战胜利后未在东北解放区任职的首位来到东北解放区的民主人士，也是第一位从香港北上取道苏联抵达东北解放区的民主人士。朱学范在青年时代就投身工人运动，被评价为"国统区工人运动领袖"，他参加过五卅运动、上海工人第二次武装起义。1935年2月任中国劳动协会

常务理事，1939年当选为国际劳工组织理事会理事。朱学范曾多次代表中国劳协参加国际劳工会议，1945年世界工会联合会成立时当选为副主席。朱学范早年即与中共有着共同组织工人武装斗争的经历，1937年全面抗战爆发后，朱学范就国共两党工会合作开展工人抗日运动进行了很多探索实践，他还利用自己的影响，帮助解放区工会走向世界，促成了解放区工会代表第一次参加国际劳工大会。朱学范的一系列与中共合作的行动受到国民党反动集团的打压和迫害，令朱学范对国民党反动统治逐渐失望。1946年11月，在中共党组织的建议和帮助下，朱学范离开上海出走香港，与蒋介石政府彻底决裂，蒋介石甚至派特务暗杀其但未遂。1947年4月，朱学范拜会了刚由上海到达香港不久的李济深，二人深入交换意见后一致认为，中国劳工方面与国民党左派要联合起来，群策群力，挽救时局。李济深、朱学范还一道拜访何香凝，三人就团结国民党内的爱国民主人士，尽快成立一个革命组织，推翻蒋介石政权达成共识。在中共香港分局负责同志方方、章汉夫的帮助支持下，朱学范在香港建立了中国劳协总部，并利用出国开会之机赴美国与冯玉祥进行商谈，筹备成立民革组织。1948年1月民革在香港成立时，虽然朱学范身在欧洲参加会议没能参加成立大会，但仍被推选为民革中央执行委员会常务委员和组织工作委员会主任委员，成为民革的重要创始人之一。

1947年11月，朱学范到法国巴黎出席世界工联执行局会议。会后，朱学范在访问英国时，于1948年1月8日在伦敦发表《对于目前时局的宣言》，郑重提出"拥护消灭蒋政权的民主革命运动""拥护一切为民主而斗争的政治力量，来造成中国人民的爱国统一战线"。为躲避国民党特务的追踪迫害，在一同参加世界工联会议的中共党员刘宁一（中华人民共和国成立后任第八届中共中央书记处书记、第三届全国人大常委会副委员长兼秘书长）的建议下，朱学范离开英国前往匈牙利首都布拉格，在当地新华社布拉格分社社长吴文涛帮助下前往苏联，在莫斯科参观后乘火车经西伯利亚到达满洲里，刘宁一和朱学范英文秘书、中共地下党员俞志英与朱学范同行回国。1948年2月28日，朱学范抵达哈尔滨，受到在东北解放区的中共中央东北局委员、城工部部长李立三的热烈欢迎。朱学范到达哈尔滨的第二天即致电毛泽东和周恩来。3月4日，毛泽东、周恩来复电朱学范："接29日电示，欣喜先生到达哈尔滨，并决心与中国共产党合作，为中国人民民主革命的伟大事业而奋斗，极为佩慰。我们对于先生的这一行动……表示热烈的欢迎。"朱学范在接到毛泽东和周恩来复电后受到极大的鼓舞，他在对《东北日报》记者畅谈自己对时局的看法和到达解放区后的心情时表示："我之所以毅然来到解放区，即是要竭尽所能，投身此一伟大的革命事业，今后愿在毛主席指导之下，与解放区军民一道，为粉碎蒋政权，解放全国人民而奋斗到底。"为尽快了解解放区的实际情况，朱学范主动提出到农村、工厂、煤矿参观学习，在历时40天时间里，朱学范赴绥化县农村和佳木斯、牡丹江的矿区、发电厂和十几家中小工厂参观考察，非常注意留意解放区城乡的生产、市场、生活等问题，感受到东北解放区土改后的巨大变化，并将这些见闻和感受写信传达给了在香港的李济深，加深了李济深对解放区的了解。朱学范先期到达解放区的行动，为其他在香港的民主人士树立了榜样，坚定了他们北上的信心。1948年9月29日，朱学范与抵达哈尔滨的沈钧儒等从香港北上的第一批民主人士会合，参加了在哈尔滨召开的新政协筹备事宜的相关协商，而后与第一批北上民主人士一道从哈尔滨南下，于12月19日抵达沈阳铁路宾馆，继续为筹备新政协积极工作，并于1月7日到大连迎接李济深等第三批北上民主人士登陆。

2. 胡愈之、沈兹九从香港北上到大连

民盟盟员胡愈之、沈兹九夫妇是1948年中共中央"五一口号"发布后最早从香港北上的民主人士，虽然他们此行的目的地是当时中共中央所在

地河北省建屏县，但他们从香港北上到达大连并作以停留，受到中共旅大市委领导的热情接待。

胡愈之（1896—1986）是著名社会活动家、翻译家、出版家，是中国现代进步文化出版事业的先驱者。曾与茅盾、郑振铎发起成立文学研究会，与邹韬奋一起主持著名的《生活》周刊，宣传抗日救亡，还参加宋庆龄等创建的中国民权保障同盟，是全国各界救国联合会发起人之一。抗战中曾任军委会政治部第三厅第五处处长，在郭沫若领导下从事抗日宣传工作，1940年赴新加坡任陈嘉庚创办的《南洋商报》主编、《南侨日报》社长，1945年加入中国民主同盟，任民盟南方总支部常委、马来亚支部主任委员；沈兹九（1898—1989）早在1935年即当选为上海各界救国联合会执委会委员，1941年被派去新加坡协助胡愈之开拓工作并与胡愈之结为夫妻，1946年加入中国民主同盟。这里需要说明的是，胡愈之于1933年加入中国共产党，沈兹九于1939年加入中国共产党，但他们当时作为中共秘密党员从事统一战线和抗日宣传工作，对外均没有公开党员身份。胡愈之为民盟南洋组织建立做出了重大贡献，1948年1月民盟临时总部在香港恢复后，胡愈之接受在新加坡的中共代表饶彰风建议，到香港向民盟总部汇报工作情况。正当他准备返回新加坡的时候，由于英国殖民当局取缔南洋民盟组织，沈兹九也被迫于6月底来到香港，沈钧儒推举胡愈之担任中国人民救国会秘书长并参加民盟总部工作。胡愈之在香港停留了3个多月时间，等待新的任务。他留心关注时局，在中共中央"五一口号"发布后，中共中央迫切需要更详细地了解南洋的情况和在港澳的民主党派、民主人士的情况，而对此，长期以民主人士身份为党秘密工作的胡愈之、沈兹九夫妇正适合进行汇报，加上他们此时已经无法回到新加坡，于是中共香港分局书记方方决定让胡愈之、沈兹九夫妇北上华北解放区，向党中央报告南洋和港澳的工作的情况。就这样，经过周密的准备，1948年8月，胡愈之和沈兹九踏上了去华北解放区的旅途，他俩成为从香港北上解放区的第一批民主人士和文化界人士。

在中共党组织安排下，胡愈之、沈兹九夫妇化装成一对华侨商人夫妇，登上一艘去南朝鲜的英国商船，秘密离开香港，还特意带了一辆汽车登船。船到上海时因船上有商人要兑换钞票，商船要在吴淞口外作一天停留，胡愈之离开上海已达10年，急于想了解国内情况特别是上海政治经济形势，于是冒险上岸与在上海的侄女、中共地下党员胡德华（中华人民共和国成立后任全国妇联党组副书记）见面，胡德华后来回忆："我们到了爱多亚路（今延安东路）近外滩的一家咖啡馆，我一眼就看到了伯父，他留着一撮小胡子，身穿米色西装，头戴太阳帽，一副华侨商人模样。"胡愈之、沈兹九夫妇还在胡德华陪同下冒险前往民建理事胡子婴（章乃器的第二任夫人）住宅。这次和上海的亲友会面，进一步坚定和验证了胡愈之对中国革命胜利时间的预期。从吴淞口外再次登船后，胡愈之夫妇继续乘船北上直达南朝鲜仁川港。上岸后，胡愈之夫妇与中共安排的联络人接上了关系，住进了旅社，还拍卖了随船带来的汽车，次日下午又由联络人精心安排，他们装作去海滨游览和游泳，登上一条小游艇驶向港外，黄昏时分又换乘停在港外的一艘小轮船迅速离开南朝鲜，于次日早晨顺利到达了大连。当时大连还由苏军驻守，但当地的行政管理已由中共负责，这让在海外流亡长达7年多的胡愈之倍感亲切。

胡愈之、沈兹九到达大连后，很快就见到了中共旅大地委第二副书记李一氓，李一氓是老资格共产党员，喜好文化。这期间，胡愈之同李一氓交谈甚深。一次在谈论时局问题时，胡愈之同李一氓谈起，毛泽东同志1948年3月20日在《关于情况的通报》一文中公开估计消灭国民党全军、夺取解放战争最后的胜利还需2年多时间（即到1951年7月），但依他看来，胜利时间不要2年，还可更短。李一氓问，你是怎么估计的？胡愈之说，除军事形势外，还有一个人心向背的问题，国民党不仅军事崩溃了，经济也崩溃，因而人心亦崩溃了。胡愈之讲了在上海听到的、见到的情况，接着胸有成竹地分析道，现在国统区不论哪一个阶层，都希望解放军胜利，希望蒋介石垮台，统治阶级已经到了统治不下去的地步，革命正在走向质变，只需对国民党军队再增加一点压力，它必然会被很快地消灭，因此毛泽东同志所估计的时间可能长了点。胡愈之认为，"国统区的人民大众已经等不及了。"

听了胡愈之的预见和分析，李一氓深为赞同。李一氓认为，胡愈之对国际政治问题向来有深湛研究，又极擅长形势分析，他的这一预见并非盲目乐观，更非空穴来风，而是基于政治、军事、经济、人心等综合因素思考分析后，得出的揭示本质的结论，是极有道理的。李一氓深知胡愈之的这一预见对整个时局的重要性，必须让党中央及早、尽快了解这一信息。于是，李一氓改变了原打算等有人去河北时顺道送胡愈之夫妇赴平山县党中央所在地的打算，而是报告中共旅大地委，建议专门为胡愈之夫妇组织一次交通护送，使其能尽早到达西柏坡。临离开大连时，李一氓还着重叮嘱胡愈之到西柏坡后，一定要把这个见解告诉党中央和毛泽东主席。

就这样，在中共旅大地委安排的地下交通员护送下，胡愈之夫妇从大连登船过渤海湾口，在山东荣成湾的荣成县俚岛登陆并休息一天。当时国民党海军仍在华北沿海巡逻，在俚岛的那一天，国民党海军军舰还向俚岛发炮攻击。胡愈之夫妇辗转到中共中央华东局所在地青州后，休息两天后又经三天行程，乘汽车到达石家庄见到叶剑英，在叶剑英的安排下，1948年9月底，胡愈之、沈兹九夫妇终于到达了党中央所在地河北省西柏坡。此时，辽沈战役已经打响。虽然胡愈之、李一氓乃至在上海与胡愈之见面的胡德华都留下了相关回忆文章，但遗憾的是，当事人均未记载行程的详细时间，这里综合相关史料分析，胡愈之应该是1948年9月10日左右抵达大连，较沈钧儒等第一批从香港北上的民主人士9月27日抵达图们要早半个月左右。

3. 王绍鏊、方与严、力扬从香港北上

王绍鏊、方与严、力扬等三人从香港乘船北上，在一些有关北上的研究文章中认为他们应是实际上的第二批北上民主人士，这主要是界定问题。事实上，中国民主促进会常务理事王绍鏊（1888—1970）确实是中共中央原计划拟定的第二批北上民主人士中的重点人物。在第一批民主人士安全北上后，冯铉、刘昂等在大连租下苏联货轮"阿尔丹"号，该船装载解放区出口的物资和一些黄金到香港，同时准备迎接第二批北上的民主人士。根据组织安排，结合个人要求，原定安排第二批从香港北上的民主人士为郭沫若、马叙伦、王绍鏊，他们分别作为无党派人士和民进代表受到邀请。同时，接到中共中央指示立即离港到设在河北平山县的中央宣传部报到的胡绳，也计划被安排与他们一同北上。这些，钱之光已于9月16日向周恩来作了汇报，中共中央亦决定张闻天、高崇民、朱学范代表东北局、东北行政委员会、全国总工会赶往朝鲜罗津欢迎首批北上民主人士。当时，周恩来还打算让张闻天等人在朝鲜罗津多逗留些天，以便等待第二船北上者到后，一起赴哈尔滨。但是，胡绳后来回忆说不知当时发生了什么意外情况，预定搭载他们出航的"阿尔丹"号货轮不但不能如期出航，而且不知要拖延到何时。实际上，当时是"阿尔丹"号货轮突然发生事故而正在船坞维修，无法按计划时间起航，这个情况胡绳一直到晚年都不知情，因此才回忆"不知当时发生了什么意外情况"。无奈之下，钱之光紧接着又发去一份电报，说"第二船发出者只有王绍鏊一人"，中共中央据此于9月20日致电香港分局并钱之光和上海局刘晓、刘长胜："你们原定第二只苏船可载郭沫若、马叙伦、王绍鏊三人及胡绳等同志北来，现此轮只来王老一人，理由未详，其他诸人不知等待第三次船来，如实，望电告，以便计算今年内究有几条苏轮南下，共可装几多民主人士。因我们设想新政协大约在明春召开，故各方人士须于今冬明春全部运入解放区，方为合适。"

而事实上，王绍鏊并非独自乘船。王绍鏊此行是三位民主人士同行，除王绍鏊外另外两位民主人士是方与严和力扬。方与严（1889—1968）曾协助陶行知开办晓庄师范学校并担任该校教务主任，1935年加入中国共产党后曾任中共南宁市委宣传部部长，后长期从事抗战文化教育工作并加入中国人民救国会，由于方与严在1949年以救国会代表身份出席新政协，当时救国会仍属民主党派，故方与严可以归入北上民主人士范畴；力扬（1908—1964）在九一八事变后即投身抗日救亡运动，抗战中曾在国民政府军事委员会政治部文化工作委员会工作，长期从事抗日文化工作并加入民盟，1947年赴香港后任民盟港九支部委员兼宣传部部长、香港中业学院文学系主任，于1948年3月在香港加入中国共产党。从方与严和力扬的履历看，方与严作为救国会成员，与沈钧儒、沙千里、沈志远等先后北上的民主人士十分熟悉，力扬更是直接在第二批北上民主人士、民盟港九支部主任冯裕芳的领导下开展民盟工作，且抗战时期与郭沫若一同共事过，因此，方与严、力扬都是当时中共党组织指派北上且很可能在行前受过即将北上的沈志远、冯裕芳等救国会、民盟骨干嘱托，从某种程度上讲，王绍鏊、方与严、力扬结伴北上，是为马叙伦、郭沫若、沈志远、冯裕芳等后来被定义为第二批北上民主人士的这批各党派精英"探路"的。

值得一提的是，方与严、力扬两人后来没有去哈尔滨，也没有到沈阳，根据目前掌握的两人传记资料可知，他们北上的目的是到位于河北省西柏坡的中宣部报到工作，这与胡绳的"使命"相似。但问题是，他们究竟来没来过辽宁？

方与严的一份生平资料里记述："经山东、朝鲜辗转来到华北解放区"，这里就涉及一个问题，当时从朝鲜没有直航山东的航线，也就是说，方与严、力扬两人应是从朝鲜登陆后乘船至大连，再由大连航向山东。而王绍鏊笔下的北上记述则印证了这一点，据王绍鏊《香港北上纪行》中记述："是日午后六时，与汉夫、与严、力扬等别，盖彼等将于翌日赴大连之途"，按照王绍鏊的记述，这一天是1948年9月29日，也就是说，翌日即9月30日，方与严、力扬和章汉夫从朝鲜出发前往大连。方与严、力扬北上来大连，也可以算作是北上到达辽宁的民主人士，只不过他们没有参加民主人士在东北解放区筹备新政协的相关活动。中华人民共和国成立后，方与严当选为第三、四届全国政协委员，曾任教育部初等教育司副司长和民族司副司长，是著名教育家；力扬主要致力于文学研究事业，曾任中国科学院文学研究所研究员，参加了《中国文学史》编撰工作，直至病逝一直保留着民盟盟员身份。

王绍鏊在一本亲友通信录上记述了自己从香港经朝鲜到达哈尔滨的简单过程，后来其女儿王佩容在整理王绍鏊遗物时偶然发现并整理成《香港北上纪行》一文。如今，此文已经成为研究民主人士北上的第一手资料。按照王绍鏊记述，1948年9月16日从香港上船，"翌晨开行"，9月26日零点多抵达朝鲜南浦港外，上午九时进南浦港，然后是停船检疫和检查行李，下船后，中共党组织驻朝鲜的南浦办事处副主任（对外称洪利公副经理）宫和轩及工作人员尹鸿庆、许祥顺对王绍鏊一行进行热情接待和陪同，"坐小汽车环游镇南浦一周。翌日午前九时十分，坐小汽车直开平壤。十一时顷到达利民公司"。按照王绍鏊的记述，9月27日他们一行抵达平壤时，"文处长士祯赴罗津迎沈章谭蔡四位。由副处长李景天、秘书长倪蔚庭、秘书主任李耀奎招待一切。是日赴大街各处游览，购得朝鲜土产铜饭碗铜筋以为纪念。28日上午，游高句丽古城，登乙密台，游览朝鲜博物院……"由此可知，王绍鏊到达朝鲜境内时，恰逢沈钧儒等第一批北上民主人士抵达朝鲜罗津港，东北局驻朝鲜办事处主任文士祯（中华人民共和国成立后任湖南省政协副主席）赴罗津迎接沈钧儒等人，办事处副主任李景天（中华人民共和国成立后任大连海运学院党委书记）、秘书长倪蔚廷（中华人民共和国成立后任中国进出口公司副经理）、秘书主任李耀奎（曾任中共满洲省委代理书记）接待了王绍鏊一行。到9月29日上午，

"文处长自罗津归，汉夫同来，始悉沈老等船在台湾海峡遇风几遭险难，故反较余轮迟到一天，27日始抵达罗津云。"说明王绍鏊在平壤得知了沈钧儒一行平安到达罗津并由罗津赴哈尔滨的消息。在29日傍晚和方与严、力扬、章汉夫分别后，王绍鏊于当日晚七时乘火车前往朝鲜南阳站，10月1日凌晨3时抵达南阳站，天明后赴在南阳的中共党组织办事机构利民公司办事处，由该办事处主任杜爱光接待，"八时过图们江桥即赴图们"。王绍鏊还回忆，在图们遇到曾在察哈尔抗日同盟军中的老相识丁克坚，丁克坚1912年出生于江苏丰县，在东北解放战场上曾任东北民主联军总后勤部兵站部政委，中华人民共和国成立后曾任华润公司总经理。王绍鏊还记述"午后七时三十五分上车，翌日即十月二日午后六时三十五分抵哈尔滨站"，也就是说，王绍鏊于1948年10月2日到达哈尔滨。这里需要补充说明的是，王绍鏊记述"自平壤一路同行者为原平壤办事处副主任荆杰"，荆杰后曾任沈阳市副市长、辽宁省第三届政协副主席。

王绍鏊于10月2日到达哈尔滨后即入住马迭尔宾馆，与9月29日入住马迭尔宾馆的沈钧儒等第一批北上民主人士会合。但是，直到10月8日，中共中央致电高岗、李富春并东北局电文中仍称"王绍鏊（字却尘，代表上海中国民主促进会）亦将由北鲜抵哈"。王绍鏊本人对北上登陆后的细节记述非常翔实，至于为何会出现这份10月8日电文内容，很可能是王绍鏊抵哈之事东北局没有来得及在第一时间汇报给中共中央，从而造成这个历史误会。虽然这次北上民主人士参加筹备新政协的仅王绍鏊一人，但其作用不可小视。王绍鏊是1948年5月5日香港最先发出"五一口号"响应电的12位民主人士之一，而且他作为中国民主促进会的代表北上到达哈尔滨，等于在新政协筹备的讨论中增加了一个党派的声音。10月21日，王绍鏊作为周恩来指定的7位在哈民主人士之一，和沈钧儒、谭平山、蔡廷锴、章伯钧、高崇民、朱学范一起出席了由高岗、李富春召集的第一次座谈会，会上，当讨论新政协发起者问题时，由于中共表示新政协由原来中共、民革、民盟三党召集，改为"由各党派、各方面共同组织筹备会负责召集"，王绍鏊和与会者均表示非常满意。当讨论到新政协参加者问题时，王绍鏊还提出"可设专门顾问名额，集中专门人才，以作咨询"。在10月23日召开的第二次座谈会上，王绍鏊提出增加"上海人民团体联合会"作为参加新政协筹备会组成单位，中共采纳了这一建议，于11月3日决定将"上海人民团体联合会"作为新政协的筹备单位之一，并在给香港分局的指示中特别提到"上海人民团体联合会，此是到哈诸位提议增加者，望沪局提出适当人选，送其至港或来天津直接进入解放区"。可见，王绍鏊的一些建议受到中共的重视和采纳。11月下旬，在达成《关于召开新的政治协商会议诸问题的协议》后，王绍鏊随第一批北上民主人士从哈尔滨南下沈阳，于12月19日抵达沈阳并入住沈阳铁路宾馆。此后王绍鏊曾参加沈阳、抚顺等地的参观考察活动，还在沈阳和李济深等留下合影。

4. 李德全、赖亚力由苏联回国经哈尔滨到沈阳

李德全（1896—1972）是冯玉祥夫人，赖亚力（1910—1994）从1935年起担任冯玉祥秘书。著名爱国将领冯玉祥是民革创始人之一，是民革第一届中央执行委员会常委、中央政治委员会主任，因支持和参与民主运动而受到蒋介石排挤和迫害，被迫于1946年9月以"考察水利"名义前往美国并走上反对蒋介石反动集团统治的道路。在美国，冯玉祥经常以演讲、发表文章等形式反对蒋介石统治，蒋介石恼羞成怒革除了冯玉祥的"国民党党籍"。1948年1月民革成立后，冯玉祥组织国民党部分在美党员成立了民革驻美总分会筹备会组织，继续为实现中国和平民主奔走呼吁。在此期间，李德全、赖亚力作为冯玉祥将军重要助手，都加入民革并当选为第一届民革中央执行委员，随冯玉祥参加反蒋活动。1948年7月，中共中央邀请冯玉祥回国参加筹备新政协，冯玉祥当即决定冒着风险启程回国。1948年7月31日，冯玉祥、李德全夫妇和儿子冯洪国，女儿冯理达、冯颖达、冯晓

达，女婿罗元铮和秘书赖亚力等一行8人在美国纽约登上苏联客轮"胜利"号启程回国。8月7日，香港《华商报》报道冯玉祥离美返国将参加筹备新政协的消息。8月12日，冯玉祥一行所乘客轮从大西洋驶入地中海，经亚历山大港后驶入黑海，9月1日，当"胜利"号客轮航行至黑海海域距离航程终点敖德萨港（今属乌克兰）不远处突然轮船起火，冯玉祥不幸遇难。当时苏联官方对外公布起火原因系船舱小放映室内电影胶片起火。事发后，苏联政府派专机接李德全到莫斯科商谈冯玉祥后事的处理办法，李德全表示落叶归根，坚持要携带冯玉祥骨灰返回国内。为妥善处理后事，苏联方面又派专机到敖德萨接冯玉祥遗体到莫斯科火化，并派专班沿途护送李德全和家人以及赖亚力回国。冯玉祥遇难后，毛泽东、朱德于9月7日联名致电李济深并转中国国民党革命委员会和李德全，深表哀悼。给李德全的电文为："惊悉冯玉祥先生及令嫒不幸遇难，至深痛悼。冯先生致力民主，功在国家。尚希勉抑哀思，并为实现冯先生遗志而奋斗。"

李德全强忍失去亲人（同时遇难的还有冯玉祥小女儿冯晓达）的悲痛，怀着对筹备新政协、建立新中国的向往，带着冯玉祥的骨灰盒，在苏联相关人员的护送下乘火车到达满洲里，再由中共中央东北局安排相关人员护送至哈尔滨。据王绍鏊回忆："11月2日冯夫人李德全抵哈，同行者赖亚力（原名兴治）先生精通俄文。"周海婴也回忆："赖亚力的脸部被烧伤，直到过去三个多月之后，我们还看得出他脸上的皮肤明显有异。"周海婴见到赖亚力至早是在12月19日于沈阳铁路宾馆，此时距离冯玉祥将军所乘客轮失火确已过去三个多月。而据在沈阳铁路宾馆居住在李德全房间隔壁的民盟中央委员李文宜回忆："我的住房紧靠李德全的房间，走进她的住房，立即见到用黑纱布罩着的冯玉祥将军的巨大的骨灰盒，放在朝南窗台的左边桌子上。骨灰盒旁还有同父亲一起被火烟熏死在船上的女儿十五岁时照的一张非常美丽的少女的遗照。"

据《蔡廷锴日记》记述，在10月23日，中共中央东北局副书记高岗和蔡廷锴等在哈尔滨的民主人士面谈时说李德全已由莫斯科启程回国，大约11月1日、2日可抵达哈尔滨。11月2日晨，得知李德全已经从满洲里启程，晚7时可抵达哈尔滨，民主人士们当天均未外出，他们和中共中央东北局、东北行政委员会的高岗、林枫、李富春、蔡畅等中共方面领导以及哈尔滨市市长饶斌一同赴火车站迎接李德全一行。李德全、赖亚力抵达哈尔滨后入住马迭尔宾馆133号，随即就参与到筹备新政协的具体活动中。这里需要说明的是，赖亚力早在1938年就秘密加入中国共产党，一直受党组织委派在冯玉祥身边工作，对冯玉祥将军走上反蒋民主道路发挥了重要作用。

5. 沙千里从香港北上抵沈阳

沙千里（1901—1982）原本应该是第二批从香港北上民主人士中的一员，但一个特殊的机缘使他"单独"前往沈阳。沙千里是著名的救国会"七君子"之一，虽然在1938年就加入中国共产党，但公开身份仍是民主人士，他当时既是救国会的负责人之一，又是民盟骨干，在1948年10月接到党组织通知，要他离开香港赴东北解放区筹备新政协。当时在香港的生活书店总编辑、中共党员胡绳也接到党组织通知，要他赴华北解放区的中共中央宣传部报到。中共中央香港分局安排沙千里和胡绳同行，具体负责为他们安排行程的是香港分局统战委员会书记连贯。连贯告诉沙千里和胡绳，近期将为马叙伦、郭沫若等一批民主人士租赁一艘苏联轮船前往大连，他和沙千里可以搭乘该轮船北上。结果，由于计划中的"阿尔丹"号货轮突然出了事故无法如期启程，沙千里和胡绳又希望尽快动身北上，情急之下，连贯想到了地下交通员曹达开辟的另一条路线：从南朝鲜仁川转到大连，此前胡愈之、沈兹九夫妇就是通过这条路线到达大连而后转赴华北解放区。于是，沙千里和胡绳按照连贯的部署，化装成商人从香港乘船到南朝鲜仁川，不想到仁川后想寻找私人商船转赴大连却大费周折，由于当时害怕国民党兵船打劫，从南朝鲜前往大连的私船大多停航。就这样，在南朝鲜滞留了一个多月后，沙千里和胡绳找到了一艘运输布匹的机帆船，这艘船在南朝鲜仁川海关登记记录是驶往天津，但最终转舵开到了大连，结果巧合的是，该船航行到距离大连不远海域处看到一艘大船，沙千里、胡绳以为是国民党军舰，遂搁浅在大连附近一个荒岛暂避一晚，第二天发现"大船已经移动，对我们没有什么危险"才离开荒岛，驶往大连。事后得知，沙千里、胡绳他们躲避的大船，竟然就是载有马叙伦、郭沫若等第二批北上民主人士的华中轮，在一个多月前到码头为沙千里送行的连贯也在这艘船上。在大连登陆后，沙千里通过中共党组织安排，乘火车前往沈阳，与第二批北上的民主人士在沈阳铁路宾馆会合，胡绳则与乘华中轮在丹东大王家岛登陆后转到大连的连贯、翦伯赞、宦乡、韩练成4人会合（4人目的地均为中共中央驻地西柏坡）经山东前往河北平山西柏坡，到西柏坡已经是1949年1月。胡绳等五人都没有肩负筹备新政协的任务，故而沙千里"单独"北上至沈阳。

沙千里（左）、朱学范（右）与东北局接待干部留影

6、黄振声北上抵达沈阳

黄振声（1925—2014）是单独北上抵达沈阳的。黄振声出生在上海，

1943年4月在大学就读时加入中国共产党，1946年毕业于上海圣约翰大学经济系，1946年8月担任上海市学生联合会党组书记，1947年6月负责全国学生联合会及上海市学生联合会工作。作为在国统区的全国学联代表，黄振声受中共党组织委派北上筹备新政协。按照周海婴《航向新中国》一文回忆，黄振声是从上海乘船北上到达南朝鲜，然后经大连抵达沈阳。虽然入住沈阳铁路宾馆的具体时间无法确考，但应该与马叙伦等第二批北上民主人士入住时间接近。黄振声在1949年1月22日民主人士"55人通电"中署名，他当时对外是以国统区学联代表身份参加筹备新政协，所以也被归入北上民主人士之列。黄振声也是北上到达辽宁的民主人士中最年轻者。值得一提的是，黄振声虽早在1948年即受党组织委派作为学联代表参加筹备新政协，并在1949年6月被公布为新政协筹备会的4位全国学联代表之一，但担任全国学联国外部部长的黄振声由于被组织上安排其他工作而未能参加新政协筹备会，也未能当选第一届全国政协委员，错过了参加新政协的机会。

7. 李文宜、王昆仑由苏联回国到沈阳

1949年1月到2月初，有两位民主人士经苏联回国到达沈阳。一位是民盟的李文宜，另一位是民革的王昆仑。

李文宜（1903—1997）是1926年加入中国共产党的老党员，曾列席在莫斯科召开的中共六大，在丈夫罗亦农牺牲后，她长期从事统一战线和妇女工作，作为民盟中央委员兼中央妇女委员会副主任。1948年9月，在香港的她接到沈钧儒派人秘密通知，于9月12日沈钧儒启程登船北上的当天同张曼筠、曹孟君等在香港的民盟骨干到沈钧儒家送行。同年11月，李文宜作为代表，秘密离开香港，经越南西贡乘飞机取道法国前往匈牙利首都布达佩斯出席国际民主妇女联合会第二次代表大会，中共代表蔡畅是国际民主妇女联合会副主席，中共方面的张琴秋、丁玲、陆璀（饶漱石夫人）都

参加了这次会议，会议于12月1日正式开幕，为期一周多，会议闭幕后李文宜在苏联进行了短期参观访问，尔后于1949年1月1日到达满洲里回国，在哈尔滨稍事停留后，和蔡畅一道乘火车前往沈阳。李文宜本人在《李文宜回忆录》详细记述了这次回国前后的经历，她记述自己初到沈阳"住进东北妇联招待所"并且出席东北妇女代表大会。经考证，东北妇女第一届代表大会于1949年1月20日至25日召开，出席会议的各界妇女代表283人，这是在解放区召开的第一次跨省份区域性妇女代表大会，这其中有蔡畅的努力。蔡畅希望李文宜今后投身妇女工作，李文宜向蔡畅提出要求，希望不再从事民主党派和妇女方面的工作，经李富春向中共中央请示，中央复电希望李文宜从事统一战线工作。按照中央的部署，李文宜立即前往沈阳铁路宾馆，行前李富春代表中共中央东北局嘱咐她："中央回电，要你陪伴李德全，你还是和民主党派、民主人士一起。"李文宜后来回忆："我的任务是从早到晚陪着李德全，使她不要老在房间里守着骨灰盒。"其间，由于筹备中华全国妇女第一次代表大会，蔡畅还特意让李文宜翻译国际民主妇女联合会第二次代表大会上几十个国家代表的发言，以便蔡畅在会上报告国际妇女问题。这里需要说明的是，李文宜经哈尔滨到达沈阳的时间应该在1949年1月上中旬，之所以她没有参加1月26日的民主人士欢迎会，主要是在1月25日东北妇女第一届代表大会才闭幕，李文宜作为民主人士被党组织派到沈阳铁路宾馆工作应该是1月26日至2月2日之间的事，因此在2月2日中共中央给民主人士复电中有李文宜的名字。

王昆仑（1902—1985）差点和冯玉祥一同回国。王昆仑毕业于北京大学哲学系，曾是孙中山逝世前在北京的临时办公处的工作人员，后在黄埔军校潮州分校任职。北伐战争中任国民革命军总政治部秘书长，1932年任国民政府立法院委员，因思想进步，1933年秘密加入中国共产党，1935年当选为中国国民党中央候补执行委员，成为国民党高层内一名特殊的无产阶级革命战士。全面抗战爆发后，王昆仑在周恩来的直接领导下做国民党上层的工作，投身抗日统战工作，1938年与投身抗日宣传及妇女运动的曹孟君结婚，曹孟君也是1933年秘密加入中国共产党，之后长期以民主人士身份开展抗日活动。1941年，在周恩来等中共领导人的亲切关怀和指导下，王昆仑、许宝驹等发起组织了中国民主革命同盟（史称"小民革"），开展抗日统一战线工作。1943年，王昆仑与谭平山、陈铭枢、杨杰、朱蕴山等发起组织三民主义同志联合会并当选为常务干事，由于对蒋介石的政策提出公开批评，为继续开展争取和平、民主的斗争，王昆仑夫妇计划前往香港，不料临行前被国民党特务发现，后得知国民党特务已将自己列入暗杀的黑名单，于是称病赴美国疗养，而曹孟君却由于无法取得赴美护照只能辗转赴香港。到美国后，王昆仑参加冯玉祥发起组织的旅美中国和平民主同盟，积极协助冯玉祥开展反蒋活动。1948年春夏之际，王昆仑是想和冯玉祥夫妇一道取道苏联回国，但因为一时间搞不到离开美国的出境证和其他护照而未能与冯玉祥同行，后几经周折在中共驻美工作领导小组负责人唐明照等人帮助下离开美国赴英国，其在美国留学的女儿王金陵同行，在英国暂住一个月后又赴法国，在中共驻法工作人员孟雨的帮助下领到了赴捷克斯洛伐克的护照，到捷克后又在中共工会领导人刘宁一的帮助下获得了去苏联的护照，在党组织的精心安排下，经过近三个月的长途跋涉，1949年1月底，王昆仑和女儿王金陵从苏联回国，经哈尔滨于2月上旬到达沈阳。而曹孟君则作为第二批从香港北上的民主人士之一，于1948年12月6日抵达沈阳，王昆仑、曹孟君这对革命伴侣至此在沈阳重新相聚。王昆仑抵达沈阳的确凿时间待考，但应该是在1949年2月2日中共中央给在解放区的民主人士复电之后的2月上旬某日，因为王金陵参加了民主人士参观考察沈阳农村某地，这个时间在2月4日至10日之间。

8. 胡子婴北上抵沈阳

胡子婴（1907—1982），浙江上虞人，参加过著名的上海工人第三次武装起义，九一八事变后积极参加抗日救亡活动，1935年底与史良、沈兹九等发起组织上海妇女界救国会并当选为理事，1936年担任上海各界救国联合会总干事，1945年参与发起民主建国会并担任理事。胡子婴还是章乃器的第二任夫人，1928年与章乃器结婚，抗战中两人离婚。胡子婴既是民建会员，又是救国会成员，是知名的爱国民主人士。称其北上具有特殊性，是由于至今未能查到胡子婴北上路线的详细资料，但据胡愈之相关史料，在1948年8月底胡愈之从香港北上途经上海时还和胡子婴会面并谈话。1949年1月，在周恩来的邀请下，胡子婴由上海经香港北上到达沈阳。胡子婴从香港北上的具体时间如今已经无法确考，其本人回忆文章也未说明登陆地，但她抵达沈阳的时间应是在1949年2月2日之后的2月上旬或中旬某日。胡子婴虽然没有出现在2月2日中共中央复电在解放区民主人士的名单中，但她2月23日作为在沈阳的北上民主人士之一启程前往北平是确凿无疑的。

9. 李章达、陈其瑗、陈邵先、陈此生、卢于道、千家驹、夏康农、林植夫从香港北上抵大连

李章达等8位在香港的民主人士北上，不知是由于人数少还是其他历史原因，一直未作为第四批从香港北上民主人士进行记述，但并不影响他们此次北上的分量和历史作用。李章达、陈劭先、陈此生、卢于道等4人在中共中央邀请北上的民主人士名单上。李章达（1890—1953）作为救国会的主要负责人，还是民革第一届中央常委兼秘书长、民盟南方总支部主任委员和中国国民党民主促进会常务理事，是中共中央于1948年11月5日给香港分局列出的10位需安排北上的"最重要者"之一。李章达有着丰富的民主革命经历，参加过武昌起义，曾任孙中山大元帅府警卫团长、第四战区军法执行总监等职。陈其瑗（1888—1968）、陈劭先（1886—1967）、陈此生（1900—1981）都是民革党员，陈劭先、陈此生还都是中国国民党民主促进会的主要发起人之一。卢于道（1906—1985）是著名解剖学家，曾任

复旦大学生物系主任、中国科学社总干事，参与发起组建九三学社并担任监事；千家驹（1909—2002）是著名经济学家，当时担任民盟南方总支部秘书长，还是救国会成员；夏康农（1903—1970）是著名生物学家、教育家，曾任中法大学理学院院长、民盟云南省支部主任委员，还是农工党成员；林植夫（1891—1965）曾任新四军政治部敌工部部长，皖南事变后被囚禁，后经营救出狱并加入民盟，发起创建民盟福建支部。

李章达等一行8人北上，在以往的很多著述如《千家驹年谱》中被记作从香港北上在山东烟台登陆，这实在是历史误会，而李章达传记中对此又语焉不详。这里据《李一氓回忆录》和陈此生传记可以认定，李章达一行是从香港乘船北上，先是1月底在大连登陆，然后从大连转赴烟台，2月上旬到达西柏坡后受到毛泽东、朱德、周恩来等中央领导人的接见，然后为筹备新政协，他们又经石家庄坐长途汽车并换乘火车到达刚解放不久的北平，住在北京饭店旧楼。从《千家驹年谱》中"过了几天，在北京饭店又陆续见到了第一批北上转东北抵京的著名民主人士"这一记载推测，他们到达北平应是2月20日左右，因为沈钧儒等2月25日即从沈阳抵达北平。

在《李一氓回忆录》中，不但清晰记载了这批北上的李章达、陈劭先、陈此生等3人的姓名，还提到"李章达，当然我要感谢他皖南事变以后把我从桂林送到香港。陈此生是皖南事变后，我在香港认识的"。李一氓当时作为中共旅大地委第二书记，亲自参与接待北上民主人士，他的回忆可称得上是第一手资料。此外，在广西大学刘莉玲教授撰写的陈此生传记中根据相关史料明确记载："1949年1月底，陈此生和李章达、陈其瑗、陈邵先等应邀启程北上，在大连登陆。他们第一次踏上了真正由人民统治的祖国大好河山。随着三大战役的迅速胜利和北平的和平解放，原定在哈尔滨召开的新政治协商会议改在北平举行，陈此生和许多民主人士遂从大连转赴河北省平山县李家庄。2月的一天，毛泽东主席亲切地会见了陈此生和李章达等一批民主人士。"可以确定，李章达等8位民主人士是先在大连登陆，可归入从香港北上到辽宁的民主人士范畴。

关于李章达一行是何时从香港出发，中华人民共和国成立后担任福建省政协副主席、民盟福建省委主委的林植夫在《林植夫自述》中说："新年过后，周恩来来电相邀，我就同其他民主人士一道于1月23日北上了。"按照当时正常的轮船航行速度，李章达一行应当是1月29日至31日抵达大连。由于他们此行是从辽宁境内经转，目的地是河北平山县，所以停留时间较短，未留下详细的事迹。

10. 胡风从香港北上抵辽宁

胡风（1902—1985）是现代文艺理论家、诗人、文学翻译家，早年参加左联，与鲁迅关系密切，后长期参加抗战文艺活动，1948年由于著述反对蒋介石统治而遭到国民党当局迫害，在中共上海地下党组织安排下，于12月9日前往香港。到香港后，中共中央邀请胡风前往华北解放区，于是，1949年1月6日，由中共党员、剧作家杜宣带队，胡风与刚从英国留学归国的归侨青年马本师（浙江嵊县人，马寅初之侄）、泰国归侨许侠以及章汉夫的夫人龚普生等一行13人，从香港乘坐一艘挪威商船秘密北上东北解放区。1月12日，胡风等人乘坐的挪威商船在辽宁庄河大王家岛海岸停泊避风。据《胡风日记》记载："1月12日，下午6时，到王家岛海面，岛属辽宁省庄河县。"因为天黑，胡风等人当日并没有上岸。第二天上午，时任庄河县公安局局长刘铮，安排岛上的公安分所所长王喜英上船与胡风等人见面，并用汽船把他们接到岛上。在大王家岛公安分所，胡风一行与这位叫刘铮的局长见了面，从下午谈到晚上。通过交谈，胡风了解到岛上的真实情况，特别是解放区人民的生活和心情。胡风一行在大王家岛只住了一晚，1月14日上午，他们告别刘铮、王喜英以及岛上的老乡，当天下午在庄河县打拉腰港上岸，然后乘坐汽车到达庄河县城，住进了县城里的复兴旅店。当时庄河县刚解放不久，胡风在县城的街上散步很有感慨。1月15日，胡风等又乘坐庄河县政府提供的无篷卡车直奔普兰店，后经瓦房店于1月17日到达沈阳。此后，胡风在辽宁境内停留一个多月，在中共党组织的安排下，胡风到过安东、本溪等地进行参观访友，直到3月7日与北上抵达沈阳的台盟领导人谢雪红、台盟重要成员李纯青以及宗教界民主人士吴耀宗等同行去往北平。到北平后，胡风又被安排前往河北省西柏坡中共中央驻地，受到周恩来的亲切接见。3月24日，胡风随中共中央统战部乘坐大汽车前往北平。

胡风早在1923年就加入青年团，但后来由于种种原因一直没有加入中国共产党，长期以党外民主人士身份留在文艺界，故被归入从香港北上的民主人士。与胡风同船北上的杜宣、龚普生是中共党员，马本师、许侠都是归侨青年，因而该船北上者只有胡风属于民主人士范畴。

11. 谢雪红、吴耀宗、李纯青从香港北上抵辽宁

以往著述在叙述从香港北上到东北解放区的民主党派领导人时常将台盟领导人忽视。实际上，台盟主要创建人谢雪红也是从香港北上到辽宁的民主人士。

谢雪红（1901—1970）是台共、台盟的主要创建人之一，参与领导台湾地区著名的反对国民党专制的"二二八"事件，这次抗争失败后她转移到上海。为躲避国民党特务追捕，谢雪红在中共地下党组织帮助下，经上海锦江饭店创始人董竹君托人掩护撤离到香港继续从事民主运动。1947年11月12日，在中国共产党的帮助下，谢雪红等人在香港成立台湾民主自治同盟。1948年5月7日，台盟发表《告台湾同胞书》，响应中共中央"五一口号"，并表示"促进新中国的建立"。在中共中央安排下，1949年2月16日，谢雪红及台盟发起人之一、《大公报》记者李纯青和宗教界民主人士吴耀宗一同从香港乘船北上。有的材料称谢雪红丈夫杨克煌亦一同北上，经查台盟中央会史资料并结合亲历者回忆，杨克煌北上是到达平山县李家

庄，而且直到3月底随中央统战部机关到达北平后才与谢雪红会合。

吴耀宗（1893—1979）是中国基督教"三自"爱国运动发起人，曾于1946年参加中国人民救国会，当时担任中华基督教青年会全国协会编辑部主任，他积极响应中共中央"五一口号"，由于积极参加反蒋民主运动，被国民党列入特务的黑名单。中华人民共和国成立前夕，身在香港的吴耀宗受中共中央邀请，在中共香港分局的安排下与谢雪红同船北上。中共党员赵子晖承担此行的护送任务。据赵子晖回忆，沈钧儒先生的一个儿子当时也随船北上。在中共党组织安排下，"我们住的船舱很舒适，据说原来是船员的寝室，让出来给我们住了，这也是党组织事先安排好的。船上的伙食也不错，一日三餐、荤素几大碗，唯恐吃不掉……"谢雪红、吴耀宗等3位民主人士在航行一周后于朝鲜南浦港登陆，再从南浦乘火车前往平壤，在平壤参观了当地名胜古迹，几天后在朝鲜政府的护送下离开平壤，经过中朝边境的新义州，越过鸭绿江大桥到达安东市（今辽宁省丹东市）。赵子晖在回忆谢雪红等人到达解放区的喜悦心情时写道："瞬间车已到桥的另一端，我解放军战士笑容可掬地迎接我们的到来。啊！过了国境线啦，进了家门啦，大家都欢呼起来，谢雪红环顾着大伙，咯咯地笑出声来。"谢雪红一行于2月16日登船，按照正常航行速度，应在2月22日或23日到达安东境内，故2月24日在香港的台盟总部对外公布了"本同盟理事会这次特派本盟理事谢雪红同志出席新政治协商会议……已抵达目的地"的消息。

在安东市，谢雪红、吴耀宗、李纯青一行参观了造纸厂、橡胶厂和托儿所后，乘火车抵达沈阳，住在一家曾在日伪时期称为"皇家饭店"的旅馆里，即今沈阳市和平区中山路东洋拓殖株式会社奉天支店旧址，这里也曾是九一八事变后日本关东军司令部所在地。谢雪红一行赶到沈阳时，前三批北上民主人士已经离开沈阳前往北平，故谢雪红等人并未被安排住在沈阳铁路宾馆。在沈阳，谢雪红、吴耀宗等民主人士受到当地领导同志的关心，被安排参观了许多工厂，生活方面也被照顾得很周到，直到3月7日被安排乘坐专列离开沈阳前往北平参加筹备新政协。总的来看，胡风和谢雪红、李纯青、吴耀宗抵达辽宁后，主要是在解放区参观访问，感受解放区的氛围，他们参加筹备新政协的政治活动多在赴北平以后，这与前三批北上民主人士在沈阳即开展筹备新政协的政治活动还是有所不同的。

除此之外，这里还有必要论及罗叔章作为民主人士是否应认定为北上民主人士的问题。罗叔章的名字出现在1949年2月2日毛泽东、朱德复李济深等56名民主人士的电文中，在新华社、《人民日报》有关民主人士由沈抵平的报道中，罗叔章作为35名民主人士之一名列其中，而且其党派属性写的是"人民救国会"。在民主人士在沈阳期间活动的照片中，罗叔章和李济深、沈钧儒、蔡廷锴、郭沫若一同观看地方戏曲演出，留下了珍贵的影像资料。罗叔章在1945年参与发起成立民主建国会并担任理事。实际上，罗叔章（1899—1992）是1934年加入中国共产党的老党员，但为了从事党的统一战线工作，直到改革开放后她才经中共中央批准公开共产党员身份。在以往的一些研究著述中，将罗叔章也列为北上民主人士。经查罗叔章（有些材料写作罗淑章）生平资料，罗叔章早在1946年秋天就到了东北解放区，先后任哈尔滨市裕昌面粉厂经理、佳木斯东北制药厂厂长、大连中华医疗股份有限公司副经理、沈阳东北医药总公司经理等职。1949年1月底，罗叔章受党组织委派到沈阳铁路宾馆，以救国会成员的身份参加筹备新政协，但由于她此前就已经在东北解放区工作，故而没有"五一口号"发布后从香港北上的经历，因此并不能归入北上民主人士的范畴。而民盟盟员高崇民、民建会员阎宝航当时都已经在东北解放区有公开担任的领导职务（高崇民是东北行政委员会副主席，阎宝航是辽北省政府主席），虽然民主人士北上抵沈后，他们也在辽宁任职，但并不属于北上民主人士之列。与高崇民、阎宝航不同的是，罗叔章非东北籍且在1949年1月前在东北从事企业经营管理，未担任过东北地方领导职务，故而当她被派到沈阳铁路宾馆从事统一战线工作后，被中共中央列入2月2日复电的56位民主人士之中。

六、沈阳欢迎会：对外宣布民主人士北上

民主人士北上东北解放区是分批分期且秘密成行的。为保证民主人士安全到达解放区，无论是在组织策划还是在沿途护送环节都强调行动的保密性。三批北上民主人士到达东北解放区后，出于安全、保密等方面考虑，解放区方面也没有立即对外发布消息。加上当时东北地区陆续解放，因此连国民党当局也无法确知有多少民主人士北上到达东北，也搞不清楚这些民主人士北上的具体地点。如1949年1月4日《大公报》刊登新闻中还援引美联社消息称李济深离港经北韩（朝鲜）赴哈尔滨。直到在1949年1月22日55位民主人士联名发表《我们对于时局的意见》（即"55人通电"后），中共中央认为正式对外公开这些民主人士北上到达解放区的时机已经成熟，不仅能对在国统区以及仍滞留在香港及海外的民主人士和广大知识分子、社会上层人士起到示范影响作用，还能在一定程度上动摇国民党反动集团的统治。那么，究竟以怎样的方式对外发布这些民主人士北上的消息呢，考虑到北上民主人士的代表性人物暨各民主党派主要负责人都已经到达沈阳，中共中央和中共中央东北局反复研究后决定，于1月26日在沈阳举行欢迎会，营造影响，然后通过新华社和解放区报刊对外公开发布消息。

经过精心准备，特别是在会议地点选址、安全保卫、观众组织方面下了一番功夫后，1月26日，中共中央东北局、东北行政委员会、东北军区以及东北各界人民代表在沈阳宏大电影院举行盛大的欢迎会，热烈欢迎为筹备新政协会议北上东北解放区的民主人士。从1948年9月12日第一批北上民主人士从香港登船伊始，四个多月来，北上东北解放区的民主人士第一次正式对外亮相。

　　宏大电影院主体建筑建于1940年，日伪时期称"平安座"，是一栋六层船型建筑，建筑面积9610平方米，剧场面积5190平方米，有座位1704个，是当时沈阳规模较大的电影院，其位置距离沈阳站（当时称沈阳南站）较近，今为沈阳市文化宫所在地。宏大电影院在沈阳解放后被赋予的第一项政治任务就是迎接北上民主人士。值得一提的是，如今的沈阳市文化宫即在和平区民主路上，与当年民主人士莅临此地意境相合。

　　1949年1月26日，宏大电影院内外张灯结彩，红旗招展。得知要迎接北上筹备新政协的民主人士，沈阳各界群众代表和东北军区官兵代表千余人早早就在此等候。下午1时许，从沈阳铁路宾馆用过午餐和进行简单午休的33位民主人士被警卫人员陆续护送至宏大电影院。当天，民主人士们被安排在剧场第一排就座。当大会主持人宣布介绍民主人士时，他们起身从主席台左侧木梯拾级而上，主持人一一介绍，会场内掌声震耳欲聋。

　　欢迎会于下午2时开始。首先由东北行政委员会主席林枫致欢迎词，林枫在致辞时说："我首先代表中共东北局、东北行政委员会、东北军区及东北各界同胞，向长期在国民党统治区为民主事业艰苦奋斗的全国各民主党派、各人民团体及无党无派的民主人士表示热烈的欢迎。"

　　随后，按照发言顺序，中国国民党革命委员会主席李济深、中国民主同盟中央常务委员沈钧儒、中国民主促进会常务理事马叙伦、无党派民主人士郭沫若、三民主义同志联合会主任委员谭平山、民主同盟云南总支部主席彭泽民、中国农工民主党中央执行委员会主席章伯钧、中国国民党民主促进会负责人蔡廷锴、中国民主建国会副主任委员章乃器、中国妇女联谊会主席李德全、中国人民救国会中央常务委员沙千里、无党派民主人士茅盾、中国致公党主席陈其尤、国民党统治区全国学生联合会代表黄振声、中国民主同盟中央委员邓初民、中国民主促进会常务理事王绍鏊、上海人民团体联合会代表许广平、三民主义同志联合会中央常务委员许宝驹、著名戏剧家洪深、中国妇女联谊会常务理事曹孟君等20位民主人士分别发表讲话。他们一致痛斥南京国民政府的假和平阴谋，拥护中共中央毛泽东主席对时局的声明，主张在中国共产党的领导下把革命进行到底。

中国国民党革命委员会主席李济深在演说中首先谈到他对中国共产党的看法，认为"中国人民民主革命之所以有今天这样伟大的成就，乃由于中共领导正确、措施恰当，真正符合了全国人民大众的需要"。中国民主同盟中央常务委员沈钧儒讲话称："进入解放区后看到了真正人民的民主自由。在这里，没有帝国主义的侵略势力，没有'四大家族'，没有封建地主军阀官僚。这里有的是翻了身的人民，做了国家主人的工农劳动人民。来到东北解放区短时内的所见所闻，已充分证明了解放了的人民的创造力量是伟大得惊人的。"

中国民主促进会常务理事马叙伦表示："只有彻底打倒帝国主义、封建势力与官僚资本主义，才能建立民主自由和平统一的新中国。我们所争取的是真正的和平而不是马马虎虎妥协的和平。"马叙伦发言后还吟诗两首，其中一首为："一堂敢诩群英会，个个都缘民主来。反动未消怀怒忾，和平有路扫凶埃。后至防风须就戮，末朝封建定成灰。矛头所向无天堑，听取传书奏凯回。"

无党派民主人士郭沫若的发言饱含激情，他指出："目前美蒋企图以和平阴谋掩护其军事挣扎。在蒋介石溜出南京后，放下一个李宗仁作后卫，让自己好争取时间，苟延残喘……全中国的民主党派人民团体民主人士，也都一心一意地甘愿在毛泽东的领导下，在无产阶级先锋队中国共产党的领导下，团结一致，就像一个整体，决心为实现人民的公意，争取真正的和平而彻底奋斗。"

民主建国会常务理事施复亮、孙起孟在会上作书面发言。从《人民日报》《东北日报》报道来看，施复亮、孙起孟两人出席了欢迎会，为何是作书面发言，应是民主建国会已经推举章乃器现场发言，而施复亮、孙起孟又起草好了发言稿，故而作书面发言。施复亮在书面发言中指出，国民党二十多年的统治，不仅与中共为敌，与工农大众为敌，而且与一切民主党派为敌，甚至与一切爱好和平的人民为敌，他还强调："中国人民所希求的和平，是做主人的和平，不是做奴隶的和平。"孙起孟作为教育界人士，书面讲话侧重于教育方面，他写道："看到解放区建设事业特别是教育事业的突飞猛进，我就越发相信，必须有彻底的革命，人民作主的前提，教育才有发展的基础。"

这次欢迎会上共有20位民主人士现场发言，两位民主人士作书面发言。综合这22位民主人士的发言，他们一致痛斥南京国民党的假和平阴谋，拥护毛泽东对时局的声明，主张在中国共产党的领导之下"把革命进行到底"。"把革命进行到底"，是民主人士对中国共产党号召的赞同与切实回应。1948年12月30日，毛泽东为新华社撰写了题为《将革命进行到底》的新年献词。新年献词开头这样写道："中国人民将要在伟大的解放战争中获得最后胜利，这一点，现在甚至我们的敌人也不怀疑了。"毛泽东号召全国人民、各民主党派、各人民团体真诚合作，采取一致的步骤，粉碎美帝国主义和国民党反动派的政治阴谋，将革命进行到底。

欢迎大会的最后，中共中央东北局代表李富春发表讲话。李富春时任中共中央东北局常委兼副书记，四个多月来，李富春参与了民主人士北上东北解放区的迎接、接待和协商等诸多事宜，和很多民主人士结下了深厚友谊。他在欢迎会上说："今天的欢迎会，象征着中国民主力量的大团结，也象征着全国胜利的快要到来。诸位先生对时局的主张，证明了全国人民，各民主党派，人民团体需要真正的永久的和平，而不要虚伪的反动的和平，证明了毛泽东对时局的声明，是代表着全国人民的意志，也是诸位先生1月22日的著名声明的立场。"

李富春说："只要全国人民，全国各民主党派认识一致，步调一致，团结一致，使敌人无隙可乘，我们就一定能争取真正的民主的永久的和平。""热烈地希望诸位先生本着知无不言、言无不尽的精神，批评解放区工作的缺点，我们需要这种批评，借以改进我们的共同事业。"李富春讲话后，全场报以热烈的掌声。由于参加欢迎会的民主人士们情绪激动、欢欣鼓舞，发言比预想时间要长，以至于到了原定的晚餐时间，欢迎会仍在进行。此次欢迎会上，第一、二、三批从香港北上的民主人士以及从欧洲经苏联回国的朱学范，单独北上经朝鲜抵达东北的王绍鏊，从美国经苏联回国的李德全、赖亚力，经大连抵达沈阳的沙千里和单独北上经朝鲜抵达沈阳的全国学联代表黄振声等33位民主人士（当时对外宣传报道中将重病住院的冯裕芳亦统计在列，故称34人，冯裕芳因患肺炎于次日逝世于沈阳）共同参加，"是民主人士在东北解放区唯一一次'全家福'式的聚会"。

欢迎会结束后，中共中央东北局相关工作人员对民主人士们的发言进行了整理并上报中央。毛泽东同志对各位民主人士的发言十分重视，亲自进行了审阅修改，并责成新华社于1月31日发出电讯，全文共计7700余字，对外宣传这些民主人士的政治立场和主张。值得一提的是，1月31日恰好是傅作义率部接受和平改编、北平和平解放的日子。2月1日，中共中央东北局机关报《东北日报》用第一版大部分和第二版上半部大篇幅刊登了这次欢迎会的消息和民主人士发言内容，标题即为《来沈民主人士在盛大欢迎会上痛斥南京伪和平阴谋拥护毛主席时局声明一致主张在中国共产党领导下把革命进行到底》。2月2日，《人民日报》也刊登了新华社的前述电讯稿。

七、民主人士在辽宁期间的政治活动

民主人士从香港北上的主旨是筹备新政协、建立新中国，当他们抵达东北解放区时，适逢全国解放战争战略决战打响，中国共产党领导下的解放军与人民群众共同取得"三大战役"胜利，以蒋介石为首的国民党反动集团面临着土崩瓦解。这一时期，民主人士们关注时局特别是战况发展更加密切频繁，他们也结合形势发展开展相关政治活动，为筹备新政协进行着各种积极努力。据当时和北上民主人士们朝夕相处的许广平之子周海婴回忆："住在宾馆里这许多知名人士，经常聚在一起讨论党中央提出的由李富春同志传达的为准备召开新政协的征询意见。"可见，经历了旅途劳顿的北上民主人士们仍旧为筹备新政协集思广益。周海婴回忆："（沈阳铁路）宾馆里有一间四周布满沙发的大会议室，沙发硕大，也许是沙俄时期留下的家具吧。就在这间会议室内，每隔几天就有活动，举行时事报告或民主人士座谈会，也有小范围的学术讲演。"可见，民主人士们充分利用了沈阳铁路宾馆的大会议室，通过举行时事报告、座谈会等形式加强对形势的了解、认知和把握，增进共识。1948年12月31日晚，中共中央政治局委员、中共中央东北局常委兼组织部部长张闻天在此会议室内为民主人士们作了《打倒三大敌人》的重要报告。周海婴还回忆了中共中央东北局副书记、东北军区第一副司令员兼副政治委员高岗亲自来这里向民主人士介绍长春围城战斗的经过。据周海婴回忆："高岗身材魁梧高大，脸膛黝黑而遍布麻坑。他说这场战役打到最后，变成一场混战，指挥部和各级指战员之间，因通信员都牺牲了，联络都中断了，司令部里搞不清是胜是败。但我们的战士个个士气高昂，都能'人自为战'，而国民党军队士气

李富春与李济深、沈钧儒等民主人士在沈阳铁路宾馆座谈，讨论关于召开新的政治协商会议诸问题

低落，因此虽然兵力有悬殊，我军最终还是取得了胜利。他接着还说，战场上遍布国民党军队丢弃的美式汽车、大炮和各种辎重，要打扫的话，需要许多天。"可见，中共中央东北局及时向民主人士们传达解放战争形势，并为民主人士们分析了辽沈战役胜利的原因。

北上民主人士入住沈阳铁路宾馆后，每人都收到一本《毛泽东选集》，"大红布封面，烫金字"，供大家学习参阅。民建常务理事施复亮对民盟中央委员李文宜说："看完了这本《毛选》，我佩服毛泽东五体投地了。"

北上民主人士在沈阳停留期间，通过收听广播、阅读报纸、聆听时事报告会等多种形式了解解放战争的形势和国内外的时事政治新闻。东北行政委员会交际处为民主人士们赠阅每期《东北日报》，中共中央东北局宣传部也力求在《东北日报》上多刊发新华社消息，使民主人士们足不出户就能在宾馆中及时了解国内形势。

1949年元旦，面对国民党统治集团分崩离析、陷入覆灭的困境，蒋介石发表《新年文告》，发出下野求和的信号，提出愿与共产党商讨"停止战事，恢复和平的具体办法"，但要以保存伪宪法、伪法统和国民党军队为条件。趁蒋介石下野被推上代总统地位的桂系李宗仁则企图通过谈判保存国民党在长江以南的半壁江山，"划江而治"，重演南北朝的历史。这时，第一、二批北上民主人士已经汇聚沈阳，沈钧儒、谭平山、蔡廷锴、章伯钧、马叙伦、郭沫若等民主人士与蒋介石打过多年交道，从广播中听到这份《新年文告》后，他们立即识破了蒋介石玩弄的把戏，更加坚定了召开新政协、建立民主联合政府的信心。

与此同时，中共中央主席毛泽东于1949年12月30日为新华社所写的新年献词《将革命进行到底》得到了北上民主人士的普遍认可。毛泽东在文章中以寓意生动的"农夫和蛇"的故事，警告人们绝不要怜惜蛇一样的恶人。毛泽东指出，虽然伟大的人民战争就要取得最后胜利，可是，"敌人是不会自行消灭的，无论是中国的反动派，还是美国帝国主义在中国的侵略势力，都不会自行退出历史的舞台"。为此，"如果要使革命进行到底，那就是用革命的方法，坚决彻底干净全部地消灭一切反动势力，不动摇地坚持打倒帝国主义，打倒封建主义，打倒官僚资本主义，在全国范围内推翻国民党的反动统治，在全国范围内建立无产阶级领导的以工农联盟为主体的人民民主专政的共和国"。毛泽东在《将革命进行到底》中指出："如果要使革命半途而废，那就是违背人民的意志，接受外国侵略者和中国反动派的意志，使国民党赢得养好创伤的机会，然后在一个早上猛扑过来，将革命扼死，使全国回到黑暗世界。"毛泽东深刻揭露了美蒋搞的和平阴谋，彻底批判了资产阶级右翼的妥协思想，要求全国人民和各民主党派都不要怜惜敌人，要团结一致，真诚合作，共同将革命进行到底。毛泽东在文中严肃地指出："中国每一个民主党派，每一个人民团体，都必须考虑这个问题，都必须选择自己要走的路，都必须表明自己的态度。中国各民主党派、各人民团体是否能够真诚地合作，而不致半途拆伙，就是要看它们在这个问题上是否采取一致的意见，是否能够为着推翻中国人民的共同敌人而采取一致的步骤。这里是要一致，要合作，而不是建立什么'反对派'，也不是走什么'中间路线'。"毛泽东在文中还提出："1949年将要召集没有反动分子参加的以完成人民革命任务为目标的政治协商会议，宣告中华人民民主共和国的成立，并组成共和国的中央政府。这个政府将是一个在中国共产党领导之下的、有各民主党派各人民团体的适当的代表人物参加的民主联合政府。"在沈阳的民主人士们聆听到"1949年将要召集没有反动分子参加的以完成人民革命任务为目标的政治协商会议"备受鼓舞。这篇新年献词对于揭露美蒋的阴谋，争取、教育各阶层人士起到了积极作用。

在蒋介石发表《新年文告》后，国统区的各阶层对此反应不一，一些民主阶级、上层小资产阶级及知识分子中许多人对美国和国民党桂系李宗仁抱有幻想，民主党派中也有少数人重新燃起走中间路线的希望。为此，

1949年1月5日，毛泽东又通过新华社发表了《评战犯求和》一文，对蒋介石的新年文告给予了直截了当的回答和抨击，揭露蒋介石的求和，无非是争取军事上的喘息时间，以便重整旗鼓进行反攻。毛泽东指出，蒋介石的声明要确保法统、宪法、军队的存在，这充分说明他的目的是要继续保存大地主大资产阶级专政。

1949年1月7日，到达河北平山县李家庄中共中央统战部驻地的符定一、周建人、韩兆鹗、翦伯赞（从大连经转）、刘清扬、楚图南、田汉、胡愈之（从大连经转）等19位民主人士联名致电在东北解放区的李济深、沈钧儒、章伯钧、马叙伦、王绍鏊、陈其尤、彭泽民、沙千里、蔡廷锴、谭平山等民主人士，提出"革命必须贯彻到底，断不能重蹈辛亥革命与北伐战争之覆辙""务使人民阵线内部既无反动派立足之余地，亦无中间路线可言"和"有赖于群策群力，有赖于中国共产党的继续领导与团结所有忠于人民革命事业之党派团体及民主人士一致行动，通力合作，方可完成人民革命之大业"。并提议："倘荷赞许，尚祈诸公率先发起联衔向国外发表严正声明。"这封电文发出之际，李济深等第三批北上民主人士恰好于当日在大连登陆，中央统战部应是提前推算李济深当在即日到达东北解放区，故而邀请符定一等在李家庄的民主人士们拟写了这封电文，全文虽充满文言，文字有些艰涩，但字里行间表露出愿接受中国共产党领导，团结各党派、各团体、各族各界有识之士将革命进行到底之意境，为后来的"55人通电"发表奠定了基础。

1949年1月6日至8日，中共中央在河北西柏坡召开政治局会议，研究新一年的重要任务，包括渡江南进、召开中共七届二中全会、召开政治协商会议、宣告中华人民共和国成立、组织中央政府、通过《共同纲领》等。在这次会议上，毛泽东再次强调要将革命进行到底，不容妥协。会议指出："我们必须在党内，在人民解放军内，在人民群众中，有说服力地进行教育工作，在各民主党派各人民团体的代表人物中进行解释工作，使大家懂得必须将革命进行到底，而不容许半途而废的理由。"这次政治局会议后，中共中央东北局很快就将会议精神传达给在沈阳的民主人士，坚定了大家"将革命进行到底"的决心。应该说，北上民主人士虽然抵达辽宁特别是集中到沈阳的时间不一，但很快就能形成共识，这充分体现出中国共产党提出的召开政治协商会议、建立民主联合政府的政治主张对民主人士充满号召力和凝聚力。中共中央东北局具体负责此项工作的李富春等东北局、东北行政委员会同志同在沈民主人士之间的沟通、交流取得了明显的成效。

1月14日，针对国民党政府的和平攻势，毛泽东以中共中央主席的名义发表了针对蒋介石"求和"阴谋的《关于时局的声明》。在声明中，毛泽东指出："虽然中国人民解放军具有充足的力量和充分的理由，确有把握，在不要很久的时间之内，全部地消灭国民党反动政府的残余军事力量；但是，为了迅速结束战争，实现真正的和平，减少人民的痛苦，中国共产党愿意和南京国民党反动政府及其他任何国民党地方政府和军事集团，在下列条件的基础之上进行和平谈判。"毛泽东代表中共中央宣布了八项和谈条件，具体内容：（一）惩办战争罪犯；（二）废除伪宪法；（三）废除伪法统；（四）依据民主原则改编一切反动军队；（五）没收官僚资本；（六）改革土地制度；（七）废除卖国条约；（八）召开没有反动分子参加的政治协商会议，成立民主联合政府，接收南京国民党反动政府及其所属各级政府的一切权力。毛泽东指出，这些条件是和谈的基础，反映了全国人民的意志，只有在这八项条件之上所建立的和平，才是真正的和平，并号召各民主党派和全国人民为实现真正的和平而奋斗。

毛泽东对时局的声明，立即得到民主人士们的热烈响应和社会各界的广泛拥护。在是将革命进行到底，还是使革命半途而废的重大原则问题上，各民主党派与中国共产党坚定地站在一起，对中共中央主席毛泽东的号召和声明表示热烈拥护。1949年1月15日，在李家庄的部分民主人士召开讨论会，对毛泽东1月14日发表的《关于时局的声明》进行了热烈的讨论，大家认为，和平有两种，一种是假和平，即维护反动势力和战犯利益的"南北朝"式的假和平，一种是毛泽东提出的维护人民利益的真和平。因此，只有将八项条件作为和谈的先决条件，才能实现人民所要求的真正的、民主的、彻底的、永久的和平。与会者一致同意与在沈阳的民主人士联系，共同起草一个支持毛泽东八项条件的声明。第二天即1月16日，在河北平山县李家庄的周建人、胡愈之、楚图南、符定一、田汉、吴晗等联名致电在沈阳的民主人士，提出：（一）"毛主席所提的八条是为完成中国革命之最低限度的先决条件"；（二）"中国人民正注视着所谓国际干涉阴谋之酝酿，并坚决反对美、英、法等帝国主义国家借调停为名而干涉中国内政"。他们再次提议："以上两点倘蒙赞许，请连同前电所陈意见，由诸公发起，联衔向国内外发表声明。"同日，在沈阳的李济深、沈钧儒等就符定一、周建人等19人1月7日来电复电称："顷奉来电，对完成人民民主革命提示宝贵意见三点，高瞻远瞩，谋国情深，不胜敬佩。业经详细讨论，一致决议发表告国人文件，严正表示吾人对革命进行到底之态度。"

经过广泛沟通和深入讨论、充分酝酿，1949年1月22日，一个在统一战线和多党合作史上具有里程碑意义的事件发生，即《我们对于时局的意见》即"55人通电"发表。已经到达解放区的55位民主人士联名发表声明，拥护毛泽东提出的八项条件。声明首先提出："这一解决国是的主张，正符合于全国人民大众的要求。"民主人士们认为，毛泽东先生对时局的声明，"提出了真正的人民民主和平的八项条件。这正是对于蒋介石所提出的要求的无情的反击，我们是彻底支持的"。南京国民党政府"是快要土崩瓦解了"，为了苟延残喘，搞了和平阴谋，"以争取时间，让反革命残余势力在大江以南或边远省份作最后挣扎。"因此，"对于蒋美所策动的虚伪的和平攻势必须加以毫不容情的摧毁"。在革命的人民民主阵线内，必须提高警惕，巩固团结，"决无反对派立足之余地，亦决不容许有所谓中间路线之存在"。因为"革命与反革命之间绝无妥协与调和之可能"，所以"革命必须贯彻到底"。要反对"苟安纵敌"思想，绝不能"使革命大业功亏一篑"。认为毛泽东提出的八项和平条件，反映了全国人民的公意，"全中国人民，全民主统一战线上的战友，务须一致团结，采取必要行动，坚决执行人民的公意，而使这八项和平条件迅速地全部实现"。民主人士们还明确表示：召开新政治协商会议，建立民主联合政府的主张，"正符合于全国人民大众的要求"。为此，声明调调："愿在中共领导下，献其绵薄，共策进行，以期中国人民民主革命之迅速成功，独立、自由、和平、幸福的新中国之早日实现。"这个政治声明标志着中国各民主党派和无党派民主人士自愿接受了中国共产党领导，标志着各民主党派和无党派民主人士政治立场的彻底转变，为正在筹备的新政协和正在筹建的新中国奠定了重要的政治基础。

在"55人通电"署名的55位民主人士中，有34位当时身在沈阳，21位在河北平山县李家庄。从李家庄方面两次来电希望在东北解放区的民主人士领衔发表声明的电文来看，在通电内容上，当时在沈阳的李济深等民主人士的政治态度更为主要。

在毛泽东《关于时局的声明》发表前后，各民主党派纷纷通过发表声明、宣言、公开信等形式，热烈响应中国共产党的八项和谈主张，这成为当时在沈阳的各民主党派领导人和成员的重要政治任务和政治活动。当时各民主党派的主要领导人除民主建国会的黄炎培和九三学社的许德珩以外，大多汇聚在沈阳，他们和无党派民主人士郭沫若等一道，热烈响应八项和谈主张，积极开展政治活动，下面就按各党派的具体情况分述之。

1949年1月8日清晨，李济深在下榻的大连大和旅馆客房内召集前来大连的民革中央执行委员会常委、组织工作委员会主任朱学范了解东北情况，民革中央执委会常委朱蕴山、委员梅龚彬在座。李济深听着已经在东北解放区生活了十个多月的朱学范汇报相关情况，不时含笑点头。据朱学范后来回忆，当时李济深"对中国共产党对待民主人士真诚合作的态度非常满意；对新政协诸问题座谈会的协议非常称道；对召开新政协，成立联合政府非常乐观"。李济深当时对朱蕴山、梅龚彬说："元旦，毛主席发表《将革命进行到底》的新年献词：一是革命必胜，现在连敌人也不怀疑了，我们不能半途而废；二是揭露美蒋勾结玩弄假和谈的阴谋；三是民主党派要与中共一致，要合作，不要反对党和走中间路线。"李济深还说："我们民革一开始就要推翻蒋政权，在这方面不会半途而废的，美蒋勾结搞阴谋，焕章（指冯玉祥——引者注）兄生前曾做坚决斗争，我们继承其志。在这方面，中共和其他民主党派是信得过的。至于我们民革为实现孙中山先生的革命的三民主义，也与中共的新三民主义是一致的。但在这方面我们有些同志尚不清楚，需要着重解决的。"李济深还对朱学范说，看到朱从莫斯科来信后，在香港组织民革党员进行了几次座谈，大家都表示不走"第三条道路"，要"一边倒"，在1948年6月25日响应中共"五一口号"的声明中，民革就公开宣布：今日之中国只有革命与反革命两条道路，其间绝无中立徘徊之余地。并号召：以实际行动加速独裁政权的灭亡而站到人民方面来，站到人民革命阵营方面来。李济深认为，又过去半年多时间，形势变化很快，民革内部"一边倒"的问题已经不存在了。

这天上午，李济深和朱学范、朱蕴山、梅龚彬在大连大和旅馆李济深下榻房间内还谈到了和先前广东省政府主席宋子文商谈合作的事宜。大家一致认为，宋子文在出任广东省政府主席后试图拉拢李济深，并派人来香港活动，向李济深提出组织"和平统一大同盟"的建议，宋子文离职后，于1948年6月曾亲自来香港约李济深面谈，当时民革主要领导同志何香凝、谭平山、蔡廷锴等都主张不予理会，李济深想听听宋子文到底要谈些什么，还是决定同宋见面，结果宋希望李能与他合作，团结张发奎、余汉谋、薛岳等粤系将领以及李宗仁、白崇禧等桂系势力，在广东另组政府，重举中山旗帜，推翻蒋介石，由广东政府直接与中共谈判。当时李济深有些想尝试，但向宋子文提出要先在广东释放一些民主人士等先决条件，后宋子文托病出国疗养，此事便不了了之。

当天，李济深和朱学范等人还谈到民革接受中国共产党领导问题。李济深从朱学范在1948年3月31日从哈尔滨寄给李济深的信说起，李济深说："此信收到后，在香港民革内部引起争议：有人认为接受中国共产党领导很重要；有人认为党派之间是平等的，没有什么谁领导谁的问题。"朱学范当时便问："任公您的意见呢？"李济深说："我既下决心并来到了解放区，这一行动就表明了拥护由中国共产党来领导新中国。"并说："其实，反帝反封建也好，一边倒，反对第三条道路也好，核心问题是接受共产党的领导。革命的三民主义虽与新三民主义原则是一致的，但要付诸实行，全国也要步调一致，显然这也要接受共产党的领导。""我于行前曾接见法新社记者，答复他们的提问时就谈到：各民主党派与中共合作，是完全可能的。所谓中共将实行一党专政之说完全是一种恶意的挑拨。无论美国如何援助，也断乎救不了蒋政权崩溃之命运。我坚决告诉记者，中国将成为一个独立的国家……南京的文武官员，只要他们能及时起义，有行动表现，我们都欢迎……一切妥协性的和谈都是绝不可能的。"

李济深还向朱学范、朱蕴山、梅龚彬谈到自己离港之前应《华商报》邀请写1949年元旦献词一事，他说这篇元旦献词是12月20日左右写的，献词中称颂道"人民革命已经获得决定的胜利，踏进了光明的大道。一切民主阵线的朋友，爱国人士，为建立一个民族独立、民主自由、民生幸福的新中国而奋斗"。李济深认为，蒋介石发表的《元旦文告》发出了"个人进退，绝不萦怀"的哀嚎，与自己此前写的元旦献词预言的意境十分一致。

李济深在1949年1月8日的谈话内容很多。他还讲到在离开香港前夕，何应钦派代表陈又新来香港与自己及龙云见面，他托陈又新转告何应钦不愿再帮蒋工作："如能适时联合反蒋的同志反正起义，立功赎罪，将来不独可免为战犯，还可以参加新政协，若此事做不到亦应及早罢手，不要再做帮凶。"李济深认为，不论外部是否理解，民革必须要坚持做瓦解蒋介石政权的策反工作，否则"将会引起更多人的不理解"。

李济深等民革中央领导于1949年1月10日到达沈阳后，于1月11日即与先期抵沈的第一批北上民主人士中的民革中央领导谭平山、蔡廷锴分别谈话，进一步询问东北解放区的情况，并关心询问与中共中央东北局接触的事宜。蔡廷锴、谭平山当时都建议李济深"既来此间，宜早些表示接受中共之领导"。谭平山、蔡廷锴还向李济深送阅了在河北省平山县李家庄的民主人士符定一、周建人、韩兆鹗、翦伯赞、刘清扬、楚图南、田汉、胡愈之、沈兹九、严信民、杨刚、宦乡、吴晗、张曼筠、周颖、何惧等19人于1月9日联名发给在沈阳民主人士的电报，电文中说："民主人士对于国民党战犯求和，必须认清三点：1.养痈贻患，莠恶务尽。时至今日，革命必须贯彻到底，断不能蹈辛亥革命与北伐战争之覆辙。2.薰莸不同器，汉贼不两立，人民民主专政决不能容纳反动分子，务使人民阵线内部既无反对派立足之余地，亦无中间路线之可言。3.在中国共产党的领导下，各民主党派和民主人士一致行动，通力合作，完成人民革命之大业。"并提议："倘荷赞许，尚祈诸公率先发起联衔向国内外发表严正声明。"

1月11日当天，李济深将自己在沈阳的活动日程征求朱学范的意见。主要有：1.致毛主席等中共中央领导人电。2.随时与高岗等交换有关召开新政协的意见。3.复电李家庄的民主人士，并保持联系。4.联合民主人士发表对时局的声明。5.举行在沈阳的民革中委座谈会。

1月12日，李济深致电毛泽东、周恩来："济深于1月10日抵沈，诸承款待，至所感谢。贵党领导中国革命，路线正确，措施允当，洽符全国人民大众之需要，乃获今日之成就，无任钦佩。济深当秉承中山先生遗志，勉尽绵薄，为争取中国革命之彻底胜利而努力。"李济深在电文中明确提出中国革命是中共领导的，这在民革历史上可以说是一个大转变。当晚，李济深就收到毛主席、周恩来热情洋溢的联名复电，表示欢迎。

1月14日，毛泽东发表《关于时局的声明》，提出了与国民党和谈的八项条件，包括惩办战争罪犯、废除伪宪法、废除伪法统、依据民主原则改编一切反动军队、没收官僚资本、改革土地制度、废除卖国条约以及召开没有反动分子参加的政治协商会议，成立民主联合政府，接受南京国民党反动政府及其所属各级政府的一切权力。1月16日，在河北省平山县李家庄的民主人士又联名给沈阳的民主人士来电，赞同毛泽东所提的和谈八项条件，并坚决反对美、英、法等帝国主义国家借口调停为名，干涉中国内政。在李家庄的民主人士们提议："请连同前电所陈意见，由诸公发起，联名向国内外发表声明。"李济深与在沈阳的民主人士们研究后，当日复电李家庄"业经详细讨论，一致决议告国人文件"，"不日完成，当即电致就教，呈请签署"。

1月22日，李济深、沈钧儒、马叙伦、郭沫若、谭平山和李家庄的符定一、周建人等55人联名发表了《我们对于时局的意见》的声明。这是一个具有深远历史意义的文件。在文件中，各民主党派领导人及无党派民主人士明确拥护中国共产党的领导，拥护中共中央真正的人民民主和平的八项条件。在这份"55人通电"上署名的朱学范认为："声明的发表，对我的感触颇深，想想李济深、何香凝选择接受中国共产党领导的道路，在民革同志中间做了多少艰苦细致的工作呀。声明对于我们民革标志着是由与共产党合作，进入了接受中国共产党领导的多党合作的新时期。"

1月23日，中共中央政治局委员、东北局副书记陈云，东北局常委李富春致电中共中央称"民革参加政协已确定6人，即李济深、李德全、朱蕴山、陈劭先、梅龚彬、朱学范，并拟向筹委会增加3人，即何香凝、柳亚子、张文，已电香港；由此阻止杨虎参加新政协似无问题，但左、中、右各占三分之一似可不提"。1月25日，中共中央复电说："民革决定参加政协的六位代表人选甚妥，如将来筹委会通过增加三人，何、柳、张三人甚好。"

1月27日，民革在沈阳发表声明，拥护毛主席对于时局的主张及八项和谈条件，并强调："革命必须进行到底，不可姑息养奸，致重蹈辛亥以来革命失败之覆辙。"特别是加强了对于中国革命的基本认识："便是中国革命为国际反法西斯、反帝国主义运动之一环，而中国民主革命又以工农大众为主力。因之革命的三民主义必定与新民主主义同其内容，而反帝、反封建、反官僚资本斗争的进行，又必须在中国的无产阶级政党——中共领导之下，才有不再中途夭折的保证。"负责民革组织工作的朱学范认为："民革同志对中国革命的这一基本认识，实质上，它就是民革在新形势下的政治路线和行动纲领。李济深等一行北上之后，我们民革前进的步伐显然加快了许多。"

李济深等民主人士参观沈阳农村

民革中央机关北迁沈阳是民主人士北上在辽宁期间的一个历史亮点。在"55人通电"发表的前一天，1949年1月21日，李济深在沈阳铁路宾馆会议室召开第一次临时中央联席会议，出席会议的有此时抵达沈阳的民革成员谭平山、蔡廷锴、朱学范、李民欣、许宝驹、朱蕴山、李德全、吴茂苏、梅龚彬、赖亚力，蔡廷锴秘书林一元列席会议。会议讨论了出席临时中央联席会议的范围为中央委员、各部门负责人及联席会议的正副秘书长。李济深宣布："从现在起民革中央机关北迁到沈阳办公。"李济深说："1948年12月21日，在香港舍间举行的第四十七次常会，我就宣布过，这次北上不是几个人到内地的问题，而是整个组织北迁的问题。"李济深提到在那次常会上自己发言中讲道："徐州会战后，恐无大规模战事，但不见得就是整个问题的解决，蒋介石还在挣扎，美国还在支持，我们的策反工作还可大力开展。"李济深还深情回顾何香凝当时在会上的发言，何香凝认为蒋介石政权很快就要倒台，"许多财政经济以及俘虏、难民、建设等问题，千头万绪，现在你们北上，就要配合中共着手准备"。

李济深在1月21日于沈阳召开的民革第一次临时中央联席会议中还强调："当前局势确实是乐观的，民革中央机关北迁不仅是形势发展的需要，而且是经过法定手续的。现在由于中委人数不足半数，所以称临时会议，一般不作决议。"可见，当时民革的组织程序严密，组织生活正规有序。这次会议除确定民革中央机关北迁到沈阳办公外，还指定下一步在出席中共中央东北局举行的欢迎会时，李济深、李德全、谭平山、蔡廷锴、邓初民、朱学范为发言人，吴茂荪、赖亚力做发言准备。

1月26日，中共中央东北局、东北行政委员会、东北军区以及东北各界代表举行欢迎会，热烈欢迎为参加新政协而先后到达东北解放区的各民主党派、各人民团体以及无党派民主人士。在沈阳的民主人士都参加了这次欢迎会。1月31日，傅作义经过与中共和谈，率部接受和平改编，北平和平解放。2月1日，李济深召开第二次临时中央联席会议，接着又开了第三、四次会议。会议的主要内容是讨论战犯名单。会议认为：1.战犯的范围：以CC（中央俱乐部）与中统为中心的党务人员，复兴社与军统系统，政学系与四大家族；2.标准：帮助蒋介石打内战，残害人民的；3.名单：共提出一百七十四名，后改为一百三十六名；4.处理：按情节轻重分为三等。会议决定，通知各地分会按55人联名声明为行动之依据，不得擅自发表与此不同的政见。会议还讨论了赴北平前的准备工作，规定各同志绝对不接见中外记者；李主席见客，先由秘书处代表接见。

民主人士离开沈阳抵达北平后，2月28日，李济深在北平主持召开民革第一次中央联席会议，会议决定自即日起，临时中央联席会议改为中央联席会议，代理常会职务。会上由谭平山报告新政协诸问题座谈会进展情形，朱学范报告全总大会经过及到哈尔滨与中共联系情况，李济深报告三个月国内外局势及香港近况。会议追认在沈阳的四次临时中央联席会议所作的十五项决定。

由于中国民主同盟主席张澜身在上海，中国民主同盟中央常委沈钧儒、章伯钧和中央委员、中央妇女委员会副主任李文宜当时以民盟代表的身份在沈阳从事政治活动。1949年1月10日，中国民主同盟发表《申斥蒋介石的"和平"阴谋》的通电，揭露了国民党当局假和谈的本质，指出"当蒋介石政权在军事经济政治各方面，都已经到了穷途末路的时候，他们企图利用这个'和平'攻势来和缓人民武装的进攻，和缓蒋区人民的怨愤，借以争取喘息时间，重新组织反动的武装力量，以延长战争的祸害。当然，我们需要和平，但我们所需要的是永久真正的和平，而不是和反动派妥协的和平，事实上是延长战祸的和平"。通电义正辞严指出："站在民盟的立场，我们根本就不承认国民党反动派一手制造的伪宪，更不承认其依此伪宪而产生的伪总统。我们认为今天南京政府的反动集团，乃是撕毁政协决议，发动内战，参加'戡乱'，封闭民盟总部，杀害民盟领袖如李公仆、闻一多、杜斌丞的罪魁祸首，因此我们和他们中间绝无'和平'谈判的可能。他们今天惟一的出路，就只有及早放下武器，迅速无条件投降。"1月21日，民盟发表《中国民主同盟对和平的态度》的文告，用近两千字的篇幅，响应毛泽东《关于时局的声明》中提出的实现和平八项条件，文末提出"本盟兹特吁请全国同胞，一致为实现真正持久的彻底的民主的和平而坚决奋斗。"1月27日，民盟主要领导人就国民政府代总统李宗仁要求民盟"调解"发表严正谈话，内容如下："从前国共两党之争，我们是第三者，但现在局势已经完全改变，现在是革命与反革命之争，而我们站在革命的一边，所以不能参加调停。至少，也得先与我们已在解放区及在香港的代表洽商后，方可发表意见。"在民盟中央的历史资料中，保存着李宗仁致民盟中央函的原文，是写给"衡山、伯钧、东荪先生并转贵盟诸先生"，衡山是沈钧儒的号，可见，三位在李宗仁眼中的民盟中央主要领导人中，沈钧儒、章伯钧二人此时均在沈阳。章伯钧此时虽然亦是农工民主党主要领导人，但在沈阳期间的政治活动中，章伯钧仍主要以民盟领导人身份出现。

中国民主促进会常务理事马叙伦、王绍鳌、许广平在沈阳期间的政治活动在当时的民进同人中产生了广泛影响。1949年1月22日，民进发表《中国民主促进会为争取永久和平的宣言》，开篇即指出"中国永久的和平，必须建立在真正的民主的基础上面，这是一点也没有可疑的"。宣言中鲜明表示："惟中国共产党早经担起了历史任务，领导着人民解放的革命。中国绝大多数的人民也有了政治的自觉，在最近两年多来反帝、反封建、反官僚资本的斗争中间，人民的力量高度地壮大了。"宣言揭露出蒋介石为首的国民党反动集团假和平的实质，抨击了蒋介石的新年文告。宣言的最后一段，再次提到了中共中央"五一口号"的重要意义，并提到中国民主促进会总部为响应中共中央"五一口号"，已经转移到解放区。兹引用宣言最后一段如下："这次革命的目的，是要使中国绝大多数被压迫的人民翻过身来，才可以建立新中国。上年5月1日中国共产党发表文告，要求各民主党派、各人民团体、各民主人士召开政治协商会议，成立民主联合政府，这是革命进展过程里一定该有的一种程序，也是中国共产党没有私心的表现。现在局势进展，到了实现这项程序的时候，我们中国民主促进会的总部也暂时迁到解放区了。我们只见中国共产党在替人民苦干，只见他们被人民的拥护，解放区满眼是新气象，使我们充满了新中国的新希望。我们诚恳地表示我们希望中国共产党坚强地领导全国人民造成一个新的、美的、快乐的、和平的、统一的、民主的中国；我们决定一致地合作完成这次革命的任务。"这篇宣言发表在1949年2月2日《人民日报》第1版上。

从这篇宣言可证，当时中国民主促进会的总部也随着马叙伦、王绍鏊、许广平抵达东北解放区而迁至沈阳。查证民进会史资料，1947年2月民进第五次会员大会选出民进第二届理事会，仍未设主席、副主席，马叙伦、王绍鏊、许广平等3人为常务理事。作为民进核心决策层的马叙伦等3人均迁至沈阳，民进于1949年1月22日发表宣言中所称"我们中国民主促进会的总部也暂时迁到解放区了"是事实存在的。由此可知，民主人士从香港北上筹备新政协期间，民革、民进都曾将总部暂时迁至沈阳履职。

民进领导人在沈阳期间公开发表的三篇文稿，另一篇是1949年2月4日《马叙伦等劝告上海同胞，勿上伪南京政府假和平圈套，为全部实现毛主席八项条件而奋斗》，此文于1949年2月6日在《人民日报》第1版发表。这篇文告中，马叙伦、王绍鏊、许广平以上海人民团体联合会理事的身份出现，连同沙千里、沈志远、罗叔章等三位上海人民团体联合会理事中的民盟盟员一同署名，是一篇写给上海民众的讨蒋拥共檄文。文章开篇即从中国人民传统节日春节切入："一年一度的春节又到来了。我们是上海人民团体联合会的理事马叙伦、沙千里、沈志远、王绍鏊、许广平、罗叔章等，现在从遥远的北方的解放区，向你们祝贺新禧！"接下来，文章中满怀激情地写道："诸位同胞，最近国民党反动军队从东北战场被全部彻底歼灭以来，接连又在淮海、平津等战区被消灭，或投降或接受改编的，达100余万。到此，蒋介石匪军的精锐主力已被消灭干净了。因而人人痛恶的南京反动派政权，确已到了土崩瓦解的绝境。蒋介石眼见军事上已经彻底失败了，乃于元旦发出文告，表示要'和平'，想借政治阴谋来保存他的残余的反动力量。但同时又企图把制造内战破坏和平的责任，从自己的肩膀上轻轻地推卸到共产党身上去。殊不知今天中国共产党的一切行动，凡是有眼睛有良心的人都看得很清楚，它无一不代表而且确切地反映了全中国人民的公意。只要看1月14日中共中央主席毛泽东先生时局声明中的八项和平条件，便可知道。"此后，文章中两次提到各民主党派和无党派民主人士在解放区的声明："大家公认是在中国共产党领导之下，依照毛先生的八项和平条件，一定可以达到真正的持久的和平。现时先后到了解放区的55个民主人士发表的声明，可以代表中国民主同盟、中国民主促进会、中国人民救国会、中国农工民主党、致公党和国民党进步的各派，以及无党无派的民主人士的意见。深信我上海的人民和贤明的各界民主人士，一定能够响应这一声明，不会被目前李宗仁、孙科这些战犯们所施放的和平烟雾所迷惑。"文章末尾向上海民众号召："上海同胞们，我们在这里特地以最高的热忱向你们提出呼吁，希望你们勇敢地坚决地团结起来，响应最近解放区民主人士及各民主党派的时局声明，为全部实现毛先生的八项和平条件而奋斗。"

除了上述两篇文稿，北平和平解放后的第二天，1949年2月1日，马叙伦、王绍鏊、许广平等三人以民进常务理事名义，通过新华通讯社发表公开信，函告上海、北平、香港等地民进会员，强调加紧贯彻本会宗旨，坚决站在革命一边。他们在公开信开篇即提到"叙伦等已先后进至解放区，一遂平昔向慕之愿；据所闻见，中共领导人民解放革命，确已成功；由其全心全力为人民利益服务，故所到立被欢迎拥护"。马叙伦等民进领导人强调民进要加紧贯彻本会宗旨，坚决站在革命一边。他们在信中将来到东北解放区后的所见所闻，与国民党统治区情景进行了比较："官民融为一体；工作者不肯浪费分秒时间；凡事皆有计划；以民主决定，有过则改；官吏不独无贪污，亦少嗜好；人民努力生产，日有进步；军事已至定底，各地人无菜色，道无乞痒；其土改政策，益臻完善；保护工商，绝非虚语；至于教育文化，亦在力图改良发展。总之，以伦等粗加考察，特与伪统治区相比，实不啻天壤之分。"这封信明确无误地指出，"在今日革命目标下，言'进行调解'者，即为反民主之行动；走'中间路线'者，便是真和平之罪人。"为此叙伦三人要求全体会员坚定政治立场，无情揭露国统区各地御用机关、团体假借"和平"助纣为虐的反民主反革命行为，"联合各阶层民主人士，共同击灭美帝奴才卖国殃民之反动集团与其首领蒋介石"。

中国农工民主党主要领导人章伯钧、彭泽民、丘哲在沈阳期间，1949年1月15日，中国农工民主党中央发言人就响应毛泽东《关于时局的声明》发表谈话，全文如下："毛泽东先生1月14日的《时局声明》严正地揭破了蒋介石等虚伪的反动的和平建议，并在全国渴望和平的民意基础上，提出和平谈判条件八项，这不但代表了中国共产党为迅速结束战争，减少人民痛苦、实现真正和平的诚意。也代表了全国人民全国各民主党派一致的要求，唯有这八项条件才能符合全国人民的利益，才能使全国人民解除反动派所加于人民的战争灾祸，才能实现人民要求的民主和平的新中国。本党一致认为：反动的法统伪宪，和反动武力一样，都是屠杀人民残害人民的武器，反动派一天没有放下这种武器，'必须坚决彻底干净全部歼灭之'。这是毛先生的号召，也即是今天各民主党派和全国人民共同的任务。"

1949年1月24日，在沈阳的中国农工民主党领导人章伯钧、彭泽民、丘哲对于南京国民政府企图制造伪和平的阴谋，发表书面谈话指出："我们深信，中国人民所渴望的和平，是永久的和平，所渴望的民主，是人民的民主。假使对于代表帝国主义者的利益封建势力和官僚资本的南京反动集团，尚不肯加以彻底的消灭，那么，中国人民将无从获得真正的和平与民主。"这份书面谈话呼吁："我们要呼吁全国人民，须切实明了南京伪政府所要制造假和平的真相，要随时随地揭发奸谋，予以严重的打击。行百里者半九十，对于一切反革命反民主假和平的分子，都要给以干脆的肃清，让他们永远没有为祸于人民的机会。"新华社于1月27日发表了这封公开信，《人民日报》于2月1日第1版刊登了这封公开信。2月4日，农工党发表《中国农工民主党负责人为上海学生英勇抗暴发表宣言声援》，支持上海同济大学等高校的大学生反对国民党反动统治的行动，表达出对国民党当局镇压上海大学生爱国民主运动的愤慨，认为是"独裁者心虚内疚"。这份宣言末尾署名的章伯钧、彭泽民、李伯球、王深林、杨伯恺、李世浩、郭冠杰等7位农工党领导中，除章伯钧、彭泽民外当时均在香港，很可能是电告章、彭征求意见后在香港发表的，但亦属于农工党主要领导人章伯钧、彭泽民在沈阳期间的政治活动。

中国人民救国会于1949年1月24日发表时局声明，标题为《我们要求彻底真正的和平》，这是一篇生动的讨伐以蒋介石为首的国民党反动集团统治的檄文，救国会主要领导人沈钧儒、沙千里、曹孟君当时在沈阳，这份声明可以归入中国人民救国会领导人在沈阳期间政治活动的范畴。新华社于1月27日发表了这份声明，《人民日报》于2月2日第3版刊发了这份声明。

三民主义同志联合会于1949年1月27日发表对时局的声明，三民主义同志联合会主要负责人谭平山参加了这个声明的起草。声明指出："我们必须确认中国共产党的领导，是中国革命彻底胜利的最大保证。我们也必须确认新民主主义为现阶段中国革命的最高指针。我们革命的三民主义者认为革命的三民主义与新民主主义的内容应当一致。因此本会号召我们革命的三民主义者，认清当前局势，谋取对于中国革命贡献力量的道路，反对虚伪的反动的和平，争取真正的民主的和平，坚持反帝反封建反官僚资本三大原则，为彻底完成中国人民民主革命而努力。"新华社于2月5日发表了这份声明，《人民日报》于2月8日第1版刊发了这份声明。

中国国民党民主促进会代主席蔡廷锴是第一批北上的民主人士之一，

12月19日从哈尔滨抵达沈阳后，蔡廷锴坚持每天都收听广播、看报纸和接收单位送来的各种文件。在"55人通电"发表后，蔡廷锴亲自起草和修改了《中国国民党民主促进会对时局的意见》并于1月24日发表。这个声明的主旨是"毛泽东的八项条件是真正和平的基础"，声明指出："本会一向认为中国人民革命的任务是驱逐美帝国主义、铲除封建残余、没收官僚资本，建设真正独立、自由、民主的新中国。只有完成这个任务，才能得到真正的、永久的和平。苟且偷安、妥协调和，结果会使革命遭到莫大的失败的。过去革命失败，给我们的教训太惨痛了，我们不能再蹈覆辙。我们需要的是真正永久的和平，而不是一时的虚伪的和平。我们读到了中国共产党主席毛泽东先生对时局声明的八项和平条件，确认为是达到真正永久民主和平的基本条件。本会愿竭诚拥护，为促其全部实现而共同奋斗到底。"新华社于1月28日发表了这份声明，《人民日报》于2月2日第3版刊发了这份声明。

中国致公党1949年1月6日即在香港《华商报》上发表《中国致公党发表时局声明》，针对蒋介石1927年背叛革命以来的一系列反革命行径，提出了中国致公党的政治主张即"民主政治必须实现"，并提出了七项口号："1.要彻底解除国民党反动政府的一切武装（包括地方的封建武力在内）。2.南京反动政府无条件投降，不许有任何形式的和平谈判。3.在革命将要成功的阶段中，'妥协'与'和谈'则等于承认过去的人民解放战争毫无意义，而延续人民大众的苦难。4.要加紧团结全国人民争取人民解放战争的最后胜利，并实行惩办内战罪犯。5.坚决争取真正民主统一的永久和平。6.反对美帝国主义者一切干涉中国内政的行动，驱逐现有美国的武装力量出中国。7.国是问题统由新政治协商会议解决，并建立民主联合政府。"中国致公党主要负责人、副主席陈其尤作为第二批北上民主人士之一于1948年12月6日抵达沈阳，除了这个声明，中国致公党还于1949年1月21日发表《中国致公党发表对时局通电》，响应毛泽东主席于1月14日发表的《关于时局的声明》，并号召"本党代表海外数十万华侨，伫望祖国和平统一，独立富强，自当同为新民主主义而奋斗到底，并盼国民党统治区内各界同胞一致主张为幸"。新华社于1月26日发表了这份声明，《人民日报》于2月1日第1版刊发了这份声明。

在"55人通电"发表前后，适逢解放战争战略决战取得决定性胜利，平津战役不断向胜利推进。1949年1月31日，北平宣告和平解放。2月1日，在沈阳的李济深、沈钧儒、马叙伦、郭沫若和在李家庄的民主人士共56人（"55人通电"中的冯裕芳于1月27日于沈阳逝世，此名单中新增1月22日声明发表后、2月1日声明发表前抵达沈阳的李文宜、罗叔章）致电中共中央主席毛泽东和中国人民解放军总司令朱德，庆祝北平和平解放及人民解放军取得的伟大胜利。电文内容："我人民解放大军，乃人民之武力，革命之前锋，作战以来，已二年有半矣。诸先生指挥若定，劳苦功高。诸战士俯仰如神，鞠躬尽瘁。旌旗所指，箪食壶浆。击刺之加，迅雷惊电。近者锦沈大捷，使东北全部解放；淮海大捷，使京沪彻底动摇；而津沽大捷，尤使北平古都兵不血刃而告光复。武功彪炳，空前未有。革命完成，指日可待。顾元凶蒋匪，虽若逋逃；助恶美帝，犹弄鬼蜮，务望追奔逐北，振至上之雄威，扫蒂除根，奠无疆之大业。任是天涯海角，使奸犯无处潜藏；纵有羊狠狼贪，令阴谋断难实现。同人等已先后进入解放区，叠奉捷音，不胜振奋，窃愿竭力追随，加紧团结，为中国之建设奋斗到底。谨电驰贺，并致慰劳。尚希不遗，时赐指导。"

毛泽东、朱德对这个通电高度肯定，并于第二天即2月2日复电李济深等56位民主人士（其中在沈阳的有李济深等35位民主人士）："二月一日来电读悉，极感盛意。中华民族与中国人民的解放斗争，百余年来，前仆后继。无数先烈的鲜血，洒遍了锦绣山河；亿兆后起的人民，表现了英雄气概。此次人民解放战争之所以胜利，是由于全国人民不畏强御，团结奋斗，各民主党派各人民团体一致奋起，相与协力，从而使人民解放军获得各方面的援助，使人民的敌人完全陷于孤立，胜负之数，因以判明。现在残敌尚存，诡谋时作。求喘息谓为求和平，待外援名曰待谈判。口诵八条，手庇战犯，眼望美国，脚向广州。欲求人民解放斗争获得最后胜利，必须全国一切民主力量同德同心，再接再厉，为真正民主的和平而奋斗。诸先生长期为民主事业而努力，现在到达解放区，必能使建设新中国的共同事业获得迅速的成功。特电布复，敬表欢迎。"其中文末的"诸先生长期为民主事业而努力，现在到达解放区，必能使建设新中国的共同事业获得迅速的成功"，既表达出中共中央对各民主党派、无党派民主人士多年来致力于民主革命所做贡献的充分肯定，又对民主人士们到达解放区筹备新政协、建立新中国寄予厚望。这封复电是民主人士北上后中共中央主要领导同志首次给民主人士的集体复电，在统一战线、多党合作史上有着重要意义，激励着广大民主人士在中国共产党领导下为建立和平民主的新中国而奋斗。

北平和平解放，标志着新政协筹备进入了一个新阶段，自此，在东北解放区召开新政协的愿景已经不合实际，在沈阳的民主人士们也正是在得悉北平和平解放消息后，在思想上开始做好由沈抵平筹建新政协的准备。

1949年2月3日，中国民主同盟、中国国民党革命委员会、中国人民救国会、中国农工民主党、中国民主促进会、三民主义同志联合会、中国致公党（按原声明排名顺序——编者注）发表联合声明，反对美国援华借款，声明指出："目前南京独裁政府违法摧残民主政党逮捕学生执行内战政策，早已不能代表民意，已为全中国人民所反对之政府，美国政府如再继续积极援助南京政府，实具有助长中国内战干涉中国内政之意味。我们坚决反对此种加深中国人民痛苦之对华借款，同时绝不承认南京独裁政府所签订之任何损害中国主权之卖国条约。"这是目前能见到的上述各民主党派主要领导人在沈阳期间，以各党派名义发表的唯一一份联合声明。

除此之外，在已经公开的档案中，我们还能查阅到1949年1月24日《中共中央关于争取李济深、沈钧儒等反对伪和平的指示》、1949年1月28日《中共中央关于征求各民主人士对战犯名单意见给东北局电》和1949年1月30日《中共中央关于说服李济深正确对待桂系军阀致高岗等电》，这几封电文都是以中共中央名义发给东北局的，其中在《中共中央关于征求各民主人士对战犯名单意见给东北局电》中肯定了"55人通电"的社会影响："55人声明影响极好，莫斯科一切报纸都登载了。"

应该说，民主人士在辽宁期间的政治活动是人民政协创建史的重要组成部分，大量的档案资料和史实充分证明了：北上民主人士在辽宁期间怀着对筹备新政协、建立新中国的热切希望，同心协力、携手合作，自愿接受中国共产党的领导，为民主革命胜利继续贡献力量，谱写了统一战线史和多党合作史上的丰碑。

八、民主人士在辽宁期间的参观访问

北上民主人士在东北解放区参观访问，是中共中央特意安排的活动内容，主要目的和用意是让民主人士们更深入直观地了解和认识解放区，感受解放区较国统区不同的氛围。如前所述，在1948年春民革中央执委会常委朱学范到达哈尔滨时，中共中央东北局就做了这样的安排。朱学范后来回忆："到达哈尔滨后，由高岗和李富春同志接待我，住在总工会，先是参观访问，看到了解放区的民主政治和艰苦朴素的作风，非常感慨。"1948年9月18日，中共中央就欢迎和接待民主人士北上致电东北局时明确指示："如他们要求并有时间，可招待他们至各地参观，对他们表示热烈欢迎态度。"9月30日是沈钧儒等第一批北上民主人士到达哈尔滨后的第二天，东北局专门安排他们参观了哈尔滨市容市貌。1948年11月底，沈钧儒等五位第一批北上民主人士和朱学范、王绍鏊、李德全、赖亚力以及东北行政委员会副主席、民盟盟员高崇民从哈尔滨南下沈阳，为了安全起见，他们不乘火车而走陆路，行进了二十天左右，沿途在解放区多有停留，接触到很多在解放区土改后翻身分到土地的农民。据朱学范回忆，他们"到达长春后进行参观访问"，考察了刚获得解放不久的长春市区。

马叙伦等第二批北上民主人士的参观是与登陆几乎同步的。12月3日，马叙伦、郭沫若等第二批北上民主人士在大王家岛登陆后休息了一夜，他们参观了岛上日伪时期的灯塔等设施。12月4日，民主人士们在时任安东市委书记吕其恩护送下，安全到达安东大东沟，改乘小船上岸，时任安东省政府主席刘澜波前往二道沟码头迎接。在刘澜波和安东市委、市政府领导的陪同下，民主人士们参观了安东市区，并参观了鸭绿江大桥，随后到五龙背洗温泉进行休整。12月6日乘火车抵达沈阳，在12月19日与沈钧儒等经哈尔滨南下沈阳的民主人士在沈阳铁路宾馆会合。

1949年1月7日，李济深、茅盾等第三批北上民主人士抵达大连后，据钱之光回忆，"安排他们游览了市区，参观了工厂"。按照《李济深日记》中1月7日登陆当天的记述未有参观游览事宜，而1月10日他们就启程乘火车前往沈阳，故参观游览只能在1月8日、9日进行。1月10日，李济深、茅盾等第三批北上民主人士抵达沈阳铁路宾馆。此后，中共中央东北局按照中共中央的指示精神，为民主人士们安排了一系列参观考察活动。据周海婴回忆："按照上面的意思，这一大批民主人士，原打算请他们到哈尔滨住上一阵，待平津解放，大军渡江后再图南下。可是形势发展很快，只不过两个月时间，解放战争已势如破竹……平津已是指日可待，也许开春便可以去北平，不需要转到哈尔滨再去等候了。因此，把北上的计划改为吉林、长春、抚顺、鞍山、小丰满、哈尔滨这些地方参观学习。"蔡廷锴的秘书林一元后来也回忆说："在沈阳期间，我们还得到东北局同志的关怀照顾，多次安排我们参观访问，到过吉林、长春、丰满水电站、抚顺煤矿以及沈阳故宫、东陵、北陵等地，使我们对祖国的锦绣河山，特别是东北丰富的资源有了进一步了解。"

　　三批北上民主人士汇集辽宁后，参观考察范围可分为沈阳市内和市外。沈阳市内主要是沈阳故宫、北陵、东陵等文物古迹和中山公园（1946年前称为千代田公园），再就是沈阳的工厂和郊区农村。在沈阳参观的工厂主要有沈阳机车制造厂（后更名为沈阳机车车辆厂）、沈阳第四机器制造厂（后更名为沈阳第一机床厂）和沈阳兵工总厂。周海婴用他那架"禄莱"牌照相机记录下部分民主人士在沈阳市内参观的影像。周海婴拍摄了一张郭沫若、李济深、章伯钧、王绍鏊在沈阳中山公园内的合影。在中山公园水塔前，周海婴还和警卫战士合影留念；在沈阳故宫，周海婴也单独拍照留念。周海婴自身的照片肯定是他人拍摄的，只不过无法确定是由某位同行的民主人士还是警卫战士在内的工作人员所拍。值得一提也很有特点的是民主人士们参观沈阳农村，"体验土改之后农村翻天覆地的变化，走访农户，和老乡聊天"。按照周海婴晚年回忆是前往沈阳市区南部的郊区，虽然由于年代久远和缺乏原始档案资料记载，今天我们已经很难确知具体是沈阳何地，但从解放区翻身农民面貌特别是孩子们天真的童颜可以看出，农民们对未来的新生活充满期待。

王昆仑之女王金陵和沈阳当地翻身农民合影

在参观沈阳农村的照片中，周海婴明确标注其中一位和农村孩子亲切交谈的女士是王昆仑之女王金陵。经考证，王金陵是随其父亲王昆仑于1949年2月2日以后几天经苏联转道哈尔滨抵达沈阳的（确凿日期待考），这与周海婴所回忆的"到了2月初，交际处先组织大家到郊区体验土改之后农村翻天覆地的变化，走访农户，和老乡聊天"时间相符。而按照周海婴的记述，2月11日，民主人士们就出发离开沈阳乘专列向北参观，因此参观沈阳农村应是在2月4日至10日之间。遗憾的是，或许是由于几家工厂刚刚恢复生产，出于保密等原因未能拍摄，因此周海婴没有留下民主人士们参观沈阳工厂的影像资料。

当时，周海婴还是个20岁的青年人，他很用心地对参观考察活动作过简单记录。但"文革"开始后，这些笔记被付之一炬，只保留下一页他当时记录的行程：2月11日，出发参观，午抵抚顺煤矿，一天；12日，小丰满，下午到吉林；13日，长春；14日，哈尔滨住马迭尔宾馆，四天；18日，火车返回沈阳。按照这个行程，民主人士结队离沈参观考察是从2月11日至18日，总计8天。那么，究竟有哪些民主人士离沈参加这次参观考察呢？按照蔡廷锴秘书林一元的回忆，他们此行参观到过吉林、长春、丰满水电站、抚顺煤矿，和周海婴回忆相吻合。至于周海婴在回忆文章《航向新中国》中提到的鞍山，经考证系误记，无论从当时设定的考察行程路线还是鞍钢当时暂停生产的实际情况来看，民主人士们没有去鞍山的可能，而且没有留下任何去过鞍山的其他证据。在吉林小丰满水电站，周海婴拍摄了一张朱学范、沈钧儒、李济深、李民欣的合影，证明朱学范、沈钧儒到过吉林省参观。实际上，由于沈钧儒、谭平山、蔡廷锴、章伯钧、林一元等民主人士系从哈尔滨南下，所以他们未再返回哈尔滨，应该是在吉林省参观后提前返回沈阳。周海婴拍摄的民主人士在抚顺西露天煤矿参观的照片中，有蔡廷锴、章伯钧、朱蕴山、李民欣、林一元，还有一张周海婴母亲许广平在抚顺煤矿的单人照片，证明许广平肯定到了抚顺西露天煤矿；在小丰满水电站，周海婴拍摄了一张李民欣、赖亚力的合影和一张茅盾、孔德沚夫妇合影；章乃器在所撰文章《人民的东北》一文中记述了参观考察抚顺煤矿；2月15日，民主人士一行18人参谒哈尔滨东北烈士纪念馆，在哈尔滨地方档案资料中留下了18这个数字，但目前档案资料中记述的在纪念馆题词人员名单是李济深、朱蕴山、王昆仑、陈其尤、许广平、沙千里、侯外庐、洪深、李民欣、梅龚彬、许宝驹等11人，外加茅盾、孔德沚夫妇和章乃器是14人。那么，另外4人究竟是谁呢？周海婴拍摄了1949年2月中旬民主人士们到达哈尔滨后，哈尔滨党政领导和市民冒雪举行欢迎大会的两张照片，一张是郭沫若正在演讲，另一张是李德全在演讲，这次欢迎大会的另一个主题即是庆祝平津解放大会，可见郭沫若、李德全应该到过哈尔滨参观，而赖亚力作为冯玉祥秘书，应该会和李德全一同来哈尔滨。至于另外一位会否是王昆仑夫人曹孟君或女儿王金陵随行，或有可能将周海婴统计在列，已经很难确考了。

位于哈尔滨市火车站附近的东北烈士纪念馆是在日伪时期滨江警察厅主体建筑基础上开辟的，于1948年10月10日正式对外开放。李济深一行是这个纪念馆开馆后迎来的第一批重要参谒者。周海婴为李济深拍摄了在纪念馆题词的照片。李济深的题词："革命之血，烈士之灵。化春泥而培植，落花之无情，浩气无垠人民永生。"朱蕴山的题词是一首《浣溪沙》词，题目是《先烈杨靖宇将军殉难九周年特赋》。在哈尔滨，民主人士们还瞻仰了李兆麟烈士墓。其间，在哈尔滨工作的作家萧军得知许广平母子来到哈尔滨，特意在一个晚间到他们下榻的马迭尔宾馆看望。

当时，辽宁解放区在新政权建设、土地改革、公私合营、厂矿建设和城市发展诸方面，都具有鲜明的示范作用，令民主人士们深受感染和鼓舞，坚定了他们在中国共产党领导下筹备新政协、建设新中国的信心。可以说，东北局有意安排的参观考察取得了一定收效。

民主人士参观访问沈阳农村

这里侧重以民主建国会常务理事章乃器在参观中的耳濡目染来说明。善于观察的章乃器发现：东北全境解放后，城市里的工商业已经恢复了正常秩序。工厂也和农村一样，在人民当家作主的新社会里，一切都焕然一新，展现一幅令人兴奋不已的新面貌。沈阳机车制造厂在短短的时间里，就创造了历史上难以想象的奇迹。国民党三年没法完成的工作，人民政府只用三天就把它解决了。原来，沈阳机车制造厂有几百台母机和几台很大的水压机，因为电路与水路图样在日本人撤退时给销毁了，无法接通电路和水路，这些巨人般的大机器就都停摆在那里。国民党接管了三年多，也没有把电路和水路给接通，机器只好闲待着，有力气发挥不出来。人民政府接管后，由于改善了职工生活，提高了工人阶级的政治地位，全厂上下通力合作，只用三天时间就把电路和水路全部接通了。工人凭借迸发的冲天干劲儿，将过去认为无法修理、已作为废弃之物的几台机车都给修理好了。他们为庆祝华东部分地区解放，新造了一台"华东号"机车，为庆祝平津解放，又新造了一台"华北号"机车。章乃器感到一种巨大的鼓舞力量，他饱含深情地把这些所见所闻所感写进《人民的东北》一文中，并祝愿"坚信用不了几天，'南京号'与'上海号'机车也将制造出来，它们将满载着胜利的喜悦开到南京去，开到上海去"。

许广平、朱学范等民主人士与接待人员在沈阳铁路宾
馆合影留念

在抚顺煤矿，章乃器感触也很深。章乃器记述道，在国民党时代，抚顺煤矿是完全采用"拆烂泥"方法开采的，他们不顾工人死活大量放炮爆破，在露天矿场里只采煤不剥离石层，完全是掠夺式的开采。现经民主政府接管后，提出"替国民党还债，修复重于生产"的口号，很快改变了生产环境，工人在一片崭新的面貌下进行生产，煤炭的产量迅速增加，日产量比过去增长了好几倍。人们无不感叹地说，真是新旧社会两重天。章乃器在笔记本上也不禁由衷地写下了以下两句感言："国民党的破坏力量和共产党的建设力量，在这里有一个鲜明的对照。""人民的力量真是不可抵抗的。"

这里附记一下，当时虽然东北全境已经解放，但还有国民党特务等敌对分子潜伏破坏，因此当时出于保密、安全保卫等多种原因考虑，民主人士在东北解放区的参观访问并没有大造声势，如没有举行欢迎会、座谈会等，对前往参观访问的相关单位也大多没有透露民主人士的真实身份，甚至可以说是半公开的参观访问，以至于在很多被参观单位的史志资料中都没有留下相关的记载，虽然留下了一些历史遗憾，但从参加参观访问的民主人士和随行人员的记述中，仍能了解到民主人士在东北解放区参观访问的一些情况。

九、民主人士在辽宁期间的日常生活

民主人士是应中共中央邀请北上筹备新政协的，按照党的统一战线政策，他们在解放区受到各个方面的热情接待和悉心照顾。沈阳解放后，中共中央东北局、东北行政委员会决定将东北行政委员会交际处设在沈阳铁路宾馆。考虑到北上民主人士将入住于此，交际处在上级领导指示下进行了精心准备。12月6日，马叙伦、郭沫若等第二批北上民主人士成为首批入住沈阳铁路宾馆的北上民主人士。由于宦乡、翦伯赞以及护送他们的连贯在安东大王家岛和大家分别，转道去了大连，因此12月6日实际入住沈阳铁路宾馆的是马叙伦、郭沫若、沈志远、丘哲、陈其尤、侯外庐、曹孟君、许宝驹、许广平、冯裕芳和许广平之子周海婴等11人。周海婴后来回忆："铁路宾馆是俄式旧建筑，内部开间较大，才腾空不久，其设施条件之好在当地算是首屈一指了。室内暖气太热，大约有二十七八度。"周海婴还回忆："宾馆的房客仅有我们这十几个人，许多客房空着，听说尚有更多民主人士即将抵沈，大伙都翘首以盼。"

马叙伦、郭沫若是首批成批入住沈阳铁路宾馆的民主人士。全国学联代表黄振声从上海经南朝鲜单独北上，在经大连抵达沈阳后也入住此宾馆，遗憾的是具体入住时间已无法确考。黄振声虽早在1943年3月即加入中国共产党，但由于在1949年1月22日民主人士"55人通电"中署名，综合其他史料，当时他亦是以民主人士、学联代表身份参加筹备新政协。从周海婴回忆看，黄振声入住沈阳铁路宾馆应与马叙伦等人入住日期接近。12月19日，沈钧儒等第一批北上民主人士和朱学范、王绍鏊、李德全、赖亚力、高崇民等共计9人入住沈阳铁路宾馆。1949年1月10日，李济深、茅盾等13位第三批北上民主人士（含茅盾夫人孔德沚）入住沈阳铁路宾馆。除此之外，1949年1月底抵达沈阳的民盟盟员李文宜和民建会员罗叔章以及1949年2月初抵达沈阳的民革党员王昆仑也入住沈阳铁路宾馆。还有单独北上从大连抵达沈阳的民盟盟员暨救国会重要领导沙千里，1949年2月初单独北上抵达沈阳的民建会员胡子婴也入住沈阳铁路宾馆。据周海婴回忆，民建会员、时任东北行政委员会委员的阎宝航也入住沈阳铁路宾馆。据此，当时入住沈阳铁路宾馆的总计有民主人士39人（不含周海婴），除去高崇民、阎宝航是此前就在东北解放区工作的东北籍干部外，从辽宁以外地区汇集到辽宁的民主人士入住沈阳铁路宾馆者37人，其中从香港北上且入住沈阳铁路宾馆的民主人士总计31人（不含朱学范、李德全、赖亚力、黄振声、李文宜、罗叔章）。这其中，有茅盾、孔德沚，王昆仑、曹孟君两对夫妇。由此可见，沈阳铁路宾馆为安顿这些民主人士，至少要准备出37间客房。

周海婴拍摄的沈阳铁路宾馆外景

随着入住民主人士的增多，"楼内熙熙攘攘"，愈发热闹。当时，沈阳刚解放不久，在主副食供应都很困难的条件下，中共中央东北局、东北行政委员会指示东北行政委员会交际处（沈阳铁路宾馆管理单位）想方设法调剂，尽全力照顾民主人士的生活习惯——中西结合，早餐有牛奶、面包，午餐、晚餐为中式，常上的菜是猪肉酸菜火锅，这在当时已经是佳肴。周海婴后来回忆："宾馆一层餐厅供应一日三餐，布置着许多大圆桌，尺寸大于一般的圆台面。每桌10人，坐满便上菜开饭。早晨，供应北方式的早餐和牛奶。南方人习惯吃的泡饭，这里是看不到的。午、晚餐的质量基本相同，经常有酸菜白肉火锅。考虑到知识分子的生活习惯，晚睡的还供应简单的夜宵，有牛奶一杯和随意取食的清蛋糕（即没有甜奶油）。厨房有西餐厨师，受过苏联人的培训，会做俄式西餐，和上海的罗宋大菜口味相近。冷菜供给红鱼子酱，是马哈鱼的，晶莹透明而带红色，现在市面上很稀有了。厨师的拿手菜是'黄油鸡卷'，把整条鸡腿带骨片开，展开后抹上黄油、味精、胡椒盐，再卷紧，外裹面包粉，以热油炸熟。口感又脆又香，入口酥松，每人吃完这一大份便很饱了。"时任民盟中央委员李文宜也回忆："宾馆的伙食太好了，一日三餐，等于宴会。"

陈其尤（左一）和周海婴在沈阳铁路宾馆露台合影

在穿戴方面，东北局、东北行政委员会也为民主人士们进行了精心安排。第二、三批北上民主人士登陆地就在辽宁，考虑到他们来自遥远的香港，南北方冬季温差很大，加上民主人士们大多数是南方人，很多人都是第一次来东北，对这里的气候没有过切身体验，因此必须为他们备好御寒衣帽。第二批北上民主人士登陆后不久，就在前往安东市区途中的一家中式皮帽店停车买帽子；在第三批北上民主人士还未抵达大连时，周恩来就特地电报嘱咐在大连的刘昂为民主人士们准备好皮大衣、皮帽子、皮靴、貂绒大衣等御寒物品。《李济深日记》记载他在登陆后即前往大连市场买了皮鞋一对。许广平在鲁迅文艺学院与师生合影中穿的貂绒大衣是在沈阳购置的。据民盟中央委员李文宜回忆，当时中共中央东北局宣传部副部长李初梨（李楚离）就住在沈阳铁路宾馆，"他无微不至地把这些民主人士待为上宾，还叫裁缝来为大家量尺寸，给每人做一套哔叽的中山服，男同志每人一件皮领哔叽呢大衣。每人还定做一双皮鞋……男同志还有新皮帽，当他们穿上新衣、新帽、新鞋时，都变得十分庄重而朴实了。"

民主人士长途劳顿抵达沈阳，中共中央东北局指示东北行政委员会卫生部做好民主人士们的医务保障工作。虽然这方面留下的史料不多，但目前能考证的是民盟港九支部主任冯裕芳在发烧生病后，被及时安排医院住院治疗；沈钧儒在1948年年底发现有一颗虫牙，于1949年1月22日在沈阳拔牙，沈老记述称拔牙后"安然无事，患始尽去"，还欣然作诗《拔牙》，对医生医治感到满意。民主人士中的很多人已过知天命之年，沈阳铁路宾馆内备有常用药品，保障了民主人士们能够及时用药。

当时东北已经全境解放，解放区实行供给制，工作人员的工资以粮食为结算单位。民主人士手里没有当地货币，由接待单位按人头每月发给毛巾、牙膏等日用必需品，此外每人每月发放两条香烟，不吸烟者也得照收，可以转送给吸烟者。日用品之外，每人每月还发给一定数量的东北币，作为零用钱。

沈阳铁路宾馆内有一间室内四周布满沙发的大会议室，在这间会议室内，民主人士每隔几天就举行时事报告或座谈会。据周海婴回忆，时任中共中央东北局副书记、东北军区第一副司令员兼副政委高岗曾在沈阳铁路宾馆会议室向民主人士们介绍辽沈战役的经过。在这间会议室内还为民主人士举办过小范围的学术讲座。曾在美国芝加哥大学心理系进修的现代著名心理学家丁瓒于1948年底从香港经大连抵达沈阳并入住沈阳铁路宾馆，作为一名自然科学工作者，此时的丁瓒已经加入中国共产党并受党组织委派筹备第一次全国自然科学工作者代表大会事宜。丁瓒在沈阳铁路宾馆停留的日子里，应东北行政委员会交际处的邀请，为民主人士们举办过一次欧美心理学研究现状的专题讲座，然而当时民主人士们关注的重点和焦点是筹备新政协，"无人向他提出询问，因而未引起什么讨论。"显然，丁瓒的心理学讲座并未引起民主人士们的共鸣。中华人民共和国成立后，丁瓒曾任中科院党组副书记、心理研究所副所长。值得一提的是，丁瓒在1949年9月以自然科学工作者代表的身份参加了新政协，见证了人民政协诞生和新中国开国大典。

民主人士抵达沈阳时，由于东北全境刚刚解放不久，为防止国民党潜伏特务和其他敌对势力、敌对分子制造不测，保证北上民主人士的人身安全，周恩来和东北局领导都对民主人士安全保卫工作进行过具体指示。东北行政委员会、东北军区专门派出安全保卫人员，有地方保卫干部，也有部队官兵。周海婴回忆，在民主人士下榻的沈阳铁路宾馆底层，驻有很多警卫战士，年纪大多十八九岁，还有专门的休息室。这些警卫战士是经过严格挑选的，很多都参加过多次战斗并立有大小战功。"他们的枪法都很好，有几个还是'神枪手'。"

应该说，北上民主人士在辽宁期间的安全保卫工作是十分缜密细致的。据《庄河党史资料》记载，在第二批北上民主人士所乘"华中"号货轮停泊在大王家岛时，"县公安局局长刘铮带领干部做安全保卫工作，保证了他们安全到达东北解放区。"而据大王家岛前庙村姜崴子屯的九旬老人姜淑芬回忆，在这批民主人士登岸借宿农家的那一夜，"当天晚上负责

周海婴（左）和警卫员老陈在中山公园水塔前留影

安保的人员在房屋前后设了4～5道岗"。另一份资料记载，当年正值隆冬，年仅26岁的庄河县公安局局长刘铮临时受命，带干部先后乘民间木帆船破冰赶赴大王家岛保证从香港北上的民主人士的安全。在沈阳，民主人士外出逛街时，警卫人员在后面跟随，但不摆出前呼后拥的阵势，可以说是刻意保持"低调"。在周海婴拍摄的民主人士参观抚顺西露天煤矿的照片里，也有负责安全保卫工作的解放军军官在其中。在参观沈阳中山公园时，负责保卫周海婴的警卫员老陈持手枪和周海婴合影。

在周海婴拍摄的照片中，还有部分负责民主人士安全保卫的工作人员在沈阳铁路宾馆主体建筑前的集体合影。在周海婴拍摄的李济深、沈钧儒、蔡廷锴、郭沫若、罗叔章等五人在沈阳铁路宾馆门前观看地方戏的照片中，也能看到安全保卫人员站在宾馆台阶之上。在短则一个多月、长则两个多月的相处时光里，民主人士和警卫战士们结下了友谊，1949年2月25

民主人士下榻的沈阳铁路宾馆门前列队的警卫战士

日，在民主人士们即将乘火车离开沈阳之际，沈钧儒等民主人士怀着恋恋不舍的心态与警卫战士们在沈阳南站（今沈阳站）站台上合影留念，并感谢他们对民主人士们的安全保卫。由于民主人士北上东北解放区带有一定的保密性，出于安全保护等原因，为避免节外生枝，部分民主人士取了化名，如郭沫若初到沈阳时化名"丁汝常"，直到1949年1月26日在沈阳举行民主人士欢迎会后，民主人士们安全顺利抵达辽宁的消息才正式公开。

综合侯外庐、李文宜、周海婴等人的相关回忆，民主人士们在沈阳期间从整体上看空闲时间还是较多的，因此少不了文化娱乐活动。当时，沈阳铁路宾馆二楼有一间台球室，也是整个宾馆唯一的休闲文娱室。室内布置了三张球桌，一张"落袋"（斯诺克）和两张"开伦"（花式台球）球桌。喜欢打台球的民主人士有李济深、朱学范、沙千里、林一元、赖亚力，他们都是这间台球室的"常客"。据周海婴回忆，李济深只打"开伦"式，往往由林一元陪打。时任东北行政委员会交际处处长管易文偶尔也会过来陪民主人士们娱乐，并利用陪民主人士们打台球之机征询民主人士对接待的要求和意见。管易文早年参加过五四爱国学生运动和周恩来组织的觉悟社，曾赴法国勤工俭学，是一位"老革命"，周海婴回忆称他"谈话水平很高，总是不直接表达意图，而在聊家常和询问健康过程中慢慢传达中共中央的意思。"周海婴的"禄莱"牌照相机还留下了一张他本人和民主人士沙千里打台球的照片，镜头里，沙千里亲自向周海婴传授"击桌上的开伦弹子入门手法"。

沙千里（左）和周海婴在沈阳铁路宾馆打台球

据周海婴回忆，北上民主人士入住沈阳铁路宾馆后，平时在各自的房间内看书读报，或相互串门聊天，或到文娱室玩扑克，如桥牌、百分、拱猪等。朱学范、沙千里、章乃器、赖亚力都喜欢玩桥牌，他们年纪都在三四十岁，李济深有时也参加玩桥牌，大家都自觉对李济深这位"老者"让一步，让李济深感到高兴。

而据时任民盟中央委员李文宜回忆，当时沈阳铁路宾馆时常在晚间举办舞会，很多民主人士都参加过，"有人是解放区的舞法，有人是英国绅士的舞法，英国的比较严格（双方身体之间有一拳之隔），美国的可以随意一点。开始无非三步、四步……"李文宜还回忆民主人士们一起合唱《没有共产党就没有新中国》这首解放区歌曲，大家还推举李文宜教唱。而民建中央宣传部主编的《中国民主建国会简史》中记载，在东北解放区一次参观途中，同行的人们唱起一支歌，开头的歌词是"没有共产党就没有中国"，章乃器提议增加一个字，改为"没有共产党就没有新中国"。而章乃器进北平见到毛泽东后，毛泽东得知了这件事，对章乃器说："你提的意见很好，我们已经让作者把歌词改了。"

　　中共中央东北局和东北行政委员会还为民主人士们精心安排了一场户外文艺演出，演出地点就在民主人士下榻的沈阳铁路宾馆门前，演出形式为露天演出，演出内容主要是东北地方戏和扭秧歌、踩高跷。周海婴用相机拍摄了民主人士们在沈阳铁路宾馆门前观看这场文艺演出的情形。据相关资料记载，演出的棒棒戏为《王贵与李香香》。棒棒戏是东北二人转旧时的一种称谓，《王贵与李香香》是当时传唱在东北解放区的二人转剧目，取材于1946年诗人李季编创的同名诗歌，遗憾的是由于年代过久如今已经不再传唱。除了二人转，周海婴还拍摄了为民主人士户外演出的高跷队的情形。

（左起）罗叔章、沈钧儒、李济深、蔡廷锴、郭沫若
等民主人士在观看地方戏

　　这次户外演出的时间，《李济深画传》等书籍记载为1949年1月17日，但很明显有误，一是1月17日时民主人士来沈情况尚未对外公开，二是照片中有罗叔章，而确凿资料显示罗叔章是1月下旬才受党组织委派到沈阳铁路宾馆参加筹备新政协。据陈云夫人于若木回忆："在沈阳，陈云为回到解放区的李济深、沈钧儒等50多位民主人士举行了盛大的欢迎仪式，千余人出席大会。会后，还有秧歌表演，刚刚解放的沈阳沉浸在欢乐的海洋里。"由此可见，这次露天文艺演出发生在欢迎会之后，而1月26日欢迎会从下午一直开到晚上，从所拍摄照片来看，不可能是在当天夜间举行的户

为民主人士演出的高跷队

外文艺演出，那么最合理的推测是，这场文艺演出发生在1月27日，而之所以一些材料记载为1月17日，当系有关亲历者回忆有误或记录者误记所致。1949年1月27日是农历腊月二十九，而东北地区又有在春节前举行秧歌、高跷表演的传统，时间上又符合陈云夫人于若木回忆的欢迎会后不长时间，因此这里可以认定这次户外文艺演出就发生在1949年1月27日，主要用意除了让北上民主人士们亲身感受解放区民众丰富多彩的文化生活外，也有共同欢庆农历新春佳节之意。从周海婴拍摄的一组照片上看，无论是在场的民主人士，还是现场的演出人员、陪同的工作人员和负责安全保卫的警卫人员，都沉浸在一派节日氛围中。

逛街也是民主人士在辽宁生活的一项内容。据李济深日记记载，第三批北上民主人士于1949年1月7日登陆大连的当天，"日间去大连市市场买了皮鞋一对（一万二千五百元关东券），约合港币四十余元"。经历了长达12天的轮船颠簸，李济深等民主人士登陆后采购一些鞋帽和日用品也在情理之中。朱学范后来的回忆也辅证了此事，但在细节上有更深入记述："1月7日……饭后到旅馆午休。等我起来，李济深、章乃器、朱蕴山、吴茂荪等人已上街逛市场去了。我想不到李会放弃午休，连忙上街寻找。"

在第二批北上民主人士登陆后，由于气温较低，他们在前往安东市区途中找到一家中式皮帽店停车买帽子，"每位男士一顶，式样任凭个人喜爱自选，价格不问"。大家挑选结束后，方才发现在这家店里找不到郭沫若能戴的帽子，最后郭沫若勉强挑选了一顶尺码最大的帽子，头的顶部还是套不进去，顶在头上明显高出一截，"大家不由得感叹郭老才学过人，原来他有个硕大的脑袋"。

民主人士北上到沈阳后，不止一次在警卫人员护送下外出逛街。当时由于天气寒冷和沈阳刚刚解放不久，沈阳街头的商店开业的不是很多，马叙伦、郭沫若、侯外庐等民主人士和鲁迅之子周海婴几次外出逛街，多是去古董店和书店。在古董店里，郭沫若的注意力集中在青铜器和书画作品，马叙伦热衷于瓷器，尤其是注重收罗哥窑瓷器。由于郭沫若在青铜器鉴定方面颇有特长，能当场在古董店评论真伪，让古董店掌柜钦佩不已，"不敢拿假古董骗钱"。郭沫若当天在古董店买到了"三凤瓶"和"三龙笔洗"。这一天的具体日期，因郭沫若在购买到两件文物的当天作诗《龙凤喜瓶》并附有日期，可确考为1949年2月5日。

马叙伦家中收藏瓷器甚多，且多为精品，据说未能在沈阳的古董店有所收获，"只随意买了点小玩意儿"。年轻的周海婴却喜欢旧货摊上的旧军用望远镜，是国民党军队败退时抛弃之物，品质虽然不高，价格却很低廉。郭沫若等几位老先生看到周海婴购买此物，觉得用来看文艺演出很实用，于是纷纷托周海婴去采买，周海婴后来回忆："以至于旧货市场的小贩们误认为有人在大量收购。我只得挑明要货的就是我，才使他们不再漫天要价。"由于在沈阳购买的古玩字画较多，临离开沈阳前，郭沫若还在沈阳铁路宾馆一楼大厅将其买到的古玩字画搞了一次展览，将各种瓶子、罐子、条幅、画轴摆满了一楼大厅，很是热闹。

侯外庐在回忆录《韧的追求》中也记述了逛沈阳古董市场的经历。他写道："有人发现，沈阳的古董市场规模可观。朋友们（指北上民主人士——引者注）中间，好古者居多，有的早就是收藏家，于是出售古物的地摊小肆成了我们许多人的日常去处，甚至在那里流连忘返。"作为历史学家的侯外庐真情写道："对古物，我早有所好，但一向由于忙，更由于拮据不敢问津。此时，乘难得的空闲，手头又有些津贴（东北人民币），便随郭沫若、章乃器、吴茂荪一起也进了古董市场，有时，连曹孟君也和我们为伍。大家在地摊上寻觅，还着实有许多收获。我在沈阳所得的文物中，有两件珍品，其价值为鉴赏家所公认，一件是周代的臣晨鼎，另一件是张作霖的24两一对鸡血石。"十几年后，侯外庐将臣晨鼎捐赠给中国历史博物馆（今国家博物馆）。侯外庐还回忆："有一天，我买到一方古印，篆刻荀子名言'公生明，偏生暗'六字，出于名家之手。拿回宾馆，郭沫若爱不释手。"侯外庐见郭沫若很喜欢这方古印，遂将此印送给郭沫若，郭沫若书写了两联条幅予以回赠。

除了周海婴、侯外庐有关在沈阳买古董的回忆外，李文宜晚年在回忆录中也提到了类似细节，她写道："郭沫若每天在房里练书法，不写时就出去买古玩。他买的东西最多，因他识货，对历史文物有研究。他还买了许多古画当纸用，就在画上写起字来，我觉得很可惜。曹孟君有钱，也买了玉雕的紫瓶、翡翠等精美工艺品。她将最美的赠给郭老。我也很爱好这些古玩文物，但我无钱，根本不去买。朱蕴山很理解我的心情，就送了一个花瓶和水盂给我，李德全也送了一个古铜瓶给我。"章乃器之子章立凡则记述过，章乃器与章伯钧常结伴去逛沈阳的旧货市场，"章伯钧一心搜集古籍，他（章乃器）则专注于抢救流散文物"。

在古董店暨旧货市场外，书店亦成为民主人士们逛街的去处。马叙伦、郭沫若、侯外庐、沈钧儒等都曾逛书店。位于沈阳马路湾的东北书店第一门市部（今马路湾新华书店前身）留下民主人士的影踪。沈钧儒曾和沈阳光华书店部分同人合影留念，照片中除了沈老外，还有卜明、孙浩人、邵公文、沈静芷等4人。

沈钧儒（左二）在沈阳看望光华书店部分同人

关于逛书店一事，周海婴有着较为详细的回忆："有一回，我跟随大人们出去，进了一家书店。这家店铺面不大，陈列着东北出版的各类新书，其中除了许多种马列和毛泽东的著作，还有小说《原动力》《新儿女英雄传》《活人塘》，诗歌《马凡陀山歌》，也有少量的香港进步书籍如《虾球传》等。这当中，我看到了父亲的著作，有《呐喊》《彷徨》《野草》《二心集》《准风月谈》《两地书》等，也有整套的《鲁迅全集》《鲁迅三十年集》和父亲的翻译作品，可以说品种很多。书的末页标明出版者为'光华书店'和'东北书店'，印刷地点在大连、哈尔滨和安东。看到父亲的著作，品种又这么多，我自然无比亲切和高兴。在上海，我们鲁迅全集出版社印的书，千方百计都难以运抵解放区，而今在此大量出版应市，读者可以任意选购，不但价格低廉，还无须担惊受怕偷偷地买。真是两个不同的天地啊！我回去告诉母亲，她也满心喜悦，让我每种都买一册回来作为版本收藏。"

在12月中旬第一批北上民主人士和朱学范、李德全等民主人士由哈尔滨南下抵达沈阳后，于1月份在沈阳铁路宾馆内还办起了一个小规模的俄语入门学习班，有将近10名学员，其中既有民主人士，也有相关工作人员，"由赖亚力授课、李德全担任助手"。李文宜回忆说："我和李德全都去上课学习。李是会英语的，她也愿意学俄语。"直到1949年2月中旬民主人士离开沈阳外出考察方才结束。

民主人士入住沈阳铁路宾馆期间，周海婴为他们拍摄了一定数量照片，其中有几张是单人特写照片。现在见于公开发表的，有李济深在宾馆房间内（疑似在会议室内）的正面照；有沈钧儒在宾馆露台上留影，沈老特意指定将旁边的一盆花和自己拍到一起，这盆花叶子不多，在严冬傲风生长，沈钧儒很喜欢这盆花的意境；朱学范在宾馆大门口等待外出参观时，周海婴为其拍摄了戴棉帽、穿大衣的单人特写照片；再有就是蔡廷锴将军在沈阳铁路宾馆的客房内吸烟时的特写照片，蔡廷锴身后有一面梳妆镜；沈钧儒和李富春在会议室内有一张合影照片，应系开会间歇时周海婴所拍，两人颇为配合，特意面向镜头。值得一提的是，周海婴在1948年11月30日还在所住房间内自拍一张写作的照片，桌上摆有书籍。

民主人士在沈阳期间还有几件亲情故事。1949年1月，茅盾之子韦韬特意赶到沈阳与其父母重逢，沈钧儒有感而发，写下《母心有光明》一诗。而就在这个月，沈钧儒在台南工学院任教的四子沈谅因父亲从事民主运动而住所被国民党特务监视，不得已秘密只身飞离台湾抵达香港，等他辗转来到沈阳时，父亲沈钧儒已经动身前往北平，后来父子在北平重逢，沈谅向父亲讲述在东北解放区见闻。到6月中旬，沈谅被组织分配到沈阳工作。在东北解放区，沈谅为避免国民党当局对其留在台湾的妻子、女儿进行迫害，改名为"知津"。相比于这种骨肉重逢，失去亲人的苦痛主要集中在李德全身上。李德全本是与冯玉祥一同回国筹备新政协，未承想在黑海轮船起火，冯玉祥和小女儿不幸遇难，冯玉祥遗体在敖德萨火化后，李德全携冯将军骨灰经陆路辗转从苏联回国。李德全抵达沈阳后，向第二批北上民主人士详细叙述了冯玉祥将军死难的经过，周海婴回忆："她本人对这件灾祸虽有疑问，为怕影响中苏关系，只得忍着丧夫之痛，也没有明确地提出详细调查的要求。"中共中央统战部和中共中央东北局为了安抚李德全的情绪，专门派来从苏联回国的民盟盟员、罗亦农夫人李文宜来沈阳铁路宾馆陪同李德全。李济深等第三批北上民主人士于1949年1月10日抵达沈阳之后，李济深等民革成员立即向李德全表示慰问，并与她进行了单独谈话。除了悲悯之情，还有远离亲人的思念之苦。北上民主人士大多数都没有带家属，很多人的家属滞留在香港，牵挂和思念之情在所难免，1949年1月21日，郭沫若作五律《寄立群》寄给在香港的于立群，抒发别后心情。1月29日，时任中共中央东北局宣传部副部长李初梨将收藏的一对"鸳鸯端砚"赠给沈钧儒，沈钧儒睹物思人，不觉思念起已经亡故十余年的夫人张象徵，有感作诗《鸳鸯砚》，末尾写道"同命四十年，一旦隔尘土。此砚永宝用，此情誓终古"。

在会客方面，北上民主人士在沈阳期间会客最多者莫过于郭沫若。郭沫若思维活跃，富有文采且爱好广泛，在抗战期间曾任军委会政治部第三厅（文化厅）中将厅长，负责战时文艺和宣传等工作，故而交往甚广。加上郭沫若本身是著名文学家，影响力和知名度都较大。1948年12月6日，郭沫若抵达沈阳当晚，入住沈阳铁路宾馆的阎宝航即来看望他，郭沫若诗兴大发，当场作七律一首，其中有"我来仿佛归故乡，此日中行亦似狂"。当月下旬，在沈阳工作的文化人士徐敏来铁路宾馆拜访郭沫若，谈话间郭沫若取出一首新作当场朗诵给徐敏听，以表达到了人民当家作主的沈阳之后的愉快心情。在1949年元旦过后不久，时任东北行政委员会委员兼东北社会调查所所长、民盟盟员徐寿轩来宾馆拜望郭沫若。徐寿轩出生于1897年，辽宁辽阳人，曾作为东北流亡青年投身抗日救亡运动，全面抗战爆发后任东北救亡总会常委、国民政府军事委员会总政治部少将设计委员兼第三厅科长，1946年加入民盟并受组织委派回东北解放区工作，徐寿轩随东北行政委员会移驻沈阳办公后，得知郭沫若就住在沈阳，遂征得组织同意前来拜会，看到老部下来访，郭沫若欣然题赠七绝一首，此诗由徐寿轩一直珍藏，直到郭沫若去世后徐寿轩才公之于众。1949年1月22日，担任中共旅大区地委副书记的李一氓（曾任新四军秘书长）到沈阳拜会郭沫若后，郭沫若为李一氓书写对联一副："国有干城扶赤帜，民之喉舌发黄钟。"
1月25日，郭沫若应邀前往著名画家、篆刻家周铁衡家中做客，周铁衡和郭
沫若是多年好友，郭沫若此次与老友重逢，欣然题五律一首，还为周铁衡
印谱《后来居印章》题签书名。时任中共中央东北局宣传部副部长的李初
梨也来拜访过郭沫若，李初梨喜好美术和文物收藏，与郭沫若早在北伐战
争期间即相识且同为四川老乡，郭沫若在沈阳期间先后于1949年1月27日、
1月30日为李初梨画作题诗二首。作为著名考古学家，郭沫若还应东北文物
保管委员会之请，为东北图书馆、东北博物馆题写匾额，并为东北图书馆
题诗、撰联。2月21日，在郭沫若离开沈阳前夕，他应邀参观了中国医科大
学并题赠七律一首。

郭沫若在沈阳期间，适逢赴匈牙利出席国际民主妇女联合会第二次代
表大会的著名女作家丁玲转道苏联回国，于1月中旬抵达沈阳，入住在鲁迅
文艺学院。在鲁迅文艺学院领导和丁玲的邀请下，郭沫若于1949年2月某日
来到鲁迅文艺学院参观访问。鲁迅文艺学院的前身是鲁迅艺术文学院，于
1938年4月创办于延安，抗战胜利后根据中共中央决定迁往东北，组建东北
鲁艺文工团。1948年11月沈阳解放后，东北鲁艺文工团随部队进入沈阳，
中共中央东北局决定鲁艺在沈阳恢复办学，校址位于当时的沈阳清华街中
山楼（位于今沈阳市和平南大街43号，日伪时期奉天兴农合作社大楼旧
址，后曾作为辽宁省人大常委会机关办公楼，现为某公司所在地）。1948
年12月，鲁艺在沈阳招收第八届学员，这是鲁艺复校后首批入校的学员。
1949年2月，在沈阳的郭沫若欣然来到这座承载着革命传统的学校，看望师
生并与先期入住鲁艺的女作家丁玲进行了深入交流。在鲁艺史册上留下了
郭沫若、丁玲与鲁迅文艺学院院长吕骥、副院长张庚合影的影像资料，这
是民主人士在沈阳期间留下的影像资料中目前发现的为数不多的非周海婴
拍摄的照片。

在沈阳期间，郭沫若还于1948年12月18日和1949年1月16日两次致信

郭沫若（前排左三）和丁玲（前排左二）在鲁迅文艺学院

给在东北解放区工作的女作家草明，表示坚信"今后必然是更有多量的磅礴雄伟的大作出现"，还祝贺草明创作的长篇小说《原动力》成功出版并受到读者好评。郭沫若还曾于1949年1月3日和1月4日为同住沈阳铁路宾馆的谭平山、蔡廷锴题诗。离开沈阳前夕，郭沫若还欣然为陈继周《革命诗稿》作序，称赞其"每饭不忘民"。郭沫若在沈阳期间创作的诗作和文稿，大多数都是在其去世后才正式对外发表。

民主人士在沈阳期间，还留下了许广平"三拒版税、三送金条"的佳话。周海婴无意中于位于沈阳马路湾的东北书店第一门市部看到很多鲁迅先生著作，看到解放区书店出版和销售如此丰富的鲁迅著作，周海婴感到无比亲切和高兴，每种书都买了一册留作收藏，回宾馆后还展示给母亲许广平。"母亲在表示感谢之后，顺便问问这两个名字生疏的出版社，知道这不是盗版，也不是民间的书社，而是党开设的正规出版社，心里更加高兴。"东北书店是中共党组织创办的进步文化场所，最早成立于1945年，因国民党军队进入东北而迁至哈尔滨，1948年11月东北全境解放，东北书店总店又迁回沈阳。由于周海婴买书时"暴露"了自己是鲁迅之子的身份，使得东北书店负责人了解到许广平母子已来到沈阳。东北书店和中共党组织创办的光华书店都出版很多进步书籍。于是，在周海婴购书仅仅几天后，经东北行政委员会交际处同意，东北书店、光华书店负责同志特意来到沈阳铁路宾馆拜访许广平，为首者是光华书店总经理邵公文（中华人民共和国成立后曾任中国国际书店总经理）。他们非常诚恳地向许广平进行解释并道歉，说东北解放区需要出版发行鲁迅先生的书籍，以满足许多读者的愿望，因许广平远在国统区，一时间联系不上，只能先开印并销售，如今补上应付的版税。许广平当场婉言谢绝，说自己已经到解放区，一切生活都是供给制，况且是党的出版社印的书，自己决不能按国统区的方式收取版税。两天后的2月1日，许广平突然收到一封东北书店的来信并附有一张支票，支票的抬头写着"鲁迅版税"，收款人是许广平，信中除向许广平表示歉意外，还表示"现奉上稿费二百九十四万元整及样本一册，请收"。信的末尾还诚恳表示："由于我们对于出版方面的经验很少，工作中是有错误的，请多多予以批评与指正为盼。"

许广平和周海婴商议后，第二天把支票送到正在宾馆内办公的交际处负责人手中，再一次申明不收版税的理由，请他代转给东北书店的同志并

许广平（左四）与鲁迅文艺学院院长吕骥（左六）等鲁艺师生合影

附了一封信。信中说明了不收版税的理由，写道："贵店为国家书店，所出各书，纯为人民服务，我们愿追随学习。凡有关鲁迅著作，由贵店印出，均愿放弃版税，以符私志。至于所送出书一册，谨当拜收，以作纪念。兹随函附回二百九十四万元整。敬祈誉收！"结果，第二天，东北书店派员再次将支票送至沈阳铁路宾馆许广平处，又被许广平退了回去。

许广平三次拒收鲁迅版税的事情很快在民主人士间传开，民进常务理事王绍鏊到许广平房间里找她谈心，耐心地反复劝说，动员许广平一定要收下这笔钱，并表示说："共产党办事向来按照国际国内惯例做的，也包括出版书籍应当付给作者版税，况且也不是只对你们，大家都照此办理，鲁迅先生是世界闻名的作家，你们如果不接受，别人也不敢收取版税，况且，你们在国统区不就是依靠出版书籍为生的嘛！"王绍鏊还说："从书籍的定价里，本来已经把稿费计算进去了，你们若不取，老挂在账上，出版社也不好处理。"许广平听完王绍鏊的劝导，便提出一个方案，即收到后捐赠给某个文化部门或学校。王绍鏊此时说："马老也建议许大姐收下这笔钱。"许广平作为民进理事，对马叙伦十分尊重，既然马叙伦也认为应该收下这笔版税，且此事关乎"多数作家利益"，本着顾全大局的权责，许广平只能先收下版税再做处理。

许广平母子闻知抗战时期在延安建校的鲁迅艺术文学院此时已经迁校至沈阳，成立了东北鲁迅文艺学院，而自己内心很久以来都想去这所以鲁迅名字命名的学校看一看，遂决定将收到的这笔鲁迅著作版税捐献给鲁迅文艺学院。

于是，在收下版税支票的第二天，许广平母子向交际处要了一辆车，由警卫员陪伴到东北银行去取款，先是换成东北解放区流通的"东北币"，后感到携带不方便，又随即转到另外一家银行兑换成五根金条。经过东北行政委员会多次沟通、联络和协调，鲁迅文艺学院盛情邀请许广平母子来校访问。由于2月中旬许广平母子离沈到解放区多个城市参观考察，

许广平、周海婴与鲁艺师生合影

故一直到临离开沈阳前的2月21日方才成行。许广平、周海婴用东北行政委员会交际处的信笺写了一封信给鲁迅文艺学院，开篇就深情写道："在许久之前，从我听到过这样一个文艺学院起，就寄予无限的景仰，为了完成新民主主义而奋斗，为了新中国的成立，为了和中国人民打成一片，作紧密的联系，在这方面，你们负起了繁钜坚忍的任务。为此，谨向你们致最亲爱的敬意！"然后说明了捐赠金条的理由。

鲁迅文艺学院的全体师生怀着对鲁迅先生的崇敬心情，用当时最盛大的欢迎仪式迎接许广平母子来校，院长吕骥、副院长张庚等校领导同师生在鲁迅文艺学院校舍楼前与许广平母子合影留念。许广平还应邀为师生们作了《鲁迅生平事迹》的长达一个小时报告。

然而，许广平母子前往鲁艺的第二天，鲁艺校方便委托中共中央东北局宣传部副部长李初梨将五根金条送回沈阳铁路宾馆，表示要退回捐赠，许广平委托李初梨予以谢绝。李初梨和校方商量后，再托民进负责人马叙伦转给许广平，许广平亦表示不能再收，并托李初梨前去和校方沟通。到2月23日上午民主人士临离开沈阳之际，鲁迅文艺学院院长吕骥、副院长张庚赶到宾馆为许广平母子送行，周海婴回忆："先客气一番，后应允接受了。"可见许广平自愿捐赠鲁迅的著作版税用于办学的一片诚心。

十、北上民主人士从沈阳前往北平

中共中央对民主人士北上的行动十分重视。在1949年1月北平和平解放后，中共中央决定将新的政治协商会议召开地点改为北平。此时的中共中央机关尚在河北省西柏坡办公，为将在沈阳的民主人士们及早接至北平，中共中央和中共中央东北局、中共中央华北局都进行了认真的安排和部署。中共中央决定委派中共中央政治局委员、陕甘宁边区政府主席林伯渠亲自前往沈阳迎接民主人士。林伯渠原名林祖涵，参加过辛亥革命，北伐战争期间担任过国民革命军第六军党代表，与李济深、蔡廷锴、谭平山、郭沫若等民主人士多年前就有所交往。林伯渠生于1886年，是"延安五老"之一，与很多北上民主人士年龄相仿，而且，林伯渠在陕甘宁边区任职多年，善于团结各方面人士，有丰富的与民主人士沟通的经验。

中共中央和毛泽东、周恩来非常重视在东北的民主人士赴北平事宜。在林伯渠临行前，毛泽东专门与其谈话，对迎接民主人士的原则、政策，以及路线、接站等具体问题提出意见。毛泽东还在中共中央接待民主人士方案上批示："林老与民主人士入关时，望东北局令铁路总局派专车并派训练有素有纪律的部队一个连随车护送。"2月14日，中共中央电告东北局、华北局及平津两市，委派陕甘宁边区政府主席林伯渠前往沈阳迎接民主人士。同日，周恩来函复在沈阳的民进领导人马叙伦、许广平说："得电逾月，尚未作复，不能以忙碌求恕，惟向往之心，则无时或已。兹乘林伯渠同志出关迎迓之际，特致歉忱，并祝健康。"周恩来对北上民主人士的关怀之殷跃然纸上。

林伯渠于2月14日离开西柏坡动身前往沈阳，同行的还有文艺界知名人士田汉。之所以中共中央委派田汉随林伯渠前来沈阳，是由于中共中央十分重视文艺工作，委派田汉到沈阳，既能实地感受一下东北解放区的氛围，体验生活以利创作，又兼有迎接郭沫若、茅盾先生并商谈筹备召开中华全国文艺工作者代表大会（简称第一次"文代会"）相关事宜之意图。此前不久，中共中央决定召开全国文协理事会与各解放区文协联席会议，筹备新的全国文协大会。中央希望将全国新文协会议的召开作为前奏，通过文艺聚集各方社会力量，统一思想，稳定民心，共同筹建新中国。

2月16日，林伯渠一下火车就来到沈阳铁路宾馆看望民主人士。由于此时李济深、郭沫若等大部分民主人士尚在哈尔滨参观考察，林伯渠当天见到了已经从吉林考察结束后折返回沈阳的沈钧儒、谭平山、蔡廷锴、章伯钧、马叙伦、林一元等人。按照周海婴的记述，外出参观考察的民主人士们是2月18日午后返回沈阳的。次日即2月19日，李富春即代表中共中央东北局召集在沈阳的民主人士举行全体会议，邀请中共中央代表林伯渠致词。林伯渠代表党中央欢迎他们到北平共商大事，并征询大家对行期等方面的意见，商定于23日启程赴北平。

相关部门为民主人士赴北平进行了精心准备和安排。赴哈尔滨等地参观考察的民主人士们回到沈阳铁路宾馆后，东北行政委员会交际处告诉大家，为了准备去北平，可以定做简易的木箱。"数量多少不论，每人按需

沈钧儒、许广平等民主人士在沈阳南站同接待干部、警卫人员合影

提出。"一些民主人士还用领到的东北币采购了一些日用品和地方土特产品。交际处统一发给民主人士每人定做的皮大衣一件，厚绒线衣裤一套，俄式长绒羊毛毡一条和美式军用睡袋一只。在离开沈阳的前一两天，为了欢送民主人士，特邀沈阳的京剧剧团演出新编历史剧《九件衣》。

2月23日下午，在林伯渠的陪同下，李济深等民主人士一行35人抵达沈阳南站（今沈阳站）。高岗、李富春代表中共中央东北局前来火车站送行。按照中共中央的指示，东北行政委员会副主席、民盟盟员高崇民亦作为筹备新政协的民主人士代表随车前往北平，田汉亦陪同回北平。在沈阳南站月台上，民主人士与连日来朝夕相处的东北局、东北行政委员会相关工作人员以及警卫战士们依依惜别，周海婴为大家拍摄了多张照片，记录了这一难舍难分的历史瞬间。话别后，民主人士登上悬挂着毛泽东同志彩像的蓝色专列"天津解放号"，专列在沈阳早春的这个下午缓缓启动，民主人士想到要去北平，心潮澎湃，感慨万千，车厢里三五聚首，谈笑风生。在专列上，李济深、朱学范等民主人士在欣喜之余进行了打牌等文娱活动。周海婴用相机记录了车厢里当时的部分情景。郭沫若凝视着窗外，看到严冬已去，春回大地，怀着激动的心情赋诗一首："多少人民血，换

李济深（左）与朱学范在赴北平列车上打牌

来此矜荣。思之泪欲堕，欢笑不成声。"这首诗，代表了此时此刻北上民主人士的共同心声。至此，也标志着前三批北上民主人士在辽宁的活动画上圆满的句号。

2月24日，专列到达天津，受到天津市军管会副主任、天津市人民政府市长黄敬的热烈欢迎。当晚，黄敬设宴招待民主人士一行。在天津休息停顿后，专列于2月25日中午12时顺利抵达北平。已经率部入关的中共中央东北局书记、第四野战军司令员林彪，中共中央东北局副书记、第四野战军政委罗荣桓和华北人民政府主席董必武，华北军区司令员、平津卫戍司令部司令员聂荣臻，中共中央华北局第二书记、华北军区政委、华北人民政府第一副主席、平津卫戍司令部政委薄一波，北平市军管会主任、北平市人民政府市长叶剑英，中共北平市委书记彭真等亲自到北平东站站台迎接。先期抵达北平的民主人士李章达、陈其瑗、张奚若、陆志韦、张东荪、胡愈之、周建人、楚图南、翦伯赞、陈邵先、陈此生、韩卓儒、千家驹、雷洁琼、严景耀、卢于道、夏康农、费青、费孝通以及全国学联代表陈震中、北平市职工总会筹委会主任萧明、铁路工人代表李光辅等100余人也到车站迎接。据周海婴回忆："列车将要抵达前门车站（当时称北平东站——引者注）时，只见铁路两旁的屋顶，每隔十米都有持枪战士守卫，可见安全保卫工作之严密。"在北平东站站台上，沈钧儒在走下火车后被几位老朋友高举起来庆祝久别重逢。在另一张照片中，聂荣臻与农工党领导人彭泽民热情握手。出站后，民主人士们被接送到北京饭店和六国饭店入住。2月26日，北平各界隆重召开欢迎民主人士大会，热烈欢迎到北平的各民主党派和无党派民主人士。

到北平后，三十余名民主人士立即投入到紧张的筹备新政协、建立新中国的各项工作中。

1949年6月15日，新政治协商会议筹备会在中南海勤政殿召开，参加新政协筹备会的有23个单位共134位代表，其中北上或由国外经辽宁到达北平的民主人士有（按会议各单位代表名单排序，党派职务遵照原始档案上的名单）：民革主席李济深、民革中央常务委员陈劭先、民盟中央负责常务委员沈钧儒、民盟中央负责常务委员章伯钧、民建常务理事章乃器、民建理事胡子婴、无党派民主人士郭沫若、宗教界民主人士吴耀宗、民进常务理事马叙伦、民进常务理事王绍鏊、民进常务理事许广平、农工党中央监察委员会主席彭泽民、农工党中央常委丘哲、救国会中央执行委员胡愈之、救国会中央执行委员沈志远、救国会中央常务委员曹孟君、民联中央常务委员谭平山、民联中央常务委员王昆仑、民联中央常务委员许宝驹、民促代主席蔡廷锴、民促中央常务理事陈此生、民促中央常务理事李民欣、致公党主席陈其尤，此外，无党派民主人士茅盾（沈雁冰）、九三学社监事侯外庐名列"文化界民主人士"，民盟中央委员邓初民和民盟盟员翦伯赞、无党派民主人士洪深名列"民主教授"，台盟负责人谢雪红名列"中华全国民主青年联合总会"，民盟盟员沈兹九名列"中华全国民主妇女联合会"。除去前述人员之外，民革中央执行委员梅龚彬、民建常务理事施复亮、救国会中央执行委员李章达、民盟中央委员李文宜、全国学联国外部部长黄振声当时因病或因事不在北平但也名列新政协筹备会代表之中。总计有35位北上或由国外经辽宁到达北平的民主人士成为新政协筹备会代表，其中有30位参加了新政协筹备会。在新政协筹备会的5位副主任中，除周恩来和工商界人士陈叔通外，李济深、沈钧儒、郭沫若等3位是来过辽宁的北上民主人士，常委会下设六个小组，分别拟定参加新政治协商会议之单位及其代表之人数、起草新政协会议组织条例、起草宣言、拟定国旗国徽国歌方案，其中北上到达辽宁的民主人士中，谭平山担任第二小组组长，郭沫若担任第五小组组长，马叙伦担任第六小组组长，章伯钧担任第一小组副组长，陈劭先担任第五小组副组长，沈雁冰（茅盾）担任第六小组副组长。他们为新政协的召开、新中国的成立贡献着智慧和力量。

经过三个多月的充分准备，中国人民政治协商会议第一届全体会议于

1949年9月21日在北平中南海怀仁堂隆重召开，出席会议的662名代表和候补代表中，北上或由国外经辽宁到达北平的民主人士有民革界别的李济深、李德全、陈劭先、朱蕴山、梅龚彬、赖亚力；民盟界别的沈钧儒、章伯钧、丘哲、李文宜、胡愈之；民建界别的章乃器、施复亮、孙起孟、胡子婴；无党派民主人士界别的郭沫若；民进界别的马叙伦、许广平、王绍鏊；农工党界别的彭泽民；救国会界别的李章达、沙千里、沈志远、千家驹、方与严；民联界别的谭平山、王昆仑、许宝驹、吴茂荪；民促界别的蔡廷锴、陈此生、李民欣、林一元；致公党界别的陈其尤；台盟界别的谢雪红；中华民主妇女联合会界别的沈兹九；中华全国文学艺术界联合会界别的沈雁冰（茅盾）、胡风；中华全国社会科学工作者代表会议筹备会界别的邓初民、翦伯赞、侯外庐、胡绳；自由职业界民主人士界别的宦乡；国外华侨民主人士界别的陈其瑗；宗教界民主人士界别的吴耀宗；特别邀请人士中的卢于道等总计46人，占北上或由国外经辽宁到达北平的56位民主人士的近85%，他们见证了新中国的诞生。

在中国人民政治协商会议第一届全体会议选举产生的中央人民政府的6名副主席中，李济深是经辽宁抵达北平的民主人士；在中央人民政府56名委员中，李济深、马叙伦、郭沫若、沈钧儒、沈雁冰（茅盾）、蔡廷锴、彭泽民、李章达、章伯钧、谭平山等17人是北上经辽宁抵达北平的民主人士。沈钧儒担任最高人民法院首任院长。郭沫若担任政务院副总理，谭平山、章伯钧、马叙伦、陈劭先、王昆仑、章乃器担任政务院政务委员。在政务院所辖的4个委员会和30个部级机构中，担任正职的民主人士有14人，其中，文化教育委员会主任兼中国科学院院长郭沫若、人民监察委员会主任谭平山、邮电部部长朱学范、交通部部长章伯钧、文化部部长沈雁冰（茅盾）、教育部部长马叙伦、卫生部部长李德全、出版总署署长胡愈之等8人是北上或由国外经辽宁抵达北平的民主人士，还有许广平、孙起孟、王绍鏊、施复亮等多位民主人士担任政务院副秘书长、副部长等职务。还有两位北上民主人士后来投身外交战线，赖亚力后来担任首任驻马里大使、常驻联合国副代表、中国人民外交学会副会长；宦乡担任过驻欧共体兼比利时、卢森堡大使，中国社科院副院长。

北上或由国外经辽宁抵达北平的民主人士中，有14人后来担任全国人大常委会和全国政协领导职务，名列国家领导人。他们分别是：第一、二届全国人大常委会副委员长暨第一、二、三届全国政协副主席李济深，第一、二届全国人大常委会副委员长暨第一、二、三届全国政协副主席沈钧儒，第一、二、三、四、五届全国人大常委会副委员长暨第一、二、三届全国政协副主席郭沫若，第五届全国人大常委会副委员长暨第五届全国政协副主席朱蕴山，第五、六、七届全国人大常委会副委员长朱学范，第六届全国人大常委会副委员长暨第五届全国政协副主席胡愈之，第七、八届全国人大常委会副委员长孙起孟，第二届全国政协副主席章伯钧，第四届全国政协副主席蔡廷锴、李德全、马叙伦，第四、五届全国政协副主席沈雁冰，第五届全国政协副主席沙千里，第五、六届全国政协副主席王昆仑。担任过民主党派中央主席的有民革中央主席李济深、朱蕴山、王昆仑、朱学范，民盟中央主席沈钧儒，民建中央主席孙起孟，民进中央主席马叙伦，农工党中央主席章伯钧，致公党中央主席陈其尤，台盟中央主席谢雪红等10人；担任过民主党派中央代主席的有民盟中央代主席胡愈之；担任过民主党派中央副主席（副主委）的有民革中央副主席谭平山、蔡廷锴、王昆仑、陈此生、朱学范、吴茂荪，民盟中央副主席沈钧儒、章伯钧、马叙伦、胡愈之、邓初民、李文宜，民建中央副主委章乃器、施复亮、孙起孟，民进中央副主席王绍鏊、许广平，农工党中央副主席彭泽民和主席团委员（农工党第七届副主席称主席团委员）夏康农，台盟中央副主席李纯青等20人（其中后来担任民主党派中央主席7人）。他们为民主革命和新中国建设贡献了毕生的经历。

民主人士北上，是经历，更是传奇，昭示着人心是最大的政治。北上是一种信念，是一种希望，更是一种情怀，是一种精神，为了筹建新政协，迎接新中国的诞生，民主人士们在中国共产党的组织安排下，义无反顾地冒着重重风险，踏上一条追求光明、充满生机的航程，为着他们心目中独立、自由、民主、和平的新中国破浪北上。特殊的历史机缘，让筹备新政协的航船在辽宁靠岸，谱写了统一战线史册上的新篇章，也为辽宁红色历史注入了生动的内涵。"民主人士北上"是辽宁近现代重大历史事件，是辽宁重要的红色文化资源，是辽宁人民宝贵的精神财富，必将激励广大辽宁人民奋力开创辽宁振兴发展新局面，为实现中华民族伟大复兴而不懈奋斗！

附：到达辽宁筹备新政协的民主人士名单

1. 首批北上民主人士（5人）

沈钧儒（民盟、救国会）　　　谭平山（民联、民革）

蔡廷锴（民促、民革）　　　　章伯钧（农工党、民盟）

林一元（民促、民革）

2. 第二批北上民主人士（12人）

马叙伦（民进、民盟）　　　　郭沫若（无党派）

沈志远（救国会、民盟）　　　丘　哲（农工党、民盟）

陈其尤（致公党）　　　　　　侯外庐（九三学社）

翦伯赞（民盟）　　　　　　　曹孟君（民联、民盟、救国会）

许宝驹（民联、民革）　　　　许广平（民进、民盟）

宦　乡（以无党派身份活动）　冯裕芳（民盟）

3. 第三批民主人士（13人）

李济深（民革、致公党）　　　朱蕴山（民革）

沈雁冰（无党派）　　　　　　梅龚彬（民革）

邓初民（民盟）　　　　　　　吴茂荪（民联、民革）

彭泽民（农工党、民盟）　　章乃器（民建、救国会）

洪　深（无党派）　　　　　施复亮（民建）

孙起孟（民建）　　　　　　李民欣（民促、民革）

孔德沚（无党派）

4. 其他到达沈阳的民主人士（13人）

黄振声（无党派）　　　　　朱学范（民革）

王绍鏊（民进）　　　　　　李德全（民革）

沙千里（民盟、救国会）　　赖亚力（民革）

李文宜（民盟）　　　　　　王昆仑（民联、民革）

胡子婴（民建、救国会）　　胡　风（无党派）

谢雪红（台盟）　　　　　　吴耀宗（救国会）

李纯青（台盟）

5. 从香港北上经大连转赴华北的民主人士（12人）

胡愈之（救国会、民盟）　　沈兹九（救国会、民盟）

方与严（救国会）　　　　　力　扬（民盟）

李章达（救国会、民盟、民促）　陈其瑗（民革）

陈邵先（民革、民促）　　　陈此生（民革、民促）

卢于道（九三学社）　　　　千家驹（民盟、救国会）

夏康农（民盟、农工党）　　林植夫（民盟）

合计55人

（注：民促全称中国国民党民主促进会，民联全称三民主义同志联合会，救国会全称中国人民救国会，均为当时的民主党派；有多个民主党派身份者，以其本人北上时主要代表的民主党派排序在前。）

亲 历 记

接送民主人士进解放区参加新政协

钱之光

在解放战争迅速发展的形势下，1948年"五一"节，中共中央发布了召开新政治协商会议的号召，立即得到各方面的热烈响应。8月以后，大批民主人士陆续进入解放区，准备参加新政协。我曾负责接送在香港的民主党派和进步人士到解放区参加新政协的筹备工作。这一段经历，我至今印象十分深刻。

一

话要从1946年6月说起。国民党在美帝国主义的支持下，撕毁《双十协定》，发动了全面内战；1947年2月，又宣布国共和谈完全破裂，要中共驻南京、上海、重庆等地担任谈判联络工作的代表全部撤回。这时我在中共驻上海办事处工作，上海办事处也面临撤退前夕。周恩来同志电示我和刘昂同志去香港。因为自李公朴、闻一多事件以后，国民党对民主运动的镇压和对民主人士的迫害日益加剧，绑架、殴打、逮捕、暗杀的事件时有发生；为了保存革命力量，在周恩来同志的直接领导和安排下，从1946年下半年起，一部分民主人士、文化界进步人士和我们党的干部陆续撤到香港，并以香港为基地，继续扩大对内对外的工作。他们在香港活动的经费和生活上的问题需要协助解决；同时，也要加强香港与解放区的经济联系，以便得到必要的器材、药品等物资。我和刘昂已经买好了1947年3月初去香港的船票，但2月28日上海办事处被国民党的宪警和特务包围，未能成行。3月7日，中共南京、上海代表团和办事处的同志全部撤回延安。我们回到延安的第二天，向周恩来同志汇报工作，他又一次提出要我们到解放区沿海口岸，设法打通与香港的联系。遵照他的指示，我和几个同志由延安辗转到达大连，创建了中华贸易总公司，探索大连到香港的海上通途。为了与中央保持直接联系，我们设立了电台。经过几次试航，沟通了这个通道。我们租用外国船只往返于大连、朝鲜的罗津和香港之间，运出大豆等土特产品，带回需要的物资和器材。同时，我们还完成了接送在香港等待参加第六次全国劳动代表大会的代表进入解放区的任务。这些工作，特别是电台的架设和大连至香港海路的沟通，为后来接送民主党派代表人物和著名进步人士进入解放区参加新政协，创造了条件。

1947年夏季，解放战争由战略防御转入战略进攻阶段。随着国民党反动派在军事上的节节溃败，政治、经济也日益破产。到1948年春，全国形势发生了巨大的变化，我各条战线和解放军都已居于优势，国民党统治已越来越走向穷途末路。党中央在五一节发布口号，号召全国人民团结起来，巩固与扩大反帝反封建反对官僚资本主义的统一战线，打倒蒋介石建立新中国。同时号召各民主党派、各人民团体及社会贤达，迅速召开新的政治协商会议，讨论并实现召集人民代表大会，成立民主联合政府。党中央的号召立即得到各民主党派、各人民团体、无党派民主人士、少数民族、国外华侨的热烈响应和赞成。

当时在香港的各民主党派领导人李济深、何香凝、沈钧儒、章伯钧、马叙伦、王绍鏊、陈其尤、彭泽民、李章达、蔡廷锴、谭平山，以及无党派民主人士郭沫若等，在5月5日联名致电毛泽东，热烈响应党中央的号召，并同时发表通电，号召国内外各界暨海外同胞"共同策进，完成大业"。

8月1日毛主席复电，对他们赞同召开新的政治协商会议并热心促其实现，表示钦佩，并提出"关于召集此项会议的时机、地点、何人召集、参加会议者的范围及会议讨论的问题等项，希望诸先生及全国各界人士共同商讨，并以卓见见示"。从这时开始，筹备召开新的政治协商会议，就成为我党当时的重大政治任务。而如何排除各种阻碍，把在解放区以外的民主人士接到解放区来共商建国大计，保证新政协的胜利召开，也就成为一项紧迫的工作，被提到日程上来。

正是在这种形势下，1948年夏，我接到周恩来同志的电示，要我做好准备，前往香港；大连的工作由刘昂前来接替。不久，刘昂从中央所在地河北省西柏坡来到大连。她临行前，恩来同志曾同她谈了话，交代了任务。

二

8月初，我从大连出发，经安东、跨过鸭绿江大桥抵达朝鲜边界新义州，转火车到平壤，会见了我驻朝鲜办事处负责人朱理治同志。在平壤我只做了短暂的逗留，同苏联的办事机构办理了租船手续，然后便去罗津乘租用的苏联轮船"波尔塔瓦"号，开始了特殊使命的远途航行。

为了便于公开活动，恩来同志叫我以解放区救济总署特派员的名义前往香港。当时，与我同行南下的有祝华、徐德明和翻译陈兴华等同志。从罗津到香港，要经过朝鲜海峡、东海和台湾海峡，航程漫长，随时可能遇到国民党军舰。为了应付意外情况，我们事先商量好各自的身份，改了称呼和姓名，并准备必要时装扮成船上的职工。在旅途中，我对这条航线的情况，进行了观察和了解。

我们船上装的是大豆、皮毛、猪鬃等土特产品，还带了一些黄金，准备到香港换回西药、电信器材、高级纸张以及汽车轮胎等物资。在这次前往香港的航行中，我们遇到过国民党海空军的监视，也遇到过龙卷风。有时国民党飞机在我们船的上空盘旋，并不时呼啸而过；有时还遇到国民党的军舰，也许因为挂有苏联旗帜，他们没有采取什么行动，但当时气氛是紧张的。当我们的船颠簸地驶进台湾海峡时，又遇到了强大的龙卷风。只见船的正前方忽然升起了擎天的水柱，海水激烈地旋转着往上升。面对这样的惊涛骇浪，真是有些惊异和担心。幸好这股龙卷风离我们的船只还远，同时船已改变了航向，因此避开了龙卷风的袭击，继续向前航行。

旅途的风险总算过去了，当我们的船快到香港时，就看到海面上有许多轮船，桅杆上飘着不同国籍的旗帜，香港当局的缉私快艇，也来回穿梭。当时，为了避免引起注意，我改扮成船上的锅炉工，脸上、手上、身上都是煤灰，即使熟人见了，也很难认识。等海关人员上船检查后，我才洗了澡，换上西装。我们终于安全地到了香港。

这里，将是我们开展工作的新阵地，但这是一个十分复杂的社会，密探、特务、黑帮以及三教九流无所不有。特别是当时香港当局政治上是倾向国民党的，美蒋特务活动也十分猖狂。我感到要完成这一次任务，将会遇到很多的风险。

三

船到香港时，苏联方面派人乘汽艇到船上来接头。他们在香港设有办事机构，与船上有通信联络，事前知道"波尔塔瓦"号到达的时间，并通知了我们设在香港的联和公司。为了上岸便利起见，我就上了他们的小艇。走到半路上，遇到了先期到港的袁超俊、刘恕同志也来接我们。上岸后，我们先到联和公司商量卸货事宜和布置今后的任务，接着就与华南分局取得联系。华南分局当时由方方同志负责，潘汉年同志也是主要领导人之一，负责统战工作。我到方方同志家里时，汉年同志已在座，见了面，大家都很高兴。我向他们介绍了解放区的情况，传达了中央的指示。他们也已接到中央的电报。我们一起商量了接送民主人士北上的问题并具体分了工。为了尽快与中央和大连保持直接联系，我们还建立了电台，随时向中央和恩来同志汇报，并通知大连方面。

当时，在香港的民主人士很多，他们一直与我们党保持着联系。具体联系的，有华南分局、香港工委，也有我们党其他方面的同志。至于每一批安排哪些人走，什么时候开船，我们是根据民主人士的准备、货物的装运、香港的政治气候以及联系工作的情况等来决定的。在联和公司工作的同志，像杨琳、袁超俊、刘恕、祝华、王华生、徐德明等，都参加了这方面的工作。

我们负责接送了四批民主人士北上。每次都是由原来与民主人士保持联系的人去联系好，等载货回解放区的船准备好以后，就由他们负责，把民主人士护送上船。在当时复杂的情况下，要保守秘密是一件很不容易的事。每次护送民主人士，特别是一些引人注目的知名人士上船，我们事先都做了比较周密的安排。要求负责联系的同志机智灵活，特别注意摆脱密探的跟踪。对于上船要经过的路线，事先要调查熟悉；还事先约好什么人去接，遇上情况如何对付等。由于民主人士社交活动多，认识他们的人也多，为了避免遇到熟人，每次都安排在黄昏以后上船；每次都有负责同志陪同，我还另派工作同志随船护送。

经过我们的努力和华南分局、香港工委的密切配合，在较短的时间里，就做好了第一批民主人士北上的准备工作。党中央、周恩来同志同意了我们的行动计划，并指出这是第一批，要绝对秘密，保证安全，出发后有什么情况，要随时报告。

准备进解放区的民主人士很多，我们考虑到这是第一批，不便安排太多。我记得这次北上的民主人士加上我们的同志，大约有十几个人。沈老（沈钧儒）、谭老（谭平山）、蔡廷锴、章伯钧先生，都是第一批北上的。由章汉夫同志陪同，我派祝华和徐德明同志随船护送。

那是8月下半月的一天下午，我事先赶到船上，黄昏时候，在船上迎接了沈老等人。当时船停泊在离岸的浮筒处，沈老等是坐小艇上船的。当时沈老已是70多岁的高龄，比起在重庆、上海时有些消瘦，但精神矍铄，步履稳健。我和谭老在重庆时有往来，这时相见，彼此很高兴。我对谭老说："可能没有想到吧，在这里我们又见面了！"他紧握着我的手连说："是呀，是呀。"我们谈了一些别后的情况。当章伯钧先生攀扶着软梯上船来的时候，他一抬头就惊奇地说："老兄，你也来了！"由于工作关系，我到香港后还没有与他见过面，因此突然相遇，他觉得出乎意外。

我临下船时，已是夜色朦胧。我祝他们一路平安！请他们多加保重！我离开后仍留下我们的同志在小舢板上瞭望，知道他们没有遇到麻烦，等船开出港后才回来。

船是顺利地从香港出发了，但我们心里一直忐忑不安。因为这只是工作的开始，船要经过台湾海峡，随时有被蒋军炮击或被劫的危险，而且航程很长，不知道在什么地方会出什么问题。我回到住地立即向党中央、周恩来同志和大连方面报告了这一批民主人士出发的情况。以后，我一直焦急地等待着船开出后的消息，直到第八天接到大连刘昂同志的电报，说："船已顺利到达朝鲜的罗津，中央派李富春同志专程迎接，已前往哈尔滨。"这时，我才放了心。

后来听说，这次船过台湾海峡时遇到了强台风，失去了控制，船被冲到了澎湖列岛附近，经过全体船员的努力，才摆脱了触礁的危险。当时在船上的几位老先生镇定自若，还像平时一样，做着健身体操。

四

第一批民主人士安全北上后，刘昂同志等在大连又租了苏联的货轮，装上解放区出口的物资和一些黄金来香港，以便接回第二批民主人士，并带回解放区所需的物资。

我们的任务主要是接送民主人士北上（这需要用经济贸易工作做掩护），也要从香港进口物资，因此经济贸易是我们工作的一个重要方面。我们设在香港的联和公司，是1938年初在武汉时派杨琳同志建立起来的。随着形势的发展和贸易的扩大，原有的机构和办事地方已不能适应工作开展的需要，我们便改组了联和公司，在皇后大道毕打街毕打行另租了几间大的写字间。我和同志们一起商量重新取个名字，既要有意义，又不能太暴露。我提出叫"华润公司"，并解释说："华是中华的华，代表中国；润是毛润之的润，代表我们党。就是说，这个机构是我们党设的贸易公司。"大家都说这个名称好，就这样定了下来。于是挂起华润公司的牌子，由杨琳同志任经理，以后，中央决定由我任董事长。

继华润公司成立不久，为了与解放区来往方便，我们又花了30万美元，买了一条轮船，在铜锣湾西云湖组织了华夏轮船公司，袁超俊同志任经理，刘双恩同志是船长，大副也是我们的同志。在香港，为了适应当时的环境，我改姓简，大家都称我"简老板"。

10月中旬，大连方面租的船到了香港，但在到达时与另一只船相碰，搁浅在海湾，要就地检修。由于已与民主人士商量好行期，我们只好另租一艘挂挪威旗的船回解放区，10月底才把第二批民主人士送走。这次走的，记得有郭沫若、马叙伦、许广平母子、陈其尤、沙千里、宦乡、曹孟君、韩练成、冯裕芳等人，连贯同志陪同，胡绳同志随行北上，我派王华生同志随船护送。

我和郭老在武汉、重庆、南京、上海接触较多，彼此很熟悉。在船上见面时我对他说："我是恩来同志派来接你们的。"他问了我恩来同志等领导人的情况，又谈到全国形势好转之快，出乎预料。当时由于郭老的夫人不能同行，临别时我说："航海很是辛苦，一路还要提防国民党的飞机和军舰，这次于立群同志不能伴你同行，但我们一定设法，很快送她进解放区，早日与你团聚。"

这趟船在大连与安东之间的大东沟抛锚下人，郭老等就在这里改乘小船上岸。东北局派了负责同志去迎接。他们是经安东去哈尔滨的。后来听说，许广平的儿子周海婴爱好无线电，自己装了一台收音机，在船上收到新华社播发的沈阳解放的消息，大家都很兴奋，开了一个热烈的庆祝会，郭老、曹孟君出了节目。有的唱歌、有的跳舞，还有朗诵的、讲故事的，充满了胜利的欢乐。

五

第三批北上的民主人士最多，加上我们党内的同志，共有30多人。国民党革命委员会主席李济深先生就是这一批北上的。对此，党中央极为关心，恩来同志的电示也更加具体、周密。他事前给在大连的冯铉、刘昂同志拍电报说，这一批民主人士北上，要与苏联驻大连的有关部门交涉，租用他们的轮船，而且这次一定要在大连港靠岸；到达后，要安排在大连最好的旅馆，民主党派领导人要住单间，确保安全；要举行欢迎宴会，并请大连市委协助做好接待工作。就连宴会的席位、座次，都有明确指示。还说，北方天气寒冷，要为他们准备好皮大衣、皮帽子、皮靴等。

当时大连是苏军管辖区。靠船的码头分军用和民用。军用码头是深水泊泣，可停靠万吨船只，但对外不开放，别国船只，一律不准进港。我们虽然租用的是苏联船"阿尔丹"号,但是不经过他们允许,也不得在这里卸货下人。经过冯铉同志的交涉,得到了苏方的允诺。为了顺利完成任务,在轮船开离大连之前,刘昂同志还特地宴请了船长、大副等人,对他们说:"我们这次来回除装载货物外,还有不少人要乘这次船回来,请多加照顾。"船长边吃边说:"请放心,船已租给你们,由你们安排,我们尽力协助你们的工作。"

恩来同志在给冯铉、刘昂同志电示之后,又给我来电说:"已经走了两批人员,很可能引起外界的注意,这次行动要更加谨慎。"确实,香港的情况本来就十分复杂,我们和民主人士的行动,时刻受到各方面的注视,两批民主人士离港北上后,更引起了外界的注意。10月以后,香港官员派人来与我们洽谈业务频繁起来了。连政治部的负责人也以谈业务为名来过华润公司。根据这些情况,我们不得不反复研究。经过慎重考虑,最后确定第三批民主人士走的时间,安排在圣诞节后第二天深夜。因为香港受西方的影响很大,每到圣诞节要放假,人们欢度节日,这是我们行动的有利时机。

这一次北上的民主人士有李济深、茅盾夫妇、朱蕴山、章乃器、彭泽民、邓初民、洪深、翦伯赞、施复亮、梅龚彬、孙起孟、吴茂荪、李民欣等。李嘉人同志陪同,龚饮冰、卢绪章等同志随行,我派徐德明同志随船护送。

李济深先生是位很有影响的人士。我们与他有密切的联系,香港当局与他经常有往来,美国方面同他接触也频繁。这时,国民党已分崩离析,各种反动的政治势力都想争取他,以此作为政治斗争的资本。有人对李先生挑拨说:"你不能去解放区,你到了那里就身不由己了。"另一些人正策划"划江而治",也想利用他的声望和影响,如白崇禧就写了亲笔信,让一位国民党大员赶到香港请任公(李先生字任潮)到武汉"主持大计",实际上是妄图拉住他,打他的旗号,由桂系与共产党"划江而治"。在这种错综复杂的情况下，李先生要顺利离开香港，确实是阻力重重的。原来我们安排他第一批北上，但由于当时的具体情况，未能实现。为这件事，廖夫人何香凝做了工作。1948年冬，有一天，吴茂荪先生约请李济深、何香凝、朱蕴山、梅龚彬、陈劭先、陈此生等人吃饭，饭后，何香凝老人对李先生说："任公，你还是早走的好，一则是形势的需要，二则为了任公你自身的安全。"我们为了解除李济深的后顾之忧，对他的家属做了妥善安排，还组织民革中与他亲近的人一起走。经过这些工作，李决定北上。事后白崇禧派往香港的大员才到达，听说李先生走了，大失所望。

按预定计划，这次上船是在12月26日晚上。为了安全，避人耳目，要走的人，事前都不知道与谁人同船，各走各的路。有的从家里转到朋友家上船，有的在旅馆开个房间停留半天再上船，有的人还搬了家，把要带的行李，放在原来住处，另行派人搬上船。民主人士不随身携带行李，看不出要出门旅行的迹象，到达了约定地点，由我们的同志护送上船。李济深先生动身的那天晚上，为了迷惑外界，还特地参加了邓文钊先生的宴请，同时参加的有朱蕴山、吴茂荪、梅龚彬、李民欣、陈此生，何香凝老人也到场作陪。席后，他们便乘我们事先准备好的小艇上船。当时要直接上苏联的货船，也是易于惹人注目的。为了掩人耳目，他们还带了酒菜，装着泛舟游览的样子，乘着小船在水面上游弋于外轮之间，一个多小时后才靠拢要上的苏联货船。上船后，李济深看到船上的熟人很多，有点惊异，我们特地把他和朱蕴山、李民欣安排在船长室，让他们不露面，以避免海关检查。这一次走的人，有的西服革履，扮成经理模样；有的则是长袍马褂或普通衣着，装成商人，扮作坐船到东北做生意的，所以口袋里还装一套货单。大家事先准备了一套话，以便应付检查。

李走后没有几天，香港当局知道了，立刻引起香港各界的反应。香港当局的政治部主任亲自找到民革的副秘书长吕集义，责问说：李济深先生的安全，我们是要负责的。他走了，你们为何事先不告诉我们？这样一个有影响的人离开香港，连我们都不知道，叫我们怎样交代？为这件事，香港的传说就更多了，香港《大公报》1949年1月4日登了这么一则消息："美联社香港三日讯：据可靠人士告本报记者：李济深已离港赴华北中共区。据说……经北韩赴哈尔滨。这是以前北上开新政协的其他民主人士所采取的途径。"李离港之所以被人发现，是因为人家去找他，问他对蒋总统元旦文告有什么批评。于是香港的空气顿时紧张起来。事情又很不凑巧，这趟船航行很不顺利。起航后的第十天，船还没有到达大连。我们都十分着急，通过苏联办事机构，才知道船到青岛海面时遇到逆风，加上坏了一个引擎，每小时只能走六里。一连几天，我们焦急不安，直到轮船过了青岛海域才放心。

船是在出发后的第十二天，即1949年1月7日上午到达大连的。中央派李富春、张闻天同志专程去迎接，他们还邀请朱学范先生一同前往。朱先生是参加世界第六次劳动代表大会后回到哈尔滨的。同时去接的还有旅大地委的负责同志等人。到达后，下榻在大连最高级的大和饭店，李富春、张闻天同志还到各个房间看望。当天中午，在关东酒楼以丰盛的宴席举行了欢迎会。

沈钧儒（左一）、李济深（左二）、郭沫若（左四）等一起观看文艺演出

民主人士到达不久，我们的同志就送去了獭皮帽、皮靴、貉绒大衣。他们刚从温暖的南方来到寒冷的北方，正需要防寒的服装，收到这些东西，十分激动，有的人还拿出钱来要付款。我们同志解释说："解放区是供给制，衣、帽、鞋都是送给你们的，这是周恩来同志指示我们办的。"他们听了，连声称道，说："恩来先生想得真周到，吃、穿、住、行都给我们安排了，真是太感谢了！"在大连期间，我们的同志安排他们游览了市区，参观了工厂，然后乘专列经沈阳去哈尔滨。

第四批民主人士是1949年3月14日从香港出发，在天津上岸的。那时天津已经解放。北上的有黄炎培夫妇，盛丕华和他的儿子盛康年，还有姚维钧、俞寰澄等人。是刘恕同志护送的。3月25日到北平，董必武、李维汉、齐燕铭等同志前往迎接。

从香港北上参加新政协筹备会议的大多数民主党派代表人物和著名进步爱国人士，主要是这四批，从1948年8月到1949年3月，先后平安到达东北和华北解放区。另外，也有一些民主人士是通过其他关系、经过其他路线进到解放区的。

此外，在接送民主人士进入解放区的过程中，还做过其他计划和努力。1948年秋，曾由潘汉年同志出面找萨空了（民主党派驻港代表）同志商谈，请他与港方当局交涉，说民主党派有几位负责人要经欧洲进解放区。萨空了找到香港大学校长施乐斯（D.T.Sloss，香港当局指定与中共和民主党派的联系人），说民主党派负责人李济深、沈钧儒等要从香港去伦敦，再经苏联到东北解放区。施说要报告港督。后来施告诉萨空了说，港督表示他也做不了主，这件事要请示伦敦，需要一个比较长的时间才能答复。施还说，你们朱学范到伦敦，我们收留了他，但后来他走了也不告诉我们一声（朱是经莫斯科去东北参加世界第六次劳动代表大会的），我们就很难负责。你们两个领袖要走，所以要请示。到了12月施才转来伦敦的意见，说不能发护照，但可给个证明身份的文件，离开伦敦的时候，还可以保护（此时沈钧儒已安抵东北解放区）。过了一段时间，待我们确知沈老等已抵达解放区时，才由萨空了去找施乐斯，告诉他，我们不走欧洲这条路线了。

原来新政协筹备会议准备在哈尔滨召开，后来由于形势发展很快，我军接连取得了辽沈、平津、淮海三大战役的胜利，北平和平解放。不久，我各路大军又横渡长江，以排山倒海之势占领了南京，解放了长江以南大片地区。因此，1949年6月，在北平召开了新政协筹备会议。9月间召开了正式会议，通过《共同纲领》，选举产生了国家领导人。从此，新中国诞生了。这是后话。

1949年5月初，恩来同志召我回到北平。第二天我和刘昂同志一起向恩来同志汇报工作。他高兴地说："你们做了很多的工作，接送民主人士的任务和开辟对外经济贸易工作，都是做得好的。"其实，民主人士的顺利北上，自始至终离不开党中央的领导，离不开周恩来同志亲自指挥。可以说，民主人士的顺利北上以至新政协的顺利召开，是党中央的英明决策，是毛泽东、周恩来同志亲自部署、周密指挥的结果。

从1946年国民党反动派加紧镇压民主运动，我们党协助民主党派和进步人士撤往香港，到1948年秋全国胜利前夕，又把大批民主人士接到解放区，筹备新政协，我们党与民主党派和进步人士一直是风雨同舟，为建立人民民主的新中国而团结战斗的。这一段历史，充分表现了我党与民主党派"长期共存、互相监督""肝胆相照、荣辱与共"的革命情谊，它已光荣地载入我国革命运动的史册。

1983年9月

（原载《迎接曙光的盛会——新政治协商会议亲历记》，石光树编，中国文史出版社1987年版）

一项重要的历史使命

——忆迎接民主人士北上

刘 昂

1947年2月，国民党依靠美帝国主义的支持，发动了全面内战，和谈已陷于完全破裂。当时担任中共驻上海办事处处长的钱之光，根据周恩来同志的指示，准备去香港，继续扩大对内对外的工作，加强解放区与香港的经济联系。就在我们准备动身的2月28日，国民党宪警和特务包围了上海办事处，赴港之行未能成功。3月7日我们全部撤回延安。到达延安的第二天，周恩来副主席又一次提出要我们到解放区沿海口岸，设法打通与香港的联系。于是，钱之光带领一支小队伍赶到烟台建点，我则留在中央董必武同志处工作。

1947年9月，烟台被国民党军队占领，钱之光又到了大连，在天津街靠火车站的附近找了一座三层楼的房子，作为落脚点，办起了中华贸易总公司。

当时并没有挂出公司牌子，但就在这座楼里，我们筹划了打通香港的航线，在大连租用外国船只，往返于大连、朝鲜罗津、香港之间，运出大豆、皮毛、猪鬃等土特产品，买回解放区急需的药品、医疗器械、电信器材、印制钞票的纸张和兵工生产的化工原料等。当时解放区正面临着国民党军队的疯狂进攻，对外交通几乎全部被切断。为了夺取解放战争的胜利，在困难的环境下，我们除了设法通过海路采购物资外，还收集国统区的报纸杂志，供领导机关研究敌人动向。许多南来北往的干部也走这条海上通道。看起来是做买卖、搞贸易，其中包含的革命内容是丰富多彩的。

1948年5月，我军在各个战场连连报捷，国民党反动统治已走向穷途末路，形势发展之快，超出人们的预想。中共中央在1948年五一节发布的口号中，提出了迅速召开新的政治协商会议，成立民主联合政府的号召。这一号召立即得到热烈响应和赞成。当时大多数民主人士滞留香港，将他们安全地接送到东北解放区，参加新政协会议，成了大连中华贸易总公司最重要的工作。

1948年6月，周副主席在西柏坡找我谈话，告诉我：钱之光已经在大连设立了电台，打通了大连同香港的通道。现在，香港也准备设立电台，因此任务很重，人手不够，要我去大连接替钱之光，让他去香港主持接送民主人士的工作。我与去匈牙利参加国际民主妇委会第二次代表大会的丁玲、张琴秋等人同行。从西柏坡出发，骑牲口、坐车、步行，经山东益都到了海边俚岛，准备穿过国民党的海上封锁线到大连去。船是傍晚出发的，深夜突然碰上了国民党军舰，探照灯在海面上来回晃动，情况很紧张。船工们与敌舰巧妙周旋，终于甩掉了敌人，于第二天一早到达大连。丁玲她们继续北上，我则留在大连，开始了新的工作。

后来，钱之光到香港与我党的联和公司接上了关系。经过一番筹划，第一批北上的民主人士沈钧儒、谭平山、蔡廷锴、章伯钧等十几位，由章汉夫陪同，到达罗津，转道去了哈尔滨。

第一批民主人士北上成功，极大地鼓舞了我们的同志。我在大连又租了一艘货轮，装载从解放区运到大连的货物和一些黄金而下。我们的任务虽然是接送民主人士，但需要用经贸工作做掩护，所以买卖越做越大。1938年我党在香港建立的联和公司的机构和办公地址已不能适应工作发展的需要了。钱之光便在香港皇后大道毕打街毕打行另租了几间大的写字间，成立了华润公司。我们党的贸易机构从此便出现在香港了。开始由杨琳任经理，以后中央决定钱之光任董事长。公司大了，买卖兴旺了，我们公司的船工一到香港，那里市场的牌价就要受波动。

华润公司在香港从事着大笔的买卖，也把大批民主人士从香港送往解放区。郭沫若、马叙伦、许广平母子、陈其尤、沙千里、宦乡、曹孟君、韩练成等第二批民主人士，由连贯陪同，又从香港出发，在庄河大东沟上船登岸，转赴哈尔滨。船还在航行之中，周海婴从自己装的收音机里收到了新华社播发的沈阳解放的消息，大家都很兴奋，到娱乐室开了一个热烈的庆祝会。郭沫若、曹孟君出了节目。有的唱歌，有的跳舞，还有朗诵的、讲故事的，充满了胜利的欢乐。

第三批北上民主人士最多，有李济深、茅盾夫妇、朱蕴山、章乃器、彭泽民、邓初民、王绍鏊、马寅初、洪深、翦伯赞、施复亮、梅龚彬、孙起孟、吴茂荪、李民欣等。周恩来同志对这次行动的指示更加具体、周密，电示我和冯铉，这批民主人士北上，要与苏联驻大连的有关部门交涉，安排最好的旅馆、确保安全；要举行宴会；请旅大地委协助做好接待工作。连宴会的席位、座次都有明确的交代，还要我们为北上的民主人士准备好御寒的皮大衣、皮帽子、皮靴。从这之中，我们看到了中国共产党对各民主党派的真诚和关怀，也看到了周恩来同志严肃认真、一丝不苟的工作作风。所以筹建新中国之初，无论中共党内，还是各民主党派，都称恩来是个好管家。

为什么中央对第三批北上的民主人士特别重视？因为，把民主人士顺利接送北上，也是同国民党反动派的一次较量。李济深先生是民革中央主席，各种反动政治势力也想拉拢他，作为政治斗争的资本。白崇禧就写了亲笔信，请他"主持大计"，妄图打他的旗号，由桂系与共产党"划江而治"。李济深先生离港十多天后，白崇禧派的人才到达，听说李先生走了，真是大失所望。

1949年1月7日上午，接送第三批民主人士的船抵达大连，中央派李富春、张闻天专程去码头迎接，还到他们下榻的大连宾馆挨个房间看望；民主人士非常感动。尤其听到给他们御寒的衣物是周恩来亲自指示办的，更是心情激动不已。

当时，中国革命的形势发展很快，原定在哈尔滨召开的新政协会议，于1949年9月在北平正式召开，会议通过了《共同纲领》，选举了国家领导人，新中国从此犹如初升的太阳出现在世界的东方。四批民主人士先后顺利到达解放区，按期参加了新政协。在他们当中，有共和国的副主席，政务院的副总理，政务院的政务委员、部长、副部长等。新中国的诞生中包含着大连、香港两地许多同志多少紧张的劳动啊！

葛玉广　整理

（原载《党史纵横》1990年第1期）

把在香港的民主人士接到解放区

刘　昂

1948年春，全国形势发生了巨大变化，我军在各个战场节节胜利，国民党统治已走向穷途末路。中共中央为庆祝五一节发布的口号中，号召全国劳动人民团结起来，联合全国知识分子、自由资产阶级、各民主党派、社会贤达和其他爱国分子，巩固和扩大反对帝国主义、反对封建主义、反对官僚资本主义的统一战线，为打倒蒋介石、建立新中国而奋斗。同时号召各民主党派、各人民团体及社会贤达，迅速召开新的政治协商会议，成立民主联合政府。党中央的号召，立即得到各方面热烈的响应和赞成。

由于1947年国民党反动当局宣布民盟为非法组织，加紧迫害，许多民主人士已先后脱离国民党统治区。这时在香港的民主党派负责人有李济深、何香凝、沈钧儒、章伯钧、马叙伦、王绍鏊、陈其尤、彭泽民、李章达、蔡廷锴、谭平山以及无党派民主人士郭沫若等。他们在5月5日联名致电毛泽东主席，热烈响应中共中央的号召，认为这是"适合人民时势之要求，尤符同人等之本旨"。他们还同时发表通电，号召国内外暨海外侨胞，"共同策进，完成大业"。

8月初，毛泽东主席复电给在港的民主人士，对他们赞同召开新的政治协商会议并热心促其实现，表示钦佩。复电希望民主人士对召集会议的时机、地点、召集人、参加的范围和讨论的问题等提出意见，共同商讨。从这时开始，筹备召开新的政治协商会议，就成为我党一项重大的政治任务。

对于如何把在香港的民主人士安全地接到解放区，筹备召开新政协，周恩来同志曾经设想开辟经欧洲到苏联再转赴哈尔滨的路线，但未能打通。1948年初秋，周恩来曾告潘汉年设法与港方交涉。潘找了民主党派驻港代表萨空了同志商谈，要萨先与港方接洽，说民主党派有几位负责人要经欧洲进解放区。于是萨空了找了香港大学校长施乐斯（D.T.Sloss），他是香港当局指定与中共及民主党派的联系人。萨对施乐斯说，民主党派主要负责人李济深、沈钧儒要从香港去伦敦转经苏联到东北解放区去。施表示你们两个领袖要走，这是要请示的，说要报告香港总督。过了一些时间，施回答说，港督表示这件事他也做不了主，要请示伦敦，需要有一个较长的时间才能答复。由于他们的答复旷日持久，而且可能是敷衍搪塞，因此，周恩来同志决定不走这条路线，而利用大连到香港的这条航道，来完成这项重要而机密的任务。后来施乐斯在当年12月才转来伦敦的意见，说不发护照，但可给一个证明身份的文件，离开伦敦时还可以保护。其实这时，我们早已开始了接送工作，沈老也早已到了解放区。

8月初，钱之光接到周恩来同志的电示，要他尽快去香港。当时，我刚到大连不久，钱交接后即由大连出发，经平壤会见了我驻朝鲜办事处的负责人朱理治同志，并同苏联办事机构办理了租船手续，然后在罗津乘坐租用的苏轮"波尔塔瓦"号启程赴港。根据周恩来同志的指示，钱之光用的是解放区救济总会特派员的名义，以便在香港公开活动。与钱同行的有祝华、徐德明和翻译陈兴华等同志。到达香港后，钱之光即与香港分局的方方、潘汉年同志等取得联系。这时他们也接到了中央关于接送民主人士北上参加新政协会议的指示，大家一起商讨，并作了分工。

周恩来同志决定利用大连与香港之间的海上通道，但考虑到香港的情况复杂，同时海上航行由于国民党海军的活动，特别是要经过台湾海峡，也很有风险，所以一再指示对民主人士的接送要绝对保密，保证安全。这时在港的民主人士很多，根据周恩来同志指示的精神，钱之光与方方、潘汉年等经过仔细研究，为了不引人注目，决定分批秘密接送，由同民主人士保持联系的党组织如香港分局、香港工委还有其他方面的同志分别联络，每一批安排哪些人走，什么时候开船，要根据民主人士准备的情况、货物装运、香港的政治气候以及联系工作情况等因素来决定。为保证旅途安全，商定每次都有负责的同志陪同，并派出熟悉旅途情况的同志随船护送。在华润公司工作的杨琳、袁超俊、刘恕和在中华贸易总公司工作的祝华、王华生、徐德明等，都参加了这方面的工作。

根据当时条件和联络情况，8月下旬首批安排护送沈钧儒、谭平山、蔡廷锴、章伯钧等民主人士和其他同志十几人北上，由章汉夫陪同，祝华、徐德明护送。由于这一批有知名度很高的重要人物，为了严格保密，特别是要防止香港密探的跟踪，对于上船前要经过的路线、从哪条路走、什么人去接、遇到情况如何应付，都做了周密的考虑和安排。在准备工作完成以后，钱之光立即向中央作了报告，周恩来同志同意了行动计划，并强调指出，这是第一批，出发后有什么情况要随时报告。沈老一行离港启程后，我在大连与香港始终保持密切联系，船行8天，当我知道轮船已顺利到达罗津后，立即电告香港。这一批民主人士到达后，中央派李富春同志专程迎接转往哈尔滨。

在第一批民主人士安全到达后，由我在大连租了苏联货轮，装上解放区出口的物资和一些黄金到达香港。当时主要任务虽是接送民主人士，但仍需以经济工作作为掩护。10月中旬，大连出发的这艘船到香港时，因与另一艘船相撞,需要检修,一时不能使用,而香港方面已经安排了第二批民主人士北上的行期,因此只有另外租用挪威的船只运送。这次北上的民主人士有郭沫若、马叙伦、许广平母子、陈其尤、沙千里、翦伯赞、宦乡、曹孟君、韩练成、冯裕芳等知名人士,由连贯同志陪同,胡绳同志同行,王华生随船护送。这艘船行驶到大连与安东之间的大东沟后,因大连当时是苏联军港,普通船只不让靠岸,不得不在大东沟抛锚,改乘小船登岸。这一批党内人士较多。郭老等民主人士由东北局前来迎接的负责同志陪同转赴哈尔滨,多数党内同志由我们接来大连。连贯同志在我们公司住了10多天,接到周恩来同志的电示,要他和韩练成(原任国民党四十六军军长)秘密进入山东解放区。

第三批北上的民主人士最多,加上我们党内的同志有30多人。这一批北上的有李济深、茅盾夫妇、朱蕴山、章乃器、彭泽民、邓初民、洪深、施复亮、梅龚彬、孙起孟、吴茂荪、李民欣等著名人士。李济深先生当时是很有影响的人物,我们与他有密切联系,美国方面和香港当局也同他接触频繁,国民党有些政治势力还想竭力争取他,如白崇禧就亲笔写信派一桂系大员赶到香港邀他到武汉"主持大计",实际想拉拢他,打他的旗号同我们"划江而治"。对此,党中央十分关心,周恩来同志频繁来电,指示也更加具体周密。

因为第二批北上的船只未能在大连登岸,这一次周恩来同志特地事先打电报给在大连的冯铉同志(冯当时负责情报工作)和我,指示说,这一批民主人士北上,要与苏联驻大连的有关部门交涉,租用他们的轮船,一定要在大连港靠岸;要安排最好的旅馆,民主党派负责人要住单间,确保安全;要举行欢迎宴会(并具体指定了座位席次);还指示说北方天气寒冷,要为他们准备好皮大衣、皮帽子、皮靴等御寒衣物。并请旅大地委协助做好接待工作。我们都一一按指示做了准备。

周恩来同志在给大连电示的同时,也给香港钱之光处发了电报,指示说已经走了两批人员，很可能引起外界注意，这次行动要更加谨慎。钱之光同志等按照指示，经过仔细研究，确定把第三批民主人士离港的时间安排在圣诞节第二天的深夜。因为人们都在欢度圣诞节，注意力分散，这是行动的有利时机。由于有过去两次秘密护送的经验，这一次更加慎重。民主人士离港时，有的是从家中转到朋友家以后再上船，有的则先在旅馆开个房间，停留一些时候再离开，他们都不随身携带衣物，因此一点看不出有要出门的迹象。

李济深先生等一行于12月26日登船离港，由李嘉人陪同，龚饮冰、卢绪章等随行，徐德明随船护送，到1949年1月7日上午才到达大连。中央派李富春、张闻天同志专程从哈尔滨到大连迎接。当时参加国际工运会议回到哈尔滨的朱学范先生也赶到大连来迎接。迎接的还有旅大地委的欧阳钦、韩光、李一氓等同志。这一批民主人士下榻在大连最高级的大和旅馆（现大连宾馆）。当天中午，在关东酒楼以丰盛的宴席举行了欢迎会。

我们按周恩来同志的指示，事先设法买了御寒的皮货，他们一到，我们的同志就送去獭皮帽、皮靴、貂绒大衣。他们收到这些物品，十分感动，有的人要付款。我们解释说，解放区实行供给制，衣、帽、鞋都是送的，这是周恩来同志指示我们办的。他们连声说，恩来先生想得真周到，吃穿住行都给我们安排得这样好，真是太感谢了！这批民主人士在大连逗留期间，游览了市区，参观了工厂，然后乘专列经沈阳前往哈尔滨。龚饮冰、卢绪章等同志在我们那里住了一段时间，经周恩来同志电示，他们乘火车去天津、石家庄。

第四批民主人士是1949年3月14日从香港出发的。这时北平、天津已经解放。这一批北上的有黄炎培先生夫妇、盛丕华先生和他的儿子盛康年，还有姚维钧、俞澄寰先生等。他们由刘恕护送在天津登岸。3月25日到达北平。董必武、李维汉、齐燕铭等前往迎接。

新政协的筹备会议原定在哈尔滨召开，由于形势发展之快，超出人们的预料，1949年6月，就改在北平召开筹备会。9月份召开了中国人民政治协商会议的正式会议，通过了《共同纲领》，选举产生了国家领导人，从此，新中国犹如初升的太阳，在东方升起。

1949年4月底，我们应召回到北平。5月初，周恩来同志约我们去汇报这一阶段的工作。他高兴地说，你们做了很多工作，接送民主人士和开展对外经济贸易，都是做得好的。其实这些工作，都是在周恩来同志亲自部署指挥下进行和完成的。

从1946年国民党反动派加紧发动内战、镇压民主运动，民主人士遭受迫害，在党组织协助下相继转移，到1948年秋我们取得全国胜利前夕，又把大批民主人士接回解放区筹备新政协，这一段历史，充分表现了我们党与各民主党派是肝胆相照、荣辱与共的。大批民主人士和我们党一起为中国的和平、民主、统一而坚持不懈地并肩战斗，这是我们党统一战线政策的伟大胜利。这里面，周恩来同志卓越的组织领导是具有重大作用的。它和周恩来同志的其他业绩一样，将在我国革命史册上永放光芒。

（原载《不尽的思念》，编写组编，中央文献出版社1987年版）

从香港北上到大连的经历

胡愈之

中共中央在1948年5月发出了召开不包括国民党反动派的新政治协商会议的号召，在香港的各民主党派和爱国民主人士都积极响应。中共中央迫切需要更详细地了解南洋情况和在港澳的民主党派、民主人士的情况。我既不能回新加坡，在香港也没有更多的事情可做，所以经过研究，方方同志要我先去解放区，向党中央报告南洋和港澳的工作和情况。经过周密的准备，1948年8月，我踏上了到解放区的旅途。

从香港去解放区的文化界人士中，我和沈兹九两人算是第一批。那时三大战役还没有开始，东北全境也没有解放，香港还没有直达解放区的船只，我们只能通过党的秘密交通线潜行，我们扮作华侨商人夫妇，带了一辆汽车，登上了一艘去南朝鲜的英国商船。船过上海时在那里停留一天，我们便偷偷地上岸转了一下，不敢找别的人，只能找我的侄女胡德华，后来又到了胡子婴那里休息了一下就赶快回到船上。船继续北上，到达南朝鲜的仁川港，我们上岸在旅馆住了下来，拍卖了带来的汽车，同时与那里的联络人接上关系。经他们精心安排，一天下午，我们装作去海边游泳、游览的样子，登上了一条小游艇，慢慢地驶向港外，黄昏时我们就偷偷地登上了停在港外的一艘小轮船，船很快起航离开南朝鲜，第二天早晨到了大连。当时大连还由苏军占领，市政则由我们主持，只是市委等党的机关还没有公开。在大连由李一氓同志接待了我们。

住了几天，正好有一支船队准备输送物资去山东，当时渤海还有国民党舰艇巡逻封锁，天上也时有飞机侦察扫射，船队航行也是十分危险的，但我们还是随船队比较顺利地到达了山东，在荣成的俚岛登岸。这里敌舰常来骚扰，所以船上的人员、物资立即撤离。我们则到山后小村休息，在这里停了一天，就遇到敌舰两次炮击。第二天华东运输公司派一卡车来接我们，我们乘车启程。为防敌机空袭，有时傍晚起行，加之道路不佳，这样每日仅行百数十里，经登州、潍坊，五天后才到达青州华东局所在地。当时华东野战军正在攻打济南，揭开了战略决战的序幕。经过一个多月的曲折旅行，9月底我们终于到了党中央所在地河北省西柏坡。这时济南已经解放，辽沈战役也已拉开序幕，胜利捷报不断传来，我们又来到了党中央毛主席身边，高兴的心情确是难以形容的。

（原载《我的回忆》，胡愈之著，江苏人民出版社1990年版）

送船记

罗培元

浑无相别意，

千里送行舟。

这里记的是一次非常特别的送行。送人的和被送的彼此没有惜别之情，但其中情感却非同寻常；我送的人，非亲非友，但比亲还亲，比友还友。

1948年10月×日，香港。我一早起来，按"小开"（沪语小老板意，潘汉年的代名）和连叔（即连贯）两同志日前的交代，到几位民主党派人士家里，把他们的随身行李送到海边装船。我正雇好小船时，一位巡警迤迤然走来，事出唐突，我只好故作镇定。巡警用警棍敲敲我的行李，然后拿出一个小本本，指点其中某页某条"规定"给我看。我还没看清楚，他就一本正经地说，或罚款或上差馆去盘查。我连说遵罚，并问罚多少钱？他迟疑并左顾右盼一番，张开五个手指贴在裤上示意。我以为是五元，便马上交款，谁晓得他说是半个大牛。我说没有带这么多钱，他就翘着右手的大拇指朝东边一指，意思是要不遵罚，就把我带到差馆去。虽然这多半是吓唬，但我却深恐因小失大，罄我上衣口袋所有（二三十元），实行倾囊买关，他也不为已甚，走开了。我请船家快快搬行李上船，朝维多利亚湾海面行驶，上了一艘外国的货船，把行李安顿好后，便匆匆赶回住处。

接着，连叔给我布置任务，待船开出鲤鱼门后，要一一打电话告诉上船人的家属，请他们放心。其实家属们担心的焦点是台湾海峡和交战区附近的海上。连叔正说着，忽然门铃响起，客人来了，都是事先约定的，每人手里提着一个小包。大家知道这是北上去参加新政协会议的，彼此心照不宣，但心里却充满激动、喜悦和紧张的情绪。

订好的饭菜依时摆上来，不用主人请，大家自动聚拢。由于担心有人喝醉误事，不设酒。有人问："连先生，这是什么宴？"有人答："肯定不是鸿门宴。"有的说："告别宴。"有的说："没有酒，什么宴都不像。"那高个子快人快语："像当兵的打仗前，一顿大鱼大肉。"言者无心，听者有意，四座阒然。

吃完饭，大家不约而同回到客厅，把门关上，进行换"装"。连叔在厅门外，一言不发，猛抽"三炮台"香烟。我则心里翻腾着"小开"的话，"无事是小，有事则大"，合计如何才能把这些"贵客"安全地送到北去的船上。

不一会儿，客厅门开了，我们像看开场戏一样，端详每个人的打扮。原先的长者已面目全非，乔装打扮成另一种身份的人了。最引人注目的是那位高个子，他穿一套已褪成荔枝黄的拷绸裤褂，头顶破毡帽，脚蹬旧布鞋，一副苦力头的打扮。他就是原淞沪抗日名将第十九路军副总指挥蔡廷锴将军。高大的谭平山和矮小的沈钧儒先生都留着大胡子，大家笑谑要他们把胡子藏进衣领内。谭老一笑置之，沈老则真的要动作起来，引得大家哄堂大笑。后来，他们听了大家的意见，仍作常态处理。而章伯钧、王绍鏊诸先生，或穿长袍，或着唐装，各自打扮成富人样子。他们问道："打扮得像不像？"连叔幽默地回答："不抓到你们就像，抓住了就不像。"我急于送他们上船，只顾催促及早出发，尽快登船。我先赶到海边，雇好几条小船，撑船的都是妇女，这使我较为放心。不到半小时工夫，小船已泊近一艘大船，大家抬头一望，原来是苏联的货船，人们好像获得很大的安全感，指手画脚大声谈笑起来。我先扶两位老者从舷梯拾级而上，交给苏联朋友，蔡先生则以"咕哩（苦力）头"自命，快步而大摇大摆地上去，后面跟不上的人叫苦不迭，他则回头哈哈大笑。

苏联同志把我们领到船内的客厅。至此，我负责的任务已经完成，心里顿觉轻松，准备返回。于是，我向大家告别。走到舷梯前，蔡廷锴先生赶上来，拉着我附着耳朵说："你回去，一定要实践诺言，马上打电话给你宗妹（指蔡夫人罗西欧女士）。"谁说将军不多情呢？后来，我如约履行诺言，并将各自的衣服鞋子送还各家。

过些时，我又以同样方式送走郭沫若、陈其尤等著名人士。到12月11日，我的住所被搜查，得许涤新同志及时通知，才得以逃脱，但已不能再留港工作，只好到粤湘赣跟尹林平打游击去了。

（原载《风雨同舟四十年》，人民政协报编，中国文史出版社1990年版）

蔡廷锴将军北上解放区的经过

林一元

　　1948年8月下旬，我在广州摆脱国民党反动派的追捕，脱险来港，即往蔡廷锴寓所，向蔡老汇报广州工作和脱险经过。一周后某日，蔡老约我到他的青山别墅晤谈（由蔡老长子——蔡绍昌开车，到达后蔡老即吩咐绍昌原车返港寓，明天再来接，这是因为当时香港情况复杂，国民党特务又和港府密探有所勾结，一切行动必须慎重和保密的缘故）。蔡老告诉我中共"五一"号召发布后的新形势，使我异常振奋，大有胜利在望、屈指可期的喜悦。蔡老又说，中共中央邀请各民主人士前往东北解放区商议筹备召开新政协的决定；还说可能要逗留四五年时间（这是根据毛主席估计解放战争可能要打五年的提法），问我是否愿意前往，家庭有什么顾虑没有？我当即坚决表示愿意同去，并说家人全部在罗定原籍，大致不会有什么问题。事后蔡老便请在港的华南分局领导同志转报中共中央给我以他的秘书的名义，随同他一起前赴东北解放区，参加开国第一个重要会议的筹备事宜。当晚杀鸡为黍，举杯共祝新曙光的降临。

1948年8月，中共中央派钱之光同志等在东北雇苏联船"波尔塔瓦"号南下香港迎接各民主党派、民主人士前往东北解放区，商议筹备新政协问题。听说原议尽可能让全部民主人士都乘该轮北上，适值冯玉祥在黑海遇难事件发生，仓促间遇难真相未明；加以轮船须经台湾海峡，该轮南下时已遭到国民党海空军的监视，为策万全起见，才决定分批北上。第一批乘该轮的有沈钧儒、谭平山、章伯钧、蔡廷锴和经中共中央批准的以蔡老秘书名义随行的我。登轮北行前，中共方面都做了周密的安排，对于上船要经过的路线，经过的地段，从哪条路走，经过哪些街道，遇上情况如何应付等等，都事先做好调查研究和缜密的布置。9月12日黄昏时候，先到香港湾仔谭天度同志家里（邻近海边），我们都化装成商人，然后乘小轮直驶浮泊海上的"波尔塔瓦"号，登轮后各人手里都持有货物单据作为货商的掩护。中共方面同行的还有章汉夫、李嘉人、祝华等同志。13日晨，轮船起锚启程，当行经台湾海峡时，忽遭大风，风急浪涌，船行缓慢，迄9月27日才到达朝鲜的罗津港泊岸登陆。中共中央派李富春等同志到码头迎接，相见甚欢。登岸后稍事休息，即乘火车渡过图们江，当晚在图们休息，次日早改乘火车跨过牡丹江直达哈尔滨市。在中共东北局所在地的南岗会见高岗、高崇民两同志，彼此热烈问好，大有离巢别燕，久别归来的滋味。旋被安排在东北局招待所马迭尔宾馆住宿。周秋野同志任该所主任，招待周到，使游子有归家之感。数日后，从欧洲经苏联回国的朱学范亦抵达哈尔滨，也被安排在招待所。我们住所期间，东北局的领导同志高岗、李富春、蔡畅、李立三等经常来访或共膳，对当前国内外形势和党的政策多有介绍和阐释，记得还发每人一本东北版的《毛选》。党对我们的关怀和循循善诱，使我们逐步提高了认识，对新民主主义的性质和任务有了较深刻的理解。

10月21日和23日东北局的领导同志高岗、李富春、高崇民等代表中共中央与到达哈尔滨的沈钧儒、谭平山、蔡廷锴、章伯钧、朱学范（我列席）会谈中共中央关于召开新政协的章程草案的初步意见。30日，再将哈尔滨的补充意见转告在港的李济深以及民盟和其他民主党派负责人。经过反复协商，11月25日取得了一致意见。

由于解放战争发展迅速，捷报频传，继锦州大捷之后，沈阳、长春亦相继解放。由香港北上的第二批民主人士郭沫若、马叙伦、彭泽民、丘哲、许广平、陈其尤、沙千里、沈志远、曹孟君、邓初民、洪深、侯外庐、孙起孟等由安东登陆，直入沈阳，于是已到达哈尔滨的民主人士便于12月19日乘火车到沈阳会合，被安排在铁路宾馆（即前大和旅馆）。1948年除夕，铁路宾馆举行了大型的联欢晚会，张闻天同志作了《打倒三大敌人》的重要报告，给我们很大的启发和教育，加强了革命必胜的信心。晚会是多姿多彩的，唱歌、跳舞、扭秧歌，应有尽有，各适其适；欢乐的人们，在欢乐的海洋中守岁，子夜后才陆续归寝。

1949年1月2日，沈钧儒老先生犹似余兴未阑，对我说，在这个难得大家住在一起而又有空闲时间的机会，你大可请一些同志写字，吟首诗或什么的，不是很有意义吗？沈老还说，他带有一张宣纸，可分给我半张。在沈老的教导下，我便先请他老人家带个头，沈老爽快地答应了，接着我再请郭沫若、马叙伦、丘哲、彭泽民、邓初民、茅盾、洪深、沙千里、侯外庐等10位都留了墨宝。在沈衡老送给我而现在挂在家里墙壁上的那半张宣纸上，沈老写的是七言绝句："一串秧歌扭上楼，神灯枉为日皇留。光明自有擎天炬，照澈千秋与五洲。"还附说明："1948年除夕，纵酒狂欢，既睡，枕上得三句，不能续，翌晨写示沫若先生，请续成之。"郭老写的是在安东登陆时作的诗句："烟筒林立望安东，畅浴温泉跨五龙。东北人民新汗血，化将地狱作天宫。"丘老写的是旧作《和马夷老（叙伦）送蔡贤初将军北行》诗："榕城义举倏时间，革命心情未日闲。促进党人齐奋力，先来勒马看天山。"彭泽老写的是北上时的感怀诗句："廿载空有还乡梦，此日公车入国门。异域尽教多蔓草，不能依旧系王孙。"是政治家也是文学大师的茅盾先生写的是"为人民服务者拜人民为老师"的警句。邓初老写的是集吕新吾句四句："大事难事看担当，顺境逆境看胸度，临喜临怒看涵养，群行群止看识见。"其余马、洪、沙、侯四老尽多佳句，不一一录出了。今十老多数作古，但缅怀往昔情景，犹历历在目，我亦八十衰翁，仰观留存手泽，当知革命胜利来之不易，一息尚存，此志岂容少懈，聊以自勉并与同志们共勉之。

在沈阳期间，我们还得到东北局同志的关怀照顾，多次安排我们参观访问，到过吉林、长春、丰满水电站、抚顺煤矿，以及沈阳故宫、东陵、北陵等地，使我们对祖国的锦绣河山，特别是东北地区的丰富资源有了进一步的了解。

1949年1月7日，由香港启程的第三批民主人士李济深、朱蕴山、梅龚彬、李民欣、吴茂荪、茅盾夫妇、柳亚子、马寅初、翦伯赞、章乃器、施复亮等取道大连，到达东北，直入沈阳。至此，从香港运送民主人士大功告成。数日后，东北局召开全体干部大会，介绍到达东北的民主人士与群众见面，会上李济深、沈钧儒、郭沫若、马叙伦、茅盾、谭平山、蔡廷锴、章伯钧、曹孟君等先后在大会上发了言，一致表示拥护中国共产党的领导，学习解放军和解放区人民的奋斗精神。1月14日毛主席发表《对时局的声明》，提出以八项条件为和平谈判的基础。已到达东北解放区的各方面民主人士55人于22日发表了《我们对于时局的意见》，坚决支持和热烈拥护毛主席的"声明"。在签名的55人中，有民促成员蔡廷锴、李民欣、林一元3人。1月底，天津解放，接着北平和平解放. 这时已到达东北解放区的民主人士共37人，在林伯渠同志的陪同下，于2月22日乘专车入关，到达北平，受到北平军管会主任叶剑英到车站迎接的殊遇，给了我们很大的鼓舞，旋被安排在北京饭店居住。不久，毛泽东主席和中共中央其他负责同志亦先后到达北平，这时民促、民革、民联的中央理事亦先后迁来北平（民促中央理事有蒋光鼐、陈此生、秦元邦、司马文森、谭冬菁、李子诵等）。在这一时期，中共中央组织了多场报告会和专题演讲会，记得有周恩来、陈云、邓小平、邓颖超、薄一波、李维汉、胡乔木、陈毅等中央领导同志作的报告；有钱正英的治理黄河，廖鲁言的解放区土改，钱俊瑞的解放区教育，解放军某女连长的游击区女战士的战斗故事等专题讲话，都给了我们很深刻的印象和教育。

1949年4月，以张治中为首的南京政府和平谈判代表团到达北平与以周恩来为首的中共谈判代表团进行谈判，由于南京政府缺乏诚意，拒绝接受八项和平条件，谈判陷于失败，张治中等全体代表亦自愿留在北平，参加新政协工作。

罗昌民　协助整理

（节选自《艰难的历程，甘果的回忆》，原载《迎接曙光的盛会》，石光树编，中国文史出版社1987年版）

航向新中国

周海婴

20世纪40年代上海沦为孤岛后，母亲许广平的社会活动并未停止，她曾带我去参加两个座谈会，分别称为"星期六聚餐会"和"星期二聚餐会"。

前者范围窄、人数少，都是进步人士，如胡愈之、巴人（王任叔）、吴大琨、冯宾符、周建人等。会议常邀请党内人士讲述国内外形势。他们开会时并没有支开我去一旁玩，我听着虽然似懂非懂，却多少也有点开窍。

为了隐蔽，座谈会总是觅敌人容易疏忽的、僻静的公共场所举行。大家在饭前两小时左右陆续到达，常去的地方是功德林素菜馆、八仙桥青年会楼上的西餐部和一个记不得名称的和尚庙。聚餐费是按名头出份子，但我常吃白食，大家并不让母亲交两份餐费，席上也不对我有丝毫的年龄歧视，照样在圆桌上占个正位。饭后散去时，为了保证我们母子安全，总是安排我们在中间时段离开。

据褚银先生的文章介绍，另一个"星期二聚餐会"实际上是"中共领

导的一个外围进步政治组织"，也是由各人自出聚餐钱，会上请一人主讲
当时的时事和形势，然后大家漫谈。经常出席的除严景耀外，还有沈体
兰、吴耀宗、张宗麟、陈巳生、林汉达、冯宾符、郑振铎、雷洁琼、赵朴
初等。记忆中每次参加的人数大致是六至八人，似乎是大家轮流参加的。
比如说，沈体兰、吴耀宗见得少，冯宾符、林汉达经常来。凡是在寺庙里
座谈，赵朴初必到，或许是他出面向住持借的吧。他们在座谈时，我便溜
到大殿、偏殿，东张西看，那里一个香客都没有，大概是这个时间"闭
庙"吧！

到解放区去——秘密离沪

离沪

1948年秋，形势益发紧张，国民党的假民主面目已彻底暴露。作为鲁
迅夫人，母亲的安全难以得到保障。我那年已19岁，正热衷于无线电收发
技术，曾经做过空中无线电话的联络，并经考取执照和"C1CYC"呼号，
还参加了"中国业余无线电协会"。这个民间组织的牌子仍然挡不住国民
党特务的怀疑。

曾有两次，便衣敲门，开门后直冲我家三楼亭子间，查看我的无线电
设备。直至看到墙上贴的电台执照，才嘟囔着不情愿地离去，满怀希望来
却扑了个空，自不甘心。地下党的徐迈进同志为此告诉我母亲，要我再也
不能玩无线电了，赶紧收摊。我就把无线电接收机和发射设备转移到一位
信基督教的王医生家里，由我的朋友王忠毅保管。

我们住的霞飞坊本是个小贩随意进出叫卖的开放型弄堂，但到了10月
中旬，有"收旧货"的、"贩卖水果"的和"补锅修锁"的铜匠担，不沿
弄堂走动招徕生意，却坐在我家后门口安营扎寨，甚至此走彼来，前后衔

接。从厨房望出去，这批人的打扮和神情分明不像是小贩。这怪现象后来连邻居也察觉到了，顾均正的夫人周国华为此悄悄过来关照我们要多加小心。可是怎么当心也摆脱不了他们的监视。

这时，民主促进会的领导人马叙伦等已经撤退到香港。我党在港的领导方方、潘汉年、连贯等同志就与马老商量让母亲和我脱离危险的方案。离开上海有海、陆、空三条路线，选哪条颇费斟酌。在此之前已经有人陆续赴港，国民党方面开始警觉，海、空这两条路线被控制和监视。加之富商和国民党党政人员都走的这两条路，母亲这些年又积极参加社会活动，因此难免会被人认出。而从陆路走，由于往来人员复杂，其中有很多做小本生意和投机倒把的"黄牛"，倒便于浑水摸鱼。

地下党和民主促进会由此确定了铁路和公路的两套方案，并挑选了民主促进会的吴企尧先生负责护送我们母子。他对这条路线很熟悉，沿途的人际关系也多，外貌神态又像个公馆里的大管家，扮作母亲的随从不易露破绽。他还找了同行的伙伴，是一位真正的纺织界商人，与我们可说"五百年前同一家"，也姓周，我们称他周先生。他的大名直到近来才知道是周景胡。但那时是不便乱打听的，只知道他开纺织厂，生产高档西装毛料。周先生的妻子是吴企尧的亲姐姐吴圣筠，年龄和母亲接近，我们就装作一起到南方去做生意。吴企尧还关照母亲，沿途要多谈生意经，比如"买进卖出美钞银圆"，还可以谈些"烧香拜佛求菩萨显灵保佑大家这一趟发财"之类的话题。文字书本一概不带，免受注意。临行前，我忍不住在书摊上买了一本侦探杂志，在长途汽车上翻看，就遭到车上人的注视，可见当时眼线到处都有。我们离沪的日期定在父亲忌日的前一天。按习俗，这一天家里总是要去上坟祭扫，监视方面自然会放松些。

临行前一天，母亲把家里的事做了安排：委托鲁迅全集出版社账房邵先生和她子侄辈亲戚许寿萱照料一切。母亲只对他们讲要"出趟门"，也不说方向和归期。在这种形势下，大家都是心照不宣的。家里所珍藏的父亲文物和书籍、遗物都是抗战前期的，如果国民党来查，估计也找不出"现行罪证"，这倒可以放心；若能不遇到打仗、火灾之类的天灾人祸，全部收藏下来，自然是万幸了。但是谁又能料想到最后的结果会怎样呢？我们母子心情虽然复杂而沉重，也只得听天由命了。至于邵先生和许寿萱的生活和霞飞坊64号住了11年的房租和日常开销，母亲以鲁迅全集出版社的收入来维持。出版社还在营业，多少会有些小小的批售生意的。

走的那天，母亲化装成一个阔夫人模样。她向来不施脂粉，这回搽了厚厚的红唇膏，还拿着手袋。当日气温并不低，她却穿上了薄大衣。我穿上半截西装，手提简单衣物。好在目的地是亚热带的香港，不会很冷。到了下午，一辆出租汽车直接开到前门口（霞飞坊的居民一般都不启用前门，从厨房间的后门出入），我们就这样悄悄地走了。

不想，这一次离别，竟就此告别上海，定居北京，至今已有60余年了。

羁旅

我们的出租车直奔火车站。一路上车辆稀少，只有法商有轨电车和少量公共汽车在行驶，有没有盯梢极易发觉。因此也不必绕道，一路平安地到了火车站，登上开赴杭州的火车。到了杭州，有当地佛教界知名的杨欣莲老居士接站，这时大家才松了一口气，至少是离虎狼之口远了一些。杨居士领我们到头发巷里的节义庵住宿。庵内清幽寂静，香烛缭绕，仿佛进入了超凡脱俗的境界，唯一遗憾的是电灯光暗淡如烛。

第二天早晨再搭火车去南昌。次早到南昌，游览了东湖、滕王阁等名胜。最难忘的是到一家普通饭店吃午饭，踏进店堂只觉一切都大，好比进入了大人国，开间陈设宽敞，圆台面大到可坐20个人，我们6个人坐下显得稀稀朗朗的。吃饭的筷子也几乎比日常的长一倍，送上来的菜，盘大如盆，堆成小山状，可见当地民风淳朴，商家做生意实在。饕餮完毕，桌上的菜还没消受掉一半，尤其那盘雪菜肉丝剩下更多，弃之实在可惜。正在惋惜，跑堂的过来献策了，建议把菜留在桌上罩上，晚上再来吃。这让人感到亲切实惠，而店家又可借此把顾客再留一顿。

从南昌动身，不是直接南下广州，而是绕了一个弯，转道先去长沙。为什么要这样走？自然是有道理的。我们也不便多打听，反正这一路住宿坐车，全由吴企尧先生一手操办策划。当时又是秘密行动，类乎"潜逃"，大家一路提心吊胆，生怕会突然遭遇叵测，也想不了那么多。

由于是匆匆路过，对长沙这座城市也没留下什么印象，能够回忆起来的是车站上卖的"土匪饭"。那其实是一只硕大的土窑碗，小贩们捧着吆喝，兜售热腾腾的米饭，足有半斤，上面盖着蔬菜和五花肉、腊肠、油煎鸡蛋之类，香气四溢，十分吊人胃口。稀奇的是旅客们在月台吃完，就把海碗随手一放，任凭附近的孩子捡拾而去。

从长沙到广州，乘坐的是长途汽车。也许是为了在车顶多载货物行李，这里的汽车车厢造得很低矮，沿途的公路又凹凸不平，以致车身不断地"筛沙子"，还上下颠簸，乘客是头上吃栗子，屁股打板子。母亲恰遇更年期，月经的流血量很多，到了站头几乎迈不开步。

进入广州，在一个嘈杂的小旅店住下。这旅店的客人看来三教九流都有，大白天公然兜揽"姑娘松骨"的色情生意。母亲本是在广州生长的，现在重返故地，自然成了大家的导游。她首先带领大家去看她高第街的旧居，怕被亲戚认出，避免额外的应酬，只在屋外绕了一圈，便匆匆离去。我们还到黄花岗七十二烈士墓和荔湾、沙面游览。不久，吴企尧先生从黑市以高价买到去九龙的飞机票，飞机原是美国军用运输机，铝质舱里的座椅都已开裂，想是美军的淘汰货吧，国民党的民航机构还在当宝贝使用，怪不得经常发生空难。

到达九龙后，我们还转道去澳门参观了一家大赌场。它当时很有名气，场子很大，各种赌博形式应有尽有。因为时间尚早，赌博没有开始。

赌台上的人看到我们走近摊位，就交代"托儿"佯装下注，桌上立即赢得很热烈，但我们没有赌瘾，倒将这一切的"设计"冷眼观察清楚了。若是赌徒，恐怕目光只注意牌九、扑克、筹码，认不清他们的设局。事后大家开玩笑说，如果一开始就下小注，赌场为了吸引我们，必可赢钱。小赢便走，一顿饭钱大概不成问题。

随后，我们平安抵达香港，这次长途行程，便告结束。但有一事这里必须一提。此次南下，一路上没有让母亲出过什么钱，吴企尧先生事先也没有说要共同负担旅费，因此母亲以为既是中共地下党通知我们离沪的，这路费必然也是党所提供的。几十年来我们都这样认为，一直心安理得。但近悉吴先生有一篇回忆文章，讲到此次南下所费一切竟是他姐夫周先生资助。今天我不知道该如何对待和回馈感谢了。

在香港等待的日子

安顿

一到香港，我们骤然轻松，无须时刻警惕什么了。中共地下党安排我们住在跑马地的一所居民楼里。我是熟悉跑马地的，高中一年级曾在那里的培侨中学读过书。关于这段经历，我曾在回忆录另文谈到过。我们刚进入居民楼，就受到一位女士的迎接。她比我年长四五岁，是沈钧儒的小女儿沈谱，丈夫就是著名记者范长江。她让母亲和我住进一间早已收拾干净的房间，两床一桌，很简单。我们是初次见面，必然寒暄一番，由此得知沈谱也抵港不久，当谈到此地的环境交通和语言，母亲和我倒不比她陌生。

当晚，方方、潘汉年、连贯来探望（后来的日常联络人是徐伯昕）。从谈话中方知，此行并非暂居香港，而是要等待机会北上。至于需要等多久，是几个月还是半年，他们没有透露，母亲也不便询问。

回过来看，母亲和我到香港，一方面要等候北上的通知，另一方面还要躲避国民党将要下的毒手。随着解放形势的迅速发展，中共中央及时向全国人民提出了新的奋斗目标：建立新中国，倡议"各民主党派、各人民团体、各社会贤达迅速召开政治协商会议，讨论并实现召集人民代表大会，成立民主联合政府"。与此同时，毛泽东还发专电给香港的潘汉年转送李济深和沈钧儒，邀集北上哈尔滨，筹建新政协。

党中央毛主席的邀请信，使香港和国内外民主人士受到极大鼓舞，纷纷从香港、欧美等地前往东北解放区。

中共地下党同志简单聊了一些形势之后，母亲就有了件烦恼事：出发时我们不曾带冬衣。东北地区我们从未去过，只知道冷得会冻掉耳朵，南方人本来怕冷，而我又有十几年的老气喘病，突然要去这天寒地冻的地方，能不能受得了，真是个未知数。若是自己购置寒衣，置装费肯定不少，我们初来乍到，又该到哪里筹措？但几位领导和徐伯昕都不曾对此有明白交代，我们又不便细问。母亲只能着急，从上海虽带来一点零钱，但只是几张美钞。母亲随身带有一面方形镜子，我把它四周掀开，将美钞在玻璃镜片夹层里平夹着，再用烙铁焊接复原，使之"天衣无缝"，以备不时之需。靠它置办寒衣显然是不够的。母亲还想到：战争的进展速度，谁也无法估计（可见我们当时对形势了解得多么少），要是在香港久待下去，没有正常收入，我们的生活怎么办？我的学业又如何继续？我于是提出，让我一人偷偷回上海，把家里的《鲁迅全集》尽量低价售出，这样也许能筹集一笔钱。我把这打算讲给徐伯昕听，他觉得幼稚可笑，当即就否定了——这不是去自投罗网嘛！后来我们才逐渐知道，其实党组织都会周到地考虑这一切的，只因地下党纪律严，没到时候是不便透露细枝末节的。当时我们不懂这些，心里自然不免打鼓。

我们就在这种忐忑不安的心情中等待着。每天的午晚餐由沈谱提供，佣工烧煮。吃的是广东口味的家常菜，如咸鱼蒸肉饼、清炖鲩鱼、芥兰之类。我们出去逛街也顺便买回牛肉罐头，那是父亲生前喜欢食用的，一头稍宽呈梯形的方向，开启后便于倾出。牛肉是绞碎的，间杂着红白色，有一股香气。这种牛肉，肉质香酥，父亲满口义齿，很愿意吃这类易于咀嚼的食物。此外，还买些广东腊味和卤水熟菜，尤其是烧鹅，以偿母亲对家乡的怀念。从另一个角度讲，我们自己添加些菜肴也可为沈谱节省些开支，我们察觉她手头很紧。

那时居港的文化人和民主人士不少，既然地下党领导人和徐伯昕没向我们说起谁的地址，母亲就不便贸然打听。但我们是必须要去拜访何香凝的。首先是因为何老太太向来为母亲所敬爱，相互的关系本来挺亲热，再说何老太太在香港是半公开的，国民党反动派虽然视她为眼中钉，派特务监视，但她是国民党元老，也奈何不了她。鉴于此，地下党才允许母亲前去探望。当我们走进何府，只见老人正端坐在桌前兴高采烈地玩麻将牌。在香港初次见面，也不能多说什么，仅是嘘寒问暖而已。在平时，母亲总是深居简出，凡必要的生活用品多数由我采购。

出发

大约十多天后，终于等到出发的通知，目的地是东北的哈尔滨。连贯送来一些港币，供买寒衣和衣箱，也没有详细说明该买些什么，一切由我们自己安排。这购置冬衣的任务便落到我的身上。

香港有旧货街，商店鳞次栉比，门面有大有小，出售的衣服有挂有堆，任凭挑选，价格低廉。我先逛了一圈，回来向母亲汇报。我还告诉母亲，在路上突然见到一位熟人，衣着鲜亮，一身本色纺绸短衫裤，神态飘逸，像煞广东的公子哥儿，原来是连贯同志。我们边走边聊，他比较详细地告诉我还有几天离开香港和一些要做准备的事。母亲和我这才心里有些底，第二天便去打预防针、种牛痘疫苗，另外还准备照片，用于制作证件。

　　我想到去东北解放区，除了衣物，照相机必然有用，愿意以此为新中国而小做贡献，拍摄些具有新闻价值的照片。母亲也支持我，就把购买寒衣的预算设法压缩，紧缩的办法是买二手旧衣。第二天到旧衣店，买了绒线衫裤，是绿色的美军剩余物资。我的大衣也是买的美军旧货，拿去洗衣店染成藏青色。我的这身打扮，后来差一点让人误认为是美国俘虏，幸亏不是高鼻深目，才没有挨骂。我替母亲买的是旧翻皮大衣，因为香港的冬天温暖，除非阔太太摆谱，并不适合穿，故这件翻皮大衣在旧衣摊折低价出售。我欣欣然自以为捡了个便宜，不想后来竟令我懊悔不迭。到了东北没见有人穿这类翻皮大衣，母亲穿着也感到非常别扭，简直像个国民党的官太太。这件大衣总共只穿过两三回吧，后来干脆贡献出去，用作拍电影的道具，由接待部门派裁缝另做大衣，这是后话。

　　为购买相机，我真是动足了脑筋。我花费很多时间，跑了不少店询问价格，尽量选择质量合意、价钱适宜的品牌。最后我选了低价镜头的"禄莱"相机，成像的清晰度差了一些，放大后的相片比较"软"，这也是无可奈何的事。

　　离港的前几天，我们去向何老太太辞行，她老人家少不了设家宴饯行。也去舅舅许涤新夫妇那里辞行，他当时是中共在港的领导之一。母亲尽量少去惊动别的朋友们。香港虽然比国统区安全，但国民党也布下不少眼线，总以少张扬为宜。

　　我们的冬装和棉被分别装在皮箱和帆布的"马桶包"内，先期运到船上，我们只需轻装等待。过了一两天，得到11月23日下午有车来接的通知。这天傍晚，来了一辆汽车，我们遂向沈谱告别。车行不久，我发觉并非直驶码头，而是绕到了九龙一户人家门口。我们在此下车，从狭窄的楼梯上去，像是个本地工人的家。进入门内一看，竟有不少熟人已在等候，有茅盾夫妇、沈志远、侯外庐等，可谓济济一堂。大家又惊讶又高兴，谁也料想不到会在千里之外的他乡遇到那么多故知。再一想，又觉得这原是在情理之中，大家都奔赴同一个目标嘛！最令人感到意外和有趣的是，适巧在前天或昨日才见过面，甚至一起参加了饯行宴，却谁也不说自己即将离港的计划，这种新奇与神秘使大家油然增加一层亲近感，连曾经有过的隔阂也消遁无形，感觉相互间已经是"同志"，可以无话不谈，再无须顾忌和戒备什么了。

同赴光明区域之舟

我们在那家陌生人的屋里，一直等到暮霭沉沉，大家分头离开，各自乘坐小汽车向不同方向驶去。母亲和我的车绕着街转到一个小码头，那里已有一条小舢板等候。连贯换了土布衣裤，俨然工人打扮，招呼我们上船后，小舢板随即驶离码头，靠到一艘轮船边。我们从软梯爬上去，先在大厅休息，同行的人也陆续上来了。

这是一条千吨级的小海轮，属于香港船东，挂着葡萄牙国旗，要经过台湾海峡，目的地说是北方。近年有些回忆护送民主人士北上的文章，对这条船所悬旗帜说法不一，有讲是挪威国旗的，但我以为是葡萄牙旗帜无疑。因为当时在船上的中共领导连贯、宦乡两位就曾告诉我，为了悬挂这幅旗帜，所付旗帜代价相当于租船费用，我曾为此十分吃惊，至今印象深刻。

晚餐八人一桌，坐满八人便开饭。这船上的桌子很特别，桌沿边都镶有一条木档，我估计那是为防止有风浪时船身摆动盆碗滑落。

为保安全，这条船总共才载三十多个人，除了我们母子俩，还有郭沫若、马叙伦、冯裕芳、致公党的陈其尤，经济学家沈志远，民主人士丘哲、朱明生，民革的许宝驹，史学家翦伯赞、侯外庐，法学家沙千里等。沙千里那时还年轻，后来到东北、北平参观，有几次曾安排我和他同住一室，因此我们很熟。

　　饭后发给我一张船员证，名字是沈渊，这是我先前在香港用过的，母亲也用了化名。这份证件蓝色油光纸封面，夹层贴着香港拍的照片，制作比较粗糙。妇女和老人都不发证件，所以母亲也没有。考虑到白天的紧张劳累，饭后让我们早早安睡。我被安排在狭长的单人小间，室内灯光暗淡，仅有一个小舷窗和一张床而已。我很快就入睡了，因此对船何时起锚毫无所知。

　　次日，天尚未大亮，我就上了甲板。举目望去，海天相接，渺渺茫茫，不知身在何处。看到海员在忙碌地清洗甲板，我占了会些广东话的便宜，前去搭讪。我询问现在船到了哪里，船员告诉我正在向东驶去，时速10至12海里。由于这是一条混装船，没有正规客房，仅有少量几间舱房，原是大副、水手长的卧室，临时让出来，照顾郭沫若、马叙伦、冯裕芳等几位长者。多数人睡统舱，男女分开，睡舱里又暗又狭，不适宜聊天。顶层大厅是聚首谈天之所，只要是风浪平静，大家都到两边甲板去漫步闲谈。有一张郭沫若、许广平、侯外庐的照片，背后救生圈明晰地显示出"华中"两个字。

（左起）郭沫若、许广平、侯外庐在"华中"号货轮上

　　大厅即是我们初上船的餐厅，布置了七八张方桌，集中开会和通报消息也在这里。厅两侧有黑漆皮条状软座，厅正面左右是入口，中间有一张长桌，上面放了一台短波收音机，是NC厂国际牌的十灯机。每天由我开机，把频率对准到延安新华广播电台。它的开始曲很容易辨别，是一首《兄妹开荒》，只要听见"雄鸡、雄鸡，高呀高声叫……"就找对了。频率的两边都挤夹着国民党强功率电台。好在我们这条船驶离了陆地，干扰的强度大大减弱。新华台的电力小，信号不强却极清晰，句句可闻。每日的新闻发播时间，大家准会自动聚拢来听。听到由空中传来解放军节节胜利的好消息，大家都鼓舞雀跃，有的还计算着什么时候渡过长江，几年可以解放全中国。

　　除了延安电台，船上还能听到伦敦BBC的英语广播和印度德里电台。收听BBC的任务就落在精通英语的宦乡身上，他听后再向大家转述，这样可以多一个消息渠道，以了解世界各国对中国形势的反映、舆论的向背，也等于多一份"参考消息"。那个年代，"美国之音"是没人听的。因为在人们的心目中，这四个字就代表扯谎、胡说八道，以致谁讲了假话，别人就指为"美国之音"。

　　几天之后，船长、大副与我们这批特殊旅客熟悉了，有一回还陪同几位较年轻又好奇的旅客去轮机舱参观，这里面当然包括我。下到舱里只觉得又闷又热，机器声响到面对面听不清谈话。两台柴油"第塞尔"动力船机，动力通过长轴传到船尾的螺旋桨，轴的直径约有大海碗粗，缓缓地转动着，我试着站到轴面上去，总是立不住。我们还参观了货舱，舱内是运到解放区的物资，据说都是急需的药品、五金等，但外表看不出是什么货物。大家也不便多打听，匆匆而过，并不停步，知道这是需要保密的。

　　晚餐之后，睡觉尚早，大家并不急于回舱，这时便有年轻又活跃的沈志远、曹孟君等组织文娱晚会。可惜没有演艺界的成员，只配当个观众，谁也出不了节目。无奈之下，只能搞些大众化的内容，不外乎唱些解放区的歌，讲些笑话。唯独许宝驹先生的京剧清唱很精彩，最受大家欢迎。他身材并不高，但嗓音洪亮，唱的是老生，《秦琼卖马》之类，韵味十足，唱了一段又一段，欲罢难休。直到他的压轴戏结束，大家才回舱休息。

母亲却没有这样的闲情逸致。打从上船，母亲就在为我的冬衣日夜忙碌着。出发前，她摸摸我买的旧军用衫裤，觉得又薄又不保暖，天气临近11月下旬，于是临时买了两磅绒线，广东人叫作"毛冷线"的，带到船上为我赶织毛线衫裤。郭沫若几次从我们舱门口经过，想是看到她终日埋头编织的情景，遂向我要了本小册子，过不多久，笑眯眯地送还给我。我一页页翻过去，直到最末的一页，才发现郭老在上面题了一首诗：

团团毛冷线，船头日夜编。

北行日以远，线编日以短。

化作身上衣，大雪失其寒。

乃知慈母心，胜彼春晖暖。

后面还有附言：

1948年11月月杪，由香港乘华中轮北上，同行者十余人。广平大姊在舟中日夕为海婴织毛线衣，无一刻稍辍，急成之以备登陆时着用也。因成此章，书奉海婴世兄以为纪念。

郭沫若11月28日

就在四天前，我们刚上船，我就请郭老在这个本上题过词。内容：

横眉冷对千夫指，俯首甘为孺子牛。

鲁迅先生这两句诗实即新民主主义之人生哲学，毛周诸公均服膺之，愿与海婴世兄共同悬为座右铭，不必求诸远矣。

1948年11月24日

同赴光明区域之舟中　郭沫若

我这本纪念册购于香港，是当时流行的款式，对我来说极为宝贵，至今还保存着。

周海婴、许广平、郭沫若、侯外庐（从左至右）　摄于"华中"号货轮北上途中

船行头天风平浪静，25日将进入台湾海峡的时候，天空暗下来，头顶像被一顶铅色帽子罩住，但见船员们穿着防水衣在忙碌着，捆绑船甲板上的设备。船长也亲临甲板，镇定指挥，并劝告我们赶快回舱，必要时还得卧床。台风马上就要来了，行走必然困难，说不定还会呕吐的。我仗着年轻，不甚重视，仍随意观看。不久台风果然来了，风力逐渐增强，仅有少数几位去用饭。但我不晕船，照常吃得有滋有味。只是船只的摇晃度超过了桌子的挡碗木沿，有些高的杯子、碗盏不时从桌沿掉落摔碎。饭后困难地回到房舱，耳听大浪阵阵拍打船体，船的木结构部分发出"轧轧"的呻吟声，我突然觉得这千吨级海轮在劈头盖脸的巨浪前像只飘摇易碎的蛋

· 245 ·

壳，随时可能粉身碎骨。

将近半夜，风浪趋近七级，为了安全，船需要顶风逆驶，以躲避浪峰和浪谷，这样一来，行进的速度基本处于停滞状态，时速仅有一二海里。可是船的动力又不能开足，避免在海浪峰谷起伏时船体上抬，螺旋桨打空，造成机器损毁。在这种关键时刻，船长的驾驶经验非常重要，相互间的配合丝毫差错不得。但这晚我们所遇的危险还不只是风浪。那是事后船长告诉我的，他说如果那晚的风力再增强一级，这船必须靠岸躲避，硬顶是绝对顶不住的。而这时我们的船正行驶在台湾岛的边缘，即是说只能靠拢到"虎口"上去。幸而半夜过后，台风转移，风浪逐渐减弱，船才得以恢复正常航行，否则结局会怎样，谁也难以预测。

次日清晨，台风已完全过去，海面上一派霞光，好多海鸥紧紧跟随着船尾追逐飞翔，一切都显得那么平静而美丽，昨夜的风险似乎仅是虚幻梦境。这时各位老人和学者又漫步在甲板上。兴许他们也知道昨夜的险情，但已事过境迁，大家谁也不再提起了！

接着，连续几天风平浪静。此时船已过了山东，气温渐渐下降，站在甲板上，只觉寒风凛冽，耳朵刺痛。年纪大的，纷纷穿上棉衣。也有几位没有穿厚冬衣，或许耐寒力强吧。我提着照相机，许多老先生见了互相招呼，让我替他们在船上留念。这些底片一直保存在我这里，如今60年已逝，老人们先后归了道山，这些照片该是珍贵的"孤本"了。可惜拍摄时结影疲软，色调比较浅淡。

正在大家兴致盎然拍照留念时，领导来催促大家下舱，并指着远处称有一艘军舰正在向我们驶来，由于距离很远，不易判断旗帜的标识，万一是国民党舰艇，那便会引来麻烦，不如小心为好。下舱后，又让大家做好准备（实际并没什么可准备的，大件行李都集中入舱储存，手头仅有替换衣服和途中阅读的书籍而已）等待通知，到时见机行事。不久，军舰渐渐驶近，从望远镜里看清是苏联海军，对方似乎也辨认出我们属于商船，转舵向外洋驶去，这说明我们的船已经接近解放区了。这个区域常有苏联军舰巡弋，国民党的舰艇是不敢贸然跑来的。大家都松了口气，喜笑颜开地哼唱着革命歌曲。

12月3日一早，船已抛锚停泊了一夜。远远可以望见海滩和少数几幢高耸的建筑，领导告诉大家这里已是安东（现丹东）附近的大王岛，让我们等待舢板上岸，已有吉普车和大小汽车等候，并有交际处的干部及几位领导迎接。还告诉我们，由于解放战争进展神速，暂时不用去哈尔滨了，可以直接前往沈阳待命。

在大王岛等候迎接，也等候小舢板运送行李时，大家兴致勃勃地留影一张。照片左侧还可看到三件简陋包扎的行李卷，可见民主人士生活之艰苦朴素。

此后两天，我们在赶往沈阳的路上度过。由于气温很低，中途在一家中式皮帽店停车买帽子，每位男士一顶，式样任凭个人自选，价格不问。不一会儿，大家挑选结束，各人都戴上了新帽子，而店主还在忙碌着，并向郭沫若再三表示歉意。原来这店里竟找不到他能戴的帽子。最后郭老勉强挑了一顶尺码最大的，头的顶部还套不进去，顶在头上明显高出一截。大家不由得感叹郭老才学过人，原来他有个硕大的脑袋。这算是路上的一个小插曲吧。

沈阳旅居点滴

我们一行抵达沈阳，被安排住在铁路宾馆。连贯、宦乡、翦伯赞已在安东与我们分手，转道去了大连。

铁路宾馆是俄式旧建筑，内部开间较大，才腾空不久，其设施条件之好在当地算是首屈一指了。只是室内暖气太热，大约有二十七八摄氏度，我们这批江南生长的人，对这种干燥的环境很不适应，一个个热得脸红耳赤流鼻血，只好经常敞开气窗，放些冷湿空气进来。幸而街上也有冻梨、冻柿子卖，吃了可以去火。宾馆的房客仅有我们这十几个人，许多客房空着，听说尚有更多民主人士即将抵沈，大伙都翘首以盼。

第一位绕道入住的是黄振声，他从南朝鲜那边辗转到大连过来的，是上海学联代表。不几天，听到楼内熙熙攘攘，住进多位从大连那边来的贵宾。他们是李济深、蔡廷锴、章伯钧、朱学范、章乃器、彭泽民、谭平山、邓初民、孙起孟、吴茂荪、阎宝航、洪深、朱明生。又不几天，从苏联绕道而来的李德全和冯玉祥秘书赖亚力抵达，大家纷纷前去慰问李德全。他们脸上尚显露在苏联船上失火而致的烧伤疤痕。最晚到达的是王昆仑和女儿王金陵，据说是到欧洲考察绕道巴黎抵达沈阳的，详情没有介绍。后来了解，因为这些秘密"通道"当时说不准仍旧要利用，因此谁也不打听。

宾馆一层餐厅供应一日三餐，布置着许多大圆桌，尺寸大于一般的圆台面。每桌10人，坐满便上菜开饭。早晨，供应北方式的早餐和牛奶。南方人习惯吃的泡饭，这里是看不到的。午、晚餐的质量基本相同，经常有酸菜白肉火锅。考虑到知识分子的生活习惯，晚睡的还供应简单的夜宵，有牛奶一杯和随意取食的清蛋糕（即没有甜奶油）。厨房有西餐厨师，受过苏联人培训，会做俄式西餐，和上海的罗宋大菜口味相近。冷菜供给红鱼子酱，是马哈鱼的，晶莹透明而带红色，现在市面上很稀有了。厨师的拿手菜是"黄油鸡卷"，把整条鸡腿带骨片开，展开后抹上黄油、味精、胡椒盐，再卷紧，外裹面包粉，以热油炸熟。口感又脆又香，入口酥松，每人吃完这一大份便很饱了。

一日三餐之外，按供给制待遇，不论男女和年龄每人每月发给若干零花钱。那时使用的是东北币，大约相当于现在的三五百元。从当时的经济状况说，这个数目不算少了。有趣的是除了另发毛巾、牙膏一类生活日用品，还每人按月供应两条香烟。有的人不吸烟，比如母亲和我也得收下，但可转赠给别人，因为这是供给制的"规定"。

宾馆里有一间四周布满沙发的大会议室，沙发硕大，也许是沙俄时期留下的家具吧。就在这间会议室内，每隔几天就有活动，举行时事报告或民主人士座谈会，也有小范围的学术讲演。比如从美国归来的心理学家丁瓒先生，讲过欧美的心理学研究现状。我听了大开"心"界，但大家的反应却平平，因为讲的是"资产阶级"的心理学，无人向他提出询问，因而未引起什么讨论，丁先生一讲完，报告会就冷冷清清地结束了。

长春解放后，也是在这个会议室里，高岗亲自来向民主人士介绍这场战役的经过。高岗身材魁梧高大，脸膛黝黑而遍布麻坑。他说这场战役打到最后，变成一场混战，指挥部和各级指战员之间，因通信员都牺牲了，联络都中断了，司令部里搞不清是胜是败。但我们的战士个个士气高昂，都能"人自为战"，而国民党军队士气低落，因此虽然兵力有悬殊，我军最终还是取得了胜利。他接着还说，战场上遍布国民党军队丢弃的美式汽车、大炮和各种辎重，要打扫的话，需要许多天。这时高岗忽然转过头来对我说：有一种美式大炮，它的口径之大，伸进一个脑袋还有富余，你要不要去看看？

宾馆二楼的侧面，还有一间台球室，这是整个旅馆唯一的休闲文娱室。室内布置了三张球桌，一张"落袋"（斯诺克）和两张"开伦"（花式台球）球桌。喜欢打台球的常客有李济深、朱学范、沙千里、林一元、赖亚力。李济深只打"开伦"式，往往由林一元陪打。交际处处长管易文偶尔也来陪陪，可以感觉到他是忙里偷闲，也为了不冷落客人，属于统战任务之列。他通过打球可以征询些要求和意见。他谈话水平很高，总是不直接表达意图，而在聊家常和询问健康过程中慢慢传达"上面"的意思。

入住铁路宾馆不久，冯裕芳身体不适，在医院积极治疗，似乎是肺炎之症。冯老因病在沈阳去世后，郭沫若吊唁成诗：

吊冯裕芳

等是在疆场，一死正堂堂。后有冯裕芳，前有冯玉祥。

献身无保留，不用待协商。历史开新页，领导要坚强。

视死咸如归，百万若国殇。何为学儿女，泪落沾襟裳。

死贵得其时，二冯有耿光。不忘人民者，人民永不忘。

郭沫若1949年1月29日

由于沈阳的治安很好，领导允许大家分批出去逛街，三两警卫人员跟随，但不摆阵势，属于微服出游性质。天寒地冻，大家游兴寥寥，只少数人上街。商店开张不多，市场清淡，只有郭沫若、侯外庐少数人去过几趟古董店而已，绝大多数仍然在旅馆里看书聊天。有一回我跟着郭老、马老、侯老去逛古玩店（文物商店这名称好像是后来才有的），进入里边，生意极其清淡，老掌柜坐在不旺的炭盆火边，一脸寂寞和凄凉，店里也不见伙计，大概都辞退了。郭老的目标是青铜器，马老却热衷于收集哥窑之类古瓷。郭老是鉴别青铜器的专家，当场考证评论真伪，使老掌柜钦佩不已，不敢拿假古董骗钱。他叹着气说，要不是为了偿还债务，断不会把压仓底的善品拿出来卖掉的。

郭老那天买到"三凤瓶"和"三龙笔洗"，欣喜之余赋诗一首：

三龙水洗三凤瓶，龙凤齐飞入旧京。

四海山呼三万岁，新春瑞庆属编氓。

马老心仪的瓷器向来是稀罕物，据说他家藏的珍品不少，没有看上店里的，只随意买了点小玩意儿。而对于我这个小青年来说，却喜欢旧货摊上的旧军用望远镜，品质虽不高，价格却相当低廉。它是国民党军队败退抛弃之物，老百姓从战场拾来赚些外快的，不想几位老先生看到我买了这东西，觉得用来看演出倒很合用，差不多每个人都托我买，以至于旧货市场的小贩们误认为有人在大量收购。我只得挑明要货的就是我，才使他们不再漫天要价。

沈阳农村欢迎民主人士参观的群众

到了2月初，交际处先组织大家到郊区体验土改之后农村翻天覆地的变化，走访农户，和老乡聊天。2月11日之后，全体民主人士乘坐专列向北参观。令人惊诧的是抚顺露天煤矿、小丰满水电站没有遭受什么巨大破坏，每日可正常运转。

在吉林"东北烈士纪念馆"参观，看到抗日英雄杨靖宇的头颅标本，浸泡在一个大玻璃樽里。讲解员说到烈士牺牲后，遗体被日寇解剖，胃里一点粮食都没有，李济深、蔡廷锴将军听了非常感动，唏嘘不已。李济深主动索笔题字，以表敬意。

意外的烦恼事

在宾馆等待的日子虽然安稳而舒适，但时间久了，竟接二连三地发生让我们母子烦恼难堪的事，这是在离开香港时始料不及的。且让我一一道来。

餐厅里有一架带放音响的电唱机，时间使用久了，放起来声音微弱。交际处的干部不知从哪里得知我会摆弄电器，便来找我修理，希望能放出音乐，好让大家跳跳交谊舞，调剂一下单调的旅居生活。我听了以后，感到有了为人民服务的机会，兴冲冲搬回住处，用三用电表检查出这台机器的毛病是电子管老化。这很容易解决，换成新的就行。等到两只管子买来，顾不得已经入夜，我就迫不及待地试放起来。我那时真是年少不懂事，一时心情十分兴奋，又是第一次替公家办事，不自觉地便有了想表现一下自己的心态，为此我把房门敞开着，让优美的旋律在走廊里回荡，心里得意极了。

第二天一早，母亲告诉我，昨晚的喧闹影响了周围人的休息，还一直责问到"上头"去了。"上头"的某某将这事告诉民主促进会的王先生（母亲也是民进的领导人之一），让他再转告我母亲。我连忙把修好的电唱机送回餐厅，却深感委屈。我以自己简单的头脑想：这样的一桩小事，只需当时过来关照一下就可解决的，竟弄得这么郑重其事，非要等到第二天，再绕那么一个大弯子传达到我这里，岂不小题大做？不知如今环境变了，我的身份也变了，成了个"统战对象"，我该多个心眼，处处约束自己，注意"影响"才是，但我没有想到这些。

不久，我闯了更大的"祸"。事情是这样的：我那时虽已19岁，实际

周海婴在沈阳故宫参观时留影

还是个好动爱玩的学生。在旅馆等待的日子很枯燥，同来的又都是大人，有的还是六七十岁的老人，我在他们面前需要毕恭毕敬，他们的活动和交谈，哪里容我插得进去？甚至因我在场，有几位民主人士还开玩笑地称我"周老"。但是，就在宾馆的底层，驻有很多警卫战士，年龄与我相仿，我在他们中间可以说笑玩乐、无拘无束。这样，我一有空就溜到他们的休息室去听战斗故事。对我来说，他们每个人都挺了不起，有过数不尽的战斗经历，立过许多大小战功。他们的枪法很好，有几个是神枪手。我自然也对武器感兴趣，就询问手枪的结构原理、怎样射击等。

周海婴在沈阳北陵公园为随行警卫战士拍摄的照片

几天后的下午，有一个朝鲜族和一个东北籍的战士，陪我去沈阳著名的北陵游玩，据说那是早期清代的皇陵。此行也可以说是三个人共同发起的，用的是陪我的名义。进入北陵，发现除了我们三个，周围毫无人迹，颇感荒芜，逛了一会儿就兴味索然了。这时那个朝鲜族战士说，好久没打枪了，打几枪过过瘾，拔出驳壳枪便推上膛打了两发。另一个也跟着用他自己的左轮枪开了两响，之后问我要不要试试，我不假思索，拿过朝鲜族战士的枪打了两发。刚射击完往回走，一队荷枪实弹的士兵包抄过来，立刻缴了两个战士的枪，把我们押到附近一个营部。两个战士之一悄悄对我说，只要承认打枪是你发起的，一切都会平安无事。我就按他说的在营部"交代"了来龙去脉。

到傍晚，交际处派来干部和吉普车接我们回去。由于拖延了很长时间，回到宾馆时晚餐已经开始。当我步入饭厅，立即受到众人的"注目礼"，并听到窃窃低语："回来了，那就好了！"好似我是一个受了宽大释放的犯人。不用说，这事让母亲尴尬。人们一定在想，鲁迅的儿子怎么能这样？但他们为什么不想想，鲁迅的儿子和他父亲一样，都是普通的人啊，我又是个初涉社会、毛手毛脚的小青年。但此时此地，我又能说什么呢？

许广平（中坐右一）、周海婴（中坐右二）与鲁迅文艺学院师生合影

第二天，我遵照母亲的训导，低着头向领导认错请罪。但我还没把预先拟好的"认罪词"说完，那位领导就哈哈大笑起来，连声说："你没事，你没事，那两个战士已经坦白了，是他们让你试枪的。"当然，这使我又一次尴尬，因为我听了那战士的话，说了谎。事件真相总算弄清楚了，错不在我，我是受了那战士的怂恿。只是，我不知道别人是否都听到

解释，后来又是怎样想的。

有了这两次教训，母亲再三叮嘱我，切勿忘乎所以，一切言谈举止都得小心谨慎，拿后来的话说就是要夹紧尾巴做人。没想到尾巴夹紧了还是"闯祸"。母亲关照我，凡有外出参观活动，老老实实跟在队伍后面，切勿乱跑，我就问："那我跟在哪些人后面妥当？"母亲思索了一下说："这样吧，你跟在茅盾夫人孔德沚婶婶后面，就不会出差错了。"从此我牢牢记住这句话。几天之后，正逢市里举行欢迎民主人士抵达沈阳的大会，我也同队去了。那是一个剧场，里边坐满了人，留下前面第一排让贵宾落座，我也忝列末座。过了一会儿，台上招呼贵宾从舞台左边的小梯上去，于是以郭老为首（那时李济深还未抵沈），大家鱼贯而上。我怎么办呢？我衡量自己仅仅是个民主人士的家属，是属于不需要上去之列的，便稳稳当当地坐在椅子上，没有随同站立起来。这时已上台的被一个个地介绍，台下哗哗地鼓着掌。渐渐地，大部分人都上台去了，最后轮到茅盾夫人孔德沚登上梯子，她回头盯着我，紧张地挥着手招呼："快走！等什么，还不走哇！"就在这一刹那间，我的意识又出了岔子。我想：不上去怕不好吧，会显得自己孤傲和不合群；再说母亲关照我要跟着孔德沚婶婶行动，那么我跟着她上台去该是符合原定行动准则的。就这样，我最后一个上了舞台。等到台上把每一位来宾介绍完毕，请他们都集中到台中央，再回头一看，台边上怎么还多出一个我，孤零零地站在那里，显得那么突出。我想此时不光是会议的主持者，连剧场里的与会者也一定惊诧不已——怎么会忽地多出一个人来？看到主持人朝我一愣，我心里也不由得一激灵，知道坏了，他们根本没安排我上台，我跟错了。正在我进退为难之际，主持人想了一下，把我让到身旁，介绍说这是谁谁的儿子。没想到，他的话音刚落，下面的掌声似乎比前一个还响亮些。但我的背上一时如有万根芒刺在戳，我生平头一回体会到，这"乞讨"来的掌声是什么滋味。果然第二天闲话来了，而且是冲着母亲的，说什么许广平为了想把儿子培养成政治家，竟用这种手段把他塞到台上去亮相云云。

对于我的前程，母亲究竟是怎么想的呢？她真的要把儿子引向仕途上去吗？就在前不久，即这一年的12月1日，在我们所乘的海轮驶向解放区途中，她在我的纪念册里，写了这样一段话：

> 照旧俗，中国古礼，男子二十曰冠，算是成人的年龄了。现在，就这弱冠期中，我把你送到新的社会，新的大中国摇篮中，使你从这里长大，生息，学习，坚壮，以至于得贡献其涓滴。以毋负抚育之深意，是所至盼！海儿览
>
> 母亲于舟中

母亲还曾不止一次地对我说过："我把你交给党！"我想，上述的题词便是她对于我的期望，她只要我能够健康成长，为新社会"贡献涓滴"而无其他。但人们的误解——我只能用"误解"这个词，竟是那么强烈。可见我们每个人的心都是受某种文化、各种感受、种种关系等因素的制约与影响的。

从沈阳到北平

我们住的沈阳铁路宾馆，隔几天就有一次当地首长出面举行的"接风"宴，欢迎又一批民主人士抵达。冯玉祥将军的夫人李德全到达后，向大家详细叙述了冯将军死难的经过，众人听了很感悲痛和疑惑。她本人对这次灾祸虽有疑问，为怕影响中苏关系，只得忍着丧夫失女之痛，也没有明确提出详细调查的要求。大家听了也都不便表示什么。

我至今记得的是，冯夫人当时回忆说，冯将军是应邀回国来参加新政协大会的，他们夫妇带着两个女儿和儿子、女婿，还有秘书赖亚力，一起

从美国搭乘苏联客轮"胜利"号借道埃及去苏联。客轮先到高加索的港口城市巴统，放下1500名欧洲归国的苏侨（白俄），然后横渡黑海，开往奥德萨（据其长女冯弗伐说，此船是德国军用船改装的，并非正规的商用客轮）。船上的文娱生活很丰富，每天除了有音乐会和交谊舞会，还放映电影，因此电影胶片积聚有成百卷之多。抵埠前的一天，即是8月22日，放映员在回倒电影胶卷过程中，不慎拷贝起火，并很快从放映室蔓延到客房。由于风大，火势凶猛，浓烟冲腾而起，正与两个女儿在舱内谈话的冯将军立即带着夫人、女儿向出口处冲去。不料离房间最近的那扇门竟从外面锁死，怎么呼唤也无法打开，为寻找出口，小女儿冯晓达冲向走廊的另一端，竟被烈火所吞噬。他们三人被困在胶片燃烧的化学气体充溢的走廊里，直到儿子洪达和四女婿、赖亚力先生几人把他们一一抢救到了甲板上，冯将军心脏已经停止跳动。在冯夫人叙述的全过程中，没有提到曾有苏联船员前来救援，只说下到救生艇是由船员带领的。

冯玉祥另一女儿当时受了轻伤。赖亚力的脸部被烧伤，在苏联的医院住院治疗。直到过了三个多月之后，我们还看得出他脸上皮肤的颜色明显有异。这场不应发生的灾难屈指算来已经超过半个世纪，且已时势大变，应当可以解密、说个分晓了吧。我所能提供的情况是，在全国政协一起开会期间，冯弗伐曾向前国民党军统头目沈醉提出过她对父亲遇难的疑问。沈醉的答复甚可回味。他说："蒋介石对于冯玉祥在美国演讲反对援蒋内战是恨之入骨的，可惜他的手没有那么长。"我想，这也可算作解密的一部分吧。

住在宾馆里这许多知名人士，经常聚在一起讨论党中央提出的由李富春同志传达的为准备召开新政协的征询意见。平时则在各自的房间里看书读报，或相互串门聊天，或到文娱室玩扑克，如桥牌、百分、拱猪等。喜欢桥牌的往往是朱学范、沙千里、章乃器、赖亚力，他们都在40岁左右。有时李济深将军也去参加，大家都自觉对老者"放水"让一步，使他高兴。我有时不识相，仗着自己年纪最轻、记忆力强，出过的牌都记得，偶尔不客气咬住不放，让李老多"下"，做不成局。林一元在旁观战，心中也许有点着急吧，可是在这种游戏场合，亦不便明显地表示什么。

周海婴在宾馆房间内修理收音机

按照上面的意思，这一批民主人士原打算到哈尔滨住上一阵，待平津解放、大军渡江后再南下。可是形势发展很快，只不过两个月时间，解放战争已势如破竹，四平之战后，又解放长春，平津已是指日可待，也许开春便可以去北平，不需要转到哈尔滨了。因此，把北上的计划改为到吉林、长春、抚顺、鞍山、小丰满、哈尔滨这些地方参观学习。对这次活动，我本来有过一些简单的记录。但"文革"开始后，这些笔记都被我付之一炬。手头有一页保留下来的日程，姑且抄录如下：

2月11日出发参观，午抵抚顺煤矿，一天。

12日小丰满下午到吉林。

13日长春。

14日哈尔滨住马迭尔饭店，四天。

18日火车返回沈阳，已午后。

我至今记忆犹深的是住在哈尔滨马迭尔饭店时，父亲的朋友萧军来探望。他带来一叠自己编的《文化报》和合订本给母亲看。就在那年（1948年）秋，他为"《文化报》事件"受到了公开的批判，他创办的鲁迅文化出版社也被停业交公。这些事，母亲抵达东北时已略有所闻，因当时讲述者回避闪烁，语焉不详，这事究竟如何，她并不清楚（1948年5月1日，毛主席在致李济深、沈钧儒的信中，明确表示召开政治协商会议的地点在哈尔滨，在筹备新政协的过程中，哈尔滨是最重要的民主人士聚集地，具体地点就在马迭尔）。

萧军造访的目的，看得出是要向母亲一吐胸中的块垒，谈谈整个事件的原委。但我们刚到解放区，这事件又实在太复杂，一时半刻难以弄清。再说停办《文化报》是东北局文化方面领导的决定，萧军的党员朋友为此也纷纷与他"划清界限"，母亲也很难表示什么。也许萧军对她的回应不满意，也就告辞而去。其实母亲在听到这事件之后，也曾百感交集，奈何爱莫能助，什么事也做不了。况且自身在版税问题上又正被误解，各种风言风语如影随形，久久挥之不去，使她百口难辩，哪里还管得了别人的事？

哈尔滨等地的参观学习完毕，仍坐火车转回沈阳的原住地饭店。交际处领导告诉大家，为了准备赴北平，可以订做些简易的木箱，数量多少不论，每人按需提出。我们这一批人除了零用钱买的杂七杂八之外，行李确实增加不少。公家发的有每人定做的皮大衣一件，日本士兵穿的厚绒线衣裤一套、俄国式的长绒羊毛毡一条、美国军用睡袋一只，仅仅这些物品就足够塞满一只大木箱。以至后来一只只大木箱在走廊里排列成行，蔚为壮观。

1949年2月2日，即北平宣布和平解放的第二天，56位民主人士共同签署的庆祝解放战争伟大胜利的贺电发表。一个多月前开始的俄语班由于赖亚力准备启程，也宣布结业。

2月25日，民主人士乘的专列抵达北平。火车在永定门站暂时等待，看到被释放的国民党士兵散漫地步行，可见解放军的宽大政策。列车将要抵达前门车站时，只见铁路两旁的屋顶，每隔10米都有持枪战士守卫，可见安全保卫工作之严密。进站后，大家被直接送到北京饭店，也就是现在夹在新建的北京饭店中间的老楼。母亲和我被安排住在三楼。

几天后，叔叔周建人全家也到了北平，与我们住在一起。他们是从上海乘船到天津，先在西柏坡附近的李家庄停留，等待北平解放。还有许多老朋友如柳亚子、马寅初、王任叔、胡愈之、郑振铎、萨空了、沈体兰、张志让、艾寒松、徐迈进等也都在北京饭店晤面，开饭时济济一堂，十分热闹。王任叔带了他已当了解放军炮兵的长子王克宁来看望我们。我们两家在上海本来住得挺近，母亲被日寇抓捕遭难时，我在他家躲藏过，因此相见倍感亲切，在一起合影留念。可惜的是，才过了半年，王克宁就病逝了。

据统计，从1948年8月到1949年8月，秘密经过香港北上的民主人士约有350人，其中119人参加了第一届全国政协会议。母亲被选为全国妇联筹委会常委，3月24日代表国统区任团长，参加第一届全国妇联代表大会，任主席团成员，后被选为妇联执行委员。到9月又参加了政协会议，任政协委员。10月被任命为政务院副秘书长，从此定居北京。我只在北京饭店住了几天，就到河北正定，进入当时为革命青年开办的华北大学，编入政训第31班，参加为期三个多月的学习。我全新的生活就这样开始了。

最后想说两件事：一是，出发前母亲一直担心我耐不住北方的严寒，为此一路上总是忧心忡忡。没想到船一进入东北地区，那长久折磨我的胸闷气急突然好转。原来这里的干燥气候清除了我过敏的根源，我的哮喘病终于消失。二是，据史料记载，1949年9月21日，中国人民政治协商会议第一届全体会议在北京召开。会上，母亲代表民主人士发言："中华人民共和国的成立，应有国庆日，所以希望本会决定把10月1日定为国庆日。"毛泽东听了非常支持,当即表态:"我们应作一提议,向政府建议,由政府决定。"1949年12月,中央人民政府委员会第四次会议通过《关于中华人民共和国国庆日的决议》,规定每年10月1日为国庆日,并以这一天作为宣告中华人民共和国成立的日子。从1950年起,每年的10月1日,就成为全国各族人民隆重欢庆的节日了。由此可以看出,母亲在当时社会中拥有较高的威望和地位,她对中华人民共和国国庆节的设立起到了重要的作用,也为这段航程画下了完美的句点。

时光飞逝,转眼60年过去了。在祖国60年生日之际,重新回忆这段历史对我而言历历在目、对于更多人来说颇感神秘的历史,看着我那时拍下的一张张"孤证"照片,实在是件很有意义、值得玩味的事。历史告诉我们,我们必须先自由、解放,才能够探索。唯有摆脱一切知识、理论、成见等执着,才能够洞见真实。

(原载《文史资料选辑》第155辑,全国政协文史和学习委员会编,中国文史出版社2009年版)

北上辽宁，迎接解放

侯外庐

　　1948年11月初，辽沈战役结束，沈阳解放。当月，中共南方局通知我准备北上，到东北解放区去参加新政协筹备。

　　行期在11月23日。出发前两三天，我就把行李——几件换洗衣服包成一个布包，由组织上派人取走，为的是正式出发时可以不露行迹。行前数日，狄超白天天到我家给予关照。那些日子，我爱人徐乐英不停地唠叨，担心途中不安全，担心乘坐的船不可靠。狄超白看在眼里，终于忍不住了，严肃地批评她说："外庐不是你个人的，他是属于党的。"乐英从此不再作声。

　　出发那天下午，郭沫若和于立群到我家来会齐。临行，我在西装外面套上一件棉袍。这身打扮在香港过冬嫌累赘，到东北还远远不够。我们四个人空着手，若无其事地来到一位姓邝的港商家"做客"，吃了晚饭，等待天黑启程。饭后，乐英请我们临别赠言，我随手涂鸦四句，"于情不忍，于理无愧，于事有益，于国增光"，请她放心。郭老则大笔一挥，写下"不久即于光明之中再见"的豪言。

天黑了，邝先生领郭老和我乘小船到港外，登上一艘意大利轮船。其他朋友按照事先安排好的各不相同的途径，也纷纷来到船上。

轮船当晚起锚，到了公海上，各舱室中的乘客拥上甲板，全都是熟识的朋友，大家额手称庆，"到解放区去啊！"

我们乘的那艘意大利船，是为解放区运送医疗物资的货轮。除运药品外，它还兼有送十几位民主人士去解放区的任务。此行人中有许广平母子、曹孟君、郭沫若、茅盾、翦伯赞、马叙伦、宦乡、连贯等。

船上是非常欢乐的，周海婴为大家拍了许多照片，记录下一张张由衷的笑脸。唯一不足的是，大家都嫌船慢，都希望乘飞机，要快些飞到光明中去。

经过10天航行，船泊安东（今丹东），我们终于登上解放了的土地。翦伯赞与连贯等在此转道，经山东去石家庄，其余的人一起去沈阳。

抵达安东时，前来迎接我们的辽东省委代表中，有吕振羽同志。伯赞与我两人和他最熟，老朋友胜利重逢，真是欢天喜地。

一别7年，振羽变了，他身穿军装，胸佩中国人民解放军证章，增添了一种前所未有的英气。7年间，中国更是天翻地覆地变了，不仅抗日战争胜利了，而且解放战争全胜也已成定局，全中国解放之日已经在望。老友之间，还有什么能比这番重逢更激动人心！

我们到达沈阳的时候，平津战役刚刚打响，淮海战役战火正烈。国民党政府崩溃之日为期不远了。

在沈阳，我们受到中共东北局的厚待，住在一家宾馆，东北局的负责同志常常来看我们，李济深、郭沫若等则更经常和他们做长时间的谈话。在东北，我们对党的负责人的民主风度印象最深。

郭老和我提出想找点书看，东北局很慷慨，由高岗出面送给他和我一人一套昂贵的《清实录》。

（左起）沈志远、郭沫若、侯外庐在"华中"号货轮上

由于华北地区平津战役正在进行，在河北平山的党中央与东北解放区之间还受到阻隔，新政协筹备会暂时没有召开的条件，因此，我们在沈阳期间十分空闲。

有人发现，沈阳的古董市场规模可观。朋友们中间，好古者居多，有的早就是收藏家，于是出售古物的地摊小肆成了我们许多人的日常去处，甚至在那里流连忘返。

对古物，我早有所好，但一向由于忙，更由于拮据不敢问津。此时，乘难得的空闲，手头又有些津贴（东北人民币），便随郭沫若、章乃器、吴茂荪一起也进了古董市场，有时，连曹孟君也和我们为伍。大家在地摊上寻觅，还着实有许多收获。我在沈阳所得的文物中，有两件珍品，其价值为鉴赏家所公认，一件是周代的臣晨鼎，另一件是张作霖的24两一对鸡血石。

有一天，我买到一方古印，篆刻荀子名言"公生明，偏生暗"六字，出于名家之手。拿回宾馆，郭沫若爱不释手，我说："你喜欢，就送你吧。"他表示要写两联条幅回赠我。上联是"公生明，偏生暗"，下联要我选句，我选墨经名句"兼者是，别者非"，郭老想了想说："你看用'智乐水，仁乐山'怎么样？"我知道他爱儒家，从"智者乐水，仁者乐山"的含义看，却也不尽是偏爱，郭老的立意似乎还有所扩大，我表示无所谓。于是，下联按他的意思题为"智乐山，仁乐水"。这一件小事，反映了郭沫若对于古今学问的态度。

沈阳收集的文物，以上述3件为例，各自命运迥然不同。臣晨鼎于20世纪60年代初，和另外10件一起，赠送了历史博物馆；24两双印于1966年被抄家者裹挟而去，不知落于谁手；唯有用古印从郭老处换来的两联条幅，目睹了一场浩劫，幸存下来。

1948年年底，国民党反动统治的末日快到了，蒋介石为取得喘息时间以利再战，于1949年元旦提出和平谈判的建议，发起一场和平攻势。1月14日，毛主席发表《关于时局的声明》，提出实现和平的八项条件，第一条便是惩办以蒋介石为首的内战战犯。聚集沈阳的民主党派和各方人士发表《我们对于时局的意见》，声明拥护中国共产党的八项和平条件，签名者在50人以上。

1949年1月28日，是农历除夕。那天晚上，宾馆里朋友们彻夜不眠，饮酒的，赋诗的，歌唱的，联欢通宵达旦。我一向不敢在人前献丑的，这天居然乘着酒兴，大唱起山西梆子来。当时，我们仅仅略知平津战况，谁都无法确知人民解放军什么时候将在北平举行入城式，但是，我们都清楚地知道：明天就是春天，不久，就可以回到故都去。指日可待，人民的新中国就要诞生了。

（原载《韧的追求》，侯外庐著，人民出版社2015年版）

丘哲先生北上参加新政协筹备的二三事

罗培元

丘哲先生和许多党外上层人士一样，经过抗日战争时期的共同战斗，对国民党反动派的反动本质，更加深了认识，和中国共产党的团结合作，因而更进一步紧密起来。当日本投降、国民党还在重庆玩弄假和谈的时候，许多人便深入实际斗争来发动民主势力，丘哲便是其中的一位。1945年，他就到香港和知名人士李章达建立民盟南方总支部，李任主委，丘为副主委；不久又把在港的《人民报》迁到广州出版，借以壮大国民党统治区的民主势力。后来丘哲又在香港创办达德学院，不断培养民主力量。推动民主运动由中上层联结到中下层，这成为民主势力更加踏实地发展的一个方面。其间，中国共产党和人民解放军也经历了美蒋变本加厉的政治压迫和疯狂的军事进攻的严重时刻。但我们处处感觉到，由于我党主张的正确和斗争的坚定性，我们的朋友不是少了而是多了，民主力量不是弱了而是更强了。到1948年以后，人民解放战争的局势不但由防御转到反攻，解放军的质量超过国民党军，数量上也将超过国民党军，许多原先被分割的解放区联成一大片。当时的民主党派和无党派民主人士的力量，也经历了由数量发展到政治素质提高的过程。国民党反动派对著名民主人士的杀害，对反内战、反独裁、反饥饿的学生运动的无情镇压，更加增强了民主人士对国民党反动派的仇恨，也提高了对美帝当年策划的以自由民主主义为标榜的第三势力的认识，因而和中共一起抵制参加国民党反动派在南京召开的伪"国民大会"，还联合或分别集会发表对时局的宣言、声明，接受中共对时局的主张，联合中共共同推翻国民党反动派独裁政府，反对美国干涉我国内政。1948年4月30日，我党发出筹备召开新的政治协商会议的口号，马上得到各党各派和无党派人士的响应。中共中央香港分局受中央指示抓紧在香港方面的准备工作。方方和潘汉年同志亲自抓了这方面的工作。丘哲这期间由上海回到香港（他1947年间曾到上海参加农工党的重要会议，活动一个时期），积极参加了筹备新政协的活动。

由于需要加强党的统战工作，密切同党外人士的联系，香港分局成立了统战委员会，由连贯同志主持。1948年4月间，我自云南回到香港汇报工作，被留了下来，任统委委员，住在机关，主要工作是同在港的高中层民主人士联系，传递信息。党中央、分局和统委有事需要和可以由我告诉党外人士的，交我去办；民主人士有什么意见需要我告诉党的，也就托我这个"罗先生"（那时只有少数人知道我的名字）转达。当时丘哲作为民盟又是农工党的头面人物，由于工作需要，经连贯介绍，我同他建立联系。记得初次同丘老会见，地点是在西摩道他的住宅里。丘哲那时鬓白发稀，60岁出头，但由于身材高大，保养又好，脸色红润，神采奕奕，加上上唇留上一撮已花白的"卓别林"胡子，使我这个年轻人很自然地对这位生面长者采取保持一定距离的态度。大概是我的拘谨态度给他老人家看出来了，他显出格外的亲和神色使我和缓下来。特别是我两句寒暄使他辨认出我的粤语带有客家话根底，就问我是否客籍人。当我说到我祖宗居留过嘉应州时，他不仅说大家是"自家人"，而且进一步靠近座谈。当我讲党组织要我向他转达的事情时，我注意到他对我讲的每一句话都严肃认真地听取，组织提出的向他征求意见的问题，他都爽快直言回答，没有转弯抹角，也没有模棱两可；处处表现出他对我党中央的领导，特别是对毛主席的尊重、爱戴。公事谈毕，我们便开怀畅谈起国事、天下事来。我是在这次会见中亲自领会到他既是一位无条件赞同我党主张、尊重我们党，又是广闻博识、见解也有相当深度的老人。

丘哲（左）、彭泽民（中）、林一元（右）在沈阳铁路宾馆门前合影

从此以后，我还有几次上他家，谈的都是党邀请上层民主人士举行双周座谈会的事情。所谓双周座谈会，是中共和各党派民主人士上层或中层人士商谈国是的一种形式。这里讲的"国是"是个大题目，具体商讨内容因时因事而定，或由中共提出取得大家同意、决定，或是根据各民主党派、民主人士的意见商讨确定；顾名思义是隔两星期开一次会，但实际上却往往按需要而提前或推后。这种双周座谈的形式，滥觞于重庆，以后便成了我党普遍运用的、为党外人士所熟悉的统一战线政治活动的一种好传统、好形式。分局开这种高层人士会议，在统委成立之前，多数是分别在党外人士的家里举行，自从建立了统战委员会之后，多数在统委会所在地

举行。所以多数场合，分局决定开会之后都是我负责通知开会、安排会场和做记录。我到丘哲家，由于多数是转达组织开会的建议，同时也听取他对开会内容和时间的意见，所以往往不用多少时间，便完成任务，没有特殊情况，我随即告辞，像初次见面那样长谈就少了。

当时双周座谈会的主题，除了通报情况、讨论重大时事问题之外，主要是商议新政协的准备工作，如新政协纲领、开会的时机与地点、参加单位人数多少等问题。丘老在双周座谈会上的言论，我记不清楚了。我总的感觉：他虽然是和章伯钧、彭泽民、李伯球同志分别代表农工党参加，但他们都是各自发表个人对问题的看法。我党出席会议的同志为方方、潘汉年、连贯等，对丘老的意见是很尊重的，而丘老对我党中央的意见也十分尊重。丘老的发言多是协和众议，商量式地提出来，而且往往是扼明简要，很少长篇大论。丘哲在1948年11月4日出版的《群众》杂志上发表了一篇《实现华南人民利益的正确政策》的文章，这是他读了《华南人民武装当前行动纲领》之后所发表的意见。他完全赞同《纲领》中关于土改、财政、肃反、保障工商业与华侨利益的各项重大政策，同时认为这个《纲领》和农工民主党扩大会议的决议目标一致，"将使各种爱国反蒋的人民武装，统一在这纲领之下发挥更大力量，加速解放华南"。丘老特别强调华南是工商业比较发达的地区和众多华侨的家乡，保护工商业者与华侨的利益十分重要，"尤其对于把握此时此地的具体情况，确实做到保护华侨与民族工商业资本家，并加强团结"。丘老当时这些主张，在华南不仅在武装斗争时期仍然要实行，就是在解放以后，也要十分注意实行的。总之，丘老对党中央和毛主席的主张，由衷地表态拥护，并以实际行动给予支持；对人民解放军的胜利充满信心，处处表现出他对新中国诞生在望的喜悦心情。

和其他先后北上解放区的高层民主人士所表现的一样，当党中央在1948年秋间决定先后护送在港的党外民主人士到东北转入华北解放区，进一步筹备召开新政协会议时，丘老高兴得好像个小孩子遇上过春节那样，欣喜溢于言表。他是安排在第二批离港的，为了免于声张，避免引起港英和蒋帮特务势力的注意和阻挠破坏，人和行李分开起动。我先期（约一二天）到他家把行李运出，和由我负责联系的、同船的民主人士的行李一起，送上船（华中轮），人则在轮船起航之前两三点钟才上船。丘老二三十年代就已足迹半天下，离别的况味岂曾少尝？漂洋过海的风险经历又何其多？但这次离别和以前的情况大不相同。丘老是特别富于情感的人，他盛年游欧之前要"拜别慈母"，这次北上，他要离开年轻的夫人梁淑钊女士和幼子组成的美满家庭，难舍难分的情状可想而知。他到了北平后的《寄内》诗有"每怀离绪倍伤神"之句，也证明了这一点。我当时告诉丘老和他的夫人，我们同北方常有电信联络，一有情况便可得到信息，我当随时到府上相告；丘夫人有信和要带点什么"小心"给丘老也可以办到（大概是这句话起作用，不久丘夫人便拿了一双新做布鞋到我住处托我转给丘老，这岂止是千里送鹅毛，简直是针针千金意，我照办了，但那时在沈阳的丘老有无收到不得而知），有什么困难，我们也会协助解决，请他们一切放心。他们完全相信党组织有这个办法。后来丘老有诗句表达了他这种情感："离情都带欢怡感，高卧船中黑到明。"

讲到途中的安全，最担心的不是一般的海上航行的风险问题，因为这对丘老这位如他自己所说"坐船多过食饭"的人，是不足挂齿的。可这次情况特殊，尽管我对丘夫人反复说安全没有问题，也以第一批人士已安全抵达东北作为例子宽解她的焦虑，但我们内心也不是那么有把握，要冒一定风险，这也是大家都心照不宣的。因为那时，著名的辽沈战役才结束，平津尚未解放，战云密布祖国上空，沿海更是美蒋海、空军的世界，而且船还要经过台湾海峡。这对于任何过往的革命者，都是一个考验，对我国知名度高的民主人士来说，在当时军事政治斗争十分激烈的条件下，更不用说了；如果任何人出了意外，就不只是个人的不幸，对我国的革命事业也是难以弥补的损失。丘老不是不了解到这一点的。丘老怎样对待这次考验呢？同其他北行的高层民主人士一样，我没有听到他在这个事情上讲过什么豪言壮语，但沉默并不是没有感受，一种高度爱国主义孕育的履险如夷的英雄气概，潜沉在内心的深处。他毕竟用雄浑的诗句表达出来了。他在《十一月二十三日自香港乘轮赴东北口占留别亲友》的诗中是这样写的：

> 愿抱澄清酬故友，拼将生死任扶颠。
>
> 关山极目风云急，剑匣长鸣起执鞭。

读了丘老这首诗，再由我来对他当时表现出来的热爱新中国的高度爱国主义的精神说些什么，都是多余的了。

丘哲先生北上后，更加忙于新政协的筹备工作，可想而知。我只从报上看到他和李济深、沈钧儒、马叙伦、郭沫若、谭平山、章伯钧、蔡廷锴等55位到达解放区的人士于1949年1月22日联名发表的《我们对于时局的意见》，揭露美帝国主义所搞的政治阴谋，即一面企图在革命阵营内酝酿反对派组织，一面嗾使南京反动集团发动和平攻势，以便争取时间，作最后的挣扎。他们在《意见》中毅然决然发表了"人民民主阵线之内，绝无反对派立足之余地，亦决不容许有所谓中间路线之存在"的声明，还表示"彻底支持"毛泽东主席代表中共中央提出的和平的八项条件，同时希望全国人民采取行动"促其全部实现"。后来丘哲作为民盟代表出席了中国人民政协首届会议，这个会议宣告中华人民共和国的成立，选出中央人民政府，制定《共同纲领》，是由旧中国到新中国转折的重要会议。丘哲先生的其他情况，就不得而知了。

（节选自《回忆丘哲先生》，原载《纪念丘哲》，中国农工民主党中央党史资料研究委员会编，中国文史出版社1991年版）

我的北上之路

茅 盾

　　1947年7月，人民解放军在全国范围内转入战略进攻，国民党军被迫实行全面防御。10月10日，人民解放军总部发表了《中国人民解放军宣言》，宣告：“本军作战目的，是为了中国人民和中华民族的解放。而在今天，则是实现全国人民的迫切要求，打倒内战祸首蒋介石，组织民主联合政府，借以达到解放人民和民族的总目标。”同一天，中共中央颁布了《中国土地法大纲》。

　　10月26日，发生了“浙大血案”。浙江大学学生自治会主席于子三等三位同学突然被捕，随即被杀害于狱中。以此为导火线，学生们又一次掀起了全国规模的反迫害运动，罢课、集会、示威游行、发表抗议书，一致声讨反动派的暴行。许多教授加入了运动的行列，发表了同情学生的宣言。

　　10月下旬，国民党政府以“民盟参加匪方叛乱组织”的罪名，悍然宣布民主同盟为“非法团体”，下令解散。10月27日，民盟总部被迫发表“辞职”和“解散总部”的声明以及“停止盟员活动”的命令。民盟中以沈钧儒为代表的左派，决定出走香港，继续斗争。我们这些无党派民主人士也得到了中共方面的通知：陆续转移到解放区去。第一步先到香港，作为过渡。

为了避开国民党特务的耳目，我们决定分散行动，分批地秘密地离开上海。郭沫若于11月中旬首先离开。当时我们很为沈钧儒担忧，因为他的相貌实在不容易化装。有人劝他把胡须剃掉。他不赞成，说去香港又不犯法，剃掉了胡须，万一被认出来，反而成了打算"潜逃"的证据。他胸有成竹地说，我自有办法。11月下旬，他果然顺利地离开了上海。原来他预先得知黄慕兰和她的丈夫陈志皋将于某日晚举行庆贺结婚20周年的宴会。陈是上海鼎鼎大名的律师，交游甚广，那天宴会既邀请了沈钧儒等民主人士，也邀请了不少国民党的要员。于是沈钧儒在黄慕兰的配合下，买了宴会那天晚上11点起航的船票，当宴会进行到酒酣耳热，大家都在兴奋地跳舞，大约晚上9点钟光景，他悄悄离开了陈府，直接登上了去香港的轮船。

我是由叶以群安排好，于12月上旬和以群同时离开上海的。德沚没有同行。她留在上海替我放烟幕，说我回乌镇去了。在我抵达香港约两个星期之后，她和于立群结伴，带了于的孩子们，同船来到了香港。

1948年的香港十分热闹，从蒋管区各大城市以及海外会集到这里来的各界民主人士和文化人总在千数以上，随便参加什么集会，都能见到许多熟悉的面孔。大家都兴高采烈，没有一点儿"流亡客"的愁容和凄切。两个朋友碰到一起，不出十句话就会谈到战局，谈到各战场上各路解放军的辉煌胜利，就会议论毛泽东在1947年12月25日所作的重要报告《目前形势和我们的任务》，议论文章中提出的种种重大的激动人心的问题。大家都认为1948年将是中国历史的伟大转折中具有决定意义的一年。我在1948年元旦的迎新献词《祝福所有站在人民这一边的！》中写道：

　　反帝反封建的革命事业，有在本年内完成的希望了，但空前艰苦的斗争一定是有的。

地主官僚买办的反革命集团及其后台老板美帝国主义一定要出其全力来作最后的挣扎，疯狂的军事行动和阴险的政治阴谋将会紧密地配合起来。他们不但用飞机坦克大炮来进攻革命势力，也将用政治上的苦肉计来企图松懈民主的进攻。因此，警惕必须提高，团结必须加强。

反帝反封建的革命事业，这次必须一气完成，我们要有决心。革命事业如果为了我们的缺乏决心而不能在我们这一代彻底完成，而使后一代仍须付出巨大的代价，那么，我们将是历史的罪人，我们是对不起我们的儿孙的！

新年见面，例应祝福；我祝福所有站在人民这一边的人士：更坚决，更团结，把反帝反封建的革命事业进行到底，让我们的儿孙辈不再流血而只是流汗来从事新中国的伟大建设！

1948年的香港，在我们这些政治流亡客的眼里，又是个小小的自由天地。在报刊上，只要不反对港英当局，不干涉香港事务，你什么都能讲，包括骂蒋介石和美帝国主义。经历了第二次世界大战的大英帝国，元气大损，自顾不暇，对中国的内战采取了中立的不介入的态度。因此，我们可以在《华商报》上、《文汇报》上登新华社的电讯，可以大张旗鼓地报道解放军在各个战场上的胜利，可以把"国军"直呼为蒋家军队或国民党军队。这样便利的条件，对于我们这些握了半辈子笔杆却始终不能想写什么就写什么的人来说，真像升入了"天堂"。

香港房子紧张如前。我们在公寓中住了一个半月，才靠周钢鸣的帮忙，好不容易在九龙弥敦道租到了一位华侨的房子；房东住楼下，我们租了二楼，后来翦伯赞搬来住了三楼。

到达香港不久，香港文协分会举行了新年团聚大会，欢迎我们这些陆续来港的文化人。到会300余人。这是全国的文化人在香港的又一次大聚会。前一次聚会是在1941年，也是由于政治形势的恶化，大批文化人来到了香港，不过这一次的规模比1941年那次大得多。在欢迎会上，郭沫若、柳亚子、翦伯赞、叶以群、楼适夷、林林都讲了话。我也讲了话。我建议香港文艺界应该加强文艺批评工作，纠正前一时期主要存在于上海的文艺批评的偏向。这种偏向表现在对正面的敌人不去批评，好像有危险，而对自己阵营却很有一些不负责任的批评。这些批评调子唱得非常高，非常"左"，使青年以为这是最革命的，但实际上它是要引导青年到错误的方向。这种偏向，在上海本来应该提出来检讨和批评的，但没有做，希望香港的文艺界能承担起这个责任来。现在全国文艺界的朋友都会集到这里来了，这是十分有利的条件。后来在纪念五四文艺节时，我又提出文艺工作者目前的任务之一是自我改造。我说，"自我改造"的意义就是向人民学习。由于我们过去的生活和教养的关系，我们都还有浓厚的小资产阶级的意识。我们不知不觉间常常会离开人民的立场，而表现出个人主义和英雄主义。我们也常常会把小资产阶级的思想情绪装在人民大众身上。这些毛病的救治之道，就是向人民学习。

加强文艺批评这件工作，后来由邵荃麟做起来了。他和冯乃超创办了一个综合性的文艺刊物《大众文艺丛刊》，以大量的篇幅讨论文艺理论问题，除了讨论方言文学等文艺大众化的问题外，着力展开了对错误文艺思想的批评，如对《论主观》的再批判，对当时文艺界少数"民主个人主义者"宣扬的"自由主义文学"观的批判等。

我虽然自己提出了建议，却没有顾上写文章，仅在刚到香港时，就当时讨论得十分热烈的方言文学发表了一些意见，后来即被纷至沓来的工作缠住了手脚——我担任了文协香港分会的常务理事，又要写长篇小说《锻炼》，又要编副刊，又要参加政治活动——加之1948年又面临胜利在望的大好形势，使我无暇顾及文艺理论问题的探讨。

那时候，蒋介石已经败征毕露，他急切希望解放军停止前进，以便能缓一口气再作挣扎。于是1948年春节前后又有人在散布什么"和谈""和平"的言论。与此同时，美国则加紧它的扶植中国"第三种"政治势力的活动。美国已经明白，国民党这个腐朽政权已不能和共产党抗衡，必须输入"新鲜血液"，必要时还得动大手术，甚至"换马"。他们心目中的"新鲜血液"，就是一部分由他们直接培养出来的、深受西方思想熏陶的、和他们有较深渊源的知识分子，即所谓的"民主个人主义者"。1月间，上海的《大公报》接连发表了《自由主义者的信念》等社论，宣传"中间路线"。2月间，司徒雷登亲自出面发表了《告中国人民书》，并对记者发表谈话，要求中国的民主个人主义者组织新党，支持政府，改善工作效率，谋致中国的和平。其实，幻想中国走"中间路线"的人，原来倒是有的，在抗战末期和抗战胜利后，以民盟为代表的各民主党派就是。然而，在民盟被迫解散之后，这个幻想就彻底破灭了。各民主党派中的大多数人开始认识到，只有与共产党紧密合作，拥护共产党的建立新民主主义的中国的纲领和政策，彻底推翻蒋介石的反动独裁政权，才是正确的道路。1月间在香港，李济深、何香凝、蔡廷锴、柳亚子、朱学范等，代表国民党民主促进会、三民主义同志联合会及其他反蒋力量，联合组成了国民党革命委员会；4月，沈钧儒、邓初民等召开了重整中国民主同盟的三中全会，发布紧急声明，否认民盟总部发表的解散总部、停止盟员活动的命令。两个会议都通过了打倒蒋介石集团，实行土地改革，建立民主联合政府的宣言。这意味着，在民主党派中，"中间路线"已经破产。因此，在这种时候，美国又来呼唤什么"第三种势力"，无非是想鼓动和蒙骗一些英美派的知识分子，捐起"中间路线"的破旗，出来呐喊一番，以便帮助岌岌可危的蒋介石政权赢得一点喘息的时间。果然，3月初就有了反应，一个叫作"中国社会经济研究会"的，标榜为自由主义文化团体的组织，在北平诞生了，榜上有名者共59人。据该会发起人之一钱昌照的谈话，这个组织是一个研究性质的团体，没有任何政治企图，他们只想替中国寻找一条"新路"。可是看看他们提出的包括政治、外交、经济、社会及其他各方面问题的32条主张，再看看参加这个团体的大多数成员的来历——国民党中央委员、政府机构的大小官僚、官僚资本的代表，以及国立大学的院长、教授和御用学者，就能明白这个"没有任何政治企图"的团体的政治面目了。他们提出来"研究"的32条主张，中心是反对中国人民的武装革命，反对中国的土地革命，反对苏联和民主阵营的"宣传攻势"，这就是他们寻找的"新路"。他们还创办一个刊物来宣传他们的主张，刊物就叫《新路》，报载："萧乾被派去做《新路》的主编。"

为了反对这股"新的第三方面"搅起的"中间路线"逆流，1948年上半年，我们开展了对"中国社会经济研究会"的批判。流亡到香港的文化界人士郭沫若、马叙伦、邓初民、侯外庐、翦伯赞、曾昭抡等都发表谈话或写文章，指出要"提防政治扒手"，要"戳穿美蒋新的政治阴谋"。我也在一篇短文《我看》中指出："我看该会的目的不外乎：一、为军事溃败到最后阶段而演出的政治阴谋（苦肉计与狸猫换太子等等）预生做思想上的准备；二、亦为此政治阴谋预先招兵买马。"在这个研究会的名单上，有若干位过去不曾与国民党合作过的学者和教授，这次都被拉去当了"招牌"，我们对此表示惋惜，告诫他们不要上当，希望他们自重，能及早跳出这个陷阱。我在纪念"五四"的一篇文章中写道：五四运动的历史指出了一个真理：中国知识分子离开了人民的立场就有堕落的危险。如果离开了人民，即使你只想"明哲保身"，反动集团还是要拉你去"殉葬"的！我在另一篇讲话中提出要"扩大文艺界的统一战线"。我说："现在除了极少数自甘沉沦的御用文人而外，极大多数的文艺作家，我相信他们是有正义感，并愿意为人民利益服务的，他们中间有些人不够积极，或徘徊动摇，这是事实，又有若干人或为反动的宣传所蒙蔽，见理未明，认事不清，这也是事实，但我们如果不做努力去争取他们，我们就犯了错误，就等于对自己的任务怠工。不过，争取不是拉拢，我们要用正确的批评，帮助他们搞通思想，这才是争取，同时，巩固统一战线的方法，也不是大家客客气气，有话不说，就可以巩固得了的，也要执行原则性的批评，然后能使统一战线真能巩固。"

"中国社会经济研究会"在遭到共产党和各民主党派、无党派民主人士的一致驳斥和揭露之后，内部即分崩离析，不久便在中国的政治舞台上消失了，虽然它的《新路》杂志还在继续出版。

5月1日，中共中央发出号召，建议各民主党派、各人民团体、各社会贤达筹备召开新的政治协商会议，讨论召集人民代表大会，为成立民主联合政府做准备。号召发出后，各民主党派和人民团体立即通电全国，热烈响应。自此，便以香港为中心，开展了一个新政协运动，各民主党派和人民团体纷纷集会讨论新政协的问题，并发表宣言和声明，表示愿与共产党亲密合作，为推翻蒋介石独裁统治，建立新民主主义的人民共和国而奋斗。

为了迎接新中国，我在1948年上半年除了继续写完《苏联见闻录》，又着手写了《杂谈苏联》。我想，蒋介石政权20多年来的反苏宣传，在一般人的脑海中蒙上了一层对苏联的阴影，总觉得苏联张着一张"铁幕"，其真相不可得知；即使是进步人士，有的也流露出不理解和神秘感。对苏联的不了解，甚至恐惧，也折射出相当一部分人对将要诞生的新中国的疑虑和不安，因为在他们看来，将来的中国也就是现在的苏联。因此，把苏联的真相介绍给广大的读者，也许能在某种程度上解除这些疑虑而为新中国的到来做些思想上的准备。当然，更重要的是向群众宣传共产党的政策以及介绍解放区的生活，这些，已经有许多同志在做了。

要全面介绍苏联，我的《苏联见闻录》就不够了，《见闻录》只着重于文化艺术方面的介绍，其他方面，我虽然也零星地记了一点，也带回了一些材料，但距"全面"，相差尚远。幸而我得到一本英文版的1947年《苏维埃年历》，再参考了其他的苏联出版的英文书报，才使我大着胆子，花了两个月的时间，写了《杂谈苏联》。《杂谈苏联》共分四编58节，分别介绍了苏联的政体、经济、文化教育和人民生活。这些文章，绝大部分未在报刊上发表，直接由致用书店在上海出版了单行本。

我在1948年上半年的另一件工作，是续写《生活之一页》，即后来改名为《脱险杂记》的报告文学。1946年初，我曾把香港战时的经历写成《生活之一页》，发表在《新民晚报刊》上，后由沈兹九将其转载于新加坡出版的《风下》周刊。1948年我再次到香港，沈兹九就来信约稿，并建议我把香港脱险的经历继续写下去。我答应了。但直到6月，我才有时间把我们如何在东江游击队的保护下逃出沦陷区到达惠阳的一段经历比较详细地写了出来，仍旧题名"生活之一页"，给沈兹九寄了去。不久我就离开了香港。我不知道她后来是怎样使用这份稿子的，是仍旧在《风下》连载，还是交给了别的刊物？1949年后我才知道，新加坡的南洋出版社曾于1949年6月出版了单行本。

我的文学活动，主要集中在下半年。那时，我的生活已经安定下来；我又估计解放战争还将经过最后的决战才能取得彻底的胜利，在香港我将有一段较长时间的停留；因此，我把注意力转向了文学。有这样几件事：一、创作长篇小说《锻炼》；二、主编《文汇报》的副刊《文艺周刊》；三、担任《小说月刊》的编委，并为刊物写了《春天》等三个短篇和论文——《论鲁迅的小说》。

当东北人民解放军在锦州揭开了辽沈战役的序幕时，我们在香港的民主人士也得到了通知：分批地秘密地进入东北解放区，参加新政治协商会议的筹备工作，为成立中华人民民主共和国临时中央政府做准备。9月底，沈钧儒等第一批民主人士乘船北上。11月初，沈阳解放，下旬，郭沫若等第二批民主人士离开香港。我和德沚是第三批，与李济深同行，乘的是直航大连的苏联船。这一批人数最多，有20余人，章乃器、邓初民、朱蕴山、洪深、彭泽民、梅龚彬、施复亮、吴茂荪、孙起孟等都在这条船上。

我们于1948年除夕秘密上船。在北行的船上迎来了新的一年。元旦那天，李济深在我的手册上写了这样的一段话："同舟共济，一心一意，为了一件大事，一件为着参与共同建立一个独立、民主、和平、统一、康乐的新中国的大事。前进，前进。努力，努力。"李任公这段话道出了我们共同的心意。

也在元旦那一天，《华商报》登载了我在香港写的最后一篇文章《迎接新年，迎接新中国！》。我写道：

> 新中国诞生了，这是五千年来中华民族的第一件喜事，这也是亚洲民族有史以来第一件喜事！
>
> 这是人民力量必然战胜贪污暴戾的特权集团的有力证据；这是民主力量必然战胜反民主力量的有力证据！
>
> 新民主主义的新中国将是一个独立、自主、和平的大国，将是一个平等、自由、繁荣、康乐的大家庭。在世界上，中国人将不再受人轻侮排挤。人人有发展的机会，人人有将其能力服务于祖国的机会。
>
> 中国人民渴望这样一个新中国，差不多有百年之久了，中国人民为了新中国的诞生，曾经牺牲了无数宝贵的生命；人民所付出的代价是这样大，人民必不许反动集团勾结帝国主义再玩"偷天换日""移花接木"的阴谋！

1949年元月7日，轮船驶进了大连港。大家蜂拥到甲板上贪婪地眺望这片神圣的自由的土地。啊，我们来到了！我们终于胜利地来到了！

在码头上欢迎的人群中，我看见了张闻天顾长的身影，他正挥舞着双手在向我们致意！

（节选自《我走过的道路》，茅盾著，人民文学出版社1997年版）

李济深北上和民革中央机关的北迁

朱学范

1949年1月7日晨8时，我与李富春及当地党政负责人、各界人士，在大连轮船码头接到了李济深等一行。李第一个下船，吴茂荪跟在后头。我连忙走上前去与李、吴及三十多位民主人士一一握手问好。当地政府安排他们先到大连最大的、苏联人开的关东酒楼吃早点，接着就在这里举行午宴。李富春致祝酒词，对李济深等一行到解放区与中国共产党合作，召开新的政治协商会议，共建新中国，表示热烈的欢迎。

饭后到旅馆午休。等我起来，李济深、章乃器、朱蕴山、吴茂荪等人已上街逛市场去了。我想不到李会放弃午休，连忙上街寻找。晚上应当地党政机关邀请，我们在火车头俱乐部观看苏联海军歌舞团演出。那时李济深已年逾花甲，我问他累否？他说："船上睡得过多了，需要活动活动。"演出结束，我们才一同回旅馆。

翌晨，李即叫我到房里了解东北情况，有朱蕴山、梅龚彬在座。李听着我的汇报，不时含笑点头，对中国共产党对待民主人士真诚合作的态度非常满意；对新政协诸问题座谈会的协议非常称道；对召开新政协，成立联合政府非常乐观。他看着朱蕴山、梅龚彬笑了笑说："元旦，毛主席发表《将革命进行到底》的新年献词：一是革命必胜，现在连敌人也不怀疑了，我们不能半途而废；二是揭露美蒋勾结玩弄假和谈的阴谋；三是民主党派要与中共一致，要合作，不要反对党和走中间路线。"李顿了一下又说："我们民革一开始就要推翻蒋政权，在这方面不会半途而废的。美蒋勾结搞阴谋，焕章兄生前曾做坚决斗争，我们继承其志。在这方面，中共和其他民主党派是信得过的。至于我们民革为实现孙中山先生的革命的三民主义，也与中共的新民主主义是一致的。但在这方面我们有些同志尚不清楚，（是）需要着重解决的。"李未等我开口，又抢着说："你从莫斯科的来信到港后，我组织了几次座谈，大家都表示不走'第三条道路'，要'一边倒'。""在6月25日响应中共'五一'号召的声明中，民革就公开宣布：今日之中国只有革命与反革命两条道路，其间绝无中立徘徊之余地。并号召：以实际行动加速独裁政权的灭亡而站到人民方面来，站到人民革命阵营方面来。现又半年于兹，形势之变化，'一边倒'的问题谅已不存在了。"

朱蕴山、梅龚彬都说："任公为了开展民革工作，力争多团结一些可以团结的力量，对找上门来的人，不能不做试探性的接触。对此做法却有一些同志不理解。"接着他们又谈到：早在1947年6月25日，李在香港《华商报》发表讲话严责孙科。讲话指出，"孙科先生接连发表其哀求英美干涉中国内战的谬论"，"实使人痛惜"。"先总理痛恨满清政府'宁赠友邦，莫与家奴'，在遗嘱上首先就说：'国民革命其目的在求中国之自由平等。'希望孙氏温习一下父训。"李济深还说："假定孙氏的哀求如愿以偿，将会发生怎样的结果呢？第一，中国人民深恶痛绝的内战势必延长。第二，真的挑起第三次世界大战，而中国成为国际战场。第三，类似八国联军入华的局面又出现于吾人之前。""我们试想，已在奄奄一息的中国人民还能再受这般惨重的灾难吗？""孙氏不是一个普通平民，他的谈话应该看作国民党政府的意旨。"

朱、梅接着又谈到：1947年11月，在美国授意下，宋子文当了广东省主席，迫不及待地派人到香港来活动。向李济深提出组织"和平统一大同盟"，给李以主任名义，筹开"和平统一会议"，"请蒋暂避""出国半年"。目的是"国共停战，听候处理，并企图联合民主人士和西南诸省的地方势力，组成"两南大联合"，以配合南京政府，阻止革命的胜利。李济深断然拒绝外，并于12月1日函告冯玉祥，要他"注意美国政府对华动向，设法阻止阴谋之发展"。1948年4月9日夜，美国政府也派官员游说冯玉祥，遭到冯的严词拒绝。

1948年3月，宋子文离职，6月，亲自到香港用电话约李济深面谈。当时，何香凝、谭平山、蔡廷锴、梅龚彬等民革主要领导同志都主张不予理会。但李想听听宋谈些什么，乃决定见面。会晤时，宋说出他之任广东省主席确是美国方面的意思。宋希望李能与他合作，疏通张发奎、余汉谋、薛岳、龙云等，以及原第十九路军旧部和李宗仁、白崇禧、黄绍竑等桂系地方势力，在广东另组政府，重举中山旗帜，推翻蒋介石，由广东政府直接与中共谈判。谈到这里，李济深插入说："宋子文的一番话，当时对部分民革同志有吸引力。我存心试一试，所以说，这么重大的国事，必须由宋先生先在广东释放一切民主人士，并使中共尹林平领导的湘粤赣纵队与留下的东江纵队进入适当的防区，作为交换条件，才谈得上。当时宋子文虽说可以考虑商量，但从此托病出国疗养，一无答复，遂不了了之。""这样一来，宋的西洋镜也就被我戳穿了。"

我问："去年春天从哈尔滨给任公的信收到没有？"李济深说："此信收到后，在香港民革内部引起争议：有的认为接受共产党领导很重要；有人认为党派之间是平等的，没有什么谁领导谁的问题。"我又问："任公您的意见呢？"李说："我既下决心并来到了解放区，这一行动就表明了拥护由中国共产党来领导新中国。"并说："其实，反帝反封建也好，一边倒、反对第三条道路也好，核心问题是接受共产党的领导。""革命的三民主义虽与新民主主义原则是一致的，但要付诸实行，全国也要步调一致，显然这也要接受共产党的领导。"

李还笑着说："我于行前曾接见法新社记者，答复他们的提问时就谈到：各民主党派与中共合作，是完全可能的。所谓中共将实行一党专政之说完全是一种恶意的挑拨。无论美国如何援助，也断乎救不了蒋政权崩溃之命运。"李又说："我坚决告诉记者，中国将成为一个独立自主的国家。"并号召"南京的文武官员，只要他们能及时起义，有行动表现，我们都欢迎"。至于"一切妥协性的和谈都是绝不可能的"。

李还说："我在离港之前应《华商报》邀请，写了一篇1949年元旦献词，讲道：人民革命已经获得决定的胜利，踏进了光明的大道。一切民主阵线的朋友，爱国人士，为建立一个民族独立、民主自由、民生幸福的新中国而奋斗。"李得意地说："这篇文章是在去年12月20日左右写的，在我称颂新中国的十天以后，蒋介石发表《元旦文告》，发出了'个人进退，绝不萦怀'的哀嚎，竟然命中。"

李又说："在我们离港前夕，何敬之派代表陈又新来港与本人及龙志舟见面，何表示不愿再帮蒋工作。我告以如能适时联合反蒋的同志反正起义，立功赎罪，将来不独可免为战犯，还可以参加新政协。若此着做不到亦应及早罢手，不要再做帮凶。"李笑笑说："不论有人是否理解，民革不做策反工作瓦解蒋政权，将会引起更多人的不理解。"

李济深等一行在大连住了三天，1月11日到达沈阳之后，李即与高岗见面，进行了礼节性的交谈。接着第一件事就是向李德全表示慰问，并与她单独谈话。继而又与谭平山、蔡廷锴分别谈话，进一步询问东北方面的情况。谭、蔡也建议："任公既来此间，宜早些表示接受中共之领导。"并送阅在河北平山李家庄的民主人士符定一、周建人、韩兆鹗、翦伯赞、刘清扬、楚图南、田汉、胡愈之、沈兹九、严信民、杨刚、宦乡、吴晗、张曼筠、周颖、何惧等十九人于1月7日联名给我们发来的电报，电文中说："民主人士对于国民党战犯求和，必须认清三点：1.养痈贻患，芟恶务尽。时至今日，革命必须贯彻到底，断不能蹈辛亥革命与北伐战争之覆辙。2.薰

莸不同器，汉贼不两立，人民民主专政决不能容纳反动分子，务使人民阵线内部既无反对派立足之余地，亦无中间路线之可言。3.在中国共产党的领导下，各民主党派和民主人士一致行动，通力合作，完成人民革命之大业。并提议："倘荷赞许，尚祈诸公率先发起联衔向国内外发表严正声明。"

李济深在沈阳铁路宾馆房间内

1月11日，李济深将他在沈阳活动的日程征求我的意见。主要有：

1.致毛主席等中共中央领导人电。

2.随时与高岗等交换有关召开新政协的意见。

3.复电李家庄的民主人士，并保持联系。

4.联合民主人士发表对时局的声明。

5.举行在沈阳的民革中委座谈会。

1月12日李致电毛主席、周副主席说："济深于1月10日抵沈，诸承款待，至所感谢。贵党领导中国革命，路线正确，措施允当，洽符全国人民大众之需要，乃获今日之成就，无任钦佩。济深当秉承中山先生遗志，勉尽绵薄，为争取中国革命之彻底胜利而努力。"李电明确提出中国革命是中共领导的，这在民革历史上可以说是一个大转变。当晚就收到毛主席、周恩来热情洋溢的联名复电，表示欢迎。

1月14日，毛主席发表《关于时局的声明》，提出了与国民党和谈的

八项条件："1.惩办战争罪犯；2.废除伪宪法；3.废除伪法统；4.依据民主原则改编一切反动军队；5.没收官僚资本；6.改革土地制度；7.废除卖国条约；8.召开没有反动分子参加的政治协商会议，成立民主联合政府，接收南京国民党反动政府及其所属各级政府的一切权力。"

1月16日，李家庄民主人士又联名来电称：1.毛主席所提的八条实为完成中国革命最低限度的先决条件；2.坚决反对美、英、法等帝国主义国家借口调停为名，干涉中国内政。提议：请连同前电所陈意见，由诸公发起，联名向国内外发表声明。李与大家研究后，当日复电"业经详细讨论，一致决议告国人文件"，"不日完成，当即电致就教，呈请签署"。

1月22日，李济深、沈钧儒、马叙伦、郭沫若、谭平山和我及李家庄的符定一、周建人等55人发表了《我们对于时局的意见》的声明。这是一个具有深远历史意义的文件。在文件中，各民主党派领导人及无党派民主人士明确拥护中国共产党的领导，拥护中共中央真正的人民民主和平的八项条件。声明的发表，对我的感触颇深，想想李济深、何香凝选择接受中国共产党领导的道路，在民革同志中间做了多少艰苦细致的工作呀。声明对于我们民革标志着是由与共产党合作，进入了接受中国共产党领导的多党合作的新时期。

1月27日，民革发表声明，拥护毛主席对于时局的主张及八项和谈条件，并强调："革命必须进行到底，不可姑息养奸，致重蹈辛亥以来革命失败之覆辙。"特别是加强了对于中国革命的基本认识："便是中国革命为国际反法西斯、反帝国主义运动之一环，而中国民族民主革命又以工农大众为主力。因之革命的三民主义必定与新民主主义同其内容，而反帝、反封建、反官僚资本斗争的进行，又必须在中国的无产阶级政党——中共领导之下，才有不再中途夭折的保证。"民革同志对中国革命的这一基本认识，实质上，它就是民革在新形势下的政治路线和行动纲领。李济深等一行北上之后，我们民革前进的步伐显然加快了许多。

1949年1月21日，李济深组织民革在沈阳铁路旅馆会议室召开第一次临时中央联席会议，我和蔡廷锴、李民欣、许宝驹、朱蕴山、李德全、谭平山、吴茂荪、梅龚彬、赖亚力等出席了会议，林一元等列席。会议讨论了出席临时中央联席会议的范围为中央委员、各部门负责人及联席会议的正副秘书长。李济深宣布："从现在起民革中央机关北迁到沈阳办公。"李说："1948年12月21日，在香港舍间举行的第四十七次常会，我就宣布过，这次北上不是几个人到内地的问题，而是整个组织北迁的问题。""我说，徐州会战后，恐无大规模战事，但不见得就是整个问题的解决，蒋介石还在挣扎，美国还在支持，我们的策反工作还可大力开展。""当时，何香老很乐观，她认为蒋很快要倒台，许多财政经济以及俘虏、难民、建设等问题，千头万绪，现在你们北上，就要配合中共着手准备。"李强调说："当前局势确实是乐观的，民革中央机关北迁不仅是形势发展的需要，而且是经过法定手续的。现在由于中委人数不足半数，所以称临时会议，一般不作决议。"

会议还指定出席中共中央欢迎会时，李济深、李德全、谭平山、蔡廷锴、邓初民和我为发言人，吴茂荪、赖亚力准备发言。

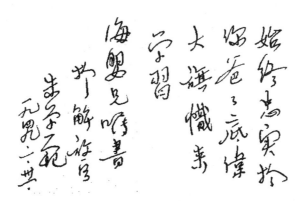

朱学范在沈阳给周海婴的题字

1月26日，中共东北局、东北行政委员会、人民解放军东北军区以及东北各界代表举行盛大欢迎会，热烈欢迎为参加新政协而先后到达东北解放区的各民主党派各人民团体以及无党派民主人士。东北行政委员会主席林枫致欢迎词。李济深等先后在大会上发言。最后，李富春讲话。他说："今天的欢迎会，象征着中国民主力量的大团结，也象征着全国胜利的快要到来。"

1月30日，傅作义与中共经过和谈后，率部起义，北平获得和平解放。次日，李济深召开第二次临时中央联席会议，接着又开了第三、四次会议。会议的主要内容是讨论战犯名单。我们认为：1.战犯的范围：以CC与中统为中心的党务人员，复兴社与军统系统，政学系与四大家族；2.标准：帮助蒋介石打内战，残害人民的；3.名单：共提出174名，后改为136名；4.处理：按情节轻重分为三等。

会议决定，通知各地分会按55人联名声明为行动之依据，不得擅自发表与此不同的政见。

会议还讨论了赴北平前的准备工作，规定各同志绝对不接见中外记

朱学范（左二）等民主人士赴北平前与东北局接待干部（右二）合影

者；李主席见客，先由秘书处代表接见。

2月25日，李济深、沈钧儒、马叙伦和我等一行35人，在林伯渠陪同下乘"天津解放号"专车到达北平。林彪、罗荣桓、聂荣臻、董必武、薄一波、叶剑英、彭真等百余人到站迎接。中国人民解放军平津前线司令部、北平市军管会、市政府、中共北平市委在中南海怀仁堂举行四百余人的盛大欢迎会。大会由叶剑英主持，林彪、彭真致欢迎词，李济深等十四人讲了话。我在讲话中对于毛主席领导中共取得了的辉煌的胜利，对于解放军的英勇善战和秋毫无犯的军纪表示了崇高的敬意，并表示坚决在中共领导下参加反帝、反封建和反官僚资本主义的人民民主革命。

当时，民主人士有的住在北京饭店，有的住在六国饭店。我与李济深等都住在北京饭店，并经常在113室碰头。

2月28日，李济深组织民革在北平召集第一次会议。会议决定自即日起，临时中央联席会议改为中央联席会议，代理常会职务。会上由谭平山报告新政协诸问题座谈会进展情形，我报告全总大会经过及到哈尔滨与中共联系情况，李济深报告三个月国内外局势及香港近况。

会议追认了沈阳四次临时会议所作的十五项决定。公推梅龚彬为秘书长，赖亚力为副秘书长（后来吕集义到平，增加一位副秘书长）。成立解放区会务整理委员会，公推赖亚力、朱蕴山、许宝驹、陈劭先和我为委员，后又增加余心清、李民欣为委员，由组织工作委员会召集，秘书长列席。我于1948年元旦民革成立时当选为该委员会主委，直到那天方始正式上任，开展组织工作。

（原载《我与民革四十年》，朱学范著，团结出版社1990年版）

离港北上途中日记（节选）

李济深

一九四八年

十二月二十六日

一、（略）

二、（略）

三、（略）

四、六时到邓文钊家晚膳。十时，分车各行。陈此生与月卿（按：即李济深夫人）同车回家。我则同行人到六国饭店附近上小电艇，驰开"昂船州"附近，海面上一货船，为苏联船，到时已有章乃器、茅盾、彭老（按：即彭泽民）、邓老（按：即邓初民）、施复亮、洪深等先生在船上矣。

五、晚上为避检查，十二人当作货主，七老人，二女人，坐于靠近机器房之一房间。坐了一夜，不寝。三次出船傍，望罗便臣道的家，依稀莫辨，不无愁怅。

六、（略）

十二月二十七日

一、晨七时领港人上船，又紧张了一度。船出口自西南经玛丽医院西南行，并认出廖恩德之家焉。一直俟出尽口，不见有山，始得出外舷行。

二、船出口后，船位分定，余与泽霖、蕴山同住船主房，内有二床位，加一帆布床，即行睡卧。因前一晚未睡，故睡甚浓也，晚亦然。

十二月二十八日

一、一度见厦门之山与塔。

二、一度见船边许多鲨鱼跳跃水面上，船员云，风仍大之兆也。

三、二度梦家。

十二月二十九日

一、日浪甚大，夜一度见西方有灯塔，云系在福州外。

二、仍在台湾海峡内，船行甚慢，每小时三浬，三日二百余浬云。

十二月三十日、三十一日

一、睡多，有梦。出了台湾海峡。西边一带小山，说是舟山群岛。三十一日整日有小雨雾。同船人请将革命故事一谈。将粤军第一师及国民党改组后与蒋三月二十日事变一切，杂说了一顿。

二、三十一日晚十时后聚餐。将各人所有食物取出，请船主及船员一律同席。菜有鱼子、腊鸭、牛肉、沙律、饺子、水果等，甚盛也。

被垫为漏雨打湿，用水蒸气弄干。

一九四九年

一月一日

一、早九时始起来，因昨晚为新历度岁，睡较晚也。早，天晴气佳。

二、沈雁冰即茅盾先生备一手册，使各人签名，并嘱我题诗或词其上，因作新体数语如下：

同舟共济，一心一意，为了一件大事！一件为着参与共同建立一个独立、民主、和平、统一、康乐的新中国的大事！同舟共济，恭喜恭喜，一心一意，来做一件大事。前进！前进！努力！努力！

三、众议嘱我将革命的经过说一说，因将入学、从军参加革命及入第一师与北伐，陈炯明造反及建立黄埔军校与三月二十日蒋谋反之经过，及与蒋妥协，以致宁汉分裂，与被蒋扣留汤山，及反蒋经过。

一月二日

一、早六时起，天气极佳，风平浪静，整日均未睡。

二、彭泽民先生讲说兴中会、同盟会的成立与南洋吉隆坡革命会成立经过与发展，及辛亥后国民党之腐化，孙先生另组中华革命党情形，到后更组中国国民党；后蒋介石叛党，宁汉分裂，汪（精卫）动摇，后被汪开除党籍情形。

三、邓初民讲述家庭贫苦及修学经过，只在高小毕业，后到日本挂名法政大学。回国在家二年，后到山西教国文二年。到汉后，参加革命，任土豪劣绅审判委员长及汉口市党部委员。后到上海，到粤任教，到桂任教，任政治部设计委员。

四、饭后饮茶，洪深先生谈其去美，任南洋烟草公司英文秘书及对外购料事的经过。后简照南死，辞该公司事，去复旦大学任教几十年。

一月三日

一、晨起，风浪极大，前夜船主已将桌上各物收置停妥，而朝来在架上之装药小瓶、日记簿等均落地上，昨夜风浪之大可知。

二、因浪大，整日未起下餐室食饭，不想食故。徐君将饼干一纸盒、水果六枚送来，各人小食饼干水果而已。

三、下午七时许，催食饭，朱先行，我亦勉起床下餐室，勉食烤面包二三片，猪排一块，大头菜几片。

四、食后玩勃里奇纸牌二小时，十时睡。

五、据船伙伴老李云，因风浪大，船每小时行二浬而已。因船老遇顶头风，船身倾侧，舵入水不深，推进无力故也。

六、晚上，渴甚，因饭后得水果一枚，想食之，香如饮甘露也。

一月四日

一、朱蕴山兄谈其祖参加太平天国革命。

二、朱参加徐锡麟刺恩铭，在其所办之警官学校。原来徐在东京已加入同盟会，与黄约同在长江起义。刺恩铭后，即攻军械库，库中军火不能用。后受余大鸿围攻，三日无救兵至，徐不屈死之。

后得孙夫人、邓择生及陈友仁函（从欧洲来函）组中华革命党，后改行动委员会。择生被捕后，（第）三党无人主持，因之停顿。伯钧后改为农工民主党，故未参加。本人一本国民党改组精神与共合作，始终如一。

三、本日仍大风浪，船行甚缓，日走不过百涅［浬］云。

一月五日

一、早风浪仍甚大。晚间大雾，数鸣汽笛，邓初民以为有事，起而询船上俄人，但不通话。

二、晚起即到餐厅，早茶，中饭，食少许。晚饭食粥与面包。

三、无事玩勃里奇至夜十一时。风浪稍停。晚上见山东角之高山。

四、李泽霖谈民国二年二次革命经过，因第一师及第五旅官兵受袁世凯派梁士诒及黄士龙运动，均不革命而反革命。又因陈炯明先将北伐军姚雨平部解散，故军中有人怨恨，炮兵发难，即因此故。

其实革命过程屈（曲）折，中国数千年封建意识深入人心，而领导革命的党人，仍在所不免有妥协，认识不够，故缺乏革命性，失败必然也。

一月六日

一、茅盾先生谈到新疆经过及杜重远先生获咎之因。云因杜与盛世才不但为同乡，且有金兰之谊。杜任新疆学院院长，因沈先生临时组织了一个话剧队，借用了新疆学院学生数人参加演出，极得好评。某次开会，杜有话剧队出尽风头之语，因之盛以为杜不忠于己。杜因腿有关节病，请假，盛又以为杜故意。后竟出言谓杜如何不忠实。杜得闻知，因上了万言书，语多愤激；不报。又上书自云前书一时冲动，请原谅，亦不报。只得辞学院职，盛许之。后杜请离新，不报。适有飞机东行，盛马弁某告（杜）云，盛督办说你要离新，明日有机东行，请即行。杜答以时间过促，实际盛或未有真意准杜行也。深知盛忌刻特甚，故十分警惕。托故母老，拟往沪一省视，久未有交通工具。后以母去世故，友人有电来告知，即在新开吊。吊后，仍请盛许假回籍料理家人；得许，乘机返重庆。后闻盛将杜扣留，且以严刑逼供为与汪精卫有关，派来新工作者。迨盛以苏被德攻击，节节东退，以为苏失败，遂反共反苏，因又刑迫杜改供为中共主使来新工作者云云。总之，盛人极忌刻残忍，与其工作者即干部，分三套：甲套得势时，即使乙套人秘密侦查其行动。乙套人为求有工作能力，多方撷拾甲套人过失报盛，因之甲套人次第入狱被杀，乙套人重用。然而有丙套人侦探乙套人如故，因之乙套人亦如甲覆辙，故在盛处任事之人，不到两年，必遭祸害。闻盛治新疆杀戮人至六万多。其亲胞弟较进步，当其反苏反共时，即将其弟枪杀，因而立即使人杀其弟妇，云其弟为弟妇所杀，故杀之云云。是其人残酷可知。盛投蒋后，曾献金六万两云。后盛下台到重庆，开党代表大会，有不少人在会场攻击盛杀戮无辜，应处以罪，而蒋竟然为之掩护，云盛以比浙江大三倍之土地及黄金六万两献中央为有大功云。

一月七日

一、早八时，船泊大连，而中共已有代表多人在码头迎接。朱学范同志亦由沈阳来接船。

二、登陆后，即入大连最大苏联人所开之大酒店。进点心后即请午宴，地点在关东酒楼，席为燕席，极其丰盛也。

三、日间去大连市市场买了皮鞋一对（一万二千五百元关东券），约合港币四十余元。

四、晚请在火车头俱乐部观苏联海军歌舞团跳舞、唱歌。唱舞，大致不错也。

五、十余日不洗澡，旅店房内有浴缸，洗了一次澡，甚清爽。

（原载《李济深诗文选》，民革中央宣传部编，文史资料出版社1985年版）

李济深秘密离港的经过

杨　奇

　　第三批北上的主要是中国国民党革命委员会、民主促进会、民主建国会的成员。根据有关记录，以及当年船上签名留念的复印件，可知这一批北上者主要有李济深、朱蕴山、梅龚彬、邓初民、吴茂荪、彭泽民、茅盾、章乃器、洪深、施复亮、孙起孟、李民欣、龚饮冰和夫人王一知，以及魏震东、徐明等20多人，中共香港分局派卢绪章随行，钱之光则派徐德明在船上照顾一切。

　　如果说，整个护送民主人士北上工作都碰到不少困难的话，那么，最为困难而又富有传奇性的，莫过于安排李济深秘密离港了。

　　李济深在1947年2月从上海到香港之后，积极开展爱国民主运动。经过与国民党内各个民主派领袖协商，于1947年11月12日召开代表大会，选举宋庆龄为中央委员会名誉主席，李济深为中央委员会主席，柳亚子为监察委员会主席，并于1948年元旦通过了成立宣言、行动纲领等文件，正式成立中国国民党革命委员会（简称"民革"），公开与蒋介石决裂。

这一期间，美国看到蒋介石大势已去，企图物色一些既反共又反蒋的"中间势力"，组织"第三政府"，与中共划江为界，南北分治，因而曾派人游说李济深，请他出面同中共举行和谈。宋子文出任广东省主席，想把广东变为支撑国民党政权的最后基地，为此亲自到香港会晤李济深，建议他组织一个"和平民主大同盟"，以期在广州建立新的政府。白崇禧也曾派人携带亲笔信拜访李济深，"敦请任公到武汉主持大计"。但是，由于何香凝、梅龚彬等人从旁劝说，李济深并没有上当，对这些游说一一拒绝。不止如此，李济深还经常对《华商报》记者发表谈话，接受路透社、合众社记者访问，严词抨击蒋介石的独裁统治，强烈要求美国撤退驻华军队，停止一切对蒋介石的援助。所以，蒋介石恨之入骨，不但宣布开除李济深的国民党党籍，还想派出特务到香港暗杀他。

为了联合各党各派共同筹备召开新政协，也为了李济深自身的安全，中共方面当然希望他能早日离港北上，但是遇到不少阻力。一方面，有人挑拨离间，对李济深说："千万不要去解放区，否则易进难出，身不由己。"另一方面，李济深作为国民党民主派一面旗帜，总有一些公事私事缠身，不是可以随时动身的。据我所知，李济深到港以后，确实曾经派人在广东、广西、湖南边远地区，组织过"人民自卫军"，打算作为地方武装配合解放军作战。李济深还利用自己同国民党军方的关系，开展策反工作，曾经先后写亲笔信给阎锡山、傅作义、白崇禧等将领，力劝他们认清形势，当机立断，脱离蒋介石集团，投向人民。他做这样的事情，当然是严格保密的，有些事只是他自己知道，而一些国民党军官也正在与他联系，李济深因而认为"期待有所作为"，所以推迟北上的日期。到了1948年12月中旬安排第三批民主人士北上前，李济深虽然表示想尽早离港，但又说家属人多，往后的生活还未安顿好。为此，方方专程上门拜访，恳谈之中，李济深透露尚差2万元现钞安家，方方当即表示帮助，这才使他全无后顾之忧，确定在第三批北上。

　　然而，如何才能将李济深安全地送出香港，仍然是大伤脑筋的事。李济深寓所在中环半山区罗便臣道92号，港英政治部的华人帮办黄翠微在马路对面租了一层楼，派了几个特工人员住在那儿，名为"保护"，实则监视。因此，首先要让李济深能够避开特工的视线，能够离家外出。中共的五人小组经过研究，拟订了一个周密的计划，决定在圣诞节次日的夜间上船，12月27日清晨驶离香港。

　　到了12月23日，饶彰风约我到皇后大道中华百货公司的寰翠阁饮咖啡，我到达时看见西装笔挺、戴着金边眼镜的潘汉年也在座。饶彰风向我讲了接送方案，要我记牢时间、地点和接送程序；潘汉年还一再强调要十分谨慎，高度保密，不容出错。

　　为了顺利完成此项任务，我把自己打扮成一个采购货物的"小开"（小老板），为此花了120港元买了一件英国制造的燕子牌"干湿楼"，外出执行任务时就穿上它，出入都坐"的士"，还不时从后窗留意有无小车跟踪。

　　1948年圣诞节，香港一连放假三天。12月24日晚"平安夜"，我到跑马地凤辉台一位朋友家里，把饶彰风、吴荻舟已从李济深家提取出来、暂存在那里的两个皮箱拿走，作为自己的行李，到湾仔海旁的六国饭店租了一个房间住下。

　　26日，香港太平山下仍然沉浸在节日的欢乐气氛之中，李济深的寓所灯火通明，热闹非常。像平日宴客一样，宾主谈笑甚欢；李济深身穿一件小夹袄，外衣则挂在墙角的衣架上。这一切，对门那几个持望远镜的特工看得一清二楚，也就安心享用自己的晚餐了。他们没有想到：晚宴开始不久，李济深却离席到洗手间去，随即悄悄出了家门，在距离寓所20多米远的地方，我借用《华商报》董事长邓文钊的小轿车刚好依照约定的时间到来，李济深迅速上了车，直奔坚尼地道126号被称为"红屋"的邓文钊寓所。方方、潘汉年、饶彰风等早已在此等候，同船北上的"民革"要员朱蕴山、吴茂荪、梅龚彬、李民欣也已到达，何香凝老人和陈此生亦来送行。这时，晚宴才真正开始，大家纵情谈论国事。

时钟敲响九响，我这个"小老板"起身向主人告辞，先行回到六国饭店打点一切。当我看到岸边和海面平静如常，便通知服务台结账退房，由侍应生将行李搬到我雇用的小汽船上；与此同时，我打电话到邓文钊家，按照约定的暗语通知饶彰风："货物已经照单买齐了。"于是，饶彰风借用邓文钊的两辆轿车，将李济深等五位"大老板"送到六国饭店对面停泊小汽船的岸边。这时，周而复负责接送的彭泽民等三位民主人士也按时来到。会合之后，我和周而复便带领他们，沿着岸边的石阶走下小汽船，朝着停泊在维多利亚港内的"阿尔丹"号货船驶去。

我自小就有晕浪的毛病，坐汽船更容易因颠簸而呕吐。为了安全护送李济深等人登上"阿尔丹"号，我事先到药房买了英国出品的"seasick"（译名"舒适"）药丸，在离开六国饭店时先行服下。真是"皇天保佑"，尽管当晚海面有不少"白头浪"，我却并没有呕吐出来。

李济深等上了货船，看到章乃器、茅盾、邓初民、施复亮等十多人已由别的护送人员陪同先行到来，甚为快慰。船长和海员们都热情接待，李济深、朱蕴山被安顿在船长卧室，其余各人也分别住进较好的海员房间。

当一切安排停当之后，我和周而复与这些"大老板"一一握手告别，请他们放心休息。回到岸上，周而复径返英皇道住所，我则到中环临海的大中华旅店找到饶彰风向他汇报。我们两人虽然十分疲倦，但不敢入眠，直至看到货船已通过水师检查，驶向鲤鱼门了，这才放下精神重负，蒙头大睡。

（原载《见证两大历史壮举》，杨奇著，人民出版社2011年版）

我在民革成立前后和北上参加新政协的经历

梅龚彬

1947年7月初，我从广州来到澳门，即去镜湖医院找柯麟。柯麟当时是澳门著名的大医师，镜湖医院的院长。他是以行医做掩护的中共地下党员。我和他是老战友，早在大革命时期就已结下深厚的革命友谊。他见我到来，热情而周到地为我安排一切。我见柯家人口众多，不便在他那里居住，他就将我介绍给马万祺，并让马万祺安置我住下。

马万祺先生是澳门工商界的知名人士，当时虽然只有30多岁，但在港澳已颇有影响。盛誉是由他的进步倾向赢得的。他的思想很开明，为人极慷慨。他对国民党反动派的暴行非常气愤。我和马万祺一见面就成了莫逆之交。在他的盛情挽留下，我在澳门多住了几天，直到8月上旬才动身去香港。

到达香港后，我同阔别6年之久的潘汉年联系上了。我请求他分配工作。他说，即便中山大学不解聘我，他也会召我来香港的。潘汉年要我协助他推动李济深等人筹建中国国民党革命委员会。

任公对我来到香港非常高兴，他正需要长期同他共过患难而彼此又充分了解的人做他的助手，筹划国民党各民主派组织（民联、民促等）的联合工作。

1947年10月，在毛泽东主席发表的《中国人民解放军宣言》的号召下，我们加快了民革筹建工作的进度。由于我在抗战时期起草过《中国国民党民主派纲领》，这次又被推举为起草《中国国民党革命委员会成立宣言》（以下简称《宣言》）的执笔人。统战工作必须从实际出发，不能急于求成，也不能凭想当然办事。起草《宣言》不能完全按自己的观点写，必须考虑到李济深等人的认识水平和接受程度。《宣言》草稿拟就后，送往各处征求意见。据说，正在美国考察的冯玉祥，对《宣言》草稿颇为欣赏，曾赞曰："有诸葛武侯文风。"冯将军有眼力，我在起草《宣言》时，确实翻阅过诸葛亮的《隆中对》和《出师表》等范文。不过，我执笔起草的文件在文字上是不能和武侯的传世名作相比的，冯将军过奖了。说实在话，我对《宣言》并不十分满意，主要是指内容，有些提法已落后于形势的发展。民革成立在即，时间不允许慢慢讨论，有些问题只能留待以后解决。我曾把《宣言》草稿给潘汉年和连贯两同志看过，他们都同意求同存异的做法。

为了提高民革组织对国民党内其他民主力量的号召力，大家一致要求恳请宋庆龄担任民革的名誉主席。我积极支持李济深、何香凝、柳亚子、彭泽民、李章达、陈其瑗6人联名写《上孙夫人书》。1948年1月1日，中国国民党革命委员会在香港举行成立大会，宋庆龄当选为名誉主席；李济深当选为主席；我被选为中央执行委员会委员。

1948年4月30日，中共中央发布"五一口号"，其中第五项是号召迅速召开新的政治协商会议。民革积极响应，由我主持起草响应中共"五一"号召的声明，发表于6月25日。

我到香港工作后，想把家属接到香港。由于香港生活费用昂贵，经和妻子商议，决定将家暂时安置在澳门。1947年秋，全家从广州迁到澳门。

我个人则在香港过了一年多俭朴的单身生活。我家在澳门受到柯麟和马万祺多方照料，我很感激他们。

1948年，我在香港除了做民革的日常工作外，还担任了香港达德学院教授和《文汇报》香港版的社论执笔人之一。

年底，我陪同李济深摆脱了特务的监视，秘密登上一艘苏联货轮，离开香港前往解放区，参加新政治协商会议的筹备工作。

我和李济深等民主人士搭乘苏联货轮于1948年12月25日从香港启程，在船上过了元旦，1949年1月7日抵达大连。在大连港下船后，我们踏上解放区的土地。从此，我们进入了新的天地，开始了新的生活。

1月10日，我和李济深等从大连抵达沈阳。当时，平津战役正在进行，北平尚未解放。任公和我研究后，决定把民革中央机关暂设在沈阳。我已担任民革中央代理秘书长，临时中央机关的日常工作由我负责处理。22日，李济深等55位民主人士在沈阳联名发表了《我们对于时局的意见》，明确表示拥护中国共产党的领导，拥护中共中央毛泽东主席《关于时局的声明》（1949年1月14日）。我也在55人之列。进入解放区后，通过学习和参观，任公的认识有了很大提高，我们取得越来越多的共识。

1月31日，北平和平解放，原集中在沈阳的民主人士于2月25日全部到达北平。我在中共中央统战部的安排下，为召开新政治协商会议筹备会做一些事务性的准备工作以及联系民主人士的工作。作为民革中央代理秘书长，还得着手把民革中央机关从香港迁来北平和有重点地进行民革地方组织的整建工作。

4月，中共中央统战部部长李维汉由河北省平山县来到北平。见到阔别两秩有余的老领导，我有满腹的话向他倾诉。李部长很忙，我只能长话短说了。他在听取我的汇报时，问起我的组织联系问题。我回答说："在香港时是潘汉年同志和连贯同志；在东北时是萧立同志；来到北平后，工作汇报和情况反映都是送给李克农同志的。"李维汉对我今后的组织联系作了明确指示，他说："从现在起，你的组织关系转到中央统战部，作为中央统战部派往民主党派工作的一个不公开的共产党员。"他还说："以后，你直接向我汇报工作，到我这里看文件。"由于统战工作的需要，到了解放区，我仍以民主人士的身份出现。

5月4日，我应邀参加了在北平举行的全国青年代表大会第一次会议。这次会议通过决议，正式成立中华全国民主青年联合总会。廖承志当选中华全国民主青年联合总会主席，我被选为执行委员。由于我年龄较大，已近半百，因而后来没有参与青联的具体工作。

夏天，陈铭枢从上海到北平，我们开始进一步酝酿民革、民联、民促和其他方面国民党民主人士的联合问题。

6月15日，周恩来副主席主持召开了新政协筹备会。我作为民革方面代表本应出席会议的，不料患了重病，住进协和医院治疗，没能参加，非常遗憾。周副主席对我的健康很关心，设法通知我的妻子龚冰若，要她前来北平照料我。我的妻子带着次子和幼子赶到北平时，我早已在医院的精心治疗下恢复了健康。

9月21日，具有伟大历史意义的中国人民政治协商会议第一届全体会议隆重开幕。我作为首届政协代表，亲聆伟大领袖毛泽东主席庄严宣告"占人类总数四分之一的人从此站起来了"的洪亮声音，顿时心潮澎湃，热泪盈眶。回顾从五四运动到新中国即将诞生的30年新民主主义革命经历，我和全体与会代表一样，对伟大祖国的光辉前程充满信心。中国人民政治协商会议第一届全体会议结束后，我被任命为政协全国委员会副秘书长，协助秘书长徐冰处理政协的机关事务。

9月30日夜晚，想到翌日在天安门城楼上参加毛泽东主席主持的开国大典，想到五星红旗将在天安门广场冉冉升起，兴奋得彻夜不能成眠，望着北京饭店窗外的星空，我等着曙光降临。

（原载《梅龚彬回忆录》，梅龚彬著，团结出版社2002年版）

人民的东北（节选）

章乃器

一、宣传落在事实之后

"宣传必须夸张"，久已成为政治上的常例。在香港一年多的逗留，我开始发现了一个例外，那就是新华社的战报。解放军势如破竹的胜利，使得人们不能不相信它的战报完全正确。新华社发表解放军胜利的消息，往往落在外电和商电之后，更证明了它发表的审慎。

战报固然是审慎而正确，其他关于政治、经济、社会、教育、文化上的报道，是否也是完全正确的呢？这依然是我心目中的一个疑问。

进入东北解放区以后实地考察的结果，使我不得不诅咒自己过去的怀疑。我们对于如此诚实的一群朋友，实在不该再对他们的报道有所怀疑。他们的报道真是远远地落在事实之后。倘使战报还不过是在时间上落后的话，那么，对于政治、经济等的报道，连内容也是太不够的。自然，这也并不是由于新华社工作的不努力，而是，第一，新生的事实太丰富了，他们没有那么大的设备和那么多的篇幅来逐一报道。第二，有些抽象的情况，例如人民的愉快情绪和社会的蓬勃气象，简直不是通讯的体裁所能描写。对于这些，我近来时常感觉到散文无用，而必须用诗歌来表达。因此，一向不欢喜诗歌的我，现在却想学写诗歌，以发泄胸中磅礴的诗意。

二、出于意外的迅速的进步

"人民的力量是伟大的！"这是多年以来我们这一群人的口头禅。然而我敢断言：未踏进解放区以前，对于人民力量的想象还是模糊的，对于人民力量的估计还是很起码而太不够的。我们过去所见到的人民力量，还只限于那些一时被激怒起来的群众。他们的情绪是热烈的，但不够沉着持久。他们的任务也很少带着建设性。这和今天生活得到了改善，政治上完全翻了身，在一个明确坚强的领导之下，负起伟大艰巨的革命建国任务的解放区人民大众，是不能相比的。

民主人士前往参观的沈阳一所学校

解放了的人民的力量，首先表现在大多数人的愉快、活泼而充满了自信力的情调。一个有企业管理经验的人，马上会体会到，这种情调正是高度工作效能的基础。这种情调的生长，原因也很单纯。在都市社会的尖端上除下来那些人人唾骂的荒淫无耻的糜烂生活，而代之以生产技术和文化艺术的高度成就。在都市的最下层，腾清了那些把人类最宝贵的生命消耗在饥饿疾病的惨祸当中的贫民窟，把它变成了生产劳动力以至新文艺产生的源泉。去掉了两个令人不能忍受的极端，使市民生活相对地接近自然不是平均主义的发展，这难道不是向人类理想的优美的社会踏进一大步吗？有了这样伟大的进步，人民哪能不愉快、活泼，而充满了自信力？

自然，扫除旧社会的丑恶现象，是一件极其艰巨的工作。可是，在东北的几个大都市里面，这种工作却大体已经完成，这是值得惊奇的。

在大连、旅顺，我在短短的一个时期逗留中间，没有看见叫花子。在哈尔滨，我只遇到三个外籍的叫花子。在解放了仅仅不过三个多月的沈阳，我住了一个多月，在大街小巷里很注意地搜寻，到了动身的前两天，才发现了一个叫花子。各地民主政府的负责人倒很老实地告诉我个别的少数例子依然是有的。我相信也应该如此。但是，我所能见到的却只有这些。因此，有一点是一定的了，叫花子的人数是减少到最低点了。

偷窃事件一般也大大地减少。一向被认为是五方杂处、国际罪恶渊薮的哈尔滨，虽然窃案仍占刑事案件的第一位，案件数字去年全年已经比前年减少了百分之二十。拥有一百几十万人口的哈市，监狱里面只关了一千多名犯人。这哪里是南京、上海、香港等处的市民所能想象的呢？

由于生活的改善，由于社会上已经没有人吃人、人压人的制度，道德的水准也自然提高了。除了上述的情形之外，我没有看见在街上相打相骂的事情，也没有看见公安员（警察）干涉行人的举动，更没有见到、听到那些在其他都市里层出不穷的所谓惨案和悲剧。这些，我相信个别的例子一定还是有的，但至少没有进入我的见闻所及的范围之内。我感觉在这里，人和人之间的关系，一般已经转变成坦白而亲睦。彼此间的隔阂和警戒似乎很少遗留下来了。进入这里，真觉得浑身轻松，得着了精神的解放，仿佛如同回到自己的家庭里一样。

这种种一切进步的迅速,必须归功于农村的土地改革和都市里工商业的恢复和发展。有许多在都市里找不到工作或者对于工作不满意的人,可以回到家乡去分田,变成生产的农民。得着土地的农民,生活的保障往往比小市民还要好一些。同时,东北各都市的报纸,经常都有招请工人的广告。所以,在都市里找一个出卖劳力的机会,似乎也容易。这样,被迫流于叫花、偷窃的情形,自然就不大有了。各地人民政府对于人民如同兄弟姊妹般的爱护,还表现在帮忙他们就业转业的方面。大连已经有一个机构,专门致力于帮助娼妓转业,给她们以若干种适宜的工作,可惜我没有时间去参观。对于这些非人职业的消除,人民政府决不采取像过去上海反动政权取缔跳舞的那一套,而是完全本于人类的友爱,充分照顾到她们的生活和工作条件的。

沈阳农村群众载歌载舞欢迎民主人士前来考察

在这里,我必须指出东北有它的优越条件,那就是广大的土地和发达的工矿事业。这些条件,在华北是比较差的。因此,对于解放后的平津,我预料进步必须迟缓一些。尤其在北平,这里集中了一大群以做官为业的人物和多种专门以服务少数达官贵人为事的事业和职业。这许多人的就业和转业,真是一件极其困难的工作。然而,同时我们必须相信,依靠人民的伟大力量,在不断的进步当中,必然可以获得问题的最后解决。

顺便一提东北外侨的情形。帝国主义的代表人物，在这里是再也不能趾高气扬地目无中国了。哈市依然有十多种国籍的外侨，完全受中国法律的保护和制裁。人民对于外侨，再也没有什么畏惧，同时也没有什么歧视。我所接触到的在东北的苏联人，态度都是极其天真朴素、谦虚诚恳。彼此之间，似乎没有丝毫隔阂。我有一种感想，"天下一家"的境地，只要政权完全属于人民，是很自然地可以达到的。那时候，政治上没有处心积虑企图控制世界的野心家，没有争权夺利的阴谋诡计，国与国之间，自然就可以如兄弟般地相处了。

值得我惊奇的是，旅顺是依照"中苏协定"和苏联共同使用的一个海军要塞，目下由于对日和约还未订定，仍在苏军占领时期，然而，在那里，几乎嗅不到火药气味。像我们在重庆、上海所看见的美国兵那样，全副武装地高踞在吉普车上面，威风凛凛地在马路上驰骋，这里是看不到的。我只看见一个持枪的苏兵，把守着一道门岗。还有三三五五的徒手苏兵，很平凡地在街上走过。倘使没有几条抛在海港上的兵舰，我们几乎不能认识这是一个大连和旅顺的市政，完全操在中国人的手里。各级的政权，都是通过民主方式产生的。

三、伟大的工人阶级力量

上面是观察所得的一般印象。现在再说一些比较深入的了解。

我们参观过沈阳的机车制造厂、兵工厂、抚顺煤矿、小丰满水力发电厂、哈尔滨监狱和一个农村。参观的收获是相当丰富的。这里，且把可以发表的叙述一些。

机车制造厂创造了一个奇迹：国民党管了三年没法完成的工作，人民政府只需三天就把它解决了。这里有几百台母机和几架很大的水压机，需要电和水才能开动。可是，原来的电路和水路图样，被日本人毁弃了。因此，必须经过摸索才能找到电路和水路。国民党接管了三年，由于职员的不积极和工人的不合作，始终没有找到电路水路。人民政府接办以后，由于改善职工生活，取得他们的全力合作，三天工夫就找到了。接办的时候，工人已经全部星散，机器也几乎全部不能用。现在，他们已经招回了两千多工人，修理好几乎全部的机器。工人们除了努力工作之外，还自动地献出过去散失了的器材；除了修好机器之外，还要修好过去认为无法修理作为废弃的机车。他们为着庆祝济南的解放，新造了一台"华东号"机车；为着庆祝平津解放，修好了一台"华北号"机车。此外还修好了三台机车和五十台货车，这都是短短的三个月的成绩。我相信，"上海号"和"南京号"机车，一定已经在他们的计划当中了。接收下来一个全部停顿近于废弃的工厂，能在三个月当中获得如此的成果，难道不是一个奇迹吗？

抚顺煤矿在国民党时代，用"撒烂污"的开采方法——如不顾及工人危险大量放炮，以及露天矿场只采煤不拨石层等等——去年九月份每日平均产量不过一千六百吨，其后更少。民主政府接办以后，在"替国民党还债，修复重于生产"的经营原则下，二月份的每日平均产量，已经达到三千五百吨，他们相信，一俟修复工作完成，产量可以倍增。他们计划在五年以内，可以把产量提高到每年五百万吨，一合即每日平均产量一万三千七百吨，而且很可能提前完成计划。此外，接办时电车只能开动三十台，现在已经增加到六十四台。火车头只能开动三台，现在增加到六台。国民党的破坏力量和共产党的建设力量，在这里有一个鲜明的对照。

小丰满的原有发电量，已经全部使用，送电已经遍及东北各都市，连抚顺的火力发电厂都已经停止发电了。他们正在计划装配完成另外两部的八万千瓦发电机，使发电量增加一倍，以应东北扩大工业生产的需要。这是日伪时代所没有完成的工作。堤坝本来也没有修建完成，日伪当局当时是冒险开工应急的。国民党时代没有力量把它完成，人民政府却已经确定计划，修筑堤坝上层及外墙，完成整个计划，使它足以抵抗任何的洪水压力。这个工程将在解冻时开始，一年内可以完成。许多人曾经为这个牺牲我同胞一万二千人的生命和难以数计的汗血的伟大工程前途担忧，有了勇于负责，善于建设的人民政府，可以不必过虑了。

四、奇迹更多的哈尔滨

（本书从略）

五、理想的监狱

（本书从略）

六、世间决没有无因之果

东北的事实解答了许多过去不能理解的问题。

自然，我们早已经看到，国民党一定要失败，中共领导的解放革命战争一定要胜利。然而，军事胜利能有这样的速度，却是出于一般人的意料之外的。看了解放之后的人民力量的伟大，就觉得一点都不足为奇了。尤其关于工农动员力量的奇迹，这里所报道的真不过是九牛一毛。可歌可泣的事实每天都发现在报纸上，然而，报纸所发表的，也只限于若干具有代表性的例子罢了。何况，一地报纸所登载的，还大部分只限于当地的事情呢？人民的力量真是不可抵抗的。全国人民一条心，黄河没有法子隔绝它，长江也照样没有法子隔绝它。日本帝国主义的武力，在中国人民的前面失败了。二十几年来，搜刮人民的汗血，整军经武，一心依赖武力，成为中国有史以来拥有最大军力的最顽强的军阀蒋介石，加上空前巨大的美援的国际联合反动力量，又在人民的前面失败了。由此推想，即使美帝国主义野心不死，甚至直接出兵干涉，虽然会增加我们的困难，然而它的最后失败都是必然的了。

一个善于破坏的革命党，是不是也善于建设呢？本来，一个革命力量倘使真是人民的力量，人民为了自己的利益，要求建设应该是本能的，破坏必然要降为达到建设目标的一种万不得已的手段。中国革命的本质还是一个农民革命。历史告诉我们，农民革命是很容易走上错路而终归失败的。农民革命能够绘成一幅如此美丽的伟大画面，确是空前未有的。这就不能不归功于中国共产党的卓越领导了。二十多年来经过千锤百炼的中共，不但有了坚强的组织和严格的纪律，而且有了大批优秀的干部。他们不但具备了优良的学识和才能，而且具备了优美的性格和作风。"戒骄戒躁，谦虚谨慎，实事求是"的训条，已经是那样地深入每一个干部的心坎。把过去"搞政治"的政客、官僚、党棍们的一套，一扫而空。再加上自我牺牲、不畏艰苦的精神，真就无往而不利了。他们不但善于建设政治，而且善于建设经济和文化。不但善于建设农村，而且善于建设都市。不但土地政策已经发挥出来无比伟大的力量，工商业政策也已经表现出来辉煌的成绩。事实俱在，不是任何的反宣传所能掩蔽的了。

因此，我们不但可以确信革命的成功，而且可以确信建国的顺利与成功。

刘邦入关，约法三章。中共革命依我看来，约法只有两章。第一章是"一切为着人民"；第二章是"向人民学习"。各地人民政府颁布的法令条文，真是寥寥可数。司法干部也喊出法律不够用的呼声。然而，事情却是向着成功的途程迈进。这是什么理由呢？就靠着这两章约法的灵活运用。换言之，就是诚心地服务人民，虚心地接受人民意见，耐心地领导人民。这难道还不是最彻底的民主？民主这一个武器运用，在这里可称得登峰造极了。

我们在东北，目睹人民力量的无比伟大，中共领导的正确而有力，民主程序的贯彻与深入，不能不感觉到自己力量的渺小和见识的狭窄。毛泽东先生对于那些只有书本知识而没有实践知识的人，称之为半知识分子。我以为社会上还有第二种半知识分子，他们只懂得旧世界的一切，而不懂得新世界的一切。像我就是第二种半知识分子的一员，现在正开始学习新世界里面的那一半知识，我们知道，在老解放区里面，还有更多的奇迹。这许多奇迹，在旧世界的历史上，都是找不到的。解放区出版的书籍，也只能告诉我们一些代表的事例。是需要亲身去了解、去体会的。由此再推想到苏联和东南欧许多新民主国家的一切，真有望洋兴叹，美不胜收之感。还不应该虚心学习如恐不及吗？还不应该把那些形式的、皮毛的旧民主主义的观念桎梏，那些传统的、正统的思想壁垒，一扫无遗地从脑子里抛掷出去吗？没有破坏便没有建设，学习亦然。旧的桎梏和壁垒不除，新的知识是不容易进入的。

东北的负责朋友告诉我们：在初解放的都市里面，另一种不正确的观念也要继续若干的时间，一般人认为现在这一群"官儿"的确比国民党时代好得许多，那就让他们管下去好了。这样，消极的不合作固然是没有，但是，到达积极起来管理自己事情的地步，却依然有一个距离。他们仍然认为这是换朝代，或者统治阶级的换班，而没有认识这是一个翻天覆地的革命，更没有了解这一个新成立的政权，是人民自己的政权。由于都市里面改变得不太大，更由于数千年来专制政权的奴役，观念的改变的确不是一件容易的事情。然而，这对于诚心诚意要建立人民政权的中共，却是一个苦闷。事情终究是会弄明白的，但是，那种拖延的损失可就不小。很明确地认定这是一群人民，是服务人民的公仆，自己应该拿出主人翁的地位，积极来参加这一个政权，这也是我们知识分子应该倡导的一件事。

中国的出路，只有这一条。历史上最灿烂光辉的伟大时代，就在今朝。我们是如何幸运，能够躬逢这一个伟大的时代！献身为国，全心全力地为人民服务，这真是知识分子和工商业家千载难逢的一个时机。

篇幅已经太长，想写的依然还是太多。然而，我所了解的，必然还是极其微小而浅薄。希望将来能够再多写一些，更希望能够继续地多了解一些。

1949.3.17于北平

［原载《章乃器文集》（下卷），章立凡选编，华夏出版社1997年版］

吴茂荪离开香港北上的前前后后

王　枫

　　1948年6月，我们一家抵达香港。茂荪持冯玉祥先生的介绍信，见了李济深。以后他便代表冯先生参加在香港建立国民党革命委员会。茂荪还担任民革中央的外事负责人，并充当李济深接见外宾的翻译。以后又和萨空了、乔冠华、连贯等同志取得了联系，他们协助茂荪在香港开展工作。茂荪还担任香港《文汇报》的特约主笔。

　　我们在香港的寓所比较宽敞。有一次何香老、李济深及民革中央在香港的几位负责同志在我们家吃便餐，饭后商量北上大计。当时虽然全国解放在望，可是究竟何时能够北上尚不清楚。李济深双手搓掌，一时拿不定主意，何香老催促他们赶快下决心，对他说：“你现在还不决定，等待何时呢？”当时急于从香港北上，一则是形势的需要，二则也是为了自身安全考虑。

　　过了几天，茂荪对我说：“今晚我要离开你和孩子们了，我只需收拾一个最简单的行装。”他还对我说，这是绝密，他们当晚要在香港某家饭馆吃饭，作为李济深宴请大家，饭后雇好游艇，装作在海上观赏夜景，然后登上轮船，奔往解放区。我听到这个消息，无比兴奋。我们在旧社会经历的坎坷生活，那漫长的黑夜就要结束了。我和孩子们尽管还留在香港，但曙光已经在望了。

1948年底，茂荪和李济深等一批在香港的爱国民主人士改名换姓，秘密从香港上了大船。轮船到达大连即进入解放区。李济深、沈钧儒、郭沫若等55人到解放区后就发表对时局的宣言，旗帜鲜明地拥护共产党毛主席领导的政治立场。茂荪在这宣言上也签了名，从此参加到革命行列中来。"解放区的天，是明朗的天，解放区的人民好喜欢……"这是茂荪当年最爱唱的一首歌。我后来到北京的时候，他还唱给我听呢！

茂荪和从香港来的民主人士到达解放区，备受党和群众的欢迎。每人还领了一件獭领貂绒皮的大衣，一条毯子，一个鸭绒军用被套。这些都是战利品。1949年2月底，这些民主人士到了新北平，住进北平饭店。茂荪好像从笼中飞出的鸟，展翅高翔，飞到广阔的天空中。他心情舒畅，思想活跃。

（节选自《风雨同舟五十年》，原载《鼓浪集：吴茂荪同志纪念文集》，民革中央宣传部编，团结出版社1989年版）

我在沈阳参与筹备新政协的那段经历

李文宜

　　我们越过国境这一天，正好是1949年新年元旦。在寒风凛冽中我们到达满洲里。时已零下四十多摄氏度，我们从马车下来时，马身上的汗水立刻结成冰。我们全都是在屋外，用双手擦脸、耳、鼻，直到擦得发红后，才允许进门（因屋内空气暖），否则耳、鼻可能冻掉。稍事休息，我们即乘车到了哈尔滨。由于没有人热热闹闹地欢迎我们，蔡大姐很生气。因中国的革命战争胜利，代表团曾受到沿途各国各地的群众欢迎欢送，而回国了反而这么冷清，相形之下蔡大姐有些受不了。当时哈尔滨摆了四桌酒席，用晚宴接待我们。蔡大姐知道因沈阳解放了，李富春同志（蔡大姐丈夫）和许多负责人都到沈阳去了，就命令专车直奔沈阳。

　　过去我在中东铁路和南满铁路的火车上已来回过两次，眼看车厢窗外的我国东北大地的主权属于异国，心中充满义愤，但也只能心里生气，还只能化装成为东北农村妇女，不能吐露出南方口音，那种连说话的自由都没有的环境，是多么令人窒息哀伤！而今在人民自己的铁路上，乘坐人民自己的专车，车上全是丝绒的沙发可以自由坐卧，同志们上车后无不喜笑颜开，高谈阔论，有人放声歌唱起来，庆贺我们的胜利。车上温暖如春，大家都脱了大衣，集中到车厢最后的客厅去谈笑。不料，突然寒冷起来，大家想到前面车厢去取大衣，但通往前面车厢的门，不知何时锁上了。这时蔡大姐看着我问："谁能下车到车厢去把大家的大衣都取来？"我想蔡大姐是在考验我，立即答应："我去！"当我下车时，扶着铁扶手棍，冻得我像火烧一样生疼，阵阵寒风吹得我迈不开步，我奋力奔跑到前节车厢的门上去时，已有男乘务员知道了，打开了前后的通道门，让我在车内走。大家都穿上大衣后笑着说我"有勇气"。

初到沈阳，我被安排住进东北妇联招待所，和群众一起在食堂吃高粱米饭，它又凉又硬，我一点也不习惯，很难咽下去，总吃不饱，而我穿的还是香港买的那件海勃绒大衣，没有纽扣，只有一条腰带，也很难在东北御寒。有一天，妇联干部卢英来看我，她手牵八九岁的女儿，看见我穿的衣服不适合抵御东北的寒冷气候，立刻解开她身上的羊皮短袄，强制披在我的身上，使我立刻感到温暖起来。我虽然感激她，但不能使她受寒，所以仍退还给她。她这种热情舍己助人的品德使我终生难忘。

在蔡大姐领导下，东北开了妇代大会，请我以来宾资格出席。会前在几十万群众庆祝大会上，我站在蔡大姐身边，看见她喜气洋洋地对广场的群众挥手。宣布开会前，蔡大姐问我："你看，比北伐时期的妇女群众大会的规模如何？"我说："更大。"她说："你可以写下来。"进了大会场，妇代大会正式开幕了。李立三同志胸前别有和我一样的红缎带，上写"来宾"字样，因此也和我一样坐在前三排左边的空席位上。但不一会儿他就上台去作《工人运动》的报告了。我记得那还是1930年，他犯了冒险主义的错误调到莫斯科去，我曾在中大食堂看见过他。当时他灰溜溜的，隔着一条餐桌伸出手来和我握了手。东北解放后他回到东北做领导工会的工作。听说国民党领导的劳动协会主席朱学范因反蒋独裁，避居香港，参加了民革，是民主人士，也到了哈尔滨。参加劳动大会时，群众不选朱当工会理事，李立三说服了工人群众，朱才当选。可见李立三是能贯彻党的统战政策的。在东北，他的威信是比较高的。妇代会开幕式后，晚上举行跳舞会。李立三同志找我跳舞，我只能对付着跳了几步。

东北妇代会后有一天，蔡大姐约我到她家去玩。蔡大姐亲切地对我说："我的文化低，在法国做女工是工人，所以请你帮助我写一篇这次出国参加国际妇代大会的总结，作为向党中央的报告。丁玲原来写了一篇，交给你做参考。因她的文字是写文艺的笔调，不适合于写报告的体裁，所以你写后请富春看过，就可以上报中央。"我接受了这个任务，以丁玲写的事实，用我的文字重写一篇，经富春同志审查通过，蔡大姐同意了，才送走。我自己也留了一份底稿。

我向蔡大姐提出要求，说全国解放后，我在党领导下想学习做社会主义建设工作，不想再搞民主党派和妇女运动，因为男女都平等了。李富春同志说："你是中央的人，我们不能答复你，要请示中央。"于是打电报问中央，很快，李富春同志对我说，"中央回电，要你陪伴李德全。你还是和民主党派、民主人士一起，这个工作也是十分重要的。"于是用小汽车把我送进了铁路宾馆。

我的住房紧靠李德全的房间，走进她的住房，立即见到用黑纱布罩着的冯玉祥将军的巨大的骨灰盒，放在朝南窗台的左边桌子上。骨灰盒旁还有同父亲一起，被火烟熏死在船上的女儿十五岁时照的一张非常美丽的少女的遗照。当这位冯夫人李德全见到我时，脸上没有泪痕，只是双手紧紧握住我的两手，力气很大，握得我很疼。因她认识我大姐李哲映，也就把我当成她的妹妹了。

蒋介石假冒伪善，在重庆笼络冯玉祥，曾和冯结拜为兄弟，又因冯反对蒋统治腐败，常直言规劝，蒋恨他，就派他出国到美国去考察水利，实则派特务跟踪，并有加害于冯的打算。因而冯决心去苏联。不料船因靠岸而失火，冯父女不幸遇难。李德全因被抢救出窗外，得以幸免于难。

我的任务是从早到晚陪着李德全，使她不要老在房间里守着骨灰盒。我陪她打乒乓、串门、看朋友。大家要我教唱《没有共产党就没有新中国》的歌，她也参加唱，晚上舞会，我也尽量陪她玩，尽管我不是内行，大家也教我。有人是解放区的舞法，有人是英国绅士的舞法，英国的比较严格（双方身体之间有一拳之隔），美国的可以随意一点。开始无非三步、四步，大家同我跳时，一面讲给我听，一面夸我学得快，但我总不会转弯。冯玉祥的秘书赖亚力能教俄语，我和李德全都去上课学习。李是会英语的，她也愿意学俄语，搞得我成天很忙。

党要我回到统战系统的圈子里，我去见了沈老和章伯钧先生。沈老说章伯钧他们忙于跑古董、书画店，又说："朱老买到了九砖端砚，他的房间称'九砚斋'，你可以去看看。"我就到朱蕴山老先生房间去看砚，并将我替蔡大姐写的向中央报告的文稿拿给朱老看。朱老说，"你应当在会上作个报告，这比其他的活动都重要。"这消息被吴生知道了，他不清楚我是个什么人，我也不认识他。据说是他反对朱老的意见。其实我并不想作什么报告，而是让朱老知道我离开香港后去干什么了。后来知道吴生是王昆仑的妹婿，20世纪30年代在南京就与曹孟君、王枫、孙晓村等组织了救国会，50年代在重庆周恩来同志支持下组织了"小民革"，是位思想偏"左"的民主人士。沈志远听说我参加过国际妇代大会，要文章看看，我给他看了。他说："只有情况，缺乏政治内容。"我觉得他的指责很中肯。沈志远在莫斯科中大是先期同学，俄文理论很好。回国后因病脱离了党的组织关系，但因译了马列著作而成为名教授，是民盟中委，三中全会被选为宣传部长。我还去施复亮房间拜访。施抱怨说："别人的家眷都来了，我的家眷却没有来。"我知道他是在为怀念钟复光而发牢骚。我说以后交通便利了，就会团聚的。

他们每个人一进宾馆就收到一原装本《毛泽东选集》。他们的都是大红布封面，烫金字，而我才来，是蓝布面烫金字的。我还来不及看一篇文章，而施复亮桌上的一本，据他自己说，已经看完了。他说："我原来对毛泽东不怎么样，看完了这本《毛选》，我佩服得五体投地了。"我想这应是他的由衷之言。他原名施存统，早期的党中央委员，马列主义水平高，善于写文章。北伐大革命失败时，他因中共不曾重用他，便脱离了党，可见他自负不凡。1945年在重庆，他和章乃器、上海民族资本家胡厥文、四川的民族资本家胡子昂等人，发起组织了民主建国会，受到周恩来和董老的支持，所以老共产党员变成了民主人士，曾于1947年担任过民盟中央的政治设计委员会主任。

郭沫若每天在房里练书法。他不写时就出去买古玩。他买的东西最多，因他识货，对历史文物有研究。他还买了许多古画当纸用，就在画上写起字来，我觉得很可惜。曹孟君有钱，也买了玉雕的紫瓶、翡翠等精美工艺品。她将最美的赠给郭老。我也很爱好这些古玩文物，但我无钱，根本不去买。朱蕴山很理解我的心情，就送了一个花瓶和水盂给我，李德全也送了一个古铜瓶给我。

宾馆的伙食太好了，一日三餐，等于宴会。统战部负责同志李楚离（初梨）住在宾馆，他无微不至地把这些民主人士待为上宾，还叫裁缝来为大家量尺寸，给每人做一套哗叽的中山服，男同志每人一件皮领哗叽呢大衣。我因有香港买的海勃绒大衣就不做了。每人还定做一双皮鞋。沈阳对毛主席请来的客人十分优待。男同志还有新皮帽，当他们穿上新衣、新帽、新鞋时，都变得十分庄重而朴实了。

前面讲过，鲁迅夫人许广平，在上海很有威望，这次世界妇女代表大会上她被选为理事，政治地位很高。我自己在上海也拜访过她，印象很深刻。但是，我在宾馆和许多人的接触当中，听到大家议论她在要鲁迅版税的事。情况我不清楚，但我提醒许广平说，"版税的事容易引起人们的误会，能不能考虑一下？"她很感激我，说："好，等跟我儿子海婴商量以后再说。"后来和海婴商量了，决定将版税全部捐给东北的鲁迅文艺学院了，这样许广平的威信更高了。她后来一直对我很亲切，说我是能帮助她的好朋友。

一天，蔡大姐用车把我接去说："全国第一次妇女代表大会将于三八节在解放了的北平召开。邓颖超同志在西柏坡已经开始筹备，要我准备在大会上报告国际妇女问题。我把资料给你，你要很快地整理成文件。和平解放北平的工作进展顺利，辽沈战役胜利后，平津战役势如破竹。她们电催我立刻去中央参加妇代会的筹备工作。我要等这篇报告写好了再去。我们原有分工，我管国际的妇运，邓颖超管国内的妇运，由她领导筹备工作就行了。"

蔡大姐这个任务压得我很重。一大包资料都是国际妇代大会上几十个国家的代表发言的翻译记录，当时我不懂什么，听不懂也看不懂，没有一点感性知识。现在要急于整理成文，还要迫切交稿，我只有开夜车，每晚到第二天两点钟才睡一下，还要保密。我把文件全部看了一遍之后，才能动笔整理。蔡大姐差不多一两天就派车来接我去一次，先将文章的轮廓向

部分北上民主人士赴北平前在沈阳南站合影，右二为李文宜

富春同志汇报，蔡大姐坐在旁边听，然后富春同志指示意见，重点应放在什么地方，要分别对待两大阵营的妇运系统，不要平铺直叙。国际上以苏联的妇运为主，中国的以解放区为主，先写成提纲，然后动笔。我回到宾馆里，只好连夜加工，根据富春的指示意见写了初稿，再去听修改意见。蔡大姐提了些补充意见。她参加过两次国际妇代大会，又是国际妇联的常务理事兼妇代会副主席，她本人又会法语，对各国妇运情况知道得多。这样往返一再易稿，大家看到富春的车子不断地接送我，还不知我是在干什么重大的任务呢。

听说1949年1月31日北平已和平解放了。铁路宾馆负责人说，要装东西的可以定做木箱，没有带铺盖来的，可以把宾馆铺盖拿去。我也定做了一个木箱，结果因郭老买的古董、文物多，他的木箱放不了，就把我的木箱也拿去了。我从香港乘飞机出来，没有铺盖，就将宾馆的垫褥、盖被都要了，随同大家于1949年2月25日乘专车来到北平。下车时我让老先生们先下，我最后下车。来接我的曾宪植说："你怎么不早点下车，害得我们找不着你。"谈笑之间，小卧车已来到了北京饭店。

（节选自《李文宜回忆录》，李文宜著，东方出版社2004年版）

北上迎接祖国的解放

胡子婴

1948年4月30日，中国共产党发布了庆祝五一国际劳动节的口号。口号提出由各民主党派、各人民团体及社会贤达迅速召开政治协商会议，讨论并实现召集人民代表大会，成立民主联合政府。章乃器和在港的孙起孟同志等受民建会的指派，在香港代表民建会响应了这个号召。

1948年年底，淮海战役正在展开。蒋介石政府已经感到末日来临，就积极拆迁国内重要城市各大企业的机器设备，移往台湾；拆迁不及的，必要时将付之一炬；对于留在白区的革命同志和革命群众，则进行疯狂的迫害和残杀。

鉴于这种形势，民建会在港的理事章乃器、孙起孟、施复亮等就在这年的12月4日，和民革、民盟等十三个民主党派一起发表了一个文件《为保护产业，保障人权，告国内同胞、各国侨民》，揭露了国民党政府的阴谋，要求所有未解放区的工商业者团结起来，为保护自己的产业和人权，坚决抵抗南京独裁政权一切破坏产业和人权的罪行。

　　章乃器判断政治形势是比较敏锐的。当1947年底国民党政府悍然宣布民盟为非法组织，禁止民盟活动，并开始逮捕民主人士时，章乃器和许多人都避居到香港。章的妻子杨美真仍然留在上海。杨美真不考虑政治影响和章的政治道德，在报上登了一条启事，说章乃器在香港完全是从事商业活动，与政治毫无关系。章乃器知道这件事后，马上自己在同一报纸上又登了一条启事声明说：本人在香港确实是做生意，但对政府禁止民盟活动的非法命令，则坚决反对，云云。这样既消除了一些人的怀疑，又保持了和大家政治上的一致。

　　1948年下半年，我在上海的处境也很危险。孩子在我身边，使我的一些活动受到限制。万一我出了事，孩子将会流落无依。我打了一个电报给章乃器，他回电要我把几个孩子一齐送去，并且要我也去香港转往解放区。他在电报中说："大哥（指共产党）事业很大，前途光明，需要你，盼你速来。"我把孩子刚刚送到，四天之后，他就离开香港，往东北解放区去了。

　　1948年12月，章乃器和孙起孟、施复亮两位民建同志由香港到了解放区沈阳，参加新政协的筹备工作。

　　此时，新政协的筹备工作计划在沈阳开始。当时我应周恩来同志的邀请由上海经香港也到了沈阳。后来军事发展很快，1949年1月底，北平就和平解放了，其后所有参加新政协筹备工作的人，就都由沈阳转到北平。

　　在东北，大家参观了沈阳、哈尔滨等地。章乃器对东北各地人民在短期内取得的巨大成就，赞不绝口。1949年3月，他到北平不久，就写了一篇文章，题目是《人民的东北》。

　　在这篇文章中，他用充满热情和钦佩的词句，描绘他在东北各地的所见所闻。他坦率地承认，过去他对新华社所报道的有关解放区的政治经济情况，抱有一定程度的怀疑；而在实地参观以后，不仅认清了自己过去的怀疑毫无根据，而且新华社的报道远远地落在事实之后。他认为新生的事物太丰富，而有些抽象的情况，如人民的愉快情绪和社会的蓬勃气象，就绝非通讯体裁所能描写。他热情地写道："对于这些，我近来时常感到散文无用，而必须用诗歌来表达。因此，一向不欢喜诗歌的我，现在却想学写诗歌，以发泄胸中磅礴的诗意。"

（节选自《我所知道的章乃器》，原载《文史资料选辑》第82辑，全国政协文史资料委员会编，文史资料出版社1982年版）

民主人士由香港北上经大连

李一氓

　　大连的经济在对外贸易方面，除了跟朝鲜、南朝鲜有关系之外，主要还和香港有关系。大连有些土特产，如苹果等，向香港出口，也从香港进口一些民用品，特别是医药类。因此大连在香港设立了一个办事处。那时，苏联货船来往于大连和香港之间，这也就是我们所依靠的海上运输力量。虽然贸易额很小，但解决了我们当时军民各方面的日常用品的需要。在工作上也和华东地区在香港的组织有一定的联系，后来逐渐发展到取得华南在香港的工作组织的帮助。因此，在筹备新政协工作上，发挥了把留在香港的民主人士秘密运送到大连的作用。

　　当时，有一大批赞成党的新民主主义方针、反对蒋介石战后独裁的各方面民主人士。早些时候，他们不能在国内立足，纷纷到了香港。后来军事形势发展，有可能要召集一次全国政治协商会议，但他们如何从香港到北平却成了问题。（一）他们无法公开从香港到广州经武汉赴北平。（二）也无法公开从香港坐船到上海转北平。（三）也无法公开从香港坐船到天津转北平。因此中央决定，由大连跟苏联方面商量好，派出一艘苏联的客货轮到香港去接这批人，把他们从香港送到大连，再从大连经沈阳到北平。1948年11月沈阳解放；1949年1月，和平解放了北平，这已经变成一条通路了，虽然迂回较大，我们还是这样办了。苏联的客货轮在香港没有停靠香港或九龙的码头，而是停在香港的外海，由香港的组织派小电船，分别把这些民主人士，一个晚上都送到船上。到齐以后，立刻起航。这批民主人士下决心，把家属都留在香港，对他们的亲朋好友都没有打招呼，只身北上。等到他们到了大连，香港才有人知道这批民主人士都不在香港了。这是1949年2月（应为1月，李一氓此处回忆有误——编者注）的事情，党中央和东北局派来接这批客人的是李富春，我以大连主人的资格参与这次接待。

这批民主人士是分几批从香港动身的，有的是经过朝鲜到安东、到沈阳的，有的是直接到安东、到沈阳的，有的是从香港到大连、到沈阳的，还有经过烟台的。哪些人走了前两条路线，哪些人经过烟台、经过大连，准确地说，我分不清了。但是，我同这些人都见过面。因为李富春到大连接他们去沈阳的时候，我也陪同去了沈阳，所以在沈阳都见了面。

到大连的民主人士，都住在原南满铁路的大和旅馆（现名大连宾馆）。大连尽力招待了他们，当然以本地物产海鲜为主了。住了不多久，就由大连派车子，把他们送到沈阳。我也陪同他们在沈阳住了若干天，等他们离开沈阳去北平时，我才回大连。在沈阳他们住的是沈阳的大和旅馆（现名辽宁宾馆）。沈阳的招待就以东北的特产为主，如哈士蟆、鹿筋等。这对一大批南方客人来说，是很特殊的了。无论是大连的大和旅馆还是沈阳的大和旅馆，都是当时大连和沈阳最好的旅馆了。只是大连的那个大和，原来还由苏军占着，经过协商，他们还算客气，临时让出来了。这两个旅馆最初是日俄战争以前，俄国人修的，建筑的形式和内容都很带俄国式。日俄战争以后，才由日本占有，成为南满铁路的附属企业。虽然旅馆的名字改成大和，带有很浓的日本味道，但那个辉煌的样子，还极大地保有俄国的气派。东北有些地方，常常不免留下俄国和日本的历史烙印。

这些人是第一届中国人民政治协商会议的成员，知名度都是很高的。他们都分属于现在的中国国民党革命委员会、中国民主同盟、中国民主建国会、中国民主促进会、中国农工民主党、中国致公党、九三学社，但是当时参加政协的还有另外三个组织：一个是以李章达、沙千里为代表的中国人民救国会，后来这个组织并入中国民主同盟；一个是以谭平山、陈铭枢为代表的三民主义同志联合会，一个是以蔡廷锴、蒋光鼐为代表的中国国民党民主促进会，这两个组织后来都并入中国国民党革命委员会了。

（节选自《李一氓回忆录》，李一氓著，人民出版社2015年版）

记香港民主人士赴解放区的一次旅程

赵子晖

中华人民共和国成立前，我在上海参加地下工作。1948年2月，党组织决定让我到香港去学习。在香港跟我联系的是张建良同志，当时他在潘汉年同志领导下工作。我们在一家旅社里见了面，张建良同志让我去报考达德学院，并说我的主要任务就是学习，如有要事，也可通过他约见潘汉年。我因无大事，所以就没有去见潘汉年同志，只和张建良同志保持着每两周一次的联系。

1949年2月，党组织决定让我去解放区。张建良同志把这一决定告诉了我。几天后，他通知我去干诺道一家小旅馆集合。我到达了指定的地点，那里已经有些同行的人在等候了。人到齐后，张建良同志带领我们登上停在旅馆不远的海堤边的一艘小艇，到了港口中心换乘一艘大轮船。一位同志领着大家走进船舱，并关照说不要到船舱外去，只有等船开到海上，才可去甲板活动。这位同志便是吴耀宗先生。建良同志曾向我交代过，我们此行对外一切均由吴先生出面，他是宗教界的代表人物，年纪也大，要尊重他，也要照顾他。我深感这次旅程的重要。

这艘轮船是外国商船，由中共党组织包租下来的，船长是外国人，船上还有一批运往我解放区的物资。由于不能直接驶向解放区，只得从朝鲜借道。轮船起航后，由南海驶向东海。过了几天，我们这些旅客交谈虽不多，但彼此有了依稀了解，相处得不错，但不感到寂寞。同行的除吴耀宗先生外，记得还有台盟的负责人谢雪红、《大公报》的李纯青先生，以及沈钧儒先生的儿子，名字记不得了，是位工程技术人员。我名义上是个"西药商人"。还有一位姓康的先生，年龄比我略小，河南口音，不常说话，谁都不知道他是干什么的。我们住的船舱很舒适，据说原来是船员的寝室，让出来给我们住了，这也是党组织事先安排好的。船上的伙食也不错，一日三餐、荤素几大碗，唯恐吃不掉，想不到旅途生活竟如此之好。

轮船向北方行驶了一星期，气候逐渐寒冷，我们沿途增添衣服，从香港出发时只穿着一件单衬衫，到朝鲜领海时已是全副武装了。不久，我们看到了朝鲜民主主义人民共和国的引港船。我们跟着引港船进入了朝鲜镇南浦港，因为事先没有接洽好，港务局命令我船停泊在码头边，人员不得上岸。经过两天的往返联系，我们得到许可登上朝鲜的领土，随即从镇南浦乘火车前往平壤，朝鲜政府还派了专人护送。到达平壤后，我方驻朝的一个贸易机构利民公司的工作人员来车站接我们，把我们安排在斯大林大街上的公司大楼里休息。利民公司的同志对我们十分热情。本来，到了朝鲜就像到了解放区，住到利民公司后更像回到自己家一样。负责接待我们的一位女同志经常对我们说，不要客气呀，你们在这里就像在家里一样。我们回答说，比在家里还好呢。我们住宿的房间整齐清洁，浴室全天都有热水供应，室外冰天雪地，屋内暖气开放，犹如春天。伙食嘛，一日三餐都是整桌的筵席，以至我们一再提出从简的要求。尽管那时我们还处在艰苦时期，可利民公司却常提供汽车，让我们参观平壤的一些名胜古迹。其中印象很深的是参观箕子墓，陪同的工作人员介绍说，箕子确实就是葬在那儿的，朝鲜对这位促进中朝文化交流的古人也十分尊崇。几天后我们离开了平壤，前往东北解放区。利民公司的工作人员和朝鲜政府派出的护送人员，一直把我们送到边境的新义州。

我们乘坐了一辆中型客车，越过鸭绿江大桥前往安东，桥的一端有朝鲜人民军站岗，护送人员要我们留在车上，人民军战士仅看了我们一眼就让通过了。车子行驶在大桥上，看得见安东市工厂的烟囱冒出阵阵黑烟。瞬间车已到桥的另一端，我解放军战士笑容可掬地迎接我们的到来。啊，过了国境线啦，进了家门啦，大家都欢呼起来，谢雪红环顾着大伙，咯咯地笑出声来。车子一直把我们送进一个招待所住下。安东城市不大，却有很多工业，我们参观了造纸厂、橡胶厂和托儿所。造纸厂有一整套自动化设备，整根整根的大树运进工厂，被切成小块、碎粒，打成浆液，制成一张张白报纸。托儿所是新建的，培育着祖国的花朵。这个城市刚解放不久，一切都已经显得欣欣向荣，我们参观后受到很大的鼓舞。几天后，我们乘火车到了沈阳，住在一家原来叫"皇家饭店"的旅馆，据说日本关东军司令部就曾驻在这幢大楼。在沈阳我们同样也受到了当地领导同志的关心，参观了许多工厂，生活方面也照顾得很周到。离开沈阳时，政府为我们安排了一列专车直往北京，途中除在山海关停过一次，沿线均未停站。列车在山海关的停留也是特意安排的，以便让我们去长城参观。在去长城的沿途，我们看到许多手持冲锋枪的解放军战士在放哨，回来时，又看到不少战士在守卫着列车的安全，大家都深深感到我们党是多么重视和爱护党外的朋友们！

火车飞快地行驶。天津外围一带硝烟尚未全熄，仍可看出激战的痕迹，然而进了北平却感到一派平静气氛。列车靠站后，就听到交际处的负责同志大声喊着："吴先生，我来接你们了。"

后来我才知道，我们这次难忘的"旅行"正是潘汉年同志亲自领导和组织的。当时党中央决定召开新政协会议，在香港的一些民主人士急于前往北平，同时解放区迫切需要补充西药和某些物资，潘汉年同志力排万难，开辟了这条从香港到解放区的航线，分期分批把民主人士和物资全部安全地送到了解放区，我亲身经历的只是其中的一次。

（原载《上海文史资料选辑》第四十三辑，上海市政协文史委编，上海人民出版社1983年版）

人 物 录

胡愈之由香港北上到达大连

陈荣力

1948年4月，胡愈之到达香港后，住在沈钧儒的家里。沈钧儒是民主人士左派的旗帜，也是范长江的岳父，当年在上海时便与胡愈之相交甚笃，当他得知胡愈之是中共秘密党员后，对胡更是非常信任。在沈钧儒的主持下，在香港的民盟中央召开了几天会议，专门听取了胡愈之对南洋民盟组织工作情况的汇报，大家认为胡愈之在南洋的工作方针是正确的，也是富有成效的，并积极支持胡愈之回新加坡，继续领导南洋民盟组织开展工作。在香港，胡愈之也见到了当时任共产党华南局书记的方方，向他详细地汇报了南洋地区的情况和自己在南洋所做的工作。方方对胡愈之在南洋的工作也做了充分肯定。然而就在胡愈之准备返回新加坡的时候，马来亚的局势发生了严重变化。英殖民当局为了镇压当地日渐高涨的民族解放、民主独立运动和对付各派进步人士，于1948年6月18日，颁布了《英属海峡殖民地紧急法令》，宣布马共为非法组织，大肆逮捕马共党员，封闭各种民众团体。发行了130多期的《风下》周刊被迫停刊，接着南洋民盟组织遭取缔，一些成员被驱逐出境，沈兹九等也被迫于6月底来到香港。在这样的情况下，胡愈之要再回新加坡显然已是不可能了，沈钧儒便让胡愈之担任当时已改名为"人民救国会"的救国会秘书长工作，并参加民盟总部工作。

在香港，胡愈之大约待了三个半月时间，然后即由香港赴解放区。1948年5月，鉴于解放战争愈来愈好的形势，党中央发出了召开不包括国民党在内的新政治协商会议的号召，在香港的各民主党派和爱国民主人士都积极响应。党中央迫切需要更详细地了解南洋的情况和在港澳的民主党派、民主人士的情况，而对此，胡愈之无疑是最合适的人选。加上他此时既不能回新加坡，在香港又没有更多的事情可做，于是方方便决定让胡愈之夫妇先去解放区，向党中央报告南洋和港澳的工作和情况。经过周密的准备，1948年8月，胡愈之和沈兹九踏上了去华北解放区的旅途。他俩也是由香港去解放区的第一批文化界和民主党派人士之一。

1948年8月，三大战役尚未开始，东北全境亦没有全部解放，因此在香港还没有直达解放区的船只，胡愈之夫妇只能通过党的秘密交通线，由香港经南朝鲜而后转大连到达华北解放区。于是，胡愈之夫妇扮作一对华侨商人夫妇，带了一辆汽车，登上一艘去南朝鲜的英国商船，悄悄离开了香港。船过上海时，因故要在吴淞口外作一天停留。离开上海已达十年，急于想了解国内情况特别是上海政治经济形势的胡愈之，决定借此机会冒险与上海的亲友偷偷会一会面。对这次匆匆的会面，当时已是中共地下党员的胡愈之的侄女胡德华（胡仲持的二女儿），有过详细的记述：

> 1948年8月，一个挥汗如雨的夏天，我一个人正在亭子间里看书。我的住地福煦路（今金陵西路、延安中路）安乐村174号，是当年伯父离沪前的住处，也是出版《西行漫记》《鲁迅全集》的复社旧址，是个惹人注意的地方。这时候整幢房子已经"顶"出去，只留下

我住亭子间。突然有人敲门，进来一个似曾相识又陌生的中年知识妇女。我立刻警惕起来。因为当时国民党特务横行，大上海一片白色恐怖，我这个地下党员，随时有被捕的可能。来人见我不认识她，笑嘻嘻地说："我是兹九。"我想起了那张照片（1941年9月伯父在新加坡与沈兹九先生结婚，曾寄来过一张他们的新婚合影），没有错，那双大眼睛，就是她。她见我反应过来了，叫我跟她快走，说我伯父在外滩等着。一听伯父也到上海了，真是喜出望外，但又非常担心他的安全。我跟兹九先生，坐上三轮车匆匆赶去。

……我们到了爱多亚路（今延安东路）近外滩的一家咖啡馆，我一眼就看到了伯父，他留着一撮小胡子，身穿米色西装，头戴太阳帽，一副华侨商人模样。我强忍住心头激动，在他旁边坐下。伯父边喝咖啡边轻声说："对面那个人一直在注意我，可能认出我了，我们快走。"伯父硕大前额、矮矮个子是很引人注目的，在上海，认识他的人又很多。我们站起来漫步走到外滩一个较僻静的地方。伯父给我的任务是去金城银行找胡子婴先生（胡愈之的远房侄女，曾为章乃器夫人——笔者注），想在她家里歇歇脚。兹九先生去打电话找她弟弟沈学源，用他的私人汽车来解决交通工具。等我回到外滩，伯父和兹九先生已坐进学源舅舅的车子里等我了，真是一切顺利。

我们坐上车子，就开始了无拘无束的谈话。为了怕有尾巴跟踪，也想让他们看看多年不见的上海滩，车子在马路上兜圈子。我有很多话想跟伯父说，特别想了解他这些年的流亡生活，但是伯父一句不谈自己，却向我与学源舅舅提出了大堆问题。他是迫切地想了解上海的政治、经济形势。1948年夏的上海，敌人还幻想控制局势，政治上残酷镇压民主运动，捕人的警车，整日整夜鸣叫着驶过大街小巷；经济上民不聊生，群众对反动政府的憎恨已到了极点。我们又谈到老百姓的反抗斗争，罢工、罢市、游行、请愿此起彼伏。上海如此，其他中等城市也如此。还谈到宁波前些日子全城米店被抢。我又讲了如火如荼的学生运动。学源舅舅在工商界，他讲了不少国民党在金融界、工商界穷途末路的情况。伯父听了大为兴奋，他低声说："我看，快了，快了！"不知不觉，我们已到了子婴先生家。

老友重逢，子婴先生表示了极大热情，一边张罗他们洗澡，一边准备饭菜，还不时问他们抗战后期流亡在赤道线上的情况。……大家开怀畅谈，真像进入了自由天地，房子里洋溢着浓郁、温暖的友情。问得最多、讲得最少的是伯父，他入神地听着，一支接一支地抽烟。最后，他郑重地说："我看国民党支撑不下去了，人心已经崩溃。"他那充满睿智的前额，显得更宽阔了。

不知不觉，已到午后四时许，为了赶渡船去吴淞，我与学源舅舅把他们送到外滩，看着他们跨上一叶小舟，离开了码头渐渐远去，远去。我心里说不清是兴奋还是怅然。

这次会面的所见所闻，进一步坚定和验证了胡愈之对国内革命胜利时间的预期，以至使这一预期，成为直接影响毛泽东修改中国革命胜利时间表的重要因素。

从吴淞口外再次登船后，胡愈之夫妇很快到达南朝鲜的仁川港。上岸后，他们拍卖了带来的汽车，与那里的联络人接上了关系。在联络人的精心安排下，一天下午，胡愈之夫妇装着去海边游览、游泳，登上一条小艇，驶向港外。黄昏时分，他们偷偷换乘停在港外的一艘小轮船，迅速离开南朝鲜，第二天早晨顺利到达了大连。当时，大连还由苏军驻守，但当地的行政管理已由中共负责，是解放区唯一的港口。自此，胡愈之终于踏上了他长期以来翘首期盼的解放区的土地。党的怀抱和祖国的温暖，如一阵和煦的春风，使在险恶的环境中奋战了十几年，特别是在海外转战、流亡了长达7年多的胡愈之倍觉亲切。胡愈之人生中的第二个春天，欣然来临。

胡愈之到达大连后，很快见到了
当时大连党组织的负责人李一氓。李
一氓是老资格的中共党员，也是一个
文化人，因此与胡愈之相见后双方交
谈甚深。一次在谈论时局问题时，胡
愈之同李一氓谈起，毛泽东同志1948
年3月20日在《关于情况的通报》一
文中，公开估计消灭国民党全军、夺
取解放战争最后的胜利还需两年多
时间（即到1951年7月），但依他看
来，胜利时间不要两年，还可更短。
李一氓问，你是怎么估计的？胡愈之

胡愈之（左）和夫人沈兹九北上到达
李家庄后合影

说，除军事形势外，还有一个人心向背的问题，国民党不仅军事崩溃了，
经济也崩溃，因而人心亦崩溃了。他讲了在上海听到的、见到的情况，接
着胸有成竹地分析道，现在国统区不论哪一个阶层，都希望解放军胜利，
希望蒋介石垮台，统治阶级已经到了统治不下去的地步，革命正在走向质
变，只需对国民党军队再增加一点压力，它必然会被很快地消灭。因此毛
泽东同志所估计的时间，可能长了一点，因为国统区的人民大众已经等不
及了。

听了胡愈之的预见和分析，李一氓不仅大感欣喜，而且深为赞同。他
认为，对国际政治问题向有深湛研究，又极擅长形势分析的胡愈之的这一
预见，并非盲目乐观，更非空穴来风，而是基于政治、军事、经济、人心
等综合因素思考分析后，得出的揭示本质的结论，是极有道理的。李一氓
深知胡愈之的这一预见对整个时局的重要，必须让党中央尽快了解这一信
息。于是李一氓改变了原打算等有便人时，再让胡愈之夫妇一同去河北西
柏坡党中央所在地的打算，而是报告旅大区党委，建议专门为胡愈之夫妇

组织一次交通护送，使其能尽早到达西柏坡。临离开大连时，李一氓又特别叮嘱胡愈之到西柏坡后，一定要把这一见解告诉毛泽东同志和党中央。从大连到河北，当时仅能从渤海搭船至山东，再由山东乘车至石家庄后抵西柏坡。那时渤海还有国民党的舰艇巡逻封锁，而陆路上亦时常有敌机的空袭，一路上充满了危险。好在胡愈之等人此行还算顺利，离开大连五天后即到达了山东青州华东局的所在地。休息两天后又经三天旅程，胡愈之一行到达了石家庄，见到了叶剑英，叶剑英还叫胡愈之到军大作报告，介绍海外的一些情况。在叶剑英的安排下，1948年9月，胡愈之和沈兹九等终于到达了党中央所在地——西柏坡。此时济南已经解放，辽沈战役也拉开了序幕。

（原载《大道之行——胡愈之传》，陈荣力著，浙江人民出版社2005年版）

章汉夫的秘密使命

虞铁根

　　从1947年秋开始，国民党反动派在进行全面内战的同时，加紧了对爱国民主人士的迫害，许多进步学者、教授、民主人士都纷纷转移和避居至香港。中共香港分局对他们妥为安置。其间，民盟、民革、民进、民促、九三学社、致公党等民主党派都相继在香港召开了代表大会，并发表了对时局的宣言。1948年4月30日，中共中央发布纪念"五一"国际劳动节口号，提出要召开新的政治协商会议，欢迎各民主党派、人民团体的领导人和社会贤达到解放区去，准备出席政协会议。这一号召得到民主进步人士的热烈响应。

　　为了把在香港的民主党派负责人和其他知名人士安全送到解放区参加新政协的筹备工作，中央采取了一系列积极而慎重的措施。这项重要工作自始至终是在中共中央和周恩来同志亲自组织领导下进行的。

　　1948年5月，周恩来打电报给正在大连从事解放区经济工作的钱之光同志，要他设法打通从解放区大连到香港的航道，8月2日又致电钱之光，要他以解放区救济总署特派员名义前往香港，会同方方、章汉夫、潘汉年、连贯、夏衍等人，接送在港民主人士进入解放区。钱之光从大连出发，经丹东去平壤，在那里向苏联驻平壤办事处办理了租船手续，而后带上解放区生产的大豆、皮毛、猪鬃等货物去朝鲜罗津港乘坐他租用的苏联"波尔塔瓦"号货轮向香港驶发，进行试航。抵港上岸后，钱之光同我党以做贸易为掩护的联合公司（今日华润公司的前身）取得联系，一面商量卸货和购货有关事宜，一面去见香港分局有关领导，同他们接上了关系。

当时中共香港分局也已接到了中央和周恩来同志的有关指示。电文指出，从安全出发，也为了不引人注目，整个工作要秘密地进行。每一次运送民主人士的计划，都要报告周恩来同志，并要在得到批准之后再付诸实施和行动。钱之光在同方方同志和潘汉年、章汉夫、夏衍、连贯等同志见面后，大家一起研究了运送民主人士去解放区的问题，决定成立运送工作专门领导小组，并做了具体分工。领导小组由潘汉年、章汉夫、钱之光、许涤新、饶彰风等人组成，由潘汉年抓总，许涤新负责租船经费，连贯和夏衍分管与各民主党派头面人物和其他知名人士的联系，饶彰风负责其他具体工作。他们决定对外以租用外国货轮运货的名义，分批运送在港的爱国民主人士至东北和华北。

由于章汉夫已同时接到中央关于要他回解放区汇报工作的通知，需要时间准备汇报，所以他虽然也是领导小组成员，但主要参加研究、决策会议，同时帮着做些征求意见和动员工作，而不直接参与其他具体事务。

8月30日，领导小组接到了中央关于同意用苏联货轮运送民主人士北上的电报。但当中央得知冯玉祥乘船在从美国归国途中，因轮船失火不幸遇难的消息后，立即于9月8日又致电潘汉年并香港分局，要他们慎重行事。电报分别就不同情况提出了几种行动方案："第一，如该轮确无航行保证，以不乘该轮为妥。第二，如该轮有保证，而民主人士表示有顾虑，亦可不乘该轮。第三，如该轮有保证，而民主人士也愿意北上，亦不宜乘一轮，应改为分批前来，此次愈少愈好。"这些十分具体的指示，表明中央对此事的高度重视，十分谨慎，而且始终把民主人士的人身安全问题放在首位。这也体现了党对民主人士无微不至的照顾和爱护。

接到电示后，领导小组研究决定，坚决按中央的意见办，一边征求有关民主人士的意见，一边将原定由"波尔塔瓦"号轮船一次运送完毕的计划，改为首期运送工作分四次进行。同时，为保证旅途安全，每一次都要有负责同志陪同，并派出熟悉航道情况的同志（主要是我党在香港的联合公司和在大连的中华贸易总公司工作人员）负责护送；到达大连之后，则由接替钱之光在大连工作的刘昂同志负责安排接待并转送至北方解放区。分局领导和运送工作专门领导小组还决定，由章汉夫陪伴第一批民主人士回解放区，钱之光另派祝华和徐明德两名工作人员随船护送。

经过一番紧张而周密的准备工作，1948年9月13日黄昏时刻，章汉夫陪同沈钧儒、谭平山、蔡廷锴、章伯钧等民主人士和其他一些同志，一行十余人，乘船秘密离港北上。上船前，他们都乔装打扮了一番，有的扮作工人模样，有的打扮成官商，在夜色朦胧之中，一个个悄悄地坐进预先停靠在岸边的小舢板，然后登上那艘大外轮，秘密而巧妙地瞒过了港英当局的耳目，顺利地从香港启程。他们乘坐货轮"波尔塔瓦"号从海路安全北上，一周之后，即9月21日，大连方面来电告称，轮船已安抵朝鲜罗津港。

护送工作从1948年9月开始，至1949年2月底时，已操作了四批，先后护送了李济深、沈钧儒等一百多位知名的爱国民主人士北上解放区，让他们及时参加了新政协筹备工作以及翌年召开的政协会议。

章汉夫离港后，中共香港工委书记由夏衍接任，报委书记改由廖沫沙担任。香港版《群众》周刊一直出版到1949年10月20日，完成了历史使命。

关于章汉夫个人离港前后的情景，卢杰在新中国成立后著文回忆道："走的那一天，我先将汉夫的行李带到预先约好的旅馆去，然后汉夫像平日一样，走出桃李台住地。过不了几天，香港特务发现这些领袖没有在公开场合露面，开始侦察他们是否要离开香港？所得情报又矛盾，使他们急得如热锅上的蚂蚁一样。过了几天，几个特务到桃李台问我：'章先生在吗？'我答说：'出去了。'又问：'到哪里去啦？'我回答：'不知道。'再问：'可能到哪里？'答：'你们去告罗士打酒店或香港大酒店的茶厅，看在不在。'以前在这两个地方为会见朋友们，我们确实去过，但自国民党大批人员南移以后，香港的这些地方就成了他们经常聚面和会客的地方，我们就不去了。特务又提出：'我们的车子就在台下，你一定同我们去找章先生。'我坚决拒绝，并说如硬要我去，请出示逮捕状。把他们顶回去了。"林默涵在其回忆文章《和章汉夫同志相处的日子》中也提及了这件事："1949年北平解放前不久，汉夫同志秘密地陪同一批民主人士，先我们离开香港，回解放区。香港当局发现汉夫走了，把我找去盘问了一通，我当然一问三不知。"

船离港一周之后，章汉夫及首批离港的爱国民主人士一行十余人，顺利地到达了朝鲜的罗津港，中共中央派东北局的李富春同志专程前往迎接。

章汉夫重又见到了昔日的领导和战友李富春，显得格外高兴，两人久久地握手拥抱，兴奋不已。李富春高兴地看到章汉夫已成为一位成熟的革命者，两人在招待所下榻后畅叙别情，欢欣异常。章汉夫等一行在招待所里稍事休息之后，东北局领导就安排他们继续上路。章汉夫等人取道大连，进入东北解放区，于9月29日到达哈尔滨。10月5日，毛泽东、朱德、周恩来去电表示欢迎，并告诉他们"准备在明年适当时机举行政治协商会议"。

章汉夫在将首批民主人士秘密护送到解放区之后，圆满地完成了任务。于是，他按原订计划前往中共中央机关的临时所在地——河北省西柏坡村，向党中央汇报他们在香港的工作。

（节选自《章汉夫传》，《章汉夫传》编写组著，世界知识出版社2003年版）

连贯护送民主人士北上的经历

杨 村

1948年8月，毛泽东主席复电在港的民主人士，对他们赞同召开新的政治协商会议并热心促其实现，表示钦佩；希望民主人士对召集会议的时机，地点，召集人，参加的范围和讨论的问题等等，提出意见，进行商讨。香港的新政协运动因而进入了实际行动。连贯也随着加紧进行一系列更加富于行动性的工作。

在有关召开新政协的问题讨论中，民主人士兴高采烈，对已经可以望见的祖国历史的新曙光，怀着热切的心情。但在有些问题的讨论中，也并非是一帆风顺的，还存在着一些微妙的矛盾。比如关于召集人的问题，有个别民主党派人士就主张所谓"联合召开"，而无视于中国共产党领导的新民主主义革命正在取得决定性的胜利，不是别人正是中国共产党在"五一口号"中发出了召开新政协的号召等历史事实。连贯从团结的愿望出发，通过自己耐心、诚恳的工作，使大家进一步认识到新的政治协商会必须由中国共产党发出号召和领导召开的历史必然性，维护了多党合作中中国共产党领导的原则。

正当在港民主人士热烈商讨新政协的有关事宜的时候，著名侨领司徒美堂突然在香港建国酒店七楼的航空厅里举行了记者招待会，对包括国民党中央社记者在内的，香港《华商报》《大公报》《华侨日报》以及《工商日报》等十多家新闻单位的记者发表了国是主张。他表示："本人虽然年迈，但一息尚存，爱国之志不容稍懈。本人即将返美参加洪门大会，讨论国内形势，提出政治主张，以贯彻洪门革命目标。"这是司徒美堂在港隐居多时后的第一次公开发言，字里行间，流露出一个华侨老人对祖国前途和命运的深切关怀。香港各报以头条新闻争相报道，轰动一时，并在华侨世界中激起强烈的反响。根据中共中央的指示，同年10月，连贯又以八路军、新四军驻香港办事处负责人的身份，公开为司徒美堂先生返美设宴饯行。宴会在沈钧儒先生的住所举行，出席作陪的还有谭天度、饶彰风、罗理实等统委的成员。席上宾主谈笑风生，大家憧憬着即将召开的新政协和未来的新中国，为之频频举杯庆贺，气氛十分亲切、友好、热烈。司徒美堂先生感怀尤深，特授意秘书司徒丙鹤先生，起草《上毛主席致敬书》，表示衷诚接受中国共产党的领导，特向"出斯民于水火"的毛泽东先生致敬，并郑重表示"新政协何时开幕，接到电召，当即回国参加！"司徒美堂此举可说是代表了美洲华侨对中国共产党召开新政协的积极响应。

如何把香港的民主人士安全地接到解放区去，实际投入召开新政协的筹备工作和召开新政协，这是一次重大的政治任务。这个大事是在中共中央和周恩来同志亲自组织领导下进行的。连贯也积极参与了这个重大的行动。

早在中共中央发布《纪念"五一"劳动节口号》前后，周恩来就曾通过有关方面探索顺利进行这项任务的方法和道路，特别布置了原中共代表团驻南京办事处主任、后来又被派到大连从事解放区经济工作的钱之光同志，积极探索和打通从解放区通往香港的通道。因为，这时，虽然解放军在军事上连连取得胜利，但解放区对外的海上通道，仍然只有当时还在苏联红军管辖之下的大连这个唯一的港口；而且，在这以前苏联的船只也从来没有同香港通航。在周恩来的亲自关怀和钱之光的组织领导下，经过几个月的摸索，终于打通了从大连到香港的航道，并迅速与香港开始了经济贸易和人员往来的联系。

同年8月初，周恩来致电钱之光："以解放区救济总署特派员名义前往香港，会同方方、章汉夫、潘汉年、连贯、夏衍等，接送在港民主人士进入解放区参加筹备新政协。"（参见《周恩来年谱》第782页）

中共香港分局同时接到中央和周恩来同志的有关指示。

不久，钱之光同志即由大连出发，在平壤同苏联办事机构办理了租船手续，然后在朝鲜罗津乘坐租用的苏联轮船"波尔塔瓦"号启程赴港。抵达之后，方方同志和有关人员即同他一起研究了运送民主人士进入北方解放区的问题，并建立了一个专门工作领导小组，连贯也参加领导了这项重要工作。

根据中共中央和周恩来同志的有关指示，考虑到海上航行可能遇到国民党海军的活动，特别要经过台湾海峡，也考虑了香港当时的复杂情况；从安全出发，也为了不引人注目，整个工作是秘密进行的。主要由同民主人士有密切联系的分局领导和分局统委的同志做具体的联络和安排。每一船、每一批要安排哪些人士北上，什么时候开船，都要根据民主人士的准备情况，货物装运和香港的政治气候等因素来决定。为保证旅途的安全，领导小组还商定，每一批都要有负责同志陪同，并派出熟悉旅途情况的同志——主要由我党在香港的"华润公司"和在大连的"中华贸易总公司"派出人员负责护送；到达大连之后，则由接替钱之光在大连工作的刘昂同志负责安排接待并转送北方解放区。中共中央还指示，每一批计划，都要报告周恩来同志，并得到批准之后再付诸实施和行动。通过这样仔细研究和严格执行的计划，连贯又一次深刻体会了党中央和周恩来同志，对香港工作的极端的重视和关心。

从香港护送民主人士到北方解放区的工作，从1948年8月下旬开始，至1949年3月间，先后分四批，护送了沈钧儒、谭平山、蔡廷锴、章伯钧、李济深、郭沫若、茅盾、黄炎培等一百多位爱国民主人士北上解放区，参加新政协筹备工作和新政协会议。

中共香港分局和有关领导同志考虑到当时香港的政治情况，从民主人士的安全出发，有关行动的每个细节，都是经过工作人员的周密安排的。这中间还有过一些颇富戏剧性的情节。比如，李济深先生的北上便颇费了一番周折。他是一个中外关注的人物，多种政治势力都想拉拢他，国民党反动派则要暗害他。港英当局早就在他半山干德道住所的对门的楼上，安排了特工人员朝夕监视着他的行动。为了他的安全北上，有关人员可说是费尽心思。决定离港的那天，李济深接受统委的安排，当晚在家宴客，故意只穿一件小夹袄，而把外衣挂在客厅的衣架上。李济深与亲朋畅饮，觥筹交错。宴会正在热烈进行着的时候，李济深悄悄离席出门，迅速钻进一部刚刚在家门前停下的小车，便直奔邓文钊先生的家里。在这里休息至深夜，统委的同志才把他送到码头，上了一艘事先已准备好的外国货轮。这次行动的保密工作做得比较好，三天后，香港《华商报》才披露李济深先生已北上解放区的消息，使有些人如梦初醒。这艘外国货轮于1949年1月7日到达大连。李富春、张闻天等同志代表中共中央，专程从哈尔滨来到大连把李济深先生安全接到解放区。

连贯是在1948年10月下旬，陪同郭沫若、马叙伦、陈其尤、沙千里、翦伯赞、冯裕芳和许广平母子等三十多人一起北上的。同船的还有一位原国民党第四十六军军长韩练成。他早于抗日战争之前便同中国共产党建立了关系，在抗日战争和解放战争时期，都曾为人民立过不朽功勋。韩练成在济南战役之后离开国民党部队来到香港。连贯是按周恩来同志的指示，亲自送他进入解放区去的。

他们乘的是一艘专门租来的挪威货船，很宽敞，每个人都有房间。轮船顺利通过台湾海峡，风平浪静，大家生活得很愉快。此时，韩练成穿的是一身解放军的服装，他站在解放军的立场上，向同船的伙伴们讲述了济南战役等情况，又具体又生动，博得了一阵又一阵的掌声。最有意思的是11月初，有天早晨周海婴（那时还是个孩子）摆弄着收音机，忽然收到了我新华社的广播，报道了11月2日我军胜利解放了沈阳的消息，全船都欢腾起来了。郭老高兴得跳了起来，在他的建议和组织下，大家开了庆祝沈阳解放的联欢晚会，又唱歌，又跳舞，好不高兴！

原来说好这条船是到朝鲜的，现在东北战场发生这么大变化，就要求把他们送到大连去，挪威船长不同意。连贯派人去交涉，说可以给他们增加运费，他们又推托说没有携带大连的海图。连贯原是有所准备的，他带有一位懂得航海的同志一起来护送，并准备了海图。这样，船长只好同意把船开到大连。由于大连是军港——当时由苏联红军驻守，不让普通船靠岸，这船只好在安东与大连之间的大东沟抛锚，让乘客改乘小船登岸。

这批民主人士到达不久，郭沫若等著名人士便由东北局的同志接到哈尔滨去了（此处应为"接到沈阳去了"——编著注）；部分人员和党员干部则留在大连休息待命。连贯本人也在大连停留了十多天。后来接到周恩来同志电示，要他亲自领着韩练成经山东到华北解放区去。这样，连贯便同韩练成一起坐船到烟台，经济南转到华北，到了河北省西柏坡村——中共中央机关的所在地。

周恩来同志亲自接见了连贯和韩练成。他对韩练成表示热烈欢迎，对连贯完满地完成任务表示高兴。后来，周恩来同志又对连贯说："据香港分局的电报，你离港后三天，住家就受到了当局的搜查，看来，你不能回香港去了……"

原来，中国共产党将召开新政协，全国民主党派的领导人和著名爱国民主人士，纷纷经过香港，从海路进入北方解放区的事，早已引起海内外的注视，反动派更是仇恨万分，处处伺机破坏。连贯所在的中共香港分局统战委员会的机关——在香港筲箕湾——自然也成为反动派窥伺和破坏的主要目标之一。连贯随第三批北上的人士离港后数日，因为工作人员的疏忽，住所卫生间的水龙头忘记关了——香港经常缺水，因为没有水，开了龙头就常常忘记关了；来水之后又没人及时发觉，自来水便漫了出来，淌得满地流水。那天正是这个情况，自来水从三楼往下流，闹得楼下住的居民嚷了起来。港英警察便以此为借口冲了进去，趁机搜查了房子，拿走了文件和资料，连贯私人的书籍、照片和衣物通通给拿走了；还把一位刚刚进门来联系工作的干部给带去"审查"。经过交涉，不久这位干部就出来了，但统委机关却不能不另搬了一个工作地方。

根据周恩来同志的指示，连贯就留在解放区，并被分配到中共中央统战部去工作。统战部机关就在西柏坡村附近的李家庄。中央统战部是1948年秋建立的，李维汉同志任部长。统战部下设几个工作室，连贯就担任了以章汉夫为主任的二室副主任，主要负责海外和华侨方面的联系和统战工作。筹备新政协是当时统战部的中心工作。首先是要接待和安置好从香港和其他地方转到这里来的民主党派的负责人和著名人士。连贯驾轻就熟，立即就投入了工作。

就这样，连贯从此就结束了长期在香港工作的历史，回到了党中央。这么突然的转折，是他自己也未承想到过的。

（节选自《贤者不朽——连贯同志纪念文集》，《连贯同志纪念文集》编写组编著，中国华侨出版社1995年版）

沈钧儒北上东北解放区的前前后后

周天度　孙彩霞

为筹备和召开新政治协商会议，中共中央决定邀请民主党派领导人和无党派民主人士前往解放区。当时香港局势动荡，社会复杂，国民党特务、密探对民主人士跟踪盯梢，为了保证安全，中共派高级干部钱之光专程到港，会同在港的中共华南局负责人方方、章汉夫、潘汉年、连贯、夏衍等人，组织和接送各民主党派领导人和无党派民主人士进入解放区。

9月12日晚，第一批离开香港前往东北解放区的沈钧儒和章伯钧、谭平山、蔡廷锴，经过化装打扮，在章汉夫等人的陪同下，乘小舢板登上苏联货轮离开香港。经过十几天的艰难航程，于9月27日到达朝鲜罗津港口，中共东北局负责人李富春专程到码头迎接。28日，沈等乘火车继续北行，29日抵达东北解放区哈尔滨，受到中共东北局负责人高岗、林枫、蔡畅、陈云以及政府官员高崇民等的热烈欢迎。

沈钧儒、章伯钧、谭平山、蔡廷锴首先到达东北解放区，意义深远，除了共商筹备新政协的大计外，还充分显示了沈等民主党派与中共密切合作的决心，同时对于进一步瓦解蒋介石独裁政权的士气，鼓舞全国各界人民的胜利信心，推动各民主党派同心协力与共产党合作起了重要作用。

到达解放区后，10月2日，沈等4人即致电毛泽东、周恩来、朱德，表示"愿竭所能，借效绵薄；今后一切，伫待明教"。次日，毛、周、朱就复电沈等，热情地表示欢迎，并告知他们准备于明年适当时机召开政治协商会议，"在目前准备时期，弟等已托东北局负责人高岗同志等，与诸先生面洽一切，尚希随时指教，使会议准备工作臻于完善"。之后，沈钧儒与随后到达解放区的其他民主人士，与中共中央的代表高岗、李富春举行多次座谈会，就中共中央提出的《关于召开新的政治协商会议诸问题》草案，进行讨论。沈等同意中共中央的主张，并对筹备会的组成单位、新政协的参加者以及筹备会召开的时间、地点等问题，提出了很好的意见，同时还建议将这个草案送给在香港的各民主党派领导人以征求意见。

经过反复讨论协商，11月25日，高岗、李富春代表中共中央，与在哈尔滨的各民主党派人士沈钧儒等8人，就《关于召开新的政治协商会议诸问题》达成共同协议，主要有：新政协筹备会由中共及赞成中共中央"五一口号"的23个单位代表组成，新政协筹备会组织条例由中共起草，新政协参加者的范围由反对帝国主义侵略，反对国民党反动统治，反对封建主义和官僚资本主义压迫的各民主党派、各人民团体及无党派民主人士的代表人物组成，南京反动政府系统下的一切反动党派及反动分子必须排除，不许参加。新政协的两项任务是：讨论和实现《共同纲领》问题和如何建立中华人民民主共和国临时中央政府问题。至此，新政协的召开已具备了共

沈钧儒在沈阳铁路宾馆露台留影

同的政治基础。不久，沈阳解放，沈钧儒等民主人士抵达沈阳。

与此同时，沈钧儒在东北解放区参观了工厂、农村及各种建设设施，他亲眼看到解放区的人民当家作主，到处是一派欢声笑语，充满了生机；他接连听到人民解放军以破竹之势，迅速消灭蒋介石在东北的军队，捷报频传，不觉欣喜若狂，连着写了几首诗，欢呼解放区人民赢得新生活和人民解放军的节节胜利。一天，他从李德全那儿得知有一对青年夫妇平时不太和睦，男的打女的，自从八路军来了，农民翻了身，女方到絮行参加工作，家庭关系得到了改变，按捺不住满心的喜悦，写了《翻身乐吟》诗，其中写道：

> 沟水当门流，乌鸦树上叫，贫家夫妻常打吵，小媳妇，泪暗吞，婆婆眼前有长短，丈夫拳下难分清。八路军到来时代变，妇女持针支前线，小媳妇，到絮行，工作认真分数高，大家评好有公道。小媳妇，笑颜开，手持针，心奇怪，婆婆今朝送饭来，丈夫到行伴晚回，针眼穿来再穿去，前后终是一根线，线不会变人情转。呀得儿得喂，八路军到来时代变。

1948年10月15日，中国人民解放军解放了锦州，沈钧儒闻捷音，异常兴奋，吟诗《松江杂咏》：

> 捷书如片雪飞来，一月名城万里灰。
> 敌势已随枯叶尽，关门应共晓云开。
> 江心冻后见奔湍，雪意连朝亦欠酣。
> 地气也随人事转，从此北雁不须南。

12月13日凌晨，沈钧儒躺在床上，望着窗外的月光，思绪万千。他想到远方的亲属，想到解放区人民当家作主的幸福生活，又想到人民解放军胜利进军，憧憬着新中国的繁荣远景，心潮激荡，怎么也睡不着，遂披衣下床，写下《月光射枕上睡不着》诗二首，其中一首为：

> 夜窗见月忽思家，亲切如闻唤阿爷。
>
> 万里关山缘底事，阿爷身已许中华。

他还写了《除夕纵饮狂欢》诗：

> 一串秧歌扭上楼，神灯枉为日皇留。
>
> 光明自有擎天炬，照澈千秋与五洲。

中国共产党领导的东北解放区，打倒了帝国主义、封建势力和官僚资本主义的反动统治，取得了翻天覆地的历史大变化，给沈钧儒留下了深刻的印象，也使他增添了新的活力。

1948年秋冬，随着国民党蒋介石在军事上的败溃。政治上，国民党统治集团内部矛盾也进一步激化。桂系首领之一、时任华中"剿匪"总司令的白崇禧，在司徒雷登的支持下，掀起了一场停战和谈与请蒋下野的和平运动。此时，一些资产阶级中上层及其知识分子也参加了进来，重弹起中间路线的调子。对于国民党的和平阴谋和一些中间人士的附和，沈钧儒进行了有力的揭露和批判，反对与国民党反动派中途妥协调和。

原救国会成员、民盟中央常务委员、华北总支部委员张申府，在国民党政府宣布民盟为"非法团体"、勒令解散后，他就曾擅自公开发表声明，解散华北民盟总支部和华北各地方组织，所有盟员一律停止活动。这时，即1948年10月，在国民党反动政权即将垮台之时，他却在《观察》周刊第五卷第九期发表《呼吁和平》一文，认为："现在最要紧的事，消极地说，就是打破现状；积极地说，就是恢复和平。假使战事还不设法结束，和平还不速谋恢复，必至全国人，至少东北人与华北人，或至少在东北、华北大城市住的人，都不得活；国家更将丧尽了元气，丢尽了脸。"他还公开为国民党发动内战辩护，说什么"不管战争之起，有无理由"，甚至说"不管实情如何，政治到底已由军政、训政进入了宪政"，并劝说国民党政府"在军事上争取主动，诚不如在和平上赢得主动，必大大地足以使人心来归"。同时他诬蔑人民的解放战争是"不仁不智的冒险"和"穷兵黩武"。张申府已完全背叛了民盟站在人民立场，反对独裁，争取真正民主和平的革命立场。11月16日，沈钧儒和章伯钧联名发表对时局声明，指出张申府在南京反动独裁集团在军事、经济、外交已届日暮途穷的时候，"呼吁和平"，是"别有动机，别有背景"，是为国民党"谋取喘息，整补空隙时间"，是"甘心为虎作伥"。并表示，"对于人民与人民公敌之争，对民主与反动独裁之争"，我们坚决站在人民的、民主的方面，"跟人民公敌反动集团斗争到底，决不动摇，决不妥协，决不对反动集团存有丝毫的幻想，而对美帝国主义所企图导演以'反蒋''民主'为旗帜的'调解''和平''政府改组'，尤须提高警惕与及早揭穿其阴谋诡计"。在此前一天，民盟在香港中委及总部召开第四次扩大会议，决议开除张申府盟籍。他的妻子刘清扬也写信给沈钧儒和章伯钧，驳斥张申府"荒谬绝伦的呼吁"，并声明与张申府断绝一切公私关系。

1949年元旦，蒋介石发表下野文告，由副总统李宗仁代行总统职权，出面与中共进行和谈。蒋介石表面上同意与共产党商讨停止战事，恢复和平，实际上是想以和谈，争取喘息时间，重整军备，卷土重来。而白崇禧、李宗仁则意图通过和谈，保存国民党在长江以南的半壁江山，与中共"划江而治"。针对国民党的和平阴谋，毛泽东发出了"将革命进行到底"的号召。1月14日，毛泽东又针对国民党政府的和平攻势，发表了《关于时局的声明》，斥责蒋介石提出的保存中华民国的宪法、团体、法统和军队等五项和谈条件。但共产党为了迅速结束战争，"实现真正和平"，提出了惩办战争罪犯、废除伪宪法和伪法统、改编反动军队、没收官僚资本等八项条件，作为和平谈判的基础。毛泽东指出：如果国民党不同意这些条件，"就证明他们的所谓和平，不过是一个骗局"。

毛泽东的声明发表后，沈钧儒等到达解放区的55位民主党派领导人和无党派人士立即表示热烈拥护。1月22日，他们联名发表对时局的意见，指出：南京国民政府"是快要土崩瓦解了"，为了苟延残喘，它企图利用和平攻势，"以争取时间，让反革命残余势力在大江以南或边远省份作最后挣扎"。因此，"革命必须贯彻到底，革命与反革命之间绝无妥协与调和之可能"。又指出，毛泽东提出的八项和平条件，反映了全国人民的公意，"全中国人民、全民主统一战线上的战友，务须一致团结，采取必要行动"，使其"迅速地全部实现"。并明确表示：对于召开新政治协商会议，建立民主联合政府，"愿在中共领导下，献其绵薄，共策进行，以期中国人民民主革命之迅速成功，独立、自由、和平、幸福的新中国之早日实现"。

这一天，沈钧儒拔掉了一颗龋齿。这颗龋齿早在年前就已发现，每受到热冷刺激，神经作痛，医生曾建议他拔掉，他未接受。是日拔掉龋齿，"安然无事，患始尽去"。由此他念及当时的局势，应继续彻底消灭国民党军队，推翻国民党反动统治，将革命进行到底，不应就此止步，使革命半途而废。遂作诗《拔牙》以喻："有毒除宜急，连根拔勿疑。……纵有纤微苦，应从久远思。齿牙何足算，凡事尽如斯。"

李宗仁代行总统职权后，于1月22日致电沈钧儒、章伯钧、张东荪并转民盟诸先生，表示自己对于和谈的诚意，希望沈等出面调解和平，支持他的和谈活动。对此，沈钧儒在一次讲话中说，人民是不会和李宗仁、孙科这些战犯们来谈和平，他们应当受到人民的惩办。如果真要谈判，也要首先无条件接受并实行中共的八项和平条件。又说，"假如即将被人民摧毁的反动政权想借和平谈判来缓和革命进攻，分散革命阵营的团结，以图保存其残余的反动力量"，我们全国人民必以加倍力量粉碎这种阴谋诡计。

1月30日，国民党华北"剿总"总司令傅作义接受中共的和平条件，北平获得和平解放。2月1日，沈钧儒等各民主党派领导人和无党派人士56人致电毛泽东和朱德，庆祝人民解放战争的伟大胜利。电文称赞毛泽东、朱德："指挥若定，劳苦功高。"诸将士："俯仰如神，鞠躬尽瘁。旌旗所指，箪食壶浆。击刺之加，迅雷惊电。""武功彪炳，空前未有。"希望人民解放军"扫除蒂根，奠无疆之大业"。次日，毛、朱复电沈钧儒等人，对他们的来电"极感盛意"，并强调"此次人民解放战争之所以胜利，是由于全国人民不畏强御，团结奋斗，各民主党派、各人民团体一致奋起，相与协力，从而使人民解放军获得各方面的援助，使人民的敌人完全陷于孤立"。电文最后说："欲求人民解放斗争获得最后胜利，必须全国一切民主力量同德同心，再接再厉，为真正民主的和平而奋斗。诸先生长期为民主事业而努力，现在到达解放区，必能使建设新中国的共同事业获得迅速的成功。"

北平和平解放，新政协筹备会改在北平举行。2月25日，沈钧儒等35位民主党派领导人和无党派民主人士在林伯渠和高崇民的陪同下，由沈阳乘专列抵达北平。26日，沈钧儒在中国人民解放军平津前线司令部、北平市人民政府等单位举办的盛大欢迎会上发表讲话，赞扬中国共产党和毛泽东对中国革命的领导和人民解放军的英勇善战，他说，北平的解放，象征着全中国专制堡垒的被摧毁，预示着国民党反动统治的整个被消灭。又说：对于美帝国主义导演的蒋介石下台、李宗仁上台，以破坏中国人民胜利的阴谋，我们民主政府、民主人士必须团结起来，彻底粉碎之。

（节选自《沈钧儒传》，周天度、孙彩霞著，人民出版社2006年版）

蔡廷锴北上

蔡醒民　口述　蔡德慧　整理

蔡廷锴在沈阳铁路宾馆房间内

蔡廷锴出身贫苦，从士兵到将军，戎马一生，在民族存亡的危急时刻，他选择了和中国人民站在一起，在重大历史关头，选择坚定不移地跟着共产党走。他认识到，只有跟着共产党走，才是最正确的选择。

本文口述者是蔡廷锴的长孙，他在香港目睹了祖父在历史关头坚定选择跟随中国共产党的过程。

"如果早认识就好了……"

1946年3月，李济深、蔡廷锴、李章达等在广州李章达寓所组织、成立了中国国民党民主促进会（简称"民促"），我的祖父蔡廷锴被推举为主席。

1946年4月，蔡廷锴和李章达等人准备筹集款项在广州办一份日报，但是消息很快被国民党特务得悉，随即被国民党军事委员会广州行营勒令封闭，同时勒令蔡廷锴等限期离开广州。这时候，蔡廷锴已经不能再在广州进行民主活动了，最后，民促中央理事会也被迫迁往香港。

在香港，蔡廷锴的生活是繁忙的，我那时候大概六七岁，记得家里总是人来人往。来的客人有李济深、何香凝、谭平山、郭沫若、章伯钧、马叙伦等民主人士。蔡廷锴很佩服郭沫若的文采，有时候他们谈得高兴了，蔡廷锴叫拿纸、笔，郭沫若一挥而就，能马上写出一首诗来。郭沫若曾经为蔡廷锴写过一幅字："力求有功方能无过，可许后乐勿用先忧。"中华人民共和国成立后，蔡廷锴又请郭沫若重新抄写了一遍，挂在客厅。

何香凝算是客人中来我们蔡家最多的了，我称呼她廖伯婆，她经常带着她的长孙女廖兼一起来，因何香凝很喜欢打牌，商谈完正事，经常要留下来打完牌才走。她曾经教过我母亲画画，中华人民共和国成立后，在北京见到我，得知我母亲由于家事甚多，已经没有继续学习绘画了，还跟我说："叫你妈妈一定要坚持画呀……"蔡廷锴为人爽直，朋友甚多，我还记得，风姿优雅的梅兰芳也曾来过我们家，朋友们闲谈得兴起，还请梅大师清唱一曲……这些民主人士最后全都北上了。

蔡廷锴在香港的家在罗便臣道111号，李济深家在罗便臣道92号，当时国民党特务与港英政府对民主人士监视严密，蔡廷锴的活动总有人跟踪。蔡家与李家都在一条街上，要翻过一个山坡，他去李家每每叫上我陪着，旁人以为是爷孙散步。走过一条石子路，到山坡下，看没有人，他赶快过马路到李家门口，然后挥手让我自己先回家。我从未进过李家，但是知道他们有重要事要谈。

晚上，总是由我伯父蔡绍昌开车去接祖父回家。

20世纪90年代初，参与了护送前两批民主人士北上的罗元培还跟我们提起：他们从港英政府警队助理警司曾昭科处知道，当时由于蔡廷锴是知名人士，港英政府对他的活动很关注，每天都有人跟踪并有详细记录，在香港警方的档案室，光是有关他的档案资料就有一尺多厚。

蔡廷锴在香港期间，大概是在1946年10月，蒋介石通过当时国民党军事委员会广州行辕主任张发奎电邀民促负责人赴南京与其会面，企图分化蔡廷锴与李济深的关系，从而破坏民促。

在南京，蔡廷锴婉言拒绝了蒋介石的利诱、拉拢，却去拜访了周恩来。我曾经问过他，在南昌起义的时候是否见过周恩来，他亲口对我说："当时没有见到，也不认识他，在南京是第一次见面。如果早认识就好了……"早在1946年5月23日，周恩来曾写过一封热诚的来信，全文如下：

贤初先生惠鉴：

久违教范，驰想时殷。自反法西斯战争胜利以后，举世和平民主之局大体已定，而前途曲折，困难尚多。目前当局武力统一方针之下，造成东北问题解决之困难，全国内战之危机严重存在，人民权利自由到处遭受极大之摧残。扭转危局，争取和平之实况，实为当前之急务。先生以抗日前导而为华南和平民主之支柱，力挽狂澜，举国瞩望。恩来与敝党代表团已于五月三日抵南京。奉闻民主促进会之工作，在先生指导下，民主浪潮蓬勃发展，无任欢腾。今日华南反独裁反内战、民主和平之事业，端赖各方一致合作，向所信迈进。想桂粤往日十九路军旧友反独裁志士，必能在先生领导下更增团结也。恩来现寓国府路梅园新村17号，尚祈不时赐教，以匡不逮，无任感祷，专白。祈颂

时绥！

周恩来

五月二十三日

蔡廷锴到梅园新村见到了周恩来，周恩来为他分析了当时的形势，以及搞好民促的重要性。

这次见面，使蔡廷锴更深刻地认识并了解了中国共产党，认清了只有中国共产党才能救中国，只有跟着共产党走，中国才有希望，周恩来的鼓励更加坚定了他的信念，就是与人民站在一起，为人民革命事业的最后胜利而斗争。

响应"五一口号"

1948年春，人民解放战争胜利进行，国民党在政治上、军事上都已陷入全面崩溃的形势下，中国共产党于4月30日适时地发出了纪念"五一口号"，号召全国人民团结起来，为打倒蒋介石建立新中国而共同奋斗。

5月5日，李济深、何香凝、沈钧儒、章伯钧、马叙伦、王绍鏊、陈其尤、彭泽民、李章达、蔡廷锴、谭平山等12位在港民主人士代表其党派联名致电毛泽东，发表声明，响应中共"五一"号召，拥护召开新政协。在港的人民团体也发表通电、宣言……热烈响应"五一口号"。

8月1日，毛泽东给李济深等12人回了信：

> 5月5日电示，因交通阻隔，今始奉息。诸先生赞同敝党五月一日关于召集新的政治协商会议，讨论并实现召集人民代表大会，建立民主联合政府一项主张，并热心促其实现，极为钦佩。现在革命形势日益开展，一切民主力量亟宜加强团结，共同奋斗，以期早日消灭中国反动势力，制止美帝国主义的侵略，建立独立、自由、富强和统一的中华人民民主共和国。为此目的，实有召集各民主党派、各人民团体及无党派民主人士的代表们共同协商的必要。关于召集此项会议的时机、地点、何人召集、参加会议者的范围以及应讨论的问题等项，希

望诸先生及全国各界民主人士共同研讨，并以卓见见示，曷胜感荷。

谨此奉覆，即祈谅鉴。

接到毛泽东的复电后，大家很受鼓舞，都认为蒋介石政权覆灭已为期不远。

作为一个军事家，蔡廷锴对蒋介石军队的士气十分了解，因而对战局更加乐观，他认为："只要将东北、华北战争解决了，解放军一过长江，蒋军无法抵挡，全国很快就会解放。"事实上也是如此，蔡廷锴去东北解放区没有多久，华北就解放了。

那段时间，我们在半山的家里更少见到他了，他多数是住在青山的芳园别墅，这是纪念我的祖母彭惠芳而建的，所以也叫芳园。抗战胜利后，蔡廷锴与李济深等民主人士在中共中央南方局周恩来、董必武的支持下筹建了达德学院，蔡廷锴无偿将芳园供给达德学院作为校舍，达德学院也算是当时香港的第二所大专院校，师资阵容在中国的教育史上很罕见，教授、客座教授就有：何香凝、乔冠华、茅盾、曹禺、郭沫若、马叙伦、侯外庐、千家驹、钟敬文、翦伯赞、邓初民、朱智贤、沈志远、宋云彬、陈其瑗、李伯球等一大批中国的著名学者、精英。学生也都是来自全国各地和海外华人的进步青年。

芳园别墅是前后两座三层小楼，达德学院成立后在后座红楼的一楼留有一间房间给蔡廷锴住，每个周末，由我伯父从港岛半山罗便臣道开车到芳园别墅，带我们小孩子去探望祖父，我有时看到他一身农民打扮在池塘和农人们一起捉鱼，有时他也喜欢下田干农活。1958年蔡廷锴胃病住院，曾写信给我，信上说他一生最爱的就是园艺，让我记得照看好家的院子里他种的花卉、瓜果、蔬菜……蔡廷锴是农家出身，喜欢住在乡间，在芳园居住也能减少港英政府对他的监视。

第一批北上

在周恩来的主持下，经过多次商议，最后决定，蔡廷锴、沈钧儒、谭平山、章伯钧等4人为第一批北上的民主人士。蔡廷锴是个军人，做事干脆，决定后他毫不犹豫开始做好北上的准备。他在日记中记载："中共驻港负责人潘汉年、连贯两君，在罗便臣道92号李任潮公馆，邀请香港民主派负责人李济深、蔡廷锴、谭平山、马叙伦、郭沫若、章伯钧、沈钧儒。座谈会内容：接中共中央通知，驻香港民主党派负责人，前往华北讨论新政协预备会。行踪严守秘密。所谈结果一致赞同。"

以祖父的秘书身份随行北上的林一元回忆：1948年8月下旬，他在广州摆脱国民党反动派的追捕，脱险来港，即往蔡廷锴寓所，汇报广州工作和脱险经过。"一周后某日，蔡老约我到他的青山（芳园）别墅晤谈，由蔡老的长子蔡绍昌开车，到达后蔡老即吩咐绍昌原车返港寓，明天再来接，这是因为当时香港情况复杂，国民党特务又和港英政府密探有所勾结，一切行动必须慎重和保密的缘故。蔡老告诉我"五一"号召发表后的新形势，我们异常振奋，大有胜利在望、屈指可期的喜悦。蔡老又说了中共中央邀请各民主人士前往东北解放区商议筹备召开新政协的决定，还说可能要四五年时间（这是根据毛泽东估计解放战争要打五年的提法）问我是否愿意前往，家庭有什么顾虑没有？我当即坚决表示愿意同去，家人都在罗定原籍，大致不会有什么问题。"

蔡廷锴的北上准备极为秘密，当时他只是告诉了我的伯父，连我的继祖母都没有告知，多年后，罗培元还记得上船那天祖父嘱咐他："你回去，一定要践行诺言，马上打电话给你宗妹（指我继祖母）。"对于我们这些小孩子，也只说要好好读书，听大人的话之类。

临上船，蔡廷锴去看望了刚从美国回来的我的三姑姑绍基，她当时和三姑丈正住在香港半岛酒店养病，蔡廷锴希望她好好调养身体……中华人民共和国成立后，我的三姑姑和三姑丈都回到了北京工作。

为了掩人耳目，一行4人都是事先乔装打扮一番才上船的："谭平山、沈钧儒乔装打扮成富商，蔡廷锴装扮成一个商业运货员，穿着褐色薯莨绸，足蹬旧步鞋……"

船在海上航行了15天。一路上，由于大家都是志同道合说得来的朋友，高谈阔论，谈谈笑笑，都无比兴奋。在海上还算顺利，但是走在台湾海峡附近遇到强台风，蔡廷锴在日记中描述："海中无边，所见均属白头大浪，汹涌而来……午后风浪猛于虎将。船吹近澎湖岛，距半米就（撞）岩石岸。"船主下令救船，蔡廷锴和全体船员一起，手持铁条木棍等工具，合力顶住岩石，终于使货船得以转危为安。

我1973年调回广州工作，见到林一元，我们还曾谈起他们这段海上历险。林一元告诉我，那天海上风浪特别大，他们乘坐的货轮并不大，如果撞到岩石，麻烦就大了。在紧急关头，他和蔡廷锴一起加入到船员中，合力用铁条撑住岩石，使船不至于翻转。

蔡廷锴在他的日记中记下："入夜，风仍未减，我终夜不眠，须与风浪奋斗。至12时，风已稍刹。"他同众船员一样，全身湿透，冷得发抖。

蔡廷锴性格坚毅、勇敢，他从一个士兵到将军，是无数次的敢死队队长，身经百战，就是当了师长，也冲锋在前，这些风雨其实对他来说只能算是稀松平常，但是与风雨战斗，仍让他兴奋而不能入睡，在船上溜达了半宿。

林一元还跟我提到，船上的生活、吃食单调，船长还下令管制用水，而且除了饮用水，就没有淡水可用了，也没法洗澡、洗衣，很是难受。9月18日那天刚好是中秋节，船上杀了一只猪，林一元说他们一起自告奋勇，把船员不要的，准备扔入大海的猪下水捡起，洗净做出两盘地道的粤菜。他还说到可惜当时的调料不齐全，否则做出来的菜味道会更好。

林一元还谈到他们快靠岸的前一天，终于解除水的管制，大家都洗了一个热水澡，由于旅途就要结束，大家的精神放松了，也都睡了一个好觉。那天，蔡廷锴的日记是这样记载的："11时，各友齐集于客厅。祝华收得播音：解放军已攻陷济南，俘获蒋（军）10万，吴化文战地起义。得此捷音，各友欢喜若狂，料想蒋军总崩溃当不在远矣……"

"至今始觉愉快"

1949年9月的一天，我们一家人晚饭后正在客厅闲聊，伯父打开收音机让我们小孩子快听，说："阿爷在讲话呢！"（蔡廷锴在政治协商会议上代表民促发言）我们在香港的收音机里听到了祖父的声音，才知道他去了北平，正在做一件大事，隐隐约约知道我们就要建立一个新的中国了。

中华人民共和国成立后，蔡廷锴写过一幅字，总结了他大半生的经历，他去世后一直挂在家里的客厅：

我生于广东省罗定县龙岩乡，我乡是穷乡僻壤之处，自幼父母双亡，家无隔宿之炊，十六岁时已当家作主，携带幼弟勤耕苦种，每年夏季饥荒，淡月夫妻上山采薪度活，冬季则出门为人缝衣，终日劳碌，被地主豪绅剥削之下不得一饱，在十八岁时稍知世务，痛恨满清政府的腐败，触起我爱国的心情，投考征兵往省入伍，加入孙中山先生（领导的）革命同盟会，由士兵而任十九路军总指挥。一·二八日寇侵犯淞沪，率本军作坚决的抵抗。迨后率师入闽，于一九三三年号召抗战反蒋，参加福建人民政府革命，失败逃亡海外宣传抗日救国工作。七七事变（后），返国任二十六集团军总司令。抗战胜利（后），自动脱离军职，反对内战，组织中国民主促进会，一九四八年中共发出"五一"号召，秘密入东北解放区，协同筹备新政协，中华人民共和国（建立后）参加政府工作，回忆数十年的艰苦，至今始觉愉快。凡我儿孙应发挥爱国爱家的精神，为祖国建设而努力，为社会主义实现而奋斗。

一九五七年秋写于北京　蔡廷锴

中华人民共和国成立74年了，在中国共产党的坚强领导下，我们的国家从贫穷落后到繁荣富强，从百废待兴到大国崛起，从被西方帝国主义列强任意欺凌、蹂躏、侵略，经过风风雨雨，我们的国家正向着民族的伟大复兴昂首迈进，祖父如果泉下有知，一定会感到无比高兴和莫大安慰！

（原载《人民政协报》2023年11月2日）

蔡廷锴从香港到东北的筹备新政协之路

刘再华　潘强恩

1946年，著名爱国将领蔡廷锴从香港到南京，与住在梅园新村的周恩来见面。一番恳谈，使蔡廷锴顿开茅塞。了解了中国共产党，认清了只有共产党才能够救中国，从而坚定了与人民站在一起的决心。回香港后，他投身于反对蒋介石独裁统治的政治斗争中。3月12日，蔡廷锴等在广州李章达的住所举行会议，正式成立中国国民党民主促进会。4月14日，又举行了第二次会议，公推李济深为主席，实际由蔡廷锴代理，推举李济深、蔡廷锴、李章达、张文、李民欣、秦元邦、陈此生、谭冬青、司马文森、叶少泉、余勉群为常务理事，并发表《中国国民党民主促进会成立宣言》，宣布"民促"忠诚于孙中山的革命三民主义，反对蒋介石内战独裁，要求国民党根据孙中山"天下为公"的精神，自动结束党治，建立联合政府。7月15日，蔡廷锴发表呼吁和平的谈话。蔡廷锴领导的"民促"是中国国民党民主派的早期组织之一，在广西、广东一带开展活动，并出版《现代》月刊，在香港《华商报》发表其政治主张。民促的进步活动，遭到国民党统治集团的迫害，《现代》月刊被封闭，蔡廷锴、李章达被迫离开广州，民促不得不转入地下，总部迁往香港，继续坚持从事反蒋民主活动。

1947年秋，民促与三民主义同志联合会（简称民联）及其他国民党爱国民主人士的代表，在香港举行中国国民党民主派第一次代表会议，决定联合，但继续保持民促组织的活动。1948年1月，蔡廷锴与李济深等人在香港发起组织中国国民党革命委员会，任中央常务委员兼财政部部长。

蔡廷锴是军事将领，对内战中蒋介石军队的士气十分了解。蔡廷锴住在香港罗便臣道111号，李济深则住在罗便臣道92号，彼此相隔不远，经常来往，多方商讨，决心为促进新政协的早日召开而努力。不久，中国共产党发表"五一口号"，周恩来向侨居海外的爱国人士发出回国参加新政治协商会议的邀请。1948年5月5日，蔡廷锴代表民促，与其他民主党派领导人和无党派民主人士，联名致电中共中央主席毛泽东，响应"五一口号"，拥护召开新政协会议。

1948年9月12日，蔡廷锴作为中国国民党民主促进会的首席代表，应邀和沈钧儒、谭平山等民主党派领导人从香港启程，经过半个多月的长途旅行，于9月29日到达哈尔滨，受到中共中央东北局的热情接待。刚一安顿下来，蔡廷锴、谭平山等就致电毛泽东等中共领导人，表示"愿竭所能，借效绵薄，今后一切，期待明教"。10月3日，毛泽东等复电，"诸先生平安抵哈，极为欣慰……准备明年适当时机举行政治协商会议"。10月21日，高岗、李富春根据中共中央的精神，与蔡廷锴、王绍鏊、高崇民、朱学范等人举行第一次座谈会。蔡廷锴对于新政协诸问题均表示同意中共中央的主张，并希望将出席新政协的各单位尽快组成。在东北，蔡廷锴除了写信向香港家人报平安外，还要儿子蔡绍昌把罗定县老家封存多年的一大批武器送给在当地活动的中共领导的人民军队。

1949年1月31日，北平宣布和平解放，中共中央决定新政协筹备会在北平举行。2月25日，蔡廷锴与李济深、沈钧儒、章伯钧、郭沫若等35人，由陕甘宁边区政府主席林伯渠和东北行政委员会副主席高崇民陪同，乘"天津解放号"列车抵达北平。9月21日，中国人民政治协商会议第一届全体会议在北平隆重召开。会议代表662人，全体代表推选出毛泽东等89人组成大会主席团。蔡廷锴与毛泽东、刘少奇、周恩来、宋庆龄、李济深等31人组成主席团常委会。在这次会议上，蔡廷锴当选为中央人民政府委员，开始了新的奋斗历程。

（节选自《蔡廷锴传》，刘再华、潘强恩编著，中国文联出版社2015年版）

王绍鏊从香港北上筹备新政协的经过

林芷茵

1947年7月，国内战争形势发生了巨大变化，国民党在一年的时间里丧失了一百多万军队，人民解放军则由小变大，从战略防御转入了战略进攻，蒋介石开始走上末路。但他不甘心失败，还在做垂死挣扎，7月4日他悍然颁布《戡平共匪叛乱总动员令》，在统治区内对爱国民主运动实行血腥镇压。10月，国民党当局又宣布民盟为非法组织，污蔑民进、民建等组织是共产党"暴乱的工具"，王绍鏊也被列入了黑名单。

为了避免损失，党组织及时做出决定，要王绍鏊立即撤离上海赴香港。11月，王在妻子的陪同下乘船安全离开上海抵达香港。妻子因幼女一人在沪，随即返回。

当时的香港是民主人士集中的地方，党利用香港的特殊环境，安排了大批从国统区撤离出来的工商、文化界知名人士，从而使香港成为反蒋斗争的又一个中心。王绍鏊这次来港和抗战时期来港从事情报工作迥然不同。这次他是以民主人士的身份出现，可以到处公开活动。他和先后来港的马叙伦、许广平、徐伯昕等民进负责同志以及柳亚子、沈钧儒、谭平山、朱蕴山、方方等人取得了联系，在香港继续开展反蒋斗争的活动。他和马夷老、徐伯昕同志一起代表民进组织和李济深、沈钧儒、章伯钧、郭沫若等人联系，以星期聚餐会的方式，座谈国内形势，商讨斗争策略，对国民党的"行宪国大"，以及所谓改革币制等弊政和罪行，发表共同声明或宣言，加以揭露和谴责。他还注意物色志士同人，吸收他们参加民进组织，开辟民进在港活动基地，并筹备成立民进港九分会。另外他还与留居在上海的民进、民建的同志保持联系，互通情况并及时给他们工作指导。当年留居在上海的民建临时干事会常务干事范尧峰曾收到王绍鏊从香港寄来的几十封信。王在信中告诉他们胜利即在眼前，当前要注意隐蔽，坚持斗争，尤其要看准形势，不要上所谓"中间路线"的当。这些指示给上海的同志以极大的鼓励和帮助。

形势的发展比想象的要快。1948年初，国民党的统治已呈全面崩溃之势。4月底，中共为庆祝五一国际劳动节，发布了著名的"五一口号"，提出了"迅速召开政治协商会议，讨论并实现召集人民代表大会，成立民主联合政府"的号召。号召一提出，立即得到了全国人民的一致赞同。5月5日，在港的民主党派负责人联名致电中共毛泽东主席，表示积极响应。王绍鏊和马叙伦一起代表民进组织在电报上署名。

为了准备筹备新政协会议，中共建议各民主党派团体和无党派民主人士提出关于政协会议的具体意见和办法，王绍鏊对于建国施政，自有一套见解。这是他总结了加入共产党之前的参政教训和系统地研究了马列主义理论后得出的，他和马夷老、许广平、徐伯昕等一起研究斟酌，制定了《中国民主促进会拟提出关于政治协商会议之行动公约和政治纲领》的文件。这一文件系统地提出了民进对即将召开的政协会议和建国立国的政治主张，指出新政权的形式应为无产阶级、小资产阶级、民族资产阶级等各阶层共同执政之民主联合政权，并明确表示"人民民主革命之彻底胜利，必须由无产阶级及其政党的领导"。这个文件和后来全国政协第一届全体会议通过的《共同纲领》的基本精神是完全一致的。应该说，这一文件包含着王绍鏊多年奋斗的心血。

同年11月，王绍鏊在党的安排下登上了驶往北方的轮船，经过朝鲜顺利抵达了东北解放区。在轮船上，他思潮起伏，激动万分。回想起1911年从日本学成返国时，也坐这样的轮船，心情也如大海波涛，激荡不已。但回国后经历的却是一连串的挫折和失败，直到1933年找到了党，自己才有明确的奋斗目标，现在胜利的曙光就在眼前了，怎不令人激动高兴呢？

在东北解放区，他们受到了党和当地群众热烈的欢迎和招待，这是王绍鏊几十年来心情最舒畅的时刻。东北的冬天是寒冷的，但王绍鏊心里却像有一团火，使他兴奋不已，解放区的一切是那样新鲜亲切，如同回到了久别的亲人身边一样，感到无比温暖。他和先后来到解放区的各民主党派负责人和民主人士一起，兴致勃勃地参观了农村、工厂、学校和部队。他还和沈钧儒、蔡廷锴、李德全、谭平山、章伯钧、朱学范等畅游了沈阳、长春、哈尔滨的名胜古迹，摄下了一张张珍贵的照片。

王绍鏊还关心着民进组织和留在上海等地的会员。1949年1月，毛泽东主席发表了《对于时局的声明》，提出了实现和平的八项条件。王绍鏊和马叙伦、许广平代表民进在东北发表了《为争取永久和平的声明》，坚决拥护和支持毛主席提出的八项条件，表示要在共产党的领导下，将反帝、反封建、反官僚资本主义的中国革命进行到底。不久，他和马叙伦、许广平又通过新华社，发表了《告本会同志书》，号召还生活在国统区的广大会员要为全部实现中国共产党提出的和平条件而奋斗，警惕反动派拉拢民主人士的阴谋。

平津战役结束后，为了及早筹备政协会议的召开，中共中央特派林伯渠同志到沈阳迎接在东北的民主人士入关。王绍鏊等于2月下旬进入北平。这又是一个令人激动的时刻。在军阀统治时期，他曾多次来到这座古城，但最后都是怀着失败的痛苦被迫离开。而今，在这里等待他的是胜利的喜悦。到北平后，他和马叙伦等被安排住进东长安街的北京饭店，在那里他和马老、许广平以及周建人、林汉达、雷洁琼等一起继续为民进的工作和即将召开的政协会议忙碌。

　　（原载《王绍鏊纪念集》，民进中央宣传部编，江苏教育出版社1987年版）

马叙伦北上东北解放区

江 渤

　　解放战争节节胜利，为及早召开新政治协商会议，成立民主联合政府，在中国共产党的倡导和保护下，各民主党派的代表和民主人士从1948年8月起，陆续进入解放区。

　　当时情况很复杂，接送民主人士的工作异常艰巨。为保证安全，中共地下党做了周密安排。马叙伦是与郭沫若、许广平母子等在11月23日夜晚，乘坐有天马标记、挂葡萄牙旗的华中轮离开香港北上的，党组织派连贯陪同，还派了专门工作人员随船护送。行前每人发了一枚金戒指以备不测。25日，船经台湾海峡遇季候风受阻，大家都有些着急和担心。船过长江口始风平浪息。翌日拂晓，马叙伦即起眺望，须臾日出，霞光照射下的大海，红波万顷，景色异常壮观。他遥思未来，神往解放区，心潮起伏，时与郭沫若、许广平等畅谈新中国，寄予无限希望。为纪念这次有历史意义的远行，他和郭沫若特在船上摄影留念，两位学者神采奕奕，凝视着前方。

在海上，他们从周海婴鼓弄的收音机，收听到新华社播发的大城市解放消息，船内顿时沸腾，马叙伦十分高兴。大家作诗、赋词，充满胜利的喜悦。12月3日，船至大连与安东之间的大王家岛。4日，马叙伦和郭沫若、翦伯赞、陈其尤、许广平、冯裕芳、侯外庐、沈志远、丘哲、宦乡、许宝驹、曹孟君、连贯、周海婴等一行14人愉快地登岸，中共中央东北局特派负责同志前来迎接。虽时值严寒季节，冷风刺面，但人们的心火一样热，呼吸着清新的空气，精神倍增。马叙伦第一次踏上东北国土，看到北方壮丽的景色，忆起为之解放的奋斗，感到一切都美好，心旷神怡。

当天，他与郭沫若等改乘小船至安东，受到安东人民的热烈欢迎。安东省政府主席刘澜波亲切地接待了他们。马叙伦激情满怀，6日，他赋诗一首，题为《发香港北行赴政治协商会议》，并亲手笔书赠刘澜波同志，诗云："南来将岁晚，北去夜登程。知妇垂离泪，闻儿索父声。戎马怜人苦，风涛壮我行。何来此汲汲，有凤在岐鸣。人民争解放，血汗岂无酬。耕者亡秦族，商人断莽头。百郭传书定，千猷借箸筹。群贤非易聚，庄重达神州。"刘澜波一直珍存着。

马叙伦与郭沫若等后又在中共中央东北局负责同志陪同下，从安东启程乘汽车到达解放不久的沈阳，又曾至哈尔滨、长春、小丰满等地参观。他看到解放区欣欣向荣的景象，亲身感受到解放了的中国人民当家作主的欢乐和骄傲！抚今追昔，感慨万千，胜利来之不易，只有共产党才能救中国。

马叙伦和郭沫若、许广平等在中共中央东北局负责人陪同下，第一次来到东北解放区。地方党和政府的热情关怀和欢迎，北方人民的纯朴、率直和好客，都使马叙伦感到格外温暖。

他为了深入了解解放区的全貌，满怀热情地参加联欢会、座谈会、报告会和访问、参观，与党政负责人交谈等，深受战争的胜利以及政权、土改、外交、经济、文化教育等方面成就的鼓舞，决心为将革命进行到底，建立新中国积极贡献力量。

辽沈战役胜利后，人民解放军连续发起淮海战役和平津战役。国民党的反动统治面临绝境。美蒋集团一面组织残余军事力量，在长江以南和边远省份垂死挣扎，一面玩弄新的和平阴谋，争取喘息时间，以便卷土重来。他们还企图在革命阵营内部组织反对派，极力使革命就此停步，或者带上温和色彩，使反动势力得以保存。在此情况下，有一些冒充人民朋友的"自由主义人士"，出来"奉劝"共产党对敌人"怜惜""仁慈"和接受美蒋集团的"和平"。有人甚至主张以长江为界，搞所谓"南北朝"。蒋介石也发出"求和"声明，提出在保存伪宪法、伪法统和反动军队等条件下进行和谈。这样，将革命进行到底还是半途而废，便成为摆在全国人民面前的亟待解决的严重问题。对此，中共中央发出了"将革命进行到底"的伟大号召。毛泽东主席于1949年1月14日发表了《关于时局的声明》，公布了：惩办战争罪犯；废除伪宪法、伪法统；改编反动军队；没收官僚资本；实行土地改革；废除卖国条约；以及召开没有反动分子参加的政治协商会议，成立民主联合政府等八项和平谈判条件。代表了全国人民的意愿，受到了广泛的支持和拥护。

马叙伦从长期的斗争中，切身体会到除恶务尽，方能奠无疆之大业。他积极参加党所召开的民主人士座谈会，与到达解放区的民主人士多次讨论时局，交换看法，1月22日和李济深、沈钧儒、郭沫若、谭平山、彭泽民等55人，联名发表了《我们对于时局的意见》的声明，表示：毛泽东先生发表的对时局的宣言，"提出了真正的人民民主和平的八项条件。这正是对于蒋介石所提出的无耻要求的无情反击，我们是彻底支持的。"

同日，在马叙伦领导下的中国民主促进会在香港发表了《为争取永久和平宣言》，揭露蒋介石的"求和"是"企图阻止革命力量向前发展，挽救他将被灭亡的命运"。《宣言》提出，为了实现国内永久和平，要在中国共产党领导下，"团结在反帝、反封建、反官僚资本的人民解放革命的目标下……彻底一致合作到最后的成功"。并严正向世界声明："各国人民有自己决定他们的一切的权利，中国人民建立人民民主共和国是中国人民自己份内的事，决不能接受任何外国的干涉。"《宣言》还热情讴歌了中国共产党领导革命的巨大成就，说："我们只见中国共产党在替人民苦干，只见他们被人们拥护。解放区满眼是新气象，使我们充满了新中国的新希望。"

此时民进总部也暂时迁移到解放区。不久，马叙伦领导民进召开了进入解放区后的第一次正式理事会议。会议认为："新民主主义是全国人民在现阶段一致要求实行的主义"，确定"本会当尽力与中共及其他党派……一致努力促其迅速实现"，为今后的指导方针。这次会上，还推举马叙伦为民进总发言人。

会后，马叙伦与解放区的王绍鳌、许广平联名发表了告会员书，向各地的民进会员讲清形势，动员大家与蒋家王朝做最后的斗争。告会员书中说："叙伦等已先后进至解放区，一遂平生向慕之愿；据闻所见，中共领导人民解放革命，确已成功，由其全心全意为人民利益服务，故所到立被欢迎拥护。"

再一次揭露蒋介石是"以虚伪的和平，蒙蔽伪统治区人民，造成政治进攻之势，冀得片时喘息之机"。指出："今日情势，显然只有南京反动集团无条件地接受毛先生八项主张，树立真正和平之基础，然后可以会谈。"最后特别提醒各地会员警惕反动派拉拢民主人士的阴谋，指出："在今日革命目标之下，言'进行调解'者，即为反民主之行动；走'中间路线'者，便是真和平之罪人""革命与反革命，民主与反民主之间，鸿沟画界，绝无调和之可能"，要求全体会员走彻底革命的道路，并希望他们在各地联合各阶层民主人士，"共同击灭为美帝奴才卖国殃民之反动集团与其首领蒋介石"。

1月26日，中共中央东北局、东北政务委员会、人民解放军东北军区以及东北各界人民代表在沈阳举行盛大欢迎会，热烈欢迎为参加新政协而到达东北解放区的各民主党派、各人民团体以及无党派民主人士。东北行政委员会主席林枫致欢迎词。十几位民主党派领导人以及无党派民主人士，先后在大会上发言。

马叙伦在发言中，表示完全拥护毛主席提出的和平民主八项条件，并即席吟诗两首：

> 一堂敢诩群英会，个个都缘民主来。
> 反动未消怀怒忾，和平有路扫尘埃。
> 后至防风须就戮，末朝封建定成灰。
> 矛头所向无天堑，听取传书奏凯回。
>
> 喜气横眉吉语多，已教美帝叹如何。
> 高堂坐论抒长策，众志成城致太和。
> 正德自须新礼乐，厚生急宜利机梭。
> 且从天半悬我眼，五十年间清大河。

表达了将革命进行到底的决心和赞扬了为建立新中国团结一致献计献策的政治局面，由衷地歌颂了中国共产党的伟大，坚信中国前途是无限光明的。

1949年1月31日，平津战役彻底胜利，古都北平和平解放。消息传来，马叙伦异常欣喜，翌日即与其他民主人士，共56人联名致电毛泽东主席和朱德总司令，祝贺平津解放的伟大胜利。赞扬人民解放军劳苦功高，武功彪炳。表示："叠奉捷音，不胜振奋，窃愿竭力追随，加紧团结，为中国之建设奋斗到底。"

2月2日，收到毛泽东主席、朱德总司令复电，云："2月1日来电读悉，极感盛意……此次人民解放战争之所以胜利，是由于全国人民不畏强梁，团结奋斗，各民主党派各人民团体一致奋起，相与协力，从而使人民解放军获得各方面的援助，使人民的敌人完全陷于孤立。"又说："诸先生长期为民主事业而努力，现在到达解放区，必能使建设新中国的共同事业获得迅速的成功……"马叙伦读后深受感动，决心不辜负党和人民的厚望。

三大战役胜利后，人民解放军各部准备挥师南下，解放江南大片土地。

2月3日，马叙伦和沙千里、沈志远、王绍鏊、许广平、罗叔章等六位上海人民团体联合会理事联名发表告上海同胞书，呼吁上海人民团结起来，坚定意志，伸出铁拳，无情粉碎蒋介石反动集团的和谈阴谋，为全部实现毛主席所提出的八项和平条件努力奋斗，得到了上海各界人民的热烈拥护，起了积极的作用。

此时，中共中央特派林伯渠到沈阳迎接在东北解放区的民主人士进入北平，共商建国大计。林伯渠带来了周恩来给马叙伦和许广平的亲笔信：

彝老、景宋两先生：得电逾月，尚未作复，不能以忙碌求恕，惟向往之心，则无时或已。兹乘林伯渠同志出关迎迓之际，特致歉忱，并祝健康！

周恩来

2月14日

言简情深，充分表达了中国共产党人对爱国民主人士的深切关怀。

2月25日，马叙伦同李济深、沈钧儒、郭沫若等一行35人，由林伯渠和东北行政委员会副主席高崇民陪同，乘"天津解放号"专车抵达北平。阔别十二年的故都，严冬已去，春回大地，马叙伦倍感亲切。

（节选自《马叙伦》，江渤著，辽宁教育出版社1987年版）

马叙伦的北上经历

卢礼阳

马叙伦与郭沫若、陈其尤、许广平母子、沙千里、翦伯赞、许宝驹、侯外庐、曹孟君、韩练成等二十几人列入第二批北上名单。其中许广平是按照马叙伦的要求，不久前从上海赶到香港的。他托交通员吴企尧带信给许，称"此间生活上亟需一位大姐，请尽快由便人陪送一位大姐来"。经留沪民进负责人和中共地下党商量后，由民进理事谢仁冰让人转告一位时常往返沪港间的秘密交通员陪送。10月的一天，许广平烫了头发，穿上旗袍、大衣，戴了首饰，带着儿子海婴取道广州，先飞到九龙，再乘轮渡入香港。一路上走了八天，次日同往马寓拜访，许对马叙伦说："我来向马老报到了。"马叙伦显得很高兴："你们辛苦了。"设宴为他们洗尘压惊。

这批民主人士从维多利亚海湾码头登上一艘挂挪威国旗的轮船，11月23日夜在中共香港工委副书记连贯陪同下悄悄驶离香港。临行前一天的深夜，马叙伦抑制不住内心的激动，想念远在台湾的两个儿子，写了留条盼咐女儿龙环："在台湾的二哥和小弟，一定要通知他们快快出来。来香港后，带着我留下的条子去找中共的联系人，设法北上。"他动身后，龙环就以"母病"为由，电召兄弟俩赴港会合。两兄弟先后离台抵港，由中共地下党帮助，后来也转往解放区。因而在航行途中，马叙伦以妻女（子）未能随行为憾，赋诗示郭沫若：

　　南来将岁晚，北去夜登程。
　　知妇垂泪离，闻儿索父声。
　　戎马怜人苦，风涛壮我行。
　　何来此汲汲，有凤在岐鸣。
　　人民争解放，血汗岂无酬。
　　耕者亡秦族，商人断莽头。
　　百郭传书定，千猷借箸筹。
　　群贤非易聚，庄重达神州。

郭捧阅后作《和夷老二首》，赞誉和安慰他："栖栖今圣者，万里赴鹏程。暂远天伦乐，期平路哭声。"

12月初轮船在大连东北的大东沟停泊，东北局负责同志前去迎接。时隔一年返回祖国内地，大局已定，又是第一次看到北国壮观的景色，"侵凌强寇告俄空，百万云云化鹤虫"的憧憬成为活生生的现实，马叙伦感慨万千。虽然顶着凛冽的寒风，可内心是热乎乎的。除翦伯赞、连贯等小部

马叙伦（左）与郭沫若在北上途中

分人走另一条路、渡海转往山东以外，马叙伦、郭沫若、侯外庐一行次日换乘小船到辽宁安东。

到达东北重镇沈阳后，马叙伦等人下榻铁路宾馆。1月22日，马叙伦和李济深、王绍鏊、郭沫若、谭平山、章伯钧等55人发表声明，坚决拥护中共中央以彻底消灭反动势力为基础的八项和谈条件，谴责美蒋反动派的假和平阴谋，誓将伟大的人民解放战争进行到底。

同日，马叙伦和王绍鏊等代表民主促进会发表《为争取永久和平的宣言》，除了表示"极端"赞成惩办战犯、废除伪宪法等八项和平条件，还宣布随着局势的进展，民进总部"暂时"迁入解放区。宣言结合亲身经历，重提辛亥和北伐两次革命不彻底的教训，阐明在中共领导下"驱逐"南京独裁政权的迫切性和自觉性：

> 我们曾经为了顾全绝大多数的人民，在痛苦劳动里保持着生命和他们的些微财产，做过退一步的工作，就是温和地呼吁民主、和平，我们明明知道向虎狼口里要求还给我们的生命，已是不可能的，还想这样容易地得到标准的生活吗？事实自然地给了我们一个否定的答复，我们也只有担上必然的革命任务。
>
> 我们只见中国共产党在替人民苦干，只见他们被人民的拥护，解放区满眼是新气象，使我们充满了新中国的新希望。我们诚恳地表示我们希望中国共产党坚强地领导全国人民造成一个新的、美的、快乐的、和平的、统一的、民主的中国；我们决定一致合作完成这次革命的任务。

1月27日，在东北各界欢迎民主党派民主人士大会上，马叙伦喜气洋洋发表演说，完全拥护真正民主和平的八项条件。他还即席吟诗两首，抒发"叠奉捷音不胜振奋"的心怀，赞颂人民革命统一战线的巨大胜利。其一如下：

> 一堂敢诩群英会，个个都缘民主来。
>
> 反动未消怀怒忾，和平有路扫尘埃。
>
> 后至防风须就戮，末朝封建定成灰。
>
> 矛头所向无天堑，听取传书奏凯回。

1月31日平津战役圆满结束，农民子弟兵在万众欢呼声中开进北平，这座驰名世界的文化古都兵不血刃宣告和平解放。2月1日，马叙伦与王绍鏊、许广平三人以民进常务理事名义，通过新华通讯社函告上海、北平、香港等地会员，强调加紧贯彻本会宗旨，坚决站在革命一边。他们在信里将东北解放区的"考察"所得，与"伪统治区"相比，不啻天壤之分；

> 官民融成一体；工作者不肯浪费分秒时间；凡事皆有计划，以民主决定，有过即改，官吏不独无贪污，亦少嗜好；人民努力生产，日有进步；军事已至底定各地，人无菜色，道无乞殍；其土改政策，益臻完善；保护工商，绝非虚语；至于教育文化，亦在力图改良发展。

这封信明确无误地指出，在今日革命目标之下，言"进行调解"者，即为反民主之行动；走"中间路线"者，便是真和平之罪人。为此马叙伦三人要求全体会员坚定政治立场，无情揭露"伪统治区"各地御用机关、团体假借"和平"助纣为虐的反民主反革命行为，联合各阶层民主人士，"共同击灭美帝奴才卖国殃民之反动集团与其首领蒋介石。"同一天，马叙伦和王绍鏊、许广平会同李济深、沈钧儒、章伯钧等五十六位民主人士，致电毛泽东、朱德，祝贺平津解放，表示愿意"竭力追随，加紧团结，为中国之建设奋斗到底"。次日，毛泽东、朱德复电向他们表示感谢和欢迎，并指出"残敌尚存，诡谋时作，求喘息谓为求和平，待外援名曰待谈判，口诵八条，手庇战犯，眼望美国，脚向广州"。当时蒋介石"总统"宣告引退已十天，躲在奉化溪口拟订一项利用谈判争取三到六个月时间重新编练"国军"的计划，妄图卷土重来；而行政院正酝酿迁往广州。

接着于2月3日，马叙伦和沙千里、王绍鏊、沈志远、许广平、罗叔章六人代表上海人民团体联合会，发表告上海同胞书，呼吁上海市民团结起来，坚定意志，伸出铁拳，无情粉碎南京独裁政权的和谈阴谋，为全部实现八项和平条件而奋斗。

三大战役的迅速胜利，北平回到人民怀抱，预定在哈尔滨召开的新政协会议改到北平举行。2月初中央统战部派齐燕铭等三人前往北平，准备接待来自四面八方的民主人士。2月14日，中共中央特派政治局委员林伯渠赴沈阳迎接在东北的民主人士，林随身带去周恩来致马叙伦、许广平的亲笔复信。周恩来在信中先就"得电逾月，尚未作复"一事道歉，衷心表示"向往之心，则无时或已"。25日，在中共代表林伯渠的陪同下，马叙伦和李济深、沈钧儒、郭沫若、朱蕴山一行三十五人乘"天津解放号"专列，抵达红光普照的北平，华北人民政府主席董必武、平津前线总前委书记林彪、第四野战军政委罗荣桓、平津卫戍司令聂荣臻等一百多人已在火车站迎候。

马叙伦又回到魂牵梦萦的紫禁城下，相隔11年，神州大地已发生翻天覆地的历史巨变，新中国敞开门扉，期待他贡献政治智慧，共商建设大计。三年前周恩来的预言"你们的血是不会白流的"，又荡漾在耳边。马叙伦感到胜利来临的喜悦，加深了对中国共产党人的信任和崇敬。

（节选自《马叙伦》，卢礼阳著，群言出版社2014年版）

马叙伦祖孙三代的北上情缘

马 今

爝火偏争赤日明

1946年6月，国民党政权撕毁停战协议，大举进攻解放区，全面挑起内战。各民主党派、人民团体和爱国民主人士纷纷以各种方式表示抗议，投身民主活动，遭国民党当局迫害。沧白堂事件、较场口惨案、下关事件、闻一多李公仆被暗杀等对爱国民主力量迫害的事件相继发生。为了保护爱国民主人士的安全，1947年底，在周恩来亲自批示下，中共地下党组织安排祖父马叙伦等爱国民主人士转移至香港。临行前，祖父诗赠我的父亲马龙章："爝火偏争赤日明，鸺鹠当昼似妖声。每闻盗跖谈仁义，为学夷吾止甲兵。万里磷燃疑纵火，千家巷哭欲崩城。逃秦只是书生事，大业终期在耦耕。"示意其在交大毕业后要到工农中，到共产党领导的解放区去。到港后，祖父连续发表了《从"正名"说到民主国家的叛逆》《为台湾二月革命周年》等文章，严厉谴责蒋介石集团祸国殃民的罪行，赞扬中国共产党是一个有主义的，为解放绝大多数的工农民众而有武力的集团，是工农民众的救星，是为国家人民而斗争的先锋集团。他还积极与李济深、沈钧儒等民主人士联系，座谈国内形势，商讨斗争策略。

1948年，人民解放战争取得重大胜利。五一劳动节前夕，中共中央发布“五一口号”，提出“各民主党派、各人民团体、各社会贤达迅速召开政治协商会议，讨论并实现召集人民代表大会，成立民主联合政府”的号召，得到各民主党派和社会各界的热烈响应。从1948年8月到1949年9月，在毛泽东、周恩来的直接领导下，按照“保密、谨慎、周到、安全”的要求，中共地下党组织护送20多批、350多位民主人士秘密北上解放区，共商建立新中国的大计。

祖父与郭沫若、陈其尤等是第二批从香港北上的。他们于1948年11月23日离港，12月3日抵达大连与安东之间的大王家岛，12月6日入住沈阳铁路宾馆。祖父一行到达东北时，正值辽沈战役结束，东北全境解放。捷报传来，祖父亲自执笔，以中国民主促进会的名义，致电毛泽东主席和朱德总司令：“人民解放战争，未及三年，胜利无算……遂使民主之光，焕若朝阳；独裁之焰，微同爝火……”祖父再次用“爝火”形容国民党的独裁统治，充分表达了他对共产党、解放军衷心拥戴之情。

一堂敢诩群英会

到沈阳后，祖父参与了许多重要的政治活动。

1月22日，与沈阳、河北共55位民主人士联合发表了《我们对于时局的意见》的声明，拥护毛泽东提出的实现和平的八项条件，表示将革命进行到底。《声明》表明，多数民主党派、众多民主人士已经公开站到中共一边，蒋介石成为孤家寡人，所谓“第三条道路破产”，也反映了民主人士的空前团结以及在斗争中觉悟不断提高的事实。

1月26日，与李济深、沈钧儒、郭沫若等34位民主人士应邀出席中共中央东北局，东北行政委员会，人民解放军东北军区以及东北各界人民代表，在平安座剧场（现址沈阳市文化宫）举行的盛大欢迎会并发表演说。"一堂敢诩群英会，个个都缘民主来。反动未消怀怒忾，和平有路扫尘埃。后至防风须就戮，末朝封建定成灰。矛头所向无天堑，听取传书奏凯回"这首即席而赋的诗，代表了祖父和民主人士北上的初心，以及对胜利的信心。

1月31日，傅作义率众起义，北平和平解放。2月14日，林伯渠受中共中央委托，也带来了周恩来写给祖父的亲笔信，专程到沈阳迎接祖父及其他民主人士到北平共商建国大计。

2月23日，祖父等从奉天驿（沈阳站现址）登上专列"天津解放号"离开沈阳，于2月25日抵达北平。

祖父亲历了第一次政治协商会议的全过程，见证了建立新中国的历史时刻，参加了举世瞩目的开国大典。主持拟定了国旗、国徽、国歌方案，他建议"用《义勇军进行曲》暂代国歌"，关于国庆日的建议案入选全国政协最具影响力的提案。他曾饱含激情挥毫写下"得宿"二字，表达他颠沛流离、为求民主流血战斗的大半生终于安得归宿，表达了他与人民的共同宿愿得到实现。这两个字也代表众多民主人士的心声。

祖父到达北平时，祖母和小姑姑才辗转到了烟台。出于安全和保密的原因，当时很多民主人士都是抛家舍业只身离开香港的，祖父也不例外。祖父离港时，年幼的小姑姑马珮和祖母仍留在香港。祖父离港上船初，既思念妻儿，又向往新中国即将诞生，赋两首五言古体诗提到"南来岁将晚，北去夜登程。知妇垂离泪，闻儿索父声。戎马怜人苦，风涛壮我行……""人民争解放，血汗岂无酬……群贤非易聚，庄重达神州"。直到1949年2月底，大姑父寿墨卿在中共的帮助下才得以安排小姑姑和祖母与铅笔大王吴羹梅等乘拉丁美洲一只小轮船秘密离港。

祖孙三代的北上情缘

1948年夏，沪港间的来往已被当局监控，台港间尚自由。父亲马龙章由伯父协助暂去资委会所属台湾造船公司，伺机去香港再转解放区。翌年3月，按祖父离港前的安排，以祖母病危为由请假去香港，由中共香港地下党组织安排，与张瑞芳、丁聪、臧克家等同船离港。此时平津已解放，诸人经天津去北平。周恩来亲自到前门外安平旅社逐房看望，他建议我父亲勿急于工作，先去东北解放区看看。数日后，父亲随吴羹梅任团长的"民主东北参观团"到了东北解放区。在安东郊区看到土改后农民领取土地证的欢乐；又去大连、长春等地参观，让他回想起"解放区的天是明朗的天，解放区的人民好喜欢"的歌声。6月，由参观团党组织介绍在东北军区参军，到了我党创办的第一所航空学校——东北民主联军航空学校，担任美式飞机机务人员短训班主课教员，负责培训美制P-51和C-46两种重要机型的外场维护人员，培养了一批初步具有现代飞机构造和维护知识、技能的机务人员，确保这两种机型在开国大典阅兵中顺利执行飞行任务。11月，人民空军成立，父亲被调去空军训练部任训练参谋。他还参与了极机密的训练计划、教学提纲制定和最早接触新的技术。在训练部的几年，除了日常参谋业务，他还承担《人民空军》航空知识和总政《八一杂志》特种兵讲座中的航空兵部分特约连载撰稿工作，尽其所能地为人民空军的初建做贡献。

1945年，五伯父马龙翔受国民政府的委派赴美求学，成为我国第一批有色金属专家。由于有色金属加工广泛涉及军工领域，美国雷诺金属公司曾以重金和全家移民的优惠条件挽留他，但他怀着工业救国的理想毅然选择回到祖国。1947年，他服从国民政府的安排，前往台湾高雄筹建高雄铝厂工作。1949年新中国成立在即，他奉祖父之命，怀着满腔爱国热忱，舍弃全部财产，举家冒着生命危险，于6月离开台湾取道香港北上，8月抵达大连，后到了沈阳，致力于我国有色金属冶炼和加工工业的恢复和发展，主持制订了抚顺铝厂恢复计划，领导了葫芦岛锌厂的生产恢复，并参加了东北轻合金加工厂等重大项目的设计工作，为新中国有色金属工业的奠基做了大量卓有成效的工作。1955年后，一直在东北工学院任教，曾任东北工学院副院长。

2017年7月，我有幸参加了全国政协文史馆北上项目课题组在辽宁的调研。后来发现，除了祖父，我的伯父马龙翔、父亲马龙章及姑姑马珮等都是经南线北上的。随着研究的深入，我触摸到一段鲜为人知的壮阔历史，一群可敬鲜活的民主斗士。他们与中国共产党人精诚合作，成为中国新型政党制度的开拓者和实践者，他们在斗争中的不断觉醒和抉择具有震撼心灵的力量，包括祖父的政治嘱托："我们只有跟着共产党走才是在正道上行"，都昭示后来者——正道同行。

（原载《团结报》2021年6月18日）

郭沫若在中共"五一口号"发布前后

肖　玫

　　1946年1月，政治协商会议（即旧政协）在重庆召开，郭沫若被推举为"社会贤达"的代表参加了大会。同时当选"社会贤达"代表的还有王云五、傅斯年、邵从恩、钱永铭、缪家铭、李烛尘、莫德惠等，共9人。当时民主同盟（以下简称民盟）、青年党和社会贤达，这三个居于国民党、共产党之外的派别，又合称为第三方面。这年6月，为制止内战蔓延，第三方面的代表赴南京，力促国共两党代表和平谈判，郭沫若参加了这次南京之行。然而第三方面的努力终归无效，15天的停战期结束后，蒋介石即调集部队向解放区发起猛烈进攻。与此同时，南京政府又背弃各党各派在旧政协会议上共同签署的决议，下令10月召开所谓的"国民大会"，实际上是为蒋介石堂而皇之地当上总统，推行国民党所谓的"宪政"清障。

拒当"国大代表"，抵制南京的假民主

郭沫若通过自己的亲身经历，对蒋介石的阶级本性和嗜血残暴已有足够认识。自大革命失败以来，有不计其数的亲密同志、思想先驱，为争取民主自由付出了生命的代价。郭沫若结识的第一位共产党人、才情飞扬的文学知音瞿秋白，血染长汀刑场；深得孙中山信任、北伐途中能征善战的邓演达，在南京汤山被秘密枪决；南昌起义时和自己一起负责宣传工作的恽代英，就义时同瞿秋白、邓演达一样年仅36岁；因皖南事变身陷囹圄，亲手把《囚歌》书付自己的叶挺将军，获释后竟在黑茶山殉难……更让人心绪难平的是，正当郭沫若等人在南京敦促国共和平谈判的时候，大批国民党特务在下关车站野蛮殴打和平请愿的马叙伦、雷洁琼及上海民众；相隔不过20天，国民党特务又用无声手枪暗杀了民盟中央委员李公朴；几天后，闻一多在回家的路上遇刺，身中十余颗子弹。接二连三的血案没有吓倒郭沫若，反使他对南京政府高唱的所谓"还政于民""行宪国大"，不抱任何幻想。

11月上旬，国民党政府单方面开列了国民大会代表名单，郭沫若名列其中。看到这份名单，他立刻向《新华日报》记者表示，绝不承认自己是"国大代表"，这种由国民党政府单方面指定社会贤达参加"国民大会"的代表名单，完全违背政协程序，暴露了"国民大会"假民主真独裁的本质。郭沫若一面亮明自己观点，公开发表谈话，一面和第三方面的其他民主党派负责人保持联系，交换意见，劝说社会党中有意参加伪国大的知名人士识破蒋介石的政治伎俩，对社会党领袖张东荪等拒绝参会表示钦佩。

11月19日，周恩来飞返延安。动身前两天，周恩来致信郭沫若："民主斗争艰难曲折，居中间者，动摇到底，我们亦争取到底。"希望郭沫若对为制止国民党发动内战而积极奔走的民盟"有以鼓舞"。1947年元旦刚

过，郭沫若又接到周恩来除夕当天从延安发来的信，指出："国内外形势正向孤立那反动独裁者的途程中进展，明年将是这一斗争艰巨而又转变的一年。""孤立那反动独裁者，需要里应外合的斗争，你正站在里应那一面，需要民主爱国阵线的建立和扩大，你正站在阵线的前头。""艰巨的岗位，有你负担，千千万万的人心都向往着你。"周恩来的信给郭沫若带来激励和鞭策，也是对他所持态度和做法的肯定。

1947年1月，是旧政协召开一周年的日子。正当各民主党派负责人纷纷撰文、演讲，纪念旧政协的召开，谴责国民党政府践踏政协成果的时候，郭沫若又目睹了一起新的流血事件。

2月9日，上海百货业工人在劝工大楼召开"爱用国货、抵制美货"行动委员会成立大会，抗议美国推行的经济侵略和扶蒋反共政策，这一举动得到上海民族工商业界的支持。郭沫若、邓初民应百货业工会邀请，做好演讲准备，提前来到劝工大楼。大会尚未开始，突然拥进一群不三不四的人掀翻签到桌，抽出袖笼里的木棒铁棍砸断长条椅，把木凳甩向主席台，会场顿时一片狼藉。赤手空拳的职工和工会领导与歹徒扭打在一起，一些职工手挽手组成人墙，阻挡冲向主席台的打手。永安公司的店员梁仁达义愤填膺，怒斥这群歹徒，被从三楼拖拽至一楼，一路拖一路打，楼梯上留下斑斑血迹。当天下午，梁仁达因伤重不治牺牲。

郭沫若、邓初民在工会干部保护下，翻过矮墙，绕过晾台，总算从劝工大楼脱险出来。他们径直赶往中国学术工作者协会讲述惨案经过，先与沈钧儒去仁济医院慰问受伤群众，又转往黄浦警察分局要求立即释放遭关押的受伤职工。下午，郭沫若、沈钧儒、沙千里、胡子婴联合举行记者招待会，指出在劝工大楼发生的"二九惨案""是把重庆较场口的做法完全搬到上海来了"，"这些行动正是对'民主''宪法'之类最大的最好的讽刺！"

梁仁达的牺牲使郭沫若悲痛而义愤，他一连为烈士写了五首挽歌，唱道：

你是民族的光荣，你为爱国而牺牲，

冬天有凄凉的风，却是春天的摇篮；

安息吧！死难的烈士，别再为祖国担忧，

现在是我们的责任，去争取民主自由。

蒋介石在军事上的失利，导致在政治上更加丧心病狂、变本加厉。国民党统治区争取民主的斗争的确荆棘丛生，要面对"凄凉的风"。1947年10月，民盟总部由于在召开旧政协、反对"国民大会"等一系列事件中与中共意见一致，被南京政府宣布为"非法团体"，勒令解散。所有不满蒋介石独裁统治的民主党派、人民团体的负责人，无不受到威胁、恐吓。为减少不必要的牺牲，上海地下党掩护左翼民主人士陆续转移到相对安全的港九地区。郭沫若一家也于1947年11月离开上海，移居香港尖沙咀的柯士甸道（Austin Road）。

十载一来复，和十年前上海等沿海城市沦陷时的情形相仿，香港再次成为内地诸多民主党派团体领袖、文化学术精英的聚集地。

联名致电毛泽东，响应"五一口号"

1948年上半年，人民解放军已进入全面战略进攻阶段，国民党政权的崩溃和覆亡已是大势所趋。蒋介石尽失民心，再无回天之术。五一国际劳动节即将来临，中共中央决定在全国人民即将迎来一个崭新天地的时候，发布"五一口号"，发出召开新政协，成立民主联合政府的号召。

毛泽东对"五一口号"的拟写十分重视，对初稿做了至关重要的改动。

初稿原有25条口号。第五条原为："工人阶级是中国革命的领导者，解放区的工人阶级是新中国的主人翁，国家积极地行动起来，更早地实现中国革命的最后胜利！"毛泽东将其彻底改写为："各民主党派、各人民团体、各社会贤达迅速召开政治协商会议，讨论并实现召集人民代表大会，成立民主联合政府！"

毛泽东的这些重要修改，得到周恩来等其他中央领导同志的一致同意：特别是修改后的第五条，明确了中共之于建国方略的三个基本点：联合各民主党派、各人民团体、各社会贤达；实现召集人民代表大会；成立民主联合政府。这一构想与国民党一党独唱的伪国大形成鲜明对比。香港《华商报》根据新华社5月1日发出的电文，将"五一口号"全文刊登在当天的报纸上，顷刻间在香港各界人士中引发热切关注。

《华商报》5月3日的社评《一个响亮的号召》激动人心，和郭沫若的想法十分合拍：新中国在胎动中快要脱出母体，百年来革命志士流血牺牲前仆后继所要实行的宏大志愿即将实现，必须在这胜利的前夜加强各方面的工作，来争取一个独立、自由、民主、统一与富强的新中国早日实现。5日，郭沫若作为社会贤达的首席代表，和在港各民主党派领袖李济深、何香凝、沈钧儒、章伯钧、马叙伦、蔡廷锴、谭平山等12人，联名致电毛泽东并转解放区全体同胞，积极响应"五一口号"的发布。紧接着，他又和马叙伦、章乃器、梅龚彬、邓初民、翦伯赞等人出席了《华商报》以"目前形势与新政协"为主题召集的座谈会，沈钧儒、章伯钧、谭平山也提交了书面发言。郭沫若在座谈会上第一个发言。他的发言表达了四个层面的意见：

> "五一口号"正切合人民需要。目前人民一致希望能有一个代表全中国的新民主主义政府出现，展开一个新局面。"五一口号"的第五项使人感奋尤为强烈。此前，民主人士已有成立新政协的提议，足见人同此心，心同此理。
>
> 新政协与旧政协的成分完全不同。前年的旧政协，国民党是第一

大党；今天的新政协，必须彻底清除南京反动政权，必须承认中共的领导权，承认毛泽东先生为中国人民领袖，承认新民主主义为建国的最高指导原则。新政协由中共来召集顺理成章。

中共在地方上的各级政权已是初步的联合政府，所推行的民主的三三制，中共只占三分之一。各党派各团体各个人须有自己的立场、岗位、主张，斟酌损益，求其大同，也不妨小异。不同意见应充分表达，充分听取，经过酝酿研讨，必然可以得到一个共同的意见。

新政协不宜急于召开。新政协不仅是议事机关，并且是执行机关，担负"实现召集人民代表大会"的任务，可以说是"临时政府"，责任繁重。新政协需要草拟人民代表大会的组织条例、《共同纲领》、民主宪法等等。一切都要未雨绸缪，不应等到新政协召开时再去着手。

郭沫若不仅与各党派各人民团体负责人共商大局，还利用自己多方面的社会影响力，使新政协运动深入人心。他发起邀集中国学术工作者协会留港理事陈君葆、陈其瑗、沈志远、胡绳、侯外庐等19人发表声明，响应"五一口号"，号召学术界同人"为我们自己和全国人民的生存自由""为迅速实现人民的政权"而携起手来。为《中国学生丛刊》撰文，鼓励青年学生以当仁不让的态度，造成公正的舆论，使革命的新政协，乃至人民代表大会，民主联合政府，及早实现。在香港南方大学充满激情地鼓励同学们："新中国在东方喷薄欲出了。建设新中国的神圣职责，落在年轻人的肩上。同学们！希望你们爱祖国，爱学习，学知识，练本领，为伟大的祖国贡献力量。""冬天来到了，难道春天还会远吗？让我们举起双臂，欢呼新中国的春天的来临吧！"

据当时在中共香港分局负责联系民主人士的罗培元回忆，关于新政协召开的时间和地点，中共中央最初的设想是1948年秋季在哈尔滨召开，经过听取各界人士的意见，会议的召开推迟到一年以后的开国大典前夕。新政协的任务也进一步修改明确为，"中国人民政治协商会议代表全国人民的意志，宣告中华人民共和国成立，组织人民自己的中央政府"，"在普选的人民代表大会召开以前，由中国人民政治协商会议的全体会议执行全国人民代表大会的职权，制定中华人民共和国中央人民政府组织法，选举中华人民共和国中央政府委员会，并付之以行使国家的权力"。历史文献告诉人们，新政协时间进程的放缓，相关提法的完善，综合采纳了李济深认为新政协应在辽沈战役结束，拿下平津，中共在军事上取得更大胜利的形势下召开的意见；综合采纳了沈钧儒、郭沫若、马叙伦等各方人士在不同场合提出的建议，也表明中共对各党派各团体民主人士意见的倾听、协商，是建立在相互平等、尊重和信任的基础之上的。

"无党派民主人士"正式定为界别名称

抗战胜利后，郭沫若多次在社会活动中被推举为"社会贤达"的代表。所谓"社会贤达"，是指不属任何党派而具有广泛社会声望的人士。这个称谓出现时间不长，1938年在武汉召开国民参政会时，尚无这四个字的用法。最早的使用当在旧政协会议筹备期间，在国共双方签订的《双十协定》中，也用到这四个字："由国民政府召开政治协商会议，邀请各党派及社会贤达共商国是。"

当在港民主人士对中共"五一口号"展开讨论的时候，郭沫若是作为"社会贤达"中知名度最高的一位参与其中的，亦有"首席代表"一说。可是，郭沫若在《华商报》座谈会上却坦言，他不喜欢被称为"社会贤达"。郭沫若这句话自有其针对性。1946年1月旧政协的9位"社会贤达"早就有分化，有人一直与南京政府关系热络，出席伪国大，给蒋介石装点民主，如东北元老、任考试院院长的莫德惠；推销公债、为内战多方筹款的钱永铭；还有一向保持无党派，却明显倒向南京政府的王云五。因此，对"社会贤达"这个名称有不快之感的并非郭沫若一人。倘若撇开上述人物所持的政治立场，单纯从词语角度来看，"社会贤达"这四个字与民主党派、人民团体的"有党有派"也并不对应，再者，任何党派、团体，同样存在是否贤达的问题，并非只针对个人。

郭沫若主张用"无党无派"的称谓替换"社会贤达"。他认为，无党无派的代表所肩负的责任是不可小视的，因为"中国人民无党无派者比有党有派者多到不知若干倍。你们如果出卖了无党无派的人民，那比有党有派者的罪孽还要深重"。"社会贤达"尤其要自己检点自己是不是真正的既贤且达，不要藏在无党无派的幌子里面干着助纣为虐的事。郭沫若还对无党派民主人士代表应如何产生提出具体意见。由于无党派民主人士没有自己的团体，他建议参考旧政协由中共、民盟和民革三方面推荐，或者由各党派、各社团推荐并共商决定；建议多推选对经济、宪法、自然科学、社会科学、文学艺术各种专门学问有研究的专家作代表，可以对建国方针做出具体贡献；为安全起见，推选过程要注意保密。

中共香港分局和香港工委及时听取了郭沫若的意见，在给中共中央的报告和在《华商报》上发表的文章中，凡涉及"社会贤达"之处都改称"无党无派"或"无党派民主人士"。不久以后，周恩来对"无党派民主人士"的概念作了进一步阐述，说民主运动在国民党反动统治的严重压迫下，要形成一个组织会遇到许多挫折、困难，所以很多民主人士只能单枪匹马地和国民党反动派做斗争，比如，一直领导着一支文化大军的郭沫若，在国民党统治下受着严重压迫的马寅初、李达，在北平遭到拘捕的符定一，等等。周恩来指出："无党派民主人士，是在中国革命的具体历史条件下发展形成的。""他们虽然都没有组织一个政党或者政治团体，但却领导着很大一批民主人士，联系着许多方面的人士在奋斗着。"自此，"无党派民主人士"的称谓被正式确定下来，在中共有关政协会议的文件中，"社会贤达"的提法不再使用，与旧政协的表述方法有了明显区别。

在新政协筹备会期间，"无党派民主人士"成为一个专门的界别，协商产生了郭沫若、马寅初、张奚若、李达、董鲁安（蒙古族）、符定一、欧阳予倩、洪深、吴有训、丁燮林，还有中华人民共和国成立后加入了九三学社、农工民主党的王之相、周谷城，12位在抗日战争和解放战争中为争取民族独立、社会进步、发展科学教育事业有过贡献的、有威望的代表人物参加了1949年9月召开的新政协会议。在此后历届政协会议中，无党派民主人士的界别始终占有一定比例，发挥了重要的参政议政作用。

回顾历史，郭沫若倒也不是一个自始至终的"无党派"。早在1924年，郭沫若翻译完日本社会主义经济学家河上肇的《社会组织与社会革命》一书时，就给共同发起创造社的挚友成仿吾写去一封长信，说他相信"科学的社会主义所告诉我们的'各尽所能，各取所需'的时代""终究能够到来"；"马克思主义在我们所处的这个时代是唯一的宝筏"。从此，郭沫若把马克思主义作为自己的信仰，走出纯文学的象牙塔，深入了解中国社会，探寻一条使中国摆脱贫穷积弱、复兴中华文明的变革之路。他参加了北伐战争，主持国民革命军的政治工作。当蒋介石对工农革命举起屠刀的时候，他在《请看今日之蒋介石》中公开喊出反蒋口号，被开除国民党党籍。面对"通电严拿归案惩办"的生死考验，他义无反顾地参加了南昌起义，由周恩来、李一氓介绍加入中国共产党。1928年初，在中共上海地下党掩护下躲过国民党政府的鹰眼爪牙，流亡日本。屈原放逐遂赋《离骚》，司马迁受辱而成《史记》。在远离革命队伍的逆境里，郭沫若自励坚贞，坚持翻译马恩著作，从事古文字研究，破解了商周社会一系列无人知晓的奥秘，为中国马克思主义史学的建立与发展打下牢固基石。1937年卢沟桥事变爆发，国共两党再度合作，国民政府撤销了对郭沫若持续十年的通缉。他归心似箭，立即从日本秘密警察的监视下逃脱出来，归国抗战。回国后他的最大心愿之一便是公开亮明自己的共产党员身份，但是这个愿望没有实现。为了实现民族解放的大目标，他严守党的纪律，服从了在党外比在党内作用更大的安排。他在周恩来领导下，以党外人士的身份出现在公众视野中，历时30余年。30年来，郭沫若从不隐晦一个"党外布尔什维克"的政治态度，在参加香港《华商报》"五一口号"座谈会时也再次表示，"举凡对于人民革命有必要的事，为中共所不能说、不便说、不好说的就由我们说出来"，"不怕做尾巴，也不怕别人给我一顶红帽子"。

郭沫若生前，不少人误认为，他成为无党派民主人士是由于"在革命低潮时意志薄弱而脱党"。直到郭沫若去世，中共中央组织部才对他的党籍和党龄问题做出明确回答：郭沫若于1927年8月参加南昌起义时加入中国共产党。翌年经组织同意，旅居日本，继续为党工作。抗战时期归国后，即恢复了组织关系，在周恩来同志的直接领导下，以无党派民主人士的身份，从事抗日救亡运动和民主革命运动。1958年以重新入党的形式，公开共产党员身份。

郭沫若不同历史时期的党派身份，在中国共产党统战工作的宏大场景中发挥了重要作用，也是所有那些为了社会进步、人类幸福的大目标，长期作为"党外人士"的革命知识分子的典型代表。

写就抗战洪波曲，长风破浪当此时

中共香港分局从1948年夏天开始着手护送在港民主人士北上解放区的工作。北上的路线首选海路，尽管台湾海峡犹有不测风云，但海路还是比陆路的风险小。因为中共用大连"中华贸易总公司"和香港"联和进出口公司"的名义，提前开通了从大连至香港的海上货运通道，租用外国轮船把东北的大豆、皮毛、猪鬃等产品运往香港外销，再从香港带回医药器材、印刷用纸、研究敌情所需的报刊资讯及其他物资。如今，这条航路又为护送香港民主人士参加新政协，提供了可靠保障。国民党势力在香港不及内地，但仍有特务四处活动，加上港英政府可能会横生枝节，中共香港分局的工作十分慎重，预定好由苏联货轮来秘密接送这些特殊乘客。

8月正是天气最溽热的时候，夫人于立群却在抓紧为郭沫若准备冬装，织毛衣，缝棉袍，并按照香港工委的嘱咐定制了金戒指，以备途中不测。郭沫若和夫人商量好，不出意外的话，一到东北，就把戒指"慰劳寄前线，欲以表寸衷"。9月2日郭沫若给夫人写好临别留言。留言读来动人心弦：

　　立群：

　　　　你是我精神上和肉体上的有力的支柱，我这十几年来可以说是完全靠着你的支持和鼓励而维持到现在的。五人的小儿女在你的爱护和教育之下，我相信一定都能够坚强地成立，但可太累赘你了。希望要保重你的身体，不要过于忧劳，将来需要你做的事情还很多。我暂时离开了你，也一定要更加保重我自己，除作革命工作的努力之外，不作任何无意义的消耗。我相信我们不久又会团圆的，而且能过着更自由更幸福的生活。望你保重，千万保重。

　　　　　　　　　　　　　　你的贞　一九四八年九月二日

　　落款"贞"，是郭沫若本名开贞的最后一个字。一字千言，融进几多挚爱亲情，几多对共同理想的忠诚。

　　于立群是1938年初和郭沫若结伴从广州赴武汉的，夏衍在《懒寻旧梦录》里写到这件往事：上海沦陷以前，于立群和夏衍谈过要去延安学习，得到夏衍同意，但夏衍很快就察觉到"郭老需要有她这样一位助手"，所以同意她在武汉留下来。就是从这时起，于立群从《救亡日报》南下先遣队的成员，成为郭沫若志同道合、至亲至爱的学生、助手和伴侣。从武汉到长沙、从桂林到重庆、从上海到香港，于立群一路随行，帮郭沫若整理文稿，接待友人。郭沫若耳背，开会听不清别人发言时，她为他记录；警报拉响要立即进防空洞时，她当他的耳朵；因为工作关系实在无暇回复来信时，他嘱咐她代笔……郭沫若的住所被国统区文化界的朋友们喻为"小解放区"，大家常在这里畅所欲言，开会、打牙祭、听延安精神的传达，每次大小活动的背后都少不了于立群的忙碌。此外，于立群还参加了不少其他社会活动，为响应中共"五一口号"，由何香凝领衔的留港妇女界的宣言，就有她的参与。难怪有人把郭沫若比作今日屈原时，郭沫若总把于立群比作现代版的婵娟。

9月18日，中共中央给东北局发去做好欢迎民主人士北上工作的指示，并通知说，第二批离港之郭沫若、马叙伦等人"数日后亦将乘苏轮北上"。可出人所料的是，提前安排好的苏联货轮"阿尔丹"号在驶入香港码头时，意外发生碰撞，不仅船上物资受损，修船还要花相当长的时间。香港工委不得不另外接洽其他靠得住的外国货船，郭沫若一行的启程日期被临时推迟。

11月23日，一切准备就绪，行李按约定提前送上货轮。下午，郭沫若、于立群信步如常，去民盟港九支部主任委员冯裕芳的寓中做客。冯裕芳将和郭沫若同船离港，他是老同盟会员、中华革命党的发起人之一，加入过英国共产党，还暗中支持过胞弟冯白驹领导的琼崖纵队。冯老家里养了一池金鱼，平时没少博得朋友的称赞。今天观赏着金鱼的郭沫若，却心生别样的感触："平生作金鱼，惯供人玩味。今夕变蛟龙，破空且飞去。"

冯老年事高，血压也高，郭沫若夫妇陪着他一起去侯外庐家集合。天黑后，郭沫若告别于立群，和冯老、侯外庐乘小船出海，登上一艘挂着挪威国旗的轮船。轮船名为"华中"号，船头有一只天马的标识，大副是个阅历丰富的葡萄牙人。连贯、宦乡和马叙伦，丘哲，翦伯赞，许广平、周海婴母子，陈其尤，曹孟君，许宝驹，沈志远等不少老朋友先后到齐。次日凌晨，华中轮起锚，驶离港湾。

华中轮起航日期虽比原计划迟了两个月，却恰好为郭沫若赢得了写完《抗战回忆录》（后更名为《洪波曲》）的时间。回忆录的撰写，是《华商报》副刊《茶亭》的"亭长"、香港工委成员夏衍出给郭沫若的题目。郭沫若趁行期推迟，就近同冯乃超核实了国民政府军委会政治部第三厅机关及演剧队、抗宣队等下属机构的情况，把抗战前期国共合作的阴晴圆缺，三厅成立、台儿庄大捷、长沙大火的波澜起伏，写得生动真实、有血有肉。郭沫若一面写，《茶亭》一面刊登，从8月25日起，每天一节，成为《茶亭》最受欢迎的看点。眼看出发日期临近，郭沫若加快速度，赶在出发两天前杀青。当12月4日《茶亭》刊出《抗战回忆录》最后一节，连载到此结束的时候，不少读者还意犹未尽，推想作者一定仍在香港。实际上，华中轮已在连载结束的前一天抵达东北。《洪波曲》的连载巧妙地掩护了郭沫若这批民主人士的北上之行。

香港工委迅速把华中轮平安抵达的好消息送到每一位北上民主人士的家里。于立群这才心情舒畅地向孩子们坦白，十天前她说了一次"谎"，说父亲这些天不在家，是因为要在达德学院讲演。其实这些天他并不在达德学院，而是去了有红旗飘扬的地方。于立群把郭沫若行前写好的诗读给孩子们：

> 寄语小儿女，光荣中长大。无须念远人，须念我中华。
> 中华全解放，无用待一年。毛公已宣告，瞬息即团圆。

听着父亲留下的诗，想到不久全家都能去解放区和父亲团聚，孩子们好像一下子长大了。

一路唱和万里行，含泪欢歌庆成功

华中轮是货船，客舱狭窄，船行速度慢。长途的海上航行容易使人寂寞，加重思念家人的情绪。看到几位学养深厚的民主人士对诗词唱和饶有兴趣，郭沫若提议办个壁报，"以俾诗词传阅"。大家一致赞成，起名为《破浪壁报》。

马叙伦先赋得两首铿锵有力的五言诗："何来此汲汲？有凤在岐鸣。人民争解放，血汗岂无酬。"但铿锵中又带出些感伤："知妇垂离泪，闻儿索父声。戎马怜人苦，风涛壮我行。"郭沫若很快出示了唱和，第一首这样咏道：

> 栖栖今圣者，万里赴鹏程。
>
> 暂远天伦乐，期平路哭声。
>
> 取材桴有所，浮海道将行。
>
> 好勇情知过，能容瑟共鸣。

第一首和诗对马叙伦大加赞誉，把他喻为当代圣者，日夜奔劳，心向万里征途。与子女短别，为的是抚平天下的哀怨。后四句里化用了《论语·公冶长》中的典故。典故原文："子曰：道不行，乘桴浮于海。从我者，其由与？……由也好勇过我，无所取材。"意为孔子因其主张受阻，要坐竹筏去海上漂游。说跟随我的只有仲由（子路）吧？……仲由比我有勇气，无奈找不到做舟筏的材料。和诗写得乐观豁达，大意是而今吾辈有取材的办法，能远涉重洋助大道畅行；有大智大勇的人才有大爱，最懂琴瑟和鸣的美。观照古今，眼前的现实不是正与孔夫子欲远游海上，却因"无所取材"使子路徒有勇气，形成鲜明对比吗？而"取材桴有所，浮海道将行"两句中的"桴"与"道",在字面下是不是有更丰富的寓意呢?这样立意深远、引人思索又抚慰亲情的唱酬,让一些人心里的离别牵挂释怀了不少。

郭沫若在船上和农工民主党的中常委兼秘书长丘哲同住在一间客舱。航行的第六天,11月29日,华中轮将至长江以南的宁波。这一天是邓演达在南京汤山牺牲17周年的忌日,丘哲遥望江口,写下一首怀念亡友的诗:"惘惘凭栏望江口,每怀奇士辄兴悲。"郭沫若遂步丘哲原韵,道出他对邓演达的追思:"当年谈笑曾相许,共扫东南民族悲。""献馘汤山先告墓,艰难建国暗中扶。"

29日这天的船速慢得让人心焦,起初不知什么原因,后来才明白这天海上会有二级飓风,船长为避险有意滞留在宁波附近。尽管如此,飓风袭来时船体仍然险些失控,海上浪涛汹涌,风速每小时166公里(89海里)。船上的民主人士面对风浪,镇定自若,令人敬佩。郭沫若的组诗《舟行阻风》记录了这幕险情。所幸飓风持续时间较短,华中轮奋力驶过长江口后,化险为夷,海面顿时大放光明。

同船的周海婴有台自己安装的收音机,能收听到新华社的广播,不时给大家带来华北战场的最新战况。一天,广播里传来人民解放军于11月30日占领徐州、杜聿明集团30万人陷入重重包围的消息,同船老少欢欣鼓舞,在娱乐室里开了庆祝会,唱歌、跳舞、朗诵,各显身手,郭沫若也表演了节目。大家的心情正如他在《北上纪行》中所描写的:"才欣克辽沈,又听下徐淮。指顾中原定,绸缪新政开。""我今真解放,仿佛又童年。"

十天的航行,华中轮上诗意盎然,接连不断有新作张贴在《破浪壁报》上。抵达东北后,这股热情依然不减,民主人士在各地参观的路上赋诗填词,抒发着对喷薄欲出的新中国的憧憬。郭沫若不愧是多产诗人,一行之中他的唱和数量最多。沈钧儒、阎宝航、周铁衡、李一氓、李初梨、刘澜波等许多先后来到沈阳和在沈阳工作的朋友、同志都得到郭沫若赠送的诗词；中国医科大学、东北博物馆、东北图书馆等不少单位留下了郭沫若笔酣墨畅的题词、楹联，历久弥新。

这些激扬的文字记录了振奋、欢笑、荣耀、寄望，也交织进对两位不幸长眠在凯歌声中的逝者的景仰。1948年9月1日，布衣将军冯玉祥参加新政协，归途中因轮船失火而蒙难。1949年1月27日，携手北上的冯裕芳，在沈阳病故于宿疾加重。"等是在疆场，一死正堂堂。后有冯裕芳，前有冯玉祥。献身无保留，不用待协商。……死贵得其时，二冯有耿光。不忘人民者，人民永不忘。"作为二冯的故交，郭沫若用吊唁的诗句道出了北上民主人士会将痛惜化作力量、义无反顾献身民族解放的赤诚心声。

郭沫若在庆祝平津解放胜利大会上致词

1949年2月23日，郭沫若与李济深、沈钧儒、马叙伦、章伯钧、朱学范、李德全等一行35人，乘"天津解放号"专车离开沈阳。第二天中午，火车缓缓驶入古老的北平城。"多少人民血，换来此矜荣。思之泪欲堕，欢笑不成声。"和着车轮和路轨间发出的钢铁的节拍，又一首五言诗从郭沫若心底涌出。

26日，郭沫若随各党派民主人士一起步入中南海怀仁堂，出席由中国人民解放军平津前线司令部，北平市军管会，中共北平市委、市政府举行的欢迎大会。"今天真正是光荣绝顶了。……但我也知道，这光荣不是毫无代价得来的。"郭沫若在大会讲话中，抑制着内心的激动，说出多日来萦绕脑海的思考远大理想："在反动派统治之下，中国没有搞好，我们有话可以推诿。在今天人民政权之下，假使依然把中国搞不好，那我们就要成为历史的罪人了。""为了扩大我们的光荣，为了巩固我们的光荣，我们每一个人都应该扫除一己的私心，摒除一切的门户之见，要把全部的力量，全部的精神，全部的生命，无条件地拿出来，在中共领导之下，在毛主席领导之下，完成反帝、反封建、反官僚资本主义的任务，为建设新中国而鞠躬尽瘁。"

（原载《文史学刊》第九辑，中国政协文史馆编，中国文史出版社2019年版）

郭沫若与《北上纪行》

陈 政

1948年11月23日夜，郭沫若、马叙伦、许广平等民主人士由时任中共香港工委副书记连贯陪同，乘坐悬挂着葡萄牙国旗的"华中"号货轮从香港秘密北上东北解放区，参与筹备新政协。

在航行中，民主人士通过收音机得知辽沈战役胜利的消息，欢欣鼓舞。郭沫若还创办了《破浪壁报》，

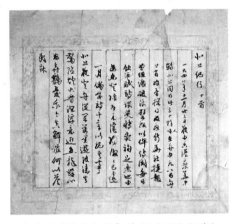

郭沫若《北上纪行》手稿（周铁衡藏）

刊载解放区胜利的消息。他怀着对新中国光辉前程的美好憧憬，创作了一组《北上纪行》诗十首。每首诗中都有一句"我今真解放"，反复咏叹，表达了诗人到达解放区、准备参加新政协会议的喜悦之情。

发现手稿照片

2021年3月，辽宁省政协文化和文史资料委员会在征集、整理北上民主人士资料的过程中，幸运地得到了郭沫若先生《北上纪行》的手稿照片，并请辽宁省档案馆对照进行了仿真复制。

《北上纪行》手稿的原主人是郭沫若的好友、书画家周铁衡先生。周铁衡之子周维新先生向我们讲述了这组诗手稿背后的故事。

《北上纪行》手稿共4页，每页约一尺见方，由郭沫若用毛笔行草书就，纸面已经泛黄，部分边缘有破损。十首诗记录了郭沫若北上时的所见所闻所感所悟，虽名为记事，实则抒情。落款的时间为"一九四九年元旦后五日书奉"，这是民主人士北上沈阳的时间。

这十首五言诗，在郭沫若的众多诗篇中，并不太被人所关注。作品创作于1948年底至1949年初，1950年3月发表，后又在1950年5月1日的《华北文艺》第4期上重载。1953年3月，作品收入诗集《新华颂》，但在1958年《沫若文集》出版时，又被编入《蝴蝶集》中。

与《蝴蝶集》中的诗篇相比，这次发现的手稿照片，前有小序，后有补跋，充分地说明了民主人士从香港乘船北上辽宁，准备参加新政协会议的历史详情。

其序云：

一九四八年十一月二十三日夜，由香港乘华中轮北上，同行者三十余人，在舟中凡八日。舟上有收音机，得收听新华社捷报。曾组织《破浪壁报》以俾传阅。每日饮酒赋诗，谈笑博弈，洵足乐也。由安东登陆，即来沈阳，匆匆已达一月。偶成诗十首，以纪其事。

其跋云：

> 石城岛属安东境，华中轮最终停泊处也，其地接近庄河。安东市之西有温泉，地名五龙背，我辈来沈时曾在彼入浴一次。日人经之营之，供有产者娱乐，今则成为荣誉战士疗养圣地矣。

这段跋语实际上是《北上纪行》诗其四"八日波臣乐，难忘数十城。涟漪青胜靛，岛屿列如屏"两联，以及诗其七"翼翼五龙背，溶溶涌沸泉。伤痍愈战士，憔悴润莲田"两联的注脚。这两段序跋和全诗的精神与格调都是完全一致的，真实地还原了民主人士北上的历史情景，充分地表达了郭沫若等民主人士到达解放区后那种欣喜欲狂的激动心情，反映了天翻地覆、换了人间的伟大时代。后来，郭沫若也曾谦逊地把他自己的这些诗称作"不完全的时代记录"（见《沫若文集》第2卷第43页）。

在《北上纪行》诗中，诗人阐释了从小我到大我的转变。先是第一首诗用问句"何以答麻民"作结尾，后在第二至第九首诗中对这一问题进行解答，特别是"我今真解放，赤体入人寰"一句，凸显了以郭沫若为代表的民主人士对"五一口号"做出的积极响应，显示了他们家国之爱的历史使命感。

中国社会科学院郭沫若纪念馆研究员张勇在《郭沫若旅游情怀散记》一文中表示：《北上纪行》诗十首表达的情感显示了一个"疯狂"诗人精神的回归，一个对自然有天性亲和力歌者的复苏，他带给我们又一次"凤凰涅槃"式生命洗礼的心灵冲击。

《北上纪行》再现了郭沫若自由描写身边景象、无拘无束表达心声的创作心态。十首诗最终落脚于"我今真解放，莫怪太癫狂"一句，表达了作者自由自然天性精神的恢复。诗人在华中轮上"每日饮酒赋诗，谈笑博弈，洵足乐也"，这种心情松弛、精神自由的状态，与战争时期那种焦虑、急迫的情感，形成鲜明的对比。可以说，北上之行是郭沫若人生旅途中最畅快的一次征程，抛却了由异地他乡回到解放区时割舍不断亲情的煎熬，除去了战争动乱颠沛流离的惶恐，内心充满了迎接人民当家、新中国诞生的兴奋之情，也抒发了对即将到来的胜利成果的虔诚期盼。

郭沫若与周铁衡

1929年，郭沫若与周铁衡在日本结识，二人都爱好收藏、历史、书画，二人经常在一起探讨学术问题，结伴去书店查寻有关甲骨文的资料文献，成为终生挚友。他们的交往和友谊，给中国的文化留下了绚丽璀璨的风景。

周铁衡，原名周德舆，别号铁翁、半聋、灌园丁，河北省冀县人，生于1902年，13岁来到东北，16岁从邱烟云学画，20岁至北京，拜齐白石为师。

周铁衡本以医学为业，后留学日本。回国后，他曾任东北艺专教授。中华人民共和国成立后，出任东北文物管理处顾问，沈阳市百货公司第二商店主任医师，兼任鲁迅美术学院篆刻课教师。周铁衡是民盟盟员，还担任过辽宁省美协副主席，沈阳市文联副主席等职。

1948年底，郭沫若随第二批北上民主人士辗转到达沈阳后，多次到周铁衡家中做客，为其写下了一幅行草书法作品："貔子窝前舟暂停，阳光璀璨海波平。汪洋万顷青如靛，小屿珊瑚列画屏。"并为其印谱题笺《半聋楼印草第二集》，以诗代序："萍翁有人室，铁笔神可通。性逸业亦逸，我聋君亦聋。刀圭先后学，金石左右逢。嗜者又奇癖，无乃太相同。"郭沫若还为周铁衡所著的《妇科抉微》题记，又以篆书题于扉页，并用草书做序言。为周铁衡的印谱《后来居印草》书写了题笺，考古学著作《清钱轶录》题写了扉页，医学著作《妇科抉微》撰写了序言，鼓励他继续努力学习，走中西医结合的道路，为新中国医学事业做出新贡献。

郭沫若与"东北货"

东北地区是解放初期最早成立文物保护部门的地区。1948年4月3日，东北行政委员会在哈尔滨成立了东北文物保管委员会，由东北行政委员会副主任、民主人士高崇民担任主任委员，教育委员会主任车向忱担任副主任委员。这个委员会的主要任务是把战争期间散失在各个角落的历史和革命文物搜集起来，为新中国成立后的精神文明建设做好准备工作。

在当时特殊的环境下，东北文物保管委员会接受了来自各方人士捐献的文物，并接管了从敌伪手中缴获的文物。

1948年11月沈阳解放后，东北文物保管委员会迁到沈阳，接管了设在沈阳故宫内的"国立沈阳博物馆筹备委员会"，成立了东北文物保管处，聘请周铁衡先生为顾问。

当时，东北文物保管处请郭沫若为东北图书馆、东北博物馆题写匾额，并为图书馆题诗赠联。联云："宋人方守株待兔，大道以多歧亡羊。"由于当时郭沫若没有随身携带印章，只好请周铁衡为他篆刻引首印"推翻历史五千年"和款印"丁父""郭沫若"。刻好后，由沈阳故宫庶务股股长刘发同志送到郭沫若下榻的铁路宾馆。

民国时期，溥仪在出宫之际携带了大量宫中藏画、古董。这批书画、古董被溥仪带到了东北，后来又通过不同途径流向全国乃至世界各地，因此俗称这批文物为"东北货"。

抗战胜利后，郑洞国出任东北保安副司令长官，他在长春期间收购了一些从伪皇宫"小白楼"中散佚出来的历代书画。郑洞国起义后，将所购藏的"东北货"全部上交给东北野战军政治部，后经政治部主任周桓同意，将这批"东北货"全部拨给东北文物保管委员会保管。

郭沫若一生爱好历史，听说这个消息后，特意到东北博物馆和沈阳故宫参观了这批"东北货"，并慨叹这批文物的颠沛流离。1949年2月5日，民主人士离开沈阳奔赴北平前夕，周铁衡陪着郭沫若来到位于沈阳城中的震古斋古玩店"淘宝"。郭沫若淘到了一个有三条龙花纹图案的笔洗，曰之"三龙笔洗"，与他之前购买的有三只凤凰花纹图案的水瓶珠联璧合，恰成一对。郭沫若大喜，称之为"龙凤喜瓶"，并作诗咏之："三龙水洗三凤瓶，龙凤齐飞入旧京。四海山呼三万岁，新春瑞庆属编氓。"

2月23日，民主人士在林伯渠、高崇民的陪同下，乘坐火车离开沈阳。在车厢里，郭沫若凝视着窗外，回想起三个月来的经历，心潮澎湃、感慨万千。他激动地赋诗一首："多少人民血，换来此矜荣。思之泪欲堕，欢笑不成声。"这首诗，代表了此时此刻民主人士的共同心声。

时光荏苒，转眼70多年过去了。郭沫若先生当年的手稿已经泛黄，甚至破损，但是，那一行行整齐的笔迹却依然秀美可观，真实地记录了当年民主人士北上到达解放区后的激动心情和一颗颗爱国的赤子之心，永远是鲜活的。

郭沫若北上抵达沈阳

龚济民　方仁念

　　紧张的局势容不得郭沫若多在儿女情长之中徘徊。当他获悉华北人民政府已经宣告成立，精神大为振奋，自己想象中的未来全中国人民政府的雏形越来越明晰，恨不能飞赴北国饱赏这崭新的气象。喜讯频频传来，入冬以后，锦州、长春、沈阳和营口又相继解放，人民解放军胜利结束了辽沈战役，已挥师发动淮海大战。一个星期天的晚上，郭沫若应邀到南方学院去演讲。他站在以天台为会场的中央，山城的灯火像夜空的繁星一样朗照，天地显得格外开阔。同学们听他讲述解放战争顺利发展的形势，情绪激昂，热血沸腾。到后来，他完全像在朗诵诗篇一样：

　　新中国在东方喷雾欲出了，建设新中国的神圣职责，落在年轻人的肩上，同学们！希望你们爱祖国，爱学习，学知识，练本领，为伟大的祖国贡献力量。

　　冬天来了，难道春天还会远吗？让我们举起双臂，欢呼新中国的春天的来临吧！

他的话音刚落，满场喝彩声响应他的召唤。

是的，新中国航船的桅杆已经快要出现在地平线上，倾城倾国的人民竭诚翘首以待。中共中央广泛邀请各方面爱国民主人士赴解放区共商建国大业，聚在香港的朋友们正分批秘密启程。郭沫若化名"丁汝常"，于1948年11月23日夜乘华中轮离开香港北上，立群和子女暂留港。他"决心摒除一切的矜持，虔诚地学习、服务，贡献出自己的最后一珠血，以迎接人民的新春"。

> 人海翻身日，宏涛天际来。
>
> 才欣克辽沈，又听下徐淮。
>
> 指顾中原定，绸缪新政开。
>
> 我今真解放，自愧乏人才。

华中轮冉冉前行，真正获得解放的郭沫若，与同行者马叙伦、翦伯赞等三十余人"倍感一身轻"，每日饮酒赋诗，谈笑博弈。船上有收音机，可以及时收听新华社电讯。他们还编了《破浪壁报》，以俾传阅。

1948年12月1日，华中轮抵达最终停泊处安东附近，郭沫若等即登陆。回顾三十五年前赴日本留学曾路过安东，弹指之间人已老，旧迹渺难寻。他们结伴往安东西郊五龙背温泉入浴。此泉当年为日本人所经营，专供有产者逸乐，今日已成荣誉战士疗养胜地。想不到现在自己亦有幸叨光，真是一大乐事。郭沫若浑身浸在舒适的泉水中，白茫茫的蒸汽诱发了他的诗兴："翼翼五龙背，溶溶涌沸泉……"

12月6日，郭沫若一行安全抵达东北解放区沈阳，住在铁路宾馆内，受着优裕的招待，心里感到很惭愧。他们到处参观访问，不久即与当地人民共庆1949年元旦，只见东北人民用血汗赢得的这块土地上，一派崭新气象，郭沫若激动得热泪盈眶。在中共中央东北局、东北行政委员会、东北军区以及东北各界人民为他们举行的盛大欢迎会上，他畅叙了来到东北解放区的喜悦心情，放声朗诵"我来仿佛归故乡，此日中行亦似狂"，"于今北国成灵琐，从此中华绝帝王"，并表示要"以毛泽东主席的意见为意见"，"决心为实现人民的公意，争取真正的和平"，在党的领导下将革命进行到底。

革命临近胜利喜事多。1月10日人民解放军生擒杜聿明，结束淮海战役最后一仗；15日天津解放；21日蒋介石以"因故不能视事"的名义"引退"，由李宗仁代理总统。1月22日夜闻蒋介石下野时，郭沫若乐得坐不住、睡不熟，欣然命笔成五律一首，有句云：

城中逃祸首，关外建红牙。

已见春冰解，寒梅谅已花。

2月1日又传来喜讯：傅作义已于1月31日率部接受人民解放军改编，北平宣告和平解放。郭沫若即与李济深、谭平山、茅盾、许广平等人联名致电毛泽东和朱德，说："同人等已先后进入解放区，迭奉捷音，不胜振奋。窃愿竭力追随，加紧团结，为中国之建设奋斗到底。"次日毛泽东、朱德复电云：此次人民解放战争之所以胜利，与"各民主党派、各人民团体一致奋起，相与协力"密不可分，并对郭沫若等人来到解放区敬表欢迎。

郭沫若（左）在沈阳铁路宾馆门前观看秧歌

1949年2月25日，郭沫若与李济深、沈钧儒、马叙伦等35人从沈阳乘火车赴北平。眼看祖国经历了解放战争炮火的洗礼，人民翻身享受到民主自由，一路上心潮起伏，浮想联翩。车抵北平东站，他热情喷涌，心儿几乎跳出了胸膛，不知不觉中口占五绝一首：

多少人民血，换来此矜荣。

思之泪欲堕，欢笑不成声。

他与来车站迎接他们的林彪、罗荣桓、董必武、聂荣臻、薄一波、叶剑英、彭真等领导人一一握手，不知有多少话要向党细诉。次日，前往中南海怀仁堂参加中共北平市委和北平市人民政府举行的欢迎各方民主人士大会，他感到党和人民给了自己无尚的光荣。昔日皇帝的宫殿，今天成了人民的礼堂，在这样的地方登台讲话，这是他做梦也想不到的。他说："毛主席所领导的人民武力，使中国人民翻了身，使我郭沫若也翻了一个身，我真是感谢无尽。"话越讲越激动，如奔流直下的江水滔滔不绝，他恨不能掏出自己的心，表明他要为完成革命事业、建设新中国鞠躬尽瘁，无条件地贡献出自己的一切。

（节选自《郭沫若传》，龚济民、方仁念著，北京十月文艺出版社1988年版）

丘哲在北上途中赋诗明志

梁淑钊

1948年春，丘哲赴香港，出席民主同盟一届三中全会。会后仍返上海工作。

解放战争时期，驻香港的中共组织负责人邀请民主党派负责人两星期一次举行双周座谈会，由中共香港负责人报告国内外形势，特别是国内战争形势，研究工作任务，提高思想认识。地点多设在丘哲家中。丘与彭泽民、李伯球等代表民盟、农工民主党

丘哲在"华中"号货轮北上途中

参加这些座谈会。经常又邀请乔冠华（乔木）主讲国内国际形势，各党派不少人参加听讲，也常在丘哲家中（罗便臣道42号）举行。丘在香港时一定参加。

　　1948年11月，丘哲由香港秘密乘船到东北解放区准备参加新政协筹备会议，同行的有郭沫若、彭泽民等十数人。在船上，丘与郭沫若、马叙伦等吟诗唱和，歌颂胜利，歌颂解放，赞美中国共产党的英明。丘在诗中写道："大地光明日，平民夙愿酬。政纲行更始，土改说从头。古国开新令，群贤握伟筹。道旁休筑室，一举定神州。"

　　1949年2月，丘哲由沈阳赴北平，以中国民主同盟代表的身份，参加了全国政协会议筹备会。9月，出席了中国人民政治协商会议第一届全体会议，参与了中华人民共和国开国的筹备。

　　（节选自《丘哲传略》，原载《纪念丘哲》，中国农工民主党中央党史资料研究委员会编，中国文史出版社1991年版）

宦乡北上的前前后后

宦国英　宦国瑞　口述　阮　虹　整理

到了1948年8月份，大胆的预言家们已经可以断言，国民党在军事上败局已定了。此时，人民解放军正准备在东北战场与国民党军队展开战略决战。为了控制住国统区的局势，国民党当局决定对人民实施更加严酷的镇压。就在这个月份，一个在不久前刚刚成立的名为"特刑庭"的机构疯狂地发出了大量传票，以传讯所谓"潜伏在社会各阶层及各学校之匪谍"的名义，开始了对共产党人、民主人士和进步青年学生的大搜捕。但此举显然无法改变国民党统治正走向穷途末路的历史命运，特别是当9月12日辽沈战役打响之后，这个已经人心丧尽的政权的垮台更是指日可待了。

当人民解放军的百万大军在东北战场上摧枯拉朽之际，中共中央开始着手筹备成立新的人民共和国。父亲完全想不到他将有机会参与这项历史性的工程，他觉得他的战场依然在上海。尽管他也进了国民党当局的黑名单，但他还是决定留下来，以支撑仅存的两份进步刊物《中国建设》和《展望》的出版。让他没想到的是，他在9月中旬接到了他的单线联系人陈虞荪的通知，后者让他立即动身前往香港，并且在那里等待组织上安排他进入解放区。一切都来得很突然，父亲顾不上处理家里的事情，便化装成商人火速启程了。事实上，就在父亲动身前后，数百位民主党派的领导人以及工商界、文化界的知名人士，也分别从西南、西北、华中和华东地区陆续启程前往香港，他们的最终目的地都是同一个地方——河北省西柏坡，他们将在那里参加新政协的各项筹备工作。

那是一个令人激动的庞大的北上计划。著名教育家叶圣陶曾把它形容为"涓流归海"。但实施这个计划的风险也不言而喻——那么一大批引人注目的社会精英取道同一座城市前往中共中央所在地，这很难不引起国民党特务和港英当局的注意。为了把他们安全送抵西柏坡，中共地下党组织设计了一个让他们藏在外籍货轮上前往解放区的"偷渡"计划。那些货轮被中共地下党组织以外贸公司的名义长期租用，它们经常往返于东北和香港之间，并且有着相对固定的货主和生意模式，它们先是要把东北的大豆、人参、貂皮和药材运到港澳市场上卖掉，然后买进东北——实际上是解放区——急需的西药、纸张和五金产品，再把它们返运回去。每当某个装满西药、纸张和五金产品的货轮将要起航时，一小批知名人士便乘机搭船北上。当然，这条航线也危机四伏。为了躲过港英海关的检查和国民党海军巡逻艇的搜查，那些藏匿在货轮上的知名人士要么扮成船员，要么扮成管舱员或是庶务员。这个惊心动魄的北上计划最终大获成功，从1948年9月到1949年3月，至少有近四百位人士以这种方式北上，其中包括李济深、沈钧儒、谭平山、章伯钧、蔡廷锴、黄炎培、马寅初、陈叔通、郑振铎、柳亚子、郭沫若、马叙伦、沈雁冰、叶圣陶，此外还有一些起义的国民党将领及著名的演员和作家。

因为是分批北上，所有的人都要等船期，可能要等一两个星期，也可能要等一两个月。父亲等了近一个月。他在香港期间的联系人是老朋友夏衍。当然，他在那里还见到了其他的老朋友，其中也包括早在四个月前就抵达这座城市的徐铸成，他已经在香港创办了新的《文汇报》。父亲一开始就住在了报社，并且为报纸撰写了若干时评。

不过父亲在此期间还做了一件更为重要的事，那就是在他的两个老朋友——国民党海军总司令部少将办公厅主任金声和中共上海局策反委员会委员李正文之间搭了个桥。李正文当时正要从香港返回上海，父亲告诉我，金声早在1948年初就有意结交共产党，而他显然掌握着一些重要的军事情报。在和李正文讨论了接头办法之后，父亲给金声写了一封信，让他接待一个化名叫"王老吉"的人。金声很快就在上海见到了父亲所说的"王老吉"。那以后的事情进展得很顺利，金声几乎每周都要从南京赶到上海和李正文见上一面，他带去的情报果然很有价值，比如国民党沿长江一带的兵力部署及变动情况，此外还有每个隐蔽炮台的准确位置等，它们对人民解放军后来打赢渡江战役大有帮助。

（左起）宦乡、沈志远、周海婴在北上途中

从登上货轮北上开始，父亲的经历就充满了变化和新鲜感，这期间他的很多时间都是在旅途中度过的。他先是在12月份到达西柏坡，但是一个多月后又根据周恩来的指示赶往刚刚解放的天津，他的任务是接管天津《大公报》，并将其改组为《进步日报》。不过这项工作才刚刚起步，他就接到了前往布拉格参加保卫世界和平大会的指示。等他从布拉格回到天津时已经快5月份了，而他马上又要离开报社去参加新政协会议的筹备工作。从国统区到解放区，从巨变前的中国到战后的欧洲，父亲不断地感受着国家和世界的变化，更感受着新中国诞生的波澜壮阔的历史进程带给他内心的强烈冲击。

（节选自《宦乡往事》，阮虹整理，当代中国出版社2020年版）

翦伯赞在北上途中及登陆

张传玺

　　1948年4月30日，中共中央提出的召开新政协的消息传到香港。在香港的各民主党派及无党派人士的代表不仅联名致电中共中央主席毛泽东表示拥护，而且还在香港与中共香港工委配合，开展有关召开新政协的酝酿和宣传活动。5月8日，香港《华商报》举办目前新形势与新政协座谈会，出席的民主人士和著名文化人有数十位之多。翦伯赞即以《拥护新政协的召开》为题发言，阐述了当时的政治形势及召开新政协的重要意义，表示自己的拥护态度和为新民主主义革命彻底胜利而奋斗的决心。参加座谈会的还有沈钧儒、郭沫若等人。8月1日，毛泽东复电在香港的各民主党派及无党派民主人士，说响应召开新政协的电报因"交通阻隔，今始奉悉"，对电文主张，表示"极为钦佩"。希望"共同研讨"新政协"会议的时间、地点、何人召集、参加会议者的范围以及会议应讨论的问题"等。此电进一步推动了香港民主运动的发展。

　　翦伯赞为香港的民主运动做了许多工作。他参与了8月10日《华商报》

举办的笔谈《日本投降三周年的感想》。15日，他与郭沫若、茅盾、夏衍等20人联名致电北平清华大学学生自治会，深切哀悼朱自清逝世。为祝贺越南脱离法国的奴役而宣布独立三周年，参与组织出版《越南之友文丛》，并撰《越南人民的双重任务》一文，收入文丛之一《正义的呼声》中。9月5日，出席中国学术工作者协会华南分会成立大会，与郭沫若、侯外庐、邓初民、胡绳、沈志远等13人被选为该会理事。10月17日，出席民主人士在六国饭店为邓初民举行的60诞辰祝寿大会，并致祝寿词。这个大会实为民主运动的一个部分。

自8月以来，各民主党派或无党派民主人士的代表人物应中共中央的邀请，自国民党统治区或香港等地进入解放区者时有所闻，据说是参与新政协的筹备工作。翦伯赞等对此事也很关心。11月初，中共香港工委来人，向他传达了中央的电召，要他立即准备北上。他对夫人和王德生暂留香港一事做了安排，又为《文汇报》副刊《史地》多编了几期，每期在刊头处注明"翦伯赞主编"。还决定在他们北上之后出版的副刊上，再次刊登周刊、双周刊的刊名与主编姓名，使翦伯赞、孙起孟、侯外庐、茅盾、曾昭抡、宋云彬等人的名字再次见于报端，以示这些人仍在香港，此为对敌人施以"障眼"之法。

翦伯赞等人于11月23日离开香港，踏上北上的征途。所乘轮船为一条意大利货轮，由苏联租用为解放区运送医疗物资。这次由中共南方局包租了乘客铺位，准备由香港开赴东北。同行者于11月23日晚间相继登轮。初时，各人紧张，屏息上船，灯光昏暗，一夜无话，只听得轮船汽笛发出了几声深沉的吼叫，远处还传来了微弱的回音，船身稍有晃动，人们知道即将离港，高悬胸口的那颗忐忑不安的心降了许多，也平静了许多。

次日早上6点多，船面甲板上已有人在活动，说是观看日出。南方局的一位"交通"来到翦伯赞的铺位前，告诉他可以到甲板上看看。他到甲板上时，已日高三竿，真是风和日丽，海不扬波，心旷神怡。当时郭沫若正与许广平谈话，一见翦伯赞就微笑而亲切地挽着他的左臂，询问昨晚的休息情况。翦伯赞见许广平、周海婴母子同在，就问郭沫若："立群呢？"郭沫若淡然地笑了一笑，低声说："她暂留港，以后再来。"他又把新作五言古诗《赴解放区留别立群》说给翦伯赞听。只见他神态肃穆，感情凝注。在念到"慷慨付人民，谢君许我走"时，郭沫若的眼泪将夺眶而出，翦伯赞也两眼润湿。郭沫若问："嫂氏呢？"翦伯赞说："已托同住的亲戚照顾！"翦伯赞也将新作七言律诗一首《梦与淑婉于海上同观日出》示郭沫若，郭沫若读后相视凄然。这时，在甲板上相会的还有曹孟君、茅盾、马叙伦、侯外庐等三十余人。船上最年轻的乘客是周海婴，他是鲁迅的儿子，随母亲许广平北上。他拿着一架照相机在长辈们中间穿来穿去，给人们不时地发出各种有趣的指令，捕捉着珍贵的镜头。他的活动顿时改变了刚才沉闷的空气，在海浪的沉重声中时而也有欢笑声穿插其间。早餐之后，甲板上已很少有人在活动，可能是因为这些长期在政治风浪中拼搏的战士们，无心更多地领略这"秋水共长天一色"的海景，而忙于互访、交谈。

一天的时间真如白驹过隙，好像太阳刚才从东面的大海中升起，现在又在西面的大海中沉了下去。天上的星斗越来越多，海面上却越来越黑，这是夏历十月二十四日之夜，差不多一夜不见月亮。船长宣布：轮船已进入台湾海峡，为了安全，轮船实行灯火管制。命令才下达不久，轮船上的灯火果然减少了许多，也昏暗了许多。灯火管制令对别人来说，似乎无关紧要，但翦伯赞的反应却异乎寻常。他坐下，又起来；躺下，又起来，似乎坐卧不安。正在这时，"交通"来了，告诉他抽烟不受灯火管制的影响。他这才长吁了一口气，笑着说："我以为今晚要戒烟了！""交通"又告诉他，要取出备用的假海员证和水手服，便于必要时使用。"交通"说："船上挂着苏联旗号，国民党的军舰不敢靠近，请大家放心。只有美国第七舰队的军舰常常在近处游巡，防止他们找麻烦。"

海上漂荡的生活太单调了。在经过一天活动后，似人人有倦意。翦伯赞斜倚在铺位上翻读《李义山诗集》，在郭沫若轻叩而入时，他正在朗诵："万里风波一叶舟，忆归初罢更夷犹。碧江地没元相引，黄鹤沙边亦少留。"郭沫若两耳失聪，不知他在朗诵什么。从翦伯赞手接过《李义山诗集》一看，高兴地借笔写了李义山的另两句诗："倦程山向背，望国阙嵯峨。"两人讨论了如何消除"倦程"的问题。同行人毕竟都是饱学之士，闻讯相继登门，或建议"饮酒赋诗"，或建议出版《破浪壁报》，于是八仙过海，各显神通，赋诗的，撰文的，题词的，作画的，作品一批又一批，笑声一阵又一阵。转眼六天就过去了。在船过山东的成山角时，风急浪涌，轮船稍有颠簸。可是，人们不约而同地站在甲板上，向西观望。"解放区！""解放区！"这是多么值得向往的地方！据"交通"介绍："对岸成山角以西都是老解放区。向西50公里可到威海，再西50公里可到烟台。现在山东百分之九十九的土地已经解放了，只有青岛一个小角落，由美国兵帮着国民党军队守卫。用不了多时，也会被解放的。"这个简单的介绍，已足够使人们产生无限的遐想。

12月1日，船行七日后，到达石城岛的打拉腰子登陆。石城岛在黄海北岸，在安东与大连之间，东西距两地各约200公里。休息数日，又接通知：自香港来的民主人士都组织到沈阳等地参观，共产党员翦伯赞与由朝鲜半岛转来的胡绳、连贯、宦乡等人，由安东渡海经山东到石家庄，将参加新政协的筹备工作。4日，翦伯赞与郭沫若等在大王家岛（石城岛南）分别，郭沫若赋五律《送别伯赞兄》一首：

又是别中别，转觉更依依。

中原树桃李，木铎振旌旗。

瞬见干戈定，还看锤钰挥。

天涯原咫尺，北砚共良时。

　　郭沫若写完，从小本上将诗页轻轻取下，含泪双手送给翦伯赞，翦伯赞亦含泪双手相接，在场者无不动容。

　　（节选自《新史学家翦伯赞》，张传玺著，北京大学出版社2006年版）

父亲李济深的北上经历

李沛金

　　1947年2月8日，父亲与蒋介石在南京共进一席友好的告别午宴之后，去了香港。当时在香港的民主党派领导人中，父亲是最有影响力的。

　　当时，中共中央正在邀请各民主党派领导及民主人士去北平参加政治协商会议。1948年8月，民革的蔡廷锴、谭平山和民盟的沈钧儒、章伯钧都离开香港前往解放区，受到极大的欢迎。然而对父亲来说，考虑离开香港去北平并不是一件简单的事，要面对各个方面的情况。

1. 香港当局计划——留父亲在港

　　当时英国政府与蒋介石政府还有外交联系。英国和美国当局都不希望父亲去共产党解放地区。父亲的行动受到香港当局的严密监视。政治部的首脑，同时也是香港特务机构头子的黄翠微，被派遣日复一日地拜访父亲，表面上是为了表示尊重，事实上是监视父亲的行动。

2.国民党的计划——除掉父亲

国民党特务机构也对父亲保持严密监视。如果有机会的话，他们也许会诉诸暴力。如同我们以后所见，民革重要的领导人之一杨杰在香港被暗杀。香港当局认为父亲是与国民党政府对抗的领导人，因此提供了保护。罗便臣道92号父亲寓所的大门口派遣了警察站岗，周围地区遍布便衣侦探。

3.宋子文的计划——取代蒋介石，保住华南

1947年10月初，广东省政府主席宋子文在香港拜访父亲。他告诉父亲他担任广东省政府主席并不是蒋介石的主意，而是美国政府的授意。美国政府对蒋很不满意，想让宋子文、孙科、张群等取代蒋介石，领导政府与共产党进行和谈。他希望父亲能够说服以前的部下陈诚、张发奎、余汉谋、薛岳、蔡廷锴、蒋光鼐、黄琪翔和桂系共同参与。父亲反对这个计划。他认为这将会延长冲突，造成更大的伤亡。没有理由相信现在军事上占有压倒性优势的共产党允许中国大陆部分地区不置于控制之下。

父亲说民革是民主党派。他劝说宋子文接受他的请求，首先释放所有的政治犯。宋子文答应将考虑此事，但他回到了广东后，再没有听到此事的下文。

4.美国的计划——取代蒋介石，保住华南

1948年秋天，美国政府感到蒋介石当局的失败是不可避免了，于是就发出试探，试图利用父亲在国民党军政界的影响组织一个新政府。他们派蔡增基对父亲讲述了美国的计划，父亲认为这个计划将造成中国的分裂并将卷入无休止的军事冲突。父亲既不想看到更多的伤亡、破坏和中国的分裂，也不想受美国政府的控制，他拒绝了美国的建议。

5. 白崇禧的计划——保住华南、平息纷争

1948年岁末时分，当时负责华中军事行动的白崇禧想说服父亲参与他们与共产党进行和谈。白崇禧当时控制着四十多万人的军队。他请黄绍竑带了大笔钱款和一封私人信件乘专机到香港联络父亲。但当黄绍竑到达香港时，父亲已经离开了。这个与美国相似的计划落空了。

6. 李宗仁的计划——寻求帮助，保住华南

1949年年初，李宗仁担任代总统后，他致电父亲、宋庆龄（孙中山夫人）、民主同盟的领导人张澜、张东荪和另外一些人士。李宗仁想获得他们的支持。然而，这种希望，不久被证明只是一厢情愿的幻想。由于共产党的胜利几乎已成定局，民主党派已与共产党合作。李宗仁致电父亲时，父亲早已离开香港到达解放区。

7. 共产党的计划——说服父亲去北平

因为父亲的地位特殊，如果父亲到北平，这将大大提高共产党政府的形象。许多国民党政府高级官员可能会由于父亲的缘故而遗弃国民党政府。

周恩来通过何香凝（廖仲恺夫人）给父亲送来消息，力促父亲为了人身安全尽快离开香港。他亲自为父亲离开香港制订了一个计划。他们租用了一艘从香港直航大连港卸货的苏联货轮，船一抵达，父亲为了安全必须待在最好的宾馆里。他们将组织一个盛大的宴会，周恩来甚至制定好了菜谱。由于当时大连气候恶劣，冬装如皮大衣、皮帽子、靴子等都准备好了。为了不引人注意，将在年末假日期间登船。

由于已有两批民主党派名人离开香港奔赴共产党解放区，引起很大骚动，并且父亲的行动受到香港当局的严密监视。为了将注意力降至最低，

父亲一伙被安排在圣诞节后一天半夜上船，由于这天是假期，旅行会较少引人注意。

8.父亲的计划——与共产党共同击败蒋介石

父亲对蒋介石十分了解，觉得只要蒋介石掌权，这个政府就没有希望。他试图用各种可能的方式与蒋介石斗争。由于父亲在福建组织了一个新政府的努力失败了，他同意与共产党合作，只是想斗垮蒋介石。

当时，对国民党政府的所有看法都是消极的，大家普遍看好共产党，这一点可以从许多备受尊敬的名人的著作和论述中看到。这些名人如耶鲁大学校长惠特尼·克里斯沃德、韩素音、埃德加·斯诺（后两人都是著名作家）、约瑟夫·史迪威将军（中国专家），备受敬重的记者怀特及其他一些人。

父亲想去北平。但由于父亲的行动受到香港和国民党特务的严密监视，香港政府不希望父亲去解放区，怎样离开香港成了一大难题。

为了转移香港当局的注意力，父亲邀请香港特务机关的首脑黄翠微及其妻子12月27日到其寓所吃饭。由于宴会订在12月27日，他们没有怀疑父亲将在26日离港。另外，由于那天是假日，监视父亲的特务也松懈了。27日傍晚，黄翠微携夫人带了一些罐头食品作为礼物来赴宴。父亲的3个密友舒宗鎏、叶少华、吕方子受邀出席宴会，表面上是陪同赴宴的客人。然而，父亲早已不在家，他已于前一天晚上午夜时分登上了苏联货轮。在父亲的寓所里，黄翠微被告知父亲去看牙医了。到晚上6点钟，父亲还没有出现。到晚上7点钟，当然，父亲还是没有出现。叶少华和舒宗鎏说父亲可能还有别的事要做，他们最好还是开始就餐吧。到晚上8点钟，黄翠微满怀疑惑焦虑地离开了。

26日晚上，父亲秘密登上了货轮后马上躲进船长的舱室里，潘汉年、饶彰风和夏衍则在宾馆里等候消息。27日，消息传来："船已起航，货在船长房间，英小姐没来送别。"

由于父亲从黄翠微的手掌里溜了出来，据报道，黄翠微因此被解职。

在父亲离开香港前，国民党特务机关想暗杀父亲，但由于找不到机会失败了，最后，特务机关头目毛人凤找到了一位合适的杀手张序（化名何友芳）。张序是民革的一名成员，因此能够接近父亲。但是，在他们实施计划之前，父亲已离开香港。

1949年，他们又想派遣张序去北平实施这一计划。张序开价50000美元。毛人凤认为张序的要价太高，另外，一旦张序到了北平，他就跑出了毛人凤的手掌不再受控制。如果暗杀失败，将很难向总裁蒋介石解释，所以，这个计划被放弃。

共产党地下组织为父亲的亲密顾问和朋友朱蕴山、梅龚彬、李民欣陪同父亲上路做了周密的安排。在船上的还有彭泽民、柳亚子、茅盾和马寅初。他们都化装成商人，或穿西服或穿长袍，带着装有提货单的公事包，准备好了万一被海关盘问时的回答。由于计划周密，一切顺利。12月27日晚，货轮安静地离开了香港。

经过十几天的航行，货轮抵达大连。途中有几次遇上风浪，大多数人都晕船。船上环境非常简陋，整个旅途中父亲没能洗上一次澡。然而，大家情绪都非常高昂。他们拿出各自准备好的食品或罐头让大家分享，并包好饺子邀请船长及船员参加新年聚会。元旦这一天，父亲和其他几人应邀讲述了各自的成长经历。他们中许多人都是众所周知的名人。

货轮于1949年1月7日抵达大连。共产党当局已派遣李富春按照周恩来的计划带着冬装在大连迎接。父亲及其随行人员被安排住进了最好的宾馆，洗了一个久违的热水澡。欢迎宴会也如期举行。10日，父亲及其随行人员到达沈阳。1949年2月25日，父亲到达北平，董必武、彭真、叶剑英、林彪等许多共产党高级领导都去东站迎接。李济深参加新政协会议，并当选为中央人民政府副主席，参与出席开国大典等一系列大事。

　　正当父亲在北平帮助组织政治协商会议时，在香港的母亲和家中其他成员已悄悄登上一艘挪威货轮，穿过被封锁的台湾海峡，安全到达天津港。父亲兴奋地去天津迎接伴随他走过43年风风雨雨的伴侣。即使已是久经考验的老战士，父亲还是忍不住泪如雨下。

　　（节选自《我的父亲李济深》，李沛金著，团结出版社2007年版）

李济深从香港北上筹备新政协

姜 平

李济深在香港的活动卓有成效，但筹备新政协的工作正在紧张进行，形势需要李济深尽快前往解放区。中共又通过何香凝做李济深的工作，何香凝对李济深说："任公，你还是早去为好，一则是形势的需要，二则为了你自身的安全。"同时中共地下党又对李济深的家属做了妥善安排，并决定让民革中央与李济深关系密切的朱蕴山、梅龚彬、李民欣等人随他一道北上。

1948年底，李济深决定结束他在香港的活动，接受中共中央和毛泽东主席的多次邀请，离港北上。

由于前两批民主人士的北上，已引起外界的注意，也由于李济深的身份特殊，为了使他去解放区的行动能绝对保证安全，周恩来亲自指挥了这次行动计划。他不但具体布置了如何做好离港时的安全保密工作，而且还指示钱之光，租用的苏联船只一定要在大连靠岸；到达后，要安排在大连最好的旅馆，确保安全；要举行欢迎宴会，并对宴会的席位座次作了指示；甚至还嘱咐，北方天气寒冷，要为李济深等人准备好皮大衣、皮帽、皮靴；等等。在周恩来的周密部署下，钱之光等人组织了这次行动。

12月26日是西方圣诞节的第二天，香港受内地内战的波及较小，因而节日气氛尚算浓厚。辛苦了一年的政府公务人员都在忙于过节，各方面的部署安排都松懈了不少，设在李济深家周围的暗探也都心不在焉，根本没发觉李济深已不在家中。

其实，别说这些小角色，就是一贯非常警觉的港英当局密探负责人黄翠微也蒙在鼓里。就在昨天，李济深发帖邀请黄翠微夫妇来家欢庆圣诞，还找了一些人作陪，摆出了一副在家安度圣诞和新年的架势，使黄翠微确信，李济深在近期内没有外出离港的打算。

摆脱了黄翠微等人的监视，李济深和朱蕴山等人乘了一艘小游艇，还带上了一些酒菜，装作泛舟游览的样子，在维多利亚港内的外轮间游弋，无论谁见了都不会感到可疑，最多只会觉得这些人的日子过得太写意，在寒冷的冬天还有泛舟的雅兴。

小艇在港湾转了一个多小时，天渐渐黑了下来，四周静悄悄的，除了外轮的灯火在不时明灭，没有丝毫异常的迹象。见此情景，小艇悄悄地靠上了苏联货轮"阿尔丹"号，李济深等人迅速登上了货轮。

上船后，李济深等人立即进入船长室，再也不在甲板上露面。

同乘这条船北上的民主人士，还有彭泽民、沈雁冰、邓初民、章乃器、施复亮、洪深、翦伯赞、孙起孟等，他们也在中共地下党的统一安排下化了装，有的西服革履，似是经理；有的长袍马褂或普通衣着，像个商人，口袋里还装着提货单，各人还准备好了一套说辞，即使遇上检查盘问也丝毫不露破绽。由于工作做得非常细致，安排得十分周密，整个登船没有发生任何意外。

27日晚，"阿尔丹"号苏联货轮顺利驶出维多利亚港，李济深等一批民主人士神不知鬼不觉地离开了香港。为保证李济深的绝对安全，中共南方局派李嘉人陪同李济深北上，钱之光还另派了徐德民随船护送。

"阿尔丹"号吨位并不大，在海上每遇风浪就左右摇晃，上下颠簸，使人很不好受。船上设备相当简陋，没有洗澡间，伙食也不好，但离开了英国人控制的香港，即将进入解放区筹建新中国，且有许多民主人士同舟共济，大家的心情都非常愉快。为庆祝这次难忘的旅行并迎接1949年新年的到来，12月31日晚10时，李济深和同船的所有民主人士包了饺子，并拿出各人携带的鱼子、腊鸡、牛肉、沙律和水果等食物，请苏联船长和全体船员同席聚餐共度良宵。

元旦到来，大家又互相祝贺新年。沈雁冰还拿出一册笔记本，请各人签名，并特别请李济深为他题词。李济深即兴写下一首新诗："同舟共济，一心一意，为了一件大事！一件为着参与共同建立一个独立、民主、和平、统一、康乐的新中国的大事！同舟共济，恭喜恭喜。一心一意，来做一件大事。前进！前进！努力！努力！"

就在元旦这一天，香港《华商报》发表了李济深在离港前写好的《团结建国》的元旦献词。在献词中，李济深以喜悦的心情欢呼"人民革命已获得决定性的胜利"，全国同胞已走完黑暗的历程而踏上光明的大道。"我们是以空前的兴奋和愉快来迎接这一元旦的。"一切民主阵线的朋友，爱国的人士，"都应准备其知识能力"，"为建立一个民族独立、民主自由、民生幸福的新中国而奋斗"。"最近的将来，包括各民主党派、各人民团体和无党无派的民主人士的新政协一定召开，从而订立一个照顾各阶层利益，促进各阶层合作的《共同纲领》，全国同胞就在这一《共同纲领》之下埋头苦干，努力建国。""我们的团结建国，必然使得中国的政治、经济、文化突飞猛进，使得全国同胞逐步生活于安定繁荣的环境中。"

李济深在献词中满怀信心地表示，新中国成立后，在民主政府的保护下，占中国人口绝大多数的农民，将得到适合他们耕种的土地，生活不仅丰衣足食，而且日益改善；各业的工人大众将改善生活条件，并免于失业和饥饿；中国的工商业也将获得合法利润，新事业将如雨后春笋，日益繁荣；文化工作者将得到施展才能的广阔机会和学术自由，并得到社会对他们应有的尊重和合理的待遇；青年一代将得到周到的爱护和良好的教育，准备对未来的国家建设肩负更繁重的责任。总之，在人民民主政权下，任何人"都有贡献其心于国家的机会"。

李济深还说："有些人鉴于过去的内战一幕一幕地出现，因而忧虑到我们打倒卖国独裁政权以后，会重蹈覆辙。这是希望国家安定的一番好意，我们应该谨慎避免。"为此，李济深语重心长地提出了恳切希望：一是建国的领导者，必须始终"坚守为人民服务的原则，凡事以人民的利益为利害"；二是"能保持民主的风度，凡事互相尊重，心平气和地研究讨论，服从众议"；三是"不容许拥兵自卫的封建军阀继续存在，根绝内战的因素"。

这篇文章是李济深对新政协运动中各民主党派关于新中国的各项基本政策主张的高度概括，也是他自己对新中国成立后国家美好前途的设想。这篇献词发表后，获得了海内外各界人士的好评，起到了安定民心和鼓舞人民与反动派决裂并为创建新中国而奋斗的积极作用。

就在同一天，蒋介石发表了他的《元旦文告》，宣布下野，并发出了"个人进退，绝不萦怀"的哀鸣。蒋介石与李济深，一对斗争了几十年的老对头，在这个历史的转折关头，一个以独裁政权的失败者身份灰溜溜下台，一个以民主事业的胜利者身份即将参与建国大业，这其中的滋味，岂不叫这两个当事人玩味再三。当李济深到达解放区看到蒋介石的《元旦文告》时，他抑制不住内心的喜悦，高兴地对朱蕴山说：《元旦献词》"这篇文章是在去年12月20日左右写的"，"十天以后，蒋介石就发表《元旦文告》，发出了'个人进退，绝不萦怀'的哀嚎，竟然命中"。

1949年1月7日晨，经过十多天航行，"阿尔丹"号货轮顺利靠上大连港码头，李济深等人受到中共中央东北局代表李富春、张闻天的热情迎接，前往码头迎接的还有民革中央常委朱学范以及中共旅大地委的负责人。李济深等人登岸后，被安排在大连最好的关东酒家。因为天气寒冷，中共接待人员按照周恩来的指示，给他们送来了事先准备好的貂绒大衣、獭皮帽和皮靴。当天中午，李富春、张闻天在关东酒家举行了丰盛的欢迎宴会。晚上，又请李济深等人在火车头俱乐部观看了苏联海军歌舞团的演出（当时大连为苏军占领区）。对中共的细致周密的安排，李济深很受感动，连声说："恩来同志想得真周到，吃、穿、住、行都给我们安排好了，真太感谢了！"

经过参观游览，稍事休息，第三天，在李富春、张闻天的陪同下，李济深等一行乘专列抵达沈阳。在沈阳，李济深拜会了中共东北局负责人高岗，看望了冯玉祥夫人李德全，向她表示慰问，又与谭平山、蔡廷锴等人进行了深入的交谈，了解解放区和共产党的情况。在交谈中，谭平山、蔡廷锴向李济深建议说："任公既来此间，宜早些表示接受中共之领导。"

抗战前，李济深曾想访问延安，只是当时条件不具备，未能成行。对共产党解放区的情况，除听别人介绍面外，李济深并没有感性认识。这是第一次踏上解放区的土地，李济深处处都觉得新鲜。但李济深并不是一个普通的游客。他是来与共产党合作筹备新政协参与建国大业的。因此，他进入解放区所做的第一件事就是了解情况，看看解放区的政治是否清明，共产党的领导是否有方，人民的生活是否充满希望，对待民主人士是否开明。几天来的所见所闻以及在大连与朱学范的谈话和现在的谭平山、蔡廷锴的谈话，对解放区的了解尽管还很肤浅，但证实了他此前对共产党的认识是正确的，因此他欣然接受了谭平山、蔡廷锴的建议。

李济深给毛泽东和周恩来发了电报，说："济深于1月10日抵沈，诸承款待，至所感激，贵党领导中国革命，路线正确，措施允当，洽符全国人民大众之需要，乃获今日伟大之成就，无任钦佩。济深当秉承中山先生遗志，勉尽绵薄，为争取中国革命之彻底胜利而努力。"

当天晚上，毛泽东、周恩来就发来了复电，热情地表示：先生来电诵悉，"极感盛意。北平解放在即，晤教非远。诸容面叙。敬祝健康"。

1月26日，中共中央东北局、东北行政委员会、人民解放军东北军区以及东北各界人士在沈阳举行盛大欢迎会，热情欢迎李济深等各民主党派领导人和无党派民主人士到达东北解放区。大会由东北行政委员会主席林枫主持，李济深、沈钧儒、马叙伦等人在大会上讲了话，中共东北局代表李富春也讲了话。

李济深（中）和陈其尤（左）在沈阳郊区农村访问农户

1月31日，北平和平解放，新政协筹备会决定改在北平举行。

2月25日，李济深和沈钧儒、马叙伦、郭沫若等35位民主党派领导人和无党派民主人士在中共中央政治局委员林伯渠和东北行政委员会副主席高崇民的陪同下，由沈阳乘专列抵达北平。在前门车站，李济深一行受到中共代表董必武、彭真、叶剑英、林彪、罗荣桓、聂荣臻、薄一波等人的热情迎接。

次日，人民解放军平津前线司令部、北平军管会、北平市人民政府、中共北平市委在中南海怀仁堂举行盛大的欢迎大会，热烈欢迎由东北、天津等地来平及留平的各民主党派领导人和无党派民主人士。大会由叶剑英主持，彭真、林彪致欢迎词。李济深在大会上发表了答谢词，沈钧儒、马叙伦、郭沫若、谭平山等也在会上讲了话，一致赞扬中国共产党与毛泽东对中国革命的领导和人民解放军的英勇善战。

（节选自《李济深全传》，姜平著，团结出版社2002年版）

朱蕴山从香港北上到辽宁

鲍劲夫

一、秘密上船

两批民主人士离港北上后，风声已经透露出去，引起了人们的注意。

英国政府当时与国民党政府有外交关系，香港当局当然不欢迎民主人士尤其是像李济深这样有重大影响的人离港投奔解放区去，为此千方百计加以阻挠。

根据香港的这种政治气候，钱之光、潘汉年等特意安排李济深和其他一些著名的民主人士，作为第三批接走的人，在圣诞节的第二天深夜上船。因为香港受西方的影响，每到圣诞节都要放假，这是行动的最佳时机。

为了保证绝对安全，钱之光与潘汉年为李济深等秘密上船制定了很好的方案。概括起来，是这么几点：

1.绝对秘密。所有要走的人都不知道和谁同船。

2.迂回上船。有的人被安排从自家到朋友家里再上船，或在旅馆开房间住半天，以逛街为名出去上船。

3.不带行李。把要带的行李放在原住处，再由中共地下党经营的华润公司派人搬上船。

4.化装。有的西装革履，像公司经理；有的长袍马褂，扮成商人，口袋还装着货单。

5.编好说词。根据各人装扮的不同身份，每人一套，应付检查，防备万一。

对李济深上船的安全措施，朱蕴山更是绞尽了脑汁，设计了一套更加隐蔽的掩护措施。

一是请客障眼法。为了麻痹港英密探的监视，在上船的前一天，即12月25日，由李济深发请帖邀请了港英当局密探负责人黄翠微夫妇到他家吃饭，还请了一些人作陪，席间热热闹闹。李济深还讲"今后还请黄先生多多关照"，故意把"今后"二字加重。这样，使密探以为李济深要长期在香港住下去，便放松了警惕。

二是赴宴障眼法。在动身上船的当天晚上，为了迷惑外界，李济深又参加了邓文钊先生的宴请。同时赴宴的还有朱蕴山、吴茂荪、梅龚彬、李民欣、陈此生，何香凝也到场作陪。可以说，在一般情况下，不可能有当晚出发长途旅行的人还会去赴宴。所以，李济深此举超于一般规矩和正常想象力，因而达到了很好的迷惑效果。

三是小艇游览法。宴后，李济深偕朱蕴山等便登上小艇，带上酒菜，装着泛舟游览的样子，游弋于一些外轮之间，使人根本想不到乘这种小艇的人会出远门，即使熟人碰上李济深也不会相信他是今晚出发去东北解放区。

四是迂回上船法。当时要乘小艇直接上苏联的货船，也容易引人注目。为了掩人耳目，李济深、朱蕴山等人不直接上船，而是兜圈子，漂游了一个多小时后，才靠拢苏联货船。

五是夜色障眼法。一般情况下，一餐晚宴都要到晚8点以后才能结束。李济深、朱蕴山赴宴，稍加拖延，再乘小艇游漂一个多小时，就是深夜9点多了。12月26日是农历十一月二十六日，冬夜是最黑的时候。在这样的夜色笼罩下，密探纵有千里眼也看不清李济深、朱蕴山他们上船。

到了船上，钱之光等人很快把李济深和朱蕴山、李民欣专门安排在船长室，并叮嘱他们不要露面，以避免海关检查。

与李济深同乘一条船离港北上的民主人士还有彭泽民、柳亚子、沈雁冰、马寅初、邓初民、章乃器、施复亮、洪深、翦伯赞、孙起孟等。

由于安排得十分周密，各项准备工作非常仔细，这次登船离港没发生任何问题。

这样，李济深等几十位作为第三批北上解放区的民主人士，乘着苏联货轮神不知鬼不觉地离开了香港。

中共南方局派李嘉人陪同李济深北上，钱之光还另派徐德民随船护送。

李济深离开香港后的第三天，报上才见到他出走的消息。港英当局密探和国民党特务看到这个消息，一阵惊慌。这时"阿尔丹"号货船已经过了台湾海峡。

二、船上生活

12月27日，李济深、朱蕴山乘"阿尔丹"号货轮离港出海。在海上，风大浪高，有时，货船左右颠簸，放在架上的小药瓶、日记簿等均落到地上，人则更不好受。船上设备简陋，没有洗澡间。李济深等人在船上十多天，未洗一次澡，伙食也很差。

海行第一天，人们处在亢奋之中，但时间一长，就不免感觉单调，于是大家就聊天。同船人自动轮流介绍自己的革命经历及对所经事件的认识，不拘形式，生动活泼。李济深讲粤军第一师及国民党改组与蒋介石3月20日事变，介绍了自己革命的经历；彭泽民讲兴中会、同盟会的成立及辛亥革命后国民党腐败情形；洪深谈在美留学的经过；茅盾谈了去新疆的经过以及杜重远被盛世才杀害的经过；朱蕴山也讲了自己父亲参加太平天国革命和自己参加徐锡麟刺杀恩铭的情况。这些交流，增加了他们对中国革命前途的认识，坚定了跟中国共产党走的信心和决心。

货船上的生活虽然艰苦，但是李济深、朱蕴山和大家的心情是无比愉快的，都为安全、顺利地离开被外国人控制的香港，即将到达解放区筹建新中国而高兴。

为了庆祝这次不平常的旅行，并迎接1949年元旦的到来，12月31日晚10时，李济深和船上的其他民主人士，都拿出自己携带的食品——腊鸡、牛肉、沙律以及水果等，请船长和全体船员与他们同桌聚餐。

元旦这一天，大家在船上互相祝贺新年。沈雁冰还拿出笔记本，请大家签名，并特别请李济深为他题字。李济深即兴写下一首寓意深远的诗："同舟共济，一心一意，为了一件大事！一件为着参与共同建立一个独立、民主、和平、统一、康乐的新中国的大事！同舟共济，恭喜恭喜，一心一意，来做一件大事。前进！前进！努力！努力！"

元旦这一天，香港《华商报》发表了李济深在12月20日写的一篇题为《团结建国》的元旦献词。

这是一篇重要的历史文献，它号召一切民主阵线的朋友和爱国人士，"为建立一个民族独立、民主自由、民生幸福的新中国而奋斗"。

三、北上纪诗

朱蕴山此次同李济深一起北上，奔赴解放区，筹备新政协，建立新中国，心中无比兴奋，乃诗兴大发，赋诗数首。

夜出港口

1948年12月

漫道蛟龙出海迟，

为云为雨此心期。

书生爱国将军老，

都在同舟共济时。

环海早无干净土，

百年阶级慨同仇。

神州解放从今始，

风雨难忘共一舟。

中山事业付殷顽，

豺虎纵横局已残。

一页展开新历史，

天旋地转望延安。

过台湾海峡

1948年12月

台南台北浪花汹，

衣带盈盈一水中。

寇去那堪重陷落，

海天怅望郑成功。

过舟山

1948年12月

舟山过去望江南，

海水汹汹湾复湾。

去虎引狼巢已毁，

纤儿辜负好湖山。

渡黑水洋

1949年1月

水天一色白茫茫，

雨雪纷飞黑水洋。

七日海行九百里，

怒潮不及此时狂。

字里行间，无不表现朱蕴山爱国、报国的热忱，对中国共产党的拥戴、歌颂，对祸国殃民的蒋介石国民党反动派的痛恨与唾弃！

四、船抵大连

经过12天的航行，"阿尔丹"号于1949年1月7日上午8时抵达大连。

这时，中共中央已派李富春、张闻天专程在大连迎接，先期到达解放区的民革中央常委朱学范和中共旅大地委负责人也恭候在大连港。

李济深、朱蕴山等上岸后，马上被安排住进大连最高级的旅馆关东酒家。

因为当时正值隆冬，天气很冷，中共接待人员已按周恩来的安排，给他们送来了事先准备好的貉绒大衣、獭皮帽和皮靴，下船就换上了，很暖和。李济深对此深为感动，连声说："恩来同志想得周到，吃、穿、住、行都给我们安排好了！真太感谢了！"朱蕴山说："这是到真的家了！"

当天中午，李富春、张闻天在关东酒家举行欢迎宴会，菜肴极丰富。晚上，又请李济深、朱蕴山等在火车头俱乐部观看苏联海军歌舞团的演出。

第二天一早，李济深就把朱学范请到自己房间里了解东北情况，朱蕴山在座。

听完朱学范的汇报，李济深对中共与民主人士真诚合作的态度十分满意，对筹备新政协、成立联合政府、建立新中国非常乐观。

1949年1月12日，李济深等已离开香港半个月，国民党华中军政长官公署长官白崇禧以8万元港币的代价向美国陈纳德的民航队包了一架专机，送黄绍竑到香港，请民革主席李济深出来帮忙，以促使武汉方面单独与中共方面进行和谈。白崇禧很重视李济深的影响和地位。然而，当黄绍竑到达香港时，李济深已在半个多月前离港，并已到达沈阳。白崇禧非常失望。

朱蕴山与李济深等21人在大连上岸后，十分高兴，遂赋诗一首。

到大连
1949年1月
解放声中到大连，
自由乐土话翩翩。
狼烟净扫疮痍复，
回首分明两地天。

朱蕴山1月7日在大连上岸后，于10日与李济深等一起赴沈阳，在大连和旅顺只住了短短两天时间。但他不顾海行劳累，参观了旅顺，赋诗一首。

参观旅顺

1949年1月

帝俄衰落满清荒，

四二年中国土殇。

何幸弹丸争战地，

而今变作自由邦。

到沈阳后，由朱学范、谭平山、蔡廷锴组成的哈尔滨民革小组，向李济深、朱蕴山、柳亚子等汇报了小组工作。这个小组是于1948年10月9日在哈尔滨成立的，谭平山为组长。

李济深、朱蕴山、梅龚彬在铁路宾馆听取朱学范关于东北情况及新政协筹备工作的汇报，对共产党真诚合作的态度非常满意。李济深还就不走"第三条道路""一边倒""接受中国共产党的领导"等问题，发表了重要意见。

李济深还把他与朱蕴山一起商拟的在沈阳活动的日程安排征求朱学范的意见。主要内容：

1.致毛主席等中共中央领导人电。

2.随时与高岗等交换有关召开新政协的意见。

3.复电李家庄的民主人士，并保持联系。

4.联合民主人士发表对时局的声明。

5.举行在沈阳的民革中委座谈会。

朱蕴山协助李济深起草了上述电文、意见和声明。

1月12日李致电毛主席、周副主席说："济深于1月10日抵沈诸承款待，至所感谢。贵党领导中国革命路线正确，措施允当，符合全国人民大众之需要，乃获今日之成就，无任钦佩。济深当秉承中山先生遗志，勉尽绵薄，为争取中国革命之彻底胜利而努力。"李电明确提出中国革命是中共领导的，这在民革历史上可以说是一个大转变。李当晚就收到毛主席、周恩来热情洋溢的联名复电，表示欢迎。

1月14日，毛主席发表《关于时局的声明》，提出了与国民党和谈的八项条件："1. 惩办战争罪犯；2. 废除伪宪法；3. 废除伪法统；4. 依据民主原则改编一切反动军队；5. 没收官僚资本；6. 改革土地制度；7. 废除卖国条约；8. 召开没有反动分子参加的政治协商会议，成立民主联合政府，接收南京国民党反动政府及其所属各级政府的一切权力。"

1月16日，李家庄民主人士又联名来电称："1. 毛主席所提的八条实为完成中国革命最低限度的先决条件；2. 坚决反对美、英、法等帝国主义借口调停为名，干涉中国内政。"提议：请连同前电所陈意见，由诸公发起，联衔向国内外发表声明。李与大家研究后，当日复电，"业经详细讨论，一致决议告国人文件"，"不日完成，当即电致就教，呈请签署"。

1月22日，李济深、沈钧儒、朱蕴山、马叙伦、郭沫若、谭平山、朱学范等及李家庄的符定一、周建人等55人发表了《我们对于时局的意见》的声明。这是一个具有深远历史意义的文件。在文件中，各民主党派领导人及无党派民主人士明确拥护中国共产党的领导，拥护中共中央真正的人民民主和平的八项条件。声明的发表，标志李济深、何香凝选择接受中国共产党的领导，使民革由过去与共产党合作，进入到接受中国共产党领导的多党合作的新时期。

1月27日，经李济深、朱蕴山等讨论后，民革发表声明，拥护毛主席对于时局的主张及八项和谈条件，并强调："革命必须进行到底，不可姑息养奸，致重蹈辛亥以来革命失败之覆辙。"特别是加强了对中国革命的基本认识："便是中国革命为国际反法西斯、反帝国主义运动之一环，而中国民族民主革命又以工农大众为主力。因之革命的三民主义必定与新民主主义同其内容，而反帝、反封建、反官僚资本斗争的进行，又必须在中国的无产阶级政党——中共领导之下，才有不再中途夭折的保证。"民革同志对中国革命的这一基本认识，实质上就是民革在新形势下的政治路线和行动纲领。李济深、朱蕴山等一行北上之后，民革前进的步伐加快了许多。

五、到达北平

1949年1月31日，北平和平解放。2月25日，李济深、朱蕴山等在中共专人陪同下，由沈阳乘车到达北平。从此开始投入协助中国共产党筹备新政协、建立新中国的紧张工作。

1949年1月21日，李济深组织民革在沈阳铁路旅馆会议室召开第一次临时中央联席会议，朱蕴山、蔡廷锴、李民欣、许宝驹、李德全、谭平山、吴茂荪、梅龚彬、赖亚力、朱学范等出席了会议，林一元等列席。会议讨论通过了出席临时中央联席会议的范围为中央委员、各部门负责人及联席会议的正副秘书长。李济深还宣布："从现在起，民革中央机关北迁到沈阳办公。"李说："民革中央机关北迁不仅是形势发展的需要，而且是经过法定手续的。现在由于中委人数不足半数，所以称临时会议，一般不作决议。"

会议还指定出席中共中央欢迎会时，李济深等为发言人。

1月26日，中共中央东北局、东北行政委员会、人民解放军东北军区以及东北各界代表举行盛大欢迎会，热烈欢迎为参加新政协而先后到达东北解放区的各民主党派、人民团体以及无党派民主人士。东北行政委员会主席林枫致欢迎词。李济深等先后在大会上发了言。最后，李富春讲话。他说："今天的欢迎会，象征着中国民主力量的大团结，也象征着全国胜利的快要到来。"

1月31日，傅作义与中共经过和谈后，率部接受和平改编，北平获得和平解放。次日，李济深组织召开民革第二次临时中央联席会议，接着又开了第三、四次会议。会议的主要内容是讨论战犯名单。民革建议：1. 战犯的范围：以CC与中统为中心的党务人员，复兴社与军统系统，政学系与四大家族；2. 标准：帮助蒋介石打内战，残害人民的；3. 名单：共提出174名，后改为134名；4. 处理：按情节轻重分为三等。

会议决定，通过各地分会按55人联名声明为行动之依据，不得擅自发表与此不同的政见。

会议还讨论了赴北平前的准备工作，规定各同志绝对不接见中外记者；李主席见客，先由秘书长代表接见。

从香港到东北解放区后，朱蕴山始终处于喜悦、兴奋、激动之中。这从他于1949年2月在哈尔滨为纪念杨靖宇将军就义九周年的一首词中可以看出。杨靖宇将军是东北抗日联军总司令，1940年在与日寇战斗中壮烈牺牲。

> 浣溪沙·纪念杨靖宇将军
> 旧恨新仇欲裂齿，阶段斗争无时已，壮士头颅呼不起。
> 黑水白山齐雪耻，红旗报捷掀天地，还我河山从兹始。

2月25日，李济深、朱蕴山、沈钧儒、马叙伦和朱学范等一行35人，在林伯渠陪同下乘"天津解放号"专车到达北平。林彪、罗荣桓、聂荣臻、董必武、薄一波、叶剑英、彭真等百余人到站迎接。中国人民解放军平津前线司令部、北平市军管会、北平市政府、中共北平市委在中南海怀仁堂举行400余人的盛大欢迎会。大会由叶剑英主持，林彪、彭真致欢迎词，李济深等14人讲了话。李济深在讲话中盛赞毛泽东主席领导中共取得的辉煌胜利，对于解放军的英勇善战和秋毫无犯的军纪表示了崇高的敬意，决心在中共领导下参加反帝、反封建和反官僚资本主义的斗争，将革命进行到底。

看着这一切，朱蕴山百感交集。想到1937年6月他从太原到北平入协和医院做胃切除手术不久，即因日寇发动的侵略战火燃烧不得不以术后未愈之躯南下，投入抗日救亡斗争；抗战胜利后，又投入反蒋独裁统治的斗争。12年过去，蒋家王朝即将被彻底埋葬，他自己在中共领导下，为推翻这个蒋家王朝做了点应做的工作。如今回到北平，心潮起伏，无比激奋！

欢迎大会后，李济深、朱蕴山及朱学范等被安排住北京饭店。

（节选自《朱蕴山传》，政协六安市金安区委编，安徽人民出版社2007年版）

彭泽民不顾年事已高北上

彭湛东

抗战胜利后，蒋介石冒天下之大不韪，悍然发动内战，妄图短时间内消灭共产党。正在此危机时刻，彭泽民收到周恩来的亲笔信，信中写道："时局如此，希望先生与华南民盟暨憬然、贤初诸先生大声疾呼，号召社会人士共同反对内战，力挽狂澜，无任企盼。"

收到周恩来来信后，彭泽民立即行动起来，不断发表谈话通电，先后在报刊上发表过38篇文章，反对内战、反对独裁、要求民主。1947年2月，"中华民族解放行动委员会"正式改名为"中国农工民主党"，彭泽民被推为该党中央监委主席，此时他还兼中国民主同盟南方总支部主任，又同连贯同志一道领导"华南救济总会"。

解放战争胜利发展，建立新中国已成为全国人民迫切愿望。1948年4月30日，中共中央的"五一口号"提出"迅速召开政治协商会议，讨论并实现召集人民代表大会，成立民主联合政府"，立即获得各民主党派响应。当时在香港的农工党、民盟、民革、民进、致公党等民主党派及郭沫若为代表的无党派人士联名致电中共中央毛泽东主席，表示竭诚拥护。彭泽民代表中国农工民主党在电报上签了名。12月底，他不顾年事已高和一些亲友的劝阻，义无反顾地在中共地下党安排下，登上苏联货轮"阿尔丹"号，经过11个昼夜航行，到达东北解放区。1949年2月又同一批民主人士一道进入刚刚解放的北平城。

（节选自《回忆我的父亲彭泽民》，《前进论坛》2001年第12期）

彭泽民从香港北上的经历

王夫玉

　　为了保存革命力量，在周恩来的直接领导和安排部署下，从1946年下半年起，一部分民主人士、文化界进步人士和中共干部陆续撤到香港，并以香港为基地，继续扩大对内对外工作。与此同时，遵照周恩来的指示，钱之光带领包括祝华、徐德明等在内的小分队，由延安辗转到达大连，此时大连根据《雅尔塔协定》实行国际化，由苏军进驻设防。钱之光在大连创建了中华贸易总公司，探索大连到香港的海上通道。经过几次试航，建立了这个通道。他们租用外国船只往返于大连、朝鲜的罗津和香港之间，运出大豆等土特产品，带回需要的物资和器材。为了与中央保持直接联系，中华贸易总公司设立了电台，公司电台的架设和大连至香港海路的建立，为后来接送民主党派代表人物和著名民主人士进入解放区参加新政协创造了条件。

　　中共中央发布"五一口号"，号召全国人民团结起来，巩固与扩大反帝、反封建、反官僚资本主义统一战线，打倒蒋介石建立新中国。同时，号召各民主党派、各人民团体及社会贤达，迅速召开新的政治协商会议，讨论并实现召集人民代表大会，成立民主联合政府。中共中央的号召，立即得到各民主党派、各人民团体、无党派民主人士、少数民族、国外华侨的热烈响应和赞成。当时在香港的民主党派领导人李济深、何香凝、沈钧儒、章伯钧、马叙伦、王绍鏊、陈其尤、彭泽民、李章达、蔡廷锴、谭平山，以及无党派民主人士郭沫若等，在5月5日联名致电毛泽东，热烈响应中共中央的号召，并同时发表通电，号召国内各界和海外同胞"共同策进，完成大业"。

5月2日，中共中央电示中共上海局：我党准备邀请各民主党派及重要人民团体的代表来解放区，商讨召开人民代表大会并成立民主联合政府等问题。会议名称拟为"政治协商会议"，会议的参加者为一切民主党派及重要人民团体，决议必须由参加会议的每个单位自愿同意，不得强制。开会地点拟在哈尔滨，时间拟在当年秋季，拟邀李济深、冯玉祥、何香凝、李章达、柳亚子、谭平山、沈钧儒、章伯钧、彭泽民、史良、邓初民、沙千里、郭沫若、茅盾、马叙伦、章乃器、张絅伯、陈嘉庚、简玉阶、施复亮、黄炎培、张澜、罗隆基、张东荪、许德珩、吴晗、曾昭抡、符定一、雷洁琼等民主人士，来解放区参加协商。

从此时开始，筹备召开新的政治协商会议，就成为中共当时的重大政治任务。而如何排除各种阻碍，把在解放区以外的民主人士接到解放区来，共商建国大计，保证新政协的胜利召开，也就成为一项紧迫的工作，被提到日程上来。1948年夏，钱之光接到周恩来的电示，要他做好准备，前往香港执行接运任务。8月初，钱之光从大连出发，来到平壤，会见了中国驻朝鲜办事处负责人朱理治，朱理治时任东北局和东北民主联军驻北朝鲜全权代表，负责组建和领导东北局在那里的办事处。通过朱理治帮助，在平壤同苏联的办事机构办理了租船手续，然后便去罗津租用了苏联轮船"波尔塔瓦"号，开始了特殊使命的远途航行。为了便于公开活动，周恩来安排钱之光以解放区救济总署特派员的名义前往香港。

"波尔塔瓦"号船上装的是大豆、毛皮、猪鬃等土特产品，还带了一些黄金，准备到香港换回西药、电信器材、高级纸张以及汽车轮胎等物资。在这次前往香港的航行中，他们遇到过国民党海空军的监视，也遇到过龙卷风。有时国民党飞机在他们船的上空盘旋，并不时呼啸而过，有时还遇到国民党的军舰，也许因为挂有苏联旗帜，国民党飞机军舰均没有对他们采取什么行动，但当时气氛是相当紧张的。

当轮船快到香港时，就看到海面上有许多轮船，桅杆上飘着不同国籍的旗帜，香港当局的缉私快艇，也来回穿梭。当时香港当局政治上是倾向国民党的，美蒋特务活动也十分猖狂。钱之光感到要完成这一次任务，将会遇到很多的风险。船到香港时，苏联方面派人乘汽艇到船上来接头。钱之光他们先到设在香港的联和公司商量卸货事宜和布置今后的工作任务，接着就与中共华南分局取得联系。华南分局当时由方方负责，潘汉年也是主要领导人之一，负责统战工作。钱之光向华南分局领导介绍了解放区的情况，传达了中央的指示，华南分局表示也已接到中央的电报。双方一起商量了接送民主人士北上的问题，并做了具体分工。所有行动计划，通过电台随时向中共中央和周恩来汇报，并通知大连方面。在较短的时间里，就做好了第一批民主人士北上的准备工作，中共中央、周恩来同意了他们的行动计划，并指出这是第一批，要绝对秘密，保证安全。

当时，在香港的民主人士很多，他们一直与中共保持着联系。具体联系的，有华南分局、香港工委，也有中共其他方面的同志。经过他们的努力和华南分局、香港工委的密切配合，从8月起，在近9个月的时间里，在中国革命胜利形势激励下，在中国共产党诚挚态度和民主政策感召下，经中共中央及各地地下党组织认真细致的组织安排，远在香港和国统区的各民主党派领导人和无党派民主人士，不畏艰险纷纷踏上去解放区的征程，准备参加新政协。在周恩来极其周密稳妥的安排下，钱之光等多次南下香港，同香港华南分局方方、潘汉年等负责人一起，先后接送四批民主人士北上。

11月5日，周恩来致电香港分局，要求在12月里，将尚在香港和上海的李济深、郭沫若、马叙伦、彭泽民、李章达、马寅初、孙起孟、茅盾、张絅伯、陈嘉庚等几十名准备参加政协的各方代表护送到解放区，并对进入解放区的路线和安全措施进行周密布置。中共接送第三批北上的民主人士最多，有李济深、茅盾夫妇、朱蕴山、章乃器、彭泽民、邓初民、洪深、翦伯赞、施复亮、梅龚彬、孙起孟、吴茂荪、李民欣等。由于国民党革命委员会主席李济深先生就是这一批北上的，中共中央极为关心，周恩来的电示也更加具体、周密。经过慎重考虑，最后确定民主人士走的时间，安排在圣诞节后第二天深夜。因为香港每到圣诞节要放假，这是他们行动的有利时机。

按预定计划，这次上船是在12月26日晚上。为了安全，避人耳目，所有要走的人，事前都不知道与谁人同船，各走各的路。有的从家里转到朋友家上船，有的在旅馆开个房间停留半天再上船，有的还搬了家，把要带的行李放在原来住处，另行派人搬上船。民主人士不随身携带行李，看不出要出门旅行的迹象，到达了约定地点，由中共的同志护送上船。

李济深动身的那天晚上，为了迷惑外界，还特地参加了香港大英银行华人经理邓文钊先生的宴请。为了掩人耳目，席后还带了酒菜，乘上中共事先准备好的小艇，装着泛舟游览的样子，一个多小时后才靠拢登上租借的苏联货船"阿尔丹"号。上船后，钱之光将李济深和朱蕴山、李民欣安排在船长室，以避免海关检查。这一次接走的人，有的西服革履，扮成经理模样；有的则是长袍马褂或普通衣着，装成商人，当作坐船到东北做生意的，所以口袋里还装一套货单。大家都事先准备了一套话，以便应付检查。

年逾七旬的彭泽民已是香港名中医，此时的他生活稳定，收入颇丰，海外众多子侄亲朋都期望他能"功成身退，安享晚年"。当中共香港地下组织向他转达毛泽东主席邀请他北上参加筹备新政协会议时，他毅然答应了。12月26日，漆黑无月之夜，在中共香港地下党的精心安排下，彭泽民脱下了穿了数十年的中式大褂、布鞋、布袜，西装革履，由周而复陪同，悄悄离开了家，离开了妻子和6个尚未成年的儿女，与李济深、朱蕴山、茅盾、柳亚子等分乘驳船，秘密登上停泊在港外的苏联货船"阿尔丹"号。

中共香港党组织虽处地下，然而对彭泽民一家爱护有加，多年来常登门看望慰问，并及时转达党中央各项指导信息和商量工作。中共组织在秘密安排彭泽民北上东北后，中共地下党每月按时发五百港元给他的妻子翁会巧，以维持彭家生活不受影响。翌年12月，又安排翁会巧再度返港，接6个子女上京，彭家一行7人，每人购置一份防寒衣物，连同船票的所有花费，全部由中共地下党组织支付。临行前，中共组织还派专人护送他们登上停在外海的轮船，直至安顿妥当后才离去。

彭泽民对热望中的新中国，可谓是"捧着一颗心而来"，而中共对待民主人士的态度和做法，也使他倍感温暖。彭泽民与其他民主人士，从香港到东北或华北解放区，中间隔着大片国统区，被国民党严密封锁，陆上交通极不安全。因此，只能冒着被港英政府和美蒋海空军干扰、破坏的风险，走海路。这是一场体现了人心向背的大转移、长迁徙，船上生活条件简陋，常常遭遇风险，但他们都甘愿冒着生命危险，克服各种困难，以乐观的心态，一路吟咏一路歌，历经长途颠簸北上解放区。

在北上途中，大家一直兴奋聊天，类似《十日谈》，每个人都讲了自己的经历和故事。李济深讲他参加北伐以及后来与蒋介石决裂的经过，彭泽民讲兴中会、同盟会的成立以及南洋吉隆坡分会成立的经过和发展，邓初民讲他从小家庭贫苦和求学过程十分曲折，朱蕴山讲他祖父参加太平天国革命的往事以及他所知道的徐锡麟的事迹，李泽霖谈民国二年二次革命的经过，茅盾讲他在新疆的经历以及盛世才的暴政、杜重远的被杀。聊天中，他们深深体会到，从人生经历到时政评论，今天北上解放区之举，不仅是水到渠成，更显同仇敌忾、人心向背。

尽管在启程前，很多人面对未知的征程内心是忐忑的，但毕竟北上是参与新中国筹建，决定国家未来的前途，各位民主人士都乐意去完成这项前所未有的光荣使命。彭泽民心情非常好，他不但收到周恩来的邀请电报，又在中共精心安排下乘船北上，这些都让他感受到中共方面的真诚之心，让他觉得此行是向着希望前行的，是奔赴光明的最后一段路程。

事情又很不凑巧，这趟船航行很不顺利，起航后第十天，还没有到达大连。原来"阿尔丹"号轮船在途经青岛海面时，遇上逆风，其中一个引擎坏了，停止了工作，轮船每小时只能航行6海里，最后经过12个昼夜的艰难航行，于1949年1月7日安全抵达大连。旅途中，轮船还经历惊涛骇浪，但人们安然若素。为此，彭泽民有一首诗《戊子除夕在舟行中》，记载了当时一些情况：

> 航行三日逢除夕，
>
> 客思悠悠薄送年。
>
> 海面狂涛姑且渡，
>
> 春风将近到吾船。

彭泽民等民主人士到达东北不久，中共负责接待的同志就送去了獭皮帽、皮靴、貉绒大衣。他们刚从温暖的南方来到寒冷的北方，正需要防寒的服装，收到这些东西，他们十分激动，有的人还拿出钱来要付款。接待的同志解释说："解放区是供给

彭泽民（中）、丘哲（左）、林一元
在沈阳铁路宾馆门前广场留影

制，衣、帽、鞋都是送给你们的，这是周恩来同志指示我们办的。"他们连声称道："恩来先生想得真周到，吃、穿、住、行都给我们安排了，真是太感谢了！"中共中央派李富春、张闻天并邀请民革的中常委朱学范等专程迎接，入住在大连最高级的大和旅馆，并在关东酒楼举行了丰盛的欢迎宴会。

踏上东北的土地，获得身心解放和自由后，彭泽民回顾往昔，展望未来，心情激动，喜悦之情溢于言表，特赋诗七绝一首：

> 廿年空有还乡梦，
>
> 今日公车入国门。
>
> 几经羁縻终解脱，
>
> 布衣今日也称尊。

1月14日，毛泽东发表《关于时局的声明》，提出八项和平条件。彭泽民与章伯钧以农工党中央负责人名义，于次日发表谈话，响应毛泽东《关于时局的声明》，庄严宣布，"愿在中国共产党领导下，献其绵薄""革命必须贯彻到底"。

1月22日，彭泽民与李济深、沈钧儒、马叙伦、郭沫若、谭平山等到达解放区的各民主党派、人民团体及无党派民主人士共55人，联合发表《我们对于时局的意见》。他们感慨万千地描述了北上见闻："我们首先获得的印象，更使我们充分欣慰，这里充满着民主自由的空气，蓬勃向上的精神，生产建设发展猛进，社会秩序有条不紊。工农商学各界，都能站在自己的岗位上努力，支援前线，中共党员尤能以身作则，发扬高度自我牺牲的英勇精神，为民前锋，不辞劳瘁。"他们表示"愿在中共领导下，献其绵薄、共策进行，以期中国人民民主革命之迅速成功，独立、自由、和平、幸福的新中国之早日实现"。《我们对于时局的意见》表示坚决拥护毛泽东的声明，庄严宣布接受中国共产党的领导，将革命进行到底。这就为筹备召开新政协会议做了政治上和思想上的准备。从此，民主党派开始了一个新的里程。

1月24日，彭泽民与章伯钧、丘哲联合发表《为南京政府制造和平阴谋的书面谈话》，《谈话》指出：蒋介石元旦发表的声明、"行政院"宣告无条件停战的决议等一系列的欺骗行动，是蒋美一贯串演的伎俩，中国人民绝不会再上当。中国共产党毛泽东先生提出的八项和平主张，是全国人民的共同要求，是实现中国永久和平之唯一的办法。

1月31日，北平和平解放。2月1日，李济深、沈钧儒、马叙伦、郭沫若、彭泽民等56人，致电毛泽东和朱德："同人等已先后进入解放区，叠奉捷音，不胜振奋，窃愿竭力追随，加紧团结，为中国之建设奋斗到底。谨电驰贺，并致慰劳。"以此庆祝北平和平解放和人民解放军的伟大胜利，进一步表示愿意追随中共，加紧团结，为实现最后的胜利和中国的建设奋斗到底。

2月23日，彭泽民等35位民主人士，乘坐"天津解放号"专列离开沈阳，第二日到达天津，2月25日中午，列车抵达北平。在专列通过万里长城时，彭泽民心潮澎湃，赋诗曰：

北上商新政，
成群士气张。
为求前进捷，
亟盼入关忙。
忽报长城站，
欢呼似浪狂。
廿年思故园，
今日见金汤。

旗帜红光接，

秧歌锦簇彰。

览兹山海镇，

尤其兵甲强。

远近风声播，

军民意志扬。

翻身非个体，

解放彻乡邦。

　　1949年2月26日，人民解放军平津前线司令部、北平市军事管制委员会、中共北平市委、北平市人民政府，在中南海怀仁堂举行大会，热烈欢迎由东北、华北来北平以及留在北平的各民主党派、各团体的代表。大会由叶剑英主持，林彪、彭真致欢迎词。彭泽民与李济深、沈钧儒等14名民主人士发表演说，对中国共产党和毛泽东28年来领导的中国革命表示敬意，对人民解放军的英勇善战和解放战争的胜利表示祝贺，主张彻底实现毛泽东1月14日所宣布的八项和平条件，表示坚决在中国共产党的领导下，贯彻反对帝国主义、封建主义和官僚资本主义的人民民主革命主张。最后，董必武发表了总结讲话。

　　（节选自《上医彭泽民》，王夫玉编，东南大学出版社2021年版）

邓初民从香港北上的经历

张在新

1948年11月，辽沈战役结束，东北全境解放。11月14日，毛泽东在《中国军事形势的重大变化》一文中指出："现在看来，只需从现在起，再有一年左右的时间，就可能将国民党反动政府从根本上打倒了。"消息传来，在港民主进步人士莫不欢欣鼓舞。

1948年11月25日，中共中央代表同由国民党统治区和香港到达哈尔滨市的民主党派人士和无党派人士进行协商，对于成立新政协筹备会和新政协的性质、任务等问题取得共识。中国共产党为召开新的政治协商会议积极进行组织和筹备工作。

12月下旬，中共香港工委有关负责人来到邓初民的住处，向他传达中共中央电邀在港民主进步人士到解放区共商国是的指示精神，建议邓初民立即北上。邓初民怀着愉快和兴奋的心情，于1948年12月26日，同30多位民主人士一道，乘海轮离开香港前往东北。在海轮上，邓初民一行迎接了1949年的元旦。

后来邓初民在他的《九十述感》中写道："我展望未来，感到中国共产党领导人民推翻三座大山的最后胜利就要来到了，如果没有党和以毛泽东同志为首的党中央的领导核心的正确领导，要用这么短的时间'在这可诅咒的地方，击退这可诅咒的时代'（鲁迅语）是不可能的。"

在海轮上，邓初民迎着元旦光芒万丈的朝阳，面对波涛汹涌的海洋，感觉胸襟格外开阔，心情格外舒畅。他庆幸一种崭新的生活就要开始了，一个崭新的时代就要开始了。邓初民在日记中写道："行将踏上已被解放了的自己祖国的土地，亲眼看到新民主政权的一切，并享受新民主政权下的各种民主自由幸福，这真是值得大书特书的一件大事！"

邓初民还为自己定下了几条应该遵守的基本原则：

一、坚持为人民服务的立场，丝毫不作个人利害打算，不作基于个人利害的活动。

二、充分、详密、深刻、多方面了解具体情况，一切从客观事实出发，服从人民利益，不作主观臆断，不徒逞口舌，不取一时之快，以免贻误革命利益，亦即人民利益。

三、虚心，诚恳，抑制感情，运用理智，明辨是非，不分彼此，一切以人民利益革命利益为最高标准。

四、凡有关政治立场，以及一切于基本原则有关的问题，决不放松妥协，但在把握了基本原则以后，运用起来必须灵活。

五、已经是六十岁的人了，一言一动，都要对革命、对人民负责。尤其要决定究竟拿什么——教育？政治？——来服务人民，来尽余年，——至少我还以为还有二十年——八十岁！

为了掩护进步民主人士安全撤离香港，邓初民一行在离开香港之际，中共香港工委在《华商报》等报刊上发布消息，声称邓初民等人将参加该报主办的"笔会""座谈会"云云。为了旅途的安全，中共香港工委特意租用意大利大型货轮，该货轮为苏联运输医疗物资，将货轮的部分舱位，临时加装床铺、桌椅，供民主人士一行人休息、讨论工作。

1月7日，李济深、茅盾、邓初民等30多人抵达东北解放区。他们从香港赴大连的轮船，在途中遇到大风浪，耽误了一些时间。周恩来知道后非常着急，几次去电询问情况。直到他们安全抵达大连，才放心下来。

到了沈阳，邓初民等民主人士被安排住进了宾馆。宾馆的服务人员清一色的年轻人，男女青年都穿着灰布棉衣，看起来像没有佩带帽徽领章的军人，他们待人特别亲切且有礼貌。邓初民从这些年轻人身上感受到了解放区人民崭新的精神面貌。

休息一段时间之后，中共中央东北局还特意安排了从香港来到沈阳的民主人士到东北解放区参观，让大家感受解放区人民建设新中国的劳动热情。

此时，周恩来一再向接待人员电示：一定要把进解放区的爱国民主人士接待好，安全地送到目的地。周恩来的指示很具体，包括要给他们买皮大衣、皮帽子、皮靴，要给他们住好的宾馆，要开好欢迎宴会等。

1949年1月22日，邓初民与李济深等55位民主人士联名发表《我们对于时局的意见》，表明愿意在中国共产党领导下，为人民民主革命迅速成功和新中国的早日成立而斗争。

1949年1月，傅作义终于接受解放军提出的和平条件，于1月21日双方签订《关于和平解放北平问题的协议》。1月31日，在北平原国民党守军撤离市区后，人民解放军进驻北平城，北平宣告和平解放。

辽沈、淮海、平津三大战役，从1948年9月12日开始到1949年1月31日结束，历时142天，共歼灭国民党军正规军144个师，非正规军29个师，合计154万余人。国民党赖以维持其反动统治的主要军事力量基本上被摧毁。

胜利的消息如奔雷闪电，迅速传遍解放区，传遍全中国，传遍全世界。宾馆内，民主人士人人奔走相告，额手称庆。就在此时，中共中央派员来宾馆，通知所有民主人士准备进入北平城。

2月25日，李济深、沈钧儒、马叙伦、郭沫若、邓初民等35人从沈阳乘火车赴北平。一路上大家心潮澎湃、浮想联翩，眼看祖国经历了全民族抗日战争和解放战争炮火的洗礼，人民翻身享受自由民主，有待万众一心奋发图强。车抵北平东站，大家更是激动不已，郭沫若激情满怀，口占五言绝句一首：

多少人民血，换来此尊荣。

思之泪欲坠，欢笑不成声。

前来迎接他们的林彪、罗荣桓、董必武、聂荣臻、薄一波、叶剑英、彭真等领导人，与郭沫若、李济深等一一握手。邓初民与董必武握手时，激动得热泪盈眶，回想起1925年2月在武汉初次见面的情形，24年过去，天地已经翻覆，不知有多少心头的话要向党细细诉说。

第二天，邓初民等前往中南海怀仁堂参加中共北平市委和北平市人民政府举行的欢迎各方民主人士大会。见到昔日帝王的宫殿，今天成了人民的礼堂，他深深地感受到党和人民给了自己——一位民主人士的无上荣光。邓初民暗下决心，要为建设新中国鞠躬尽瘁，无条件地奉献出自己的一切。

（节选自《邓初民》，政协石首市委员会编，新华出版社2021年版）

施复亮北上到东北解放区

齐卫平

1948年春，中国革命的形势已经发生了重大变化，有中间道路幻想的民主人士们纷纷抛弃了中间道路幻想。他们认识到：在革命和反革命、民主和反民主的斗争中，"决不能有所谓中立的态度"，"至于独立的中间路线，从目前中国的现实环境看，更难行通"。施复亮正是在这么一种形势下，在思想上开始了转变。

4月30日，中共中央发布了"五一口号"，提出召开没有反动分子参加的新政治协商会议和讨论成立民主联合政府的号召，各民主党派纷纷响应。5月23日，民主建国会举行常务理监事联席会议，决议赞成中共"五一口号"，并推章乃器、孙起孟为驻香港代表，与中共和各民主党派驻港负责人保持联系。施复亮已很难在上海立足，他寄住的周庚家周围，常有密探监视。这年初冬的一天，施复亮离开上海坐车经广州去香港，夫人钟复光送到杭州返回。12月4日，黄炎培、胡厥文、盛丕华等人讨论决定，推派章乃器、孙起孟、施复亮为民主建国会代表到解放区参加筹备新政协工作。

各民主党派的领导人李济深、何香凝、沈钧儒、章伯钧、马叙伦、彭泽民、李章达、蔡廷锴、谭平山以及无党派民主人士郭沫若等一大批民主人士都在香港，中共中央特派钱之光去香港负责接送他们到解放区参加新政协。他们是分成四批先后进入解放区的，施复亮是第三批，同行的有李济深、茅盾夫妇、章乃器、彭泽民、邓初民、洪深、翦伯赞、孙起孟等30多人。中共中央极为关心，周恩来拍电报做了布置，并与大连的刘昂等人联系，做好迎接的准备。12月26日，圣诞节的第二天深夜，趁着度假过节耳目少的时机，施复亮等人被秘密护送上一艘苏联货船，启程去解放区。路途因在海面遇逆风，货船坏了一个引擎，直到1949年1月7日才到达大连。中共中央派了李富春、张闻天专程去迎候。在大连，他们做了短暂停留，参观了工厂，然后乘专列到沈阳。在东北解放区，通过参观学习，施复亮看到了中国共产党领导下的解放区蒸蒸日上的新气象，对比蒋介石国民党统治区民不聊生的惨状，深受教育。

1949年1月22日，中国民主同盟领导成员和各方面的民主人士联合发表了《我们对于时局的意见》，指出"革命必须贯彻到底，革命反革命之间绝无妥协与调和之可能"，"人民民主阵线之内，决无反对派立足之余地，亦决不容许有所谓中间路线之存在"。施复亮也在这个文件上签了名。

2月23日，在林伯渠的陪同下，施复亮与到达东北解放区的民主人士共37人，乘专车入关到达北平，受到北平军管会主任叶剑英等的迎接。

（节选自《施复亮传》，原载《中国各民主党派人物传（一）》，彦奇主编，华夏出版社1991年版）

父亲章乃器北上解放区的情况

章翼军

父亲被迫离沪赴港后，不久，继母也到了香港，住在英皇道三室一厅的普通住宅里，同马叙伦、金仲华、萨空了、邵荃麟等都是近邻。在街头一个电线杆附近，经常有一位"不速之客"在那里监视着进步人士的行踪。他的公开职业是港九地产公司总经理，李葆和是合伙人。父亲还受聘在达德学院开设经济课。从20世纪30年代初开始，父亲就先后在上海几所大学（沪江大学、光华大学、国立上海商学院、立信会计专科学校等）任兼职教授，理论联系实际地、深入浅出地把枯燥乏味的经济、金融理论讲活了，使学生听得津津有味，容易接受。金融实务和学者教授的完美结合，在他身上得到了极好的体现。

1948年11月，我和湘谷、婉华姐妹三人收到了父母从香港打来的电报，通知我们从速离沪赴港。当时国民党政府的败局已定，进步人士、青年学生遭受到愈来愈疯狂的迫害。为安全起见，我们悄然离开了学校，在胡子婴妈妈家中暂住，等候船票。这是我第一次见到这位知名的女能人和妹妹湘谷。我们三人在船上碰到了几位同学，结识了一位赴港任职的新华书店职员，顺利地到达了被英国人统治了半个世纪的我们自己的土地，真是悲喜交集。继母亲自到码头迎我们上岸。稍后，大伯父、黄玠然伯伯和表姐夫叶寿康也先后来到香港。大伯父一向同情革命，掩护过不少共产党人。为了不荒废学业，兄妹三人都进了由民主人士创办的达德学院。这是一所新型学校，院长是陈其瑗，董事长是李济深，学者、名流云集，民主空气甚浓。学生来自国统区受迫害、向往光明的青年以及印度尼西亚、马来亚等地的进步青年。在新天地里，我们生活得非常愉快。父亲也精神焕发。他打破常规，主动给我们兄妹每月10元港币的零用钱。但好景不长，学校不久就被港英当局查封了。

父亲此次在香港，比之1937年底那一次，时间稍长一些，但也只有一年多一点。1948年12月25日，他放弃了大有可为的房地产业，中共香港党组织的精心安排下，与李济深、茅盾等乘苏联货船"阿尔丹"号北上。他们都打扮成买卖人，由中共公开机构华润公司出面，在出席了潘汉年主持的圣诞晚会之后，分头悄悄地上了船。简单的行李头一天就搬上了船。他们分别被安置在底舱，互不来往。过了台湾海峡，到达青岛海面，恰遇逆风，加之轮船坏了一个引擎，货船行驶缓慢，直到1949年元月7日，才抵达大连港。他们一行受到张闻天、李富春等中共东北局领导人的热情欢迎，御寒衣帽也早已准备妥当，关怀备至。他们在这条船上度过了一个难忘的、不平凡的元旦。许涤新在他的回忆录《风狂霜峭录》中有这样一段话："……到了香港，他（指章乃器）的政治态度更加明朗，更加接近我们。江浙帮的一些老板对于国内局势经常向他请教。我就抓住这一点，经常到他的办公室去交换意见。在我的记忆中，至少有两件事他是帮助我们的。第一是他经常为上海来港的资本家同我们建立关系，举一个例，吴蕴初和俞寰澄就是通过章而找到我的。其次是章曾经替解放军募捐药品。经过他的宣传，'五洲大药房'（或中法大药房）香港分行捐献了3万元港币的药品，章把这个药房的经理鲍介绍给我……"

父亲北上后，继母和大伯也先后到了解放区。我们兄妹在焦急地等待着。到了3月中旬的一天晚上，来了一位戴眼镜的人，通知我们做好北上准备，行装从简，一切可疑的东西都不能带走。就这样，3月19日，我们终于盼来了这一天，坐的是巴拿马船"宝通"号，同行的有周新民、马思聪、阳翰笙、于伶、臧克家、陆志庠、张瑞芳、丁聪、朱智贤等文化界人士。至月底，安全抵达塘沽、天津，住在利顺德大饭店。当晚，黄敬市长设宴招待我们一行，并观看歌剧《王秀鸾》。这时天津解放不久，共产党的市长穿着朴素大方，和蔼可亲，印象至深。第二天，我们就到了北平。

父亲一行从大连转沈阳、哈尔滨等解放区进行参观访问，沿途所见所闻，耳目为之一新。《人民的东北》一文，集中表达了他内心思想感情的巨大变化。他认为，新鲜的事物实在太丰富，而有些抽象的情况，如人民的愉快情绪和社会的蓬勃气象，绝非通讯体裁所能描写。他热情地写道："对于这些，我近来常感到散文无用，而必须用诗歌来表达，因此，一向不喜欢诗歌的我，现在都想学习写诗歌，以抒发胸中蓬勃的诗意。"他歌颂："历史上最灿烂光辉的伟大时代就在今朝。我们是如何幸运，能够躬逢这个伟大的时代！献身为国，全心全意为人民服务，这真是知识分子和工商业家千载难逢的一个时机。"这是父亲出自内心的肺腑之言，绝非应景文章。他在旧社会艰苦奋斗了30余年，历经磨难，终于在年过半百之后，找到了政治归宿。他崇敬毛泽东和周恩来，衷心拥护中国共产党。这从他此后的一系列言行中足资证明。他是善于独立思考的人，一贯反对个人迷信和盲目崇拜，但事实是最雄辩的。他不能不口服心服。

2月25日，父亲到北平后，和施复亮、孙起孟一道，作为民主建国会的代表，积极参加新政协的筹备工作。同时，被任命为中国人民银行顾问。当时民主人士大都住在北京饭店（六国饭店），照理我们也可以住到那里去，但父亲觉得不妥。为了减轻国家的负担，他建议我们还是住到他的老朋友吴羹梅家为好。我们第一次尝到了北方的小米和白面，觉得很好吃。我们也常去饭店会友，结识了马叙伦、朱学范、郑振铎、包达三伯伯的子女。在那里，我发现共产党的干部进了大城市，仍然保持着艰苦朴素的好作风，吃的是大烩菜、小米饭、窝窝头。然而对民主人士则是格外优待，大米、白面、炒菜。这件事又一次引发了我的敬佩心情。"得民心者得天下"，真是一点不假。

不久，中国人民银行总行的三位顾问都搬到大羊宜宾胡同19号的一幢小楼里，我们家就和沈志远、千家驹二位伯伯成了邻居。当他们三人穿上政府发给的浅蓝色干部服时，个个面露笑容，喜形于色。

革命形势的迅猛发展，使得我们也坐不住了。满腔热血，投向何处呢？当时华北大学、南下工作团都在公开招收知识青年。革命需要我们，解放战争和经济建设急需大批的新生力量。是继续读完大学，还是现在就参加工作？上燕京大学，还是进华大、革大？湘谷妹选择了前者，后来她毕业于协和医科大学，当了一名内科医生。我和婉华进了华大。父亲同意了我们的选择。继母杨美真不久也进了华大研究生班。她是民主建国会的发起人之一，民建中央监察委员、秘书处副处长。她当过大学教授和上海基督教女青年会的总干事。

这时，大伯父也在北京。他们从东北参观回来，周恩来、朱德在中南海接见了他，并十分恳切地对他说："章培先生从1927年大革命起到现在22年间，党有困难就得到他的支持，真是我们的患难之交。"并嘱托他协助刘伯承元帅筹建中国人民解放军南京军事学院，任战术组长兼装甲教授研究会第一副主任。他是保定军校的毕业生，与白崇禧是同学。他同情革命，为人民做过许多好事。

在中国人民政治协商会议第一届全国委员会第一次会议上，父亲当选为常务委员，在政协一届一次全国委员会第一次常委会上，被任命为财经组组长。他在会上发表了热情洋溢的讲话。作为民族资产阶级的代表人物之一，他公开提出了"准备在将来条件成熟的一天消灭自己的阶级"。这在历史上还是第一次。后来他又归纳为"阶级消灭，个人愉快"八个大字和"生正逢时，壮有所为，老有所养，死得其所"四句话。这充分说明了他有自知之明，把握了社会发展规律，决心跟着共产党走社会主义大道。

（节选自《回忆父亲章乃器》，原载《文史资料选辑》第140辑，全国政协文史资料委员会编，中国文史出版社2000年版）

章乃器：新的转折点，新的选择

邓加荣　田　羽

1948年下半年，中国的两种命运决战已经日趋明朗，人民必胜、反动派必败，已经成为定局，国民党不仅是穷途末路，而且是已经走近彻底崩溃的悬崖边缘。他们自知末日将临，因此益加疯狂地作垂死挣扎，益加穷凶极恶地倒行逆施，向即将要当家作主的人民进行疯狂的肆虐与报复。他们在华北、东北前沿阵地，狂轰滥炸洛阳、沈阳、石家庄等各城市，伤害平民百姓无数，而且又于11月30日在美国军事顾问团的怂恿之下，在秦皇岛实行"焦土政策"，指挥海军炮轰开滦矿务局的电厂和耀华玻璃厂；同时，又在平、津、宁、沪等地，不断地逮捕与暗杀爱国民主人士。随意践踏人民的民主权利，已到了无以复加的地步。面临国民党如此残酷暴虐，在港的各民主党派、人民团体又联合发表声明，提出了《为保护产业保障人权告国内同胞及各国侨民书》，署名的有民革、民盟、致公党、农工民主党、民主促进会、民主建国会等10个党派和团体。起草声明书的，仍然是"宣言专家"章乃器。

他在这篇《告国内同胞及各国侨民书》中写道，"资本和人才是祖先留给我们的最宝贵的遗产，必须极端珍惜和妥善运用"，国民党当局竟如此灭绝人性地摧残祖国的财产和人才，必然激起全国人民的一致愤慨，"我们对于南京独裁政权这一连串的灭绝人性的暴行，提出严重的警告。这种暴行的指使和执行者，将来必用一切有效的手段，追缉到案，处以应得的罪刑"，"而且希望大家更进一步地团结起来，为保护自己的产业和保障自己的人权而奋斗，坚决抵抗南京独裁政府的一切破坏产业和迫害人民的暴行"。

这时，中共党中央已经通过在港的华南分局和香港工委，分别同各民主党派与无党派民主进步人士打招呼，护送他们去解放区参加政治协商会议的筹备工作。8月份开始，已经分期分批地护送两批具有很大社会影响的民主人士。到了12月，民建会总会已经议决，指派章乃器、施复亮、孙起孟三人为代表，到解放区去参加政协筹备工作。章乃器本人也收到了毛泽东主席邀请他北上的电报。

这时，章乃器面临何去何从的两难选择。离去，便意味着他要抛弃在香港经营的港九地产公司等蒸蒸日上的产业，这些产业正如后来他在《七十自述》中所说的那样："这时也达到了最高峰，我获得了相当多的利润。"可想而知，这样成功的事业，是任何人都不愿意轻易放弃的。但是，报国之心，酬国之志，有着更强烈的吸引力和驱动力。他是自幼便已牢固地树立像岳飞一样的精忠报国志向的，不论身在何乡何地，有着多么大的功名利禄，有着多么炫目耀眼的滚滚利润的缠绕与勾留，都不能动摇他的志向。明代大诗人李梦阳的诗，"人生富贵岂有极，男儿要在能死国"，应当说是最恰当地表明了他当时的心迹。

经过一番思想斗争，章乃器摆脱掉心里的这种两难顾全的矛盾，最后毅然决然、毫无牵挂地选择了北上之路。1948年12月26日晚，他与李济深、茅盾、朱蕴山、马寅初、柳亚子、邓初民等30余人一起，在中共香港工委的巧妙安排下，秘密地登上了苏联货船"阿尔丹"号，踏上北上航程。为防止国民党特务密探的破坏，30多人都是分头上船的，全都化装成商人模样，每个人的口袋里都准备好了一份货单，为了应付检查盘问，还准备了一套做商人的行话。章乃器在这方面是内行，不用像诗人柳亚子那样费力地模仿和临时背诵货单，所以他也就较之其他人更为轻松从容地通过了各道盘检关口，早早地走到他的舱位。

章乃器在临行前，给香港《华商报》留下了一篇稿子，名叫《新的转捩点》。后来这篇文章在1949年1月1日新年钟声刚刚敲响时，与广大读者见面了。文章一开头就给人一个旭日东升、满天欢庆的感觉："时序更新，人类历史亦翻到更光荣灿烂的新页。"

为什么会有这样一个光辉灿烂、充满无限生机的新的黎明来到人间呢？因为人类的历史将于1949年出现"新的转捩点"。这个新的转捩点是什么呢？章乃器满怀喜悦地告诉人民："中国联合政府成立，全国重要地区，完全统一。"不仅在国内，在亚洲，在整个世界，都将发生新的转捩，"亚洲各地民族革命，将因中国革命之胜利，而更加蓬勃"。

1949年这个永远在历史上闪光的年头，不仅是苦难深重的中华民族的新生转捩点，同时也是多半生来一直为和平民主进行艰苦奋斗的章乃器的新生转捩点，一个非常珍贵、至关重要的新的转捩点。长期以来，他走的还是一个"第三条道路"，是在两个营垒中间寻求与奋斗的道路，这在他参加发起与组建民主建国会的过程中就更为明显。在起草民建会的政纲时，他一再地强调"不左倾、不右袒"的政治口号，在讨论会员章程时再三强调不能吸收国民党党员与共产党党员入会。一直到了1946年，蒋介石公开撕毁《双十协定》挑起内战，中间派起了两极分化，一向"中间偏右"的民社党和青年党倒向了国民党，而一向"中间偏左"的民盟、民建、农工民主党等进步党派组织皆被反动政府宣布为非法，中间路线被事实的铁锤打得粉碎时，一向坚持中间路线的民主建国会彻底地倒向了共产党，章乃器这才开始觉醒，认识到中间路线是走不通的。而在来到香港前后这段时间里，国民党的种种倒行逆施，或者就像他在文章中所说的"率兽食人"的法西斯暴行，更使他清楚地认清真理，坚定不移地相信共产党，坚定不移地走共产党所领导的社会主义道路，正像他后来常对人们说的："我们现在有了一部经典——马列主义、毛泽东思想，一个老师——毛泽东主席，一切就有了主心骨。"

这个特别值得一书再书的1949年新年伊始的"新的转捩点"，使他实现了由一个充满爱国主义思想的旧知识分子走向一个杰出的爱国民主人士的质的飞跃。这是一个勇敢的飞跃，也是一个智慧的飞跃。没有这个转捩和飞跃，便不会有政治生活上的升华。实现这个转捩和飞跃需要有充分的勇敢，没有勇气下最大的决心，是转捩不了的，也就无法实现政治上的升华。正如伟大的哲人弗朗西斯·培根所说："在国民事务中，第一要素是什么？勇气。第二和第三要素呢？还是勇气。"

当然，这个说是勇敢的选择也好，说是智慧的选择也好，是来之不易的，是与他一生与帝国主义和国民党反动统治做艰难困苦、毫不屈服妥协的英勇斗争的经历紧密联系着的，是坚持不懈的斗争和挫折、反抗和坐牢、毁家纾难，不断受到摧残打击的客观现实给予他的这种勇敢和智慧，这正如法国作家普鲁斯特所说："没有人给我们智慧，我们必须自己找到它——这要经历一次次茫茫荒野上的艰苦跋涉——没有人能代替我们，也没有人能使我们免除这种跋涉，因为我们的智慧，是一种我们最终赖以观察世界的观点。"

日出

红日海中出，黄河天上来。江山春光满，乾纲重振时。

轮船航行在海上，迎接新年伊始的第一个万象更新、欣欣向荣的黎明。

章乃器站在船头甲板上，放眼远望，但见海天相接之处，满眼是通明的蔚蓝色世界。几只海鸥围绕在船舷左右翱翔，扇动着发白的翅膀，在这片通明的蓝色里映射出可爱动人的影子。天边有几朵白云缥缈淡薄，更显得天穹的雄浑和大海的辽阔。望着眼前景色，章乃器心中也在畅想，自己的生命的航船此时此刻不也正是眼前的境况吗？面向那辽阔无边的未来，正待他扯满风帆，乘风远航，永远不知疲倦地投入矢志报效祖国的奋斗中。

第二天早晨，随着第一缕曙光的闪亮，红彤彤的太阳冉冉升起。它从东方天际线上浓墨似的云层里穿出，把一大片辉煌耀眼的光线洒到异常宁静的海面上。很快，流荡着浅灰色晨雾的海面上也闪耀起红光来，好像一片大火在海面上熊熊燃烧起来。章乃器手扶船舷，望着从海水里雄伟壮丽地喷吐出来的红日，感到格外鲜艳、明亮，好像照得自己的身体也发起光来。他的心情兴奋得无以言表，惊呆呆地望着天空、望着大海、望着红日，一时间竟忘记了自己身在何处，好像有一种力量正在他的体内生成，生成着黎明般的希望，生成着新的颖悟和聪慧。

他望着海天之无垠辽阔，禁不住感叹地吟诵起雨果的诗："世界上最宽阔的是海洋，比海洋更宽阔的是天空。"那么，有没有比天空更宽阔的呢？他觉得应该有，那就是一个人的理想与抱负，为国报效的志向。他觉得，他胸中的这个理想、这个抱负、这个志向，便像天空一样广阔，甚至比天空更宽阔。

出人意料的是，船到青岛时突然遇到飓风，海上顷刻之间汹涌滚滚、浊浪排空，变得让人无法辨认。狂卷的西北风凶猛地怒吼狂号。从海底传出一阵阵莫名其妙的声音，透过船底一直渗入船上每个人的耳朵里来。它像是千军万马的集结，又像是一团乱吵、乱嚷的人群，你吼我喊，你哭我叫，丧失理性似的互相攻击、厮打、躁动和怒吼。水面上不断出现一个个漏斗式的漩涡，一串串白花花的水泡，顺着那急速旋转的涡流从海底深处翻腾出来，发出"咝噜噜"的响声，随后又爆裂成一股股白烟，在海面上迅速地弥漫扩散，就像开锅时蒸发出的水蒸气。船上的人都惊恐地从舱里走出来，胆战心惊地望着那翻腾咆哮的波浪在进行着洪荒年代里的造山运动：一个巨浪过来，将轮船高高地擎起，仿佛让人站到狂风怒吼、雪沫飞旋、即将发生冰裂和雪崩的山顶上，天和地、海和云、整个宇宙都在疯狂地摇颤。很快，它又像从枪膛里射出的子弹，倏的一下子跌进波浪的谷底，立刻坠入无底深渊，眼前是一片黑暗。每一次跌下去的时候，船上便有女人发出尖厉瘆人的喊叫声。

船在惊涛骇浪里颠簸，人在惊恐惶惑中疲惫不堪、头晕目眩，几乎是一整天人们都粒米未进，甚至是滴水未沾，即使这样，有的人还是呕吐得连肚肠都翻了个个儿。这段时间是那样漫长（好像经历了一个世纪），又是那样短暂（因为它使人们的思绪始终停滞在一个节奏里没有变化），心里头说不清是渴望还是绝望。总之，这时，一切都失去了平衡、失去了重量，都处在一种极端紧张和激动的氛围里。后来，当章乃器回忆起这一天惊心动魄的时刻时，心情好像特别轻松和开朗，他说："我很庆幸一走向新的生活、新的斗争，就让我逢到了这样巨大的风浪，经历了这样一场生死存亡的考验。它壮起了我生死不惧的胆量。我倒要好好地感谢这场骇人的大风暴！"

因为轮船离开香港后不久便遇到了一场逆风，船航行得很慢，一天只能行七八海里，而如今又遇到了这罕见的风暴，几乎无法再继续前行，因此他们这一船人，在海上滞留了10多天，一直到1月7日才到达了目的港——大连。党中央已指派东北局的负责同志李富春与张闻天专程赶来迎接。他们在大连小憩了2天，10日便乘火车去到了沈阳，不久又转到了哈尔滨。由于北方天气寒冷，来的人都没有经历过如此严寒，东北局的同志先为大家准备了皮大衣、皮帽子、皮靴等御寒衣物，让人们感到了如同归家一般的温暖。

　　松辽平原是那样无垠的广袤和辽阔，章乃器自幼生长在"九山半水半分田"的青田，在那山旮旯里转悠半天也难找到巴掌大的一块可耕田垄，如今眼前的景象不能不使他大大地惊呆了，望着那一望无际一直伸到天边去的田垄，使他不由得产生一股无法述说的依恋。而更为可喜的是那些已经获得了解放的村庄、田舍、农家。在这些村庄里，到处洋溢着经过土地改革已经当家作主的农民喜气洋洋的气氛。他们到的时候，正是春节前后，翻身农民都沉浸在从未有过的年味喜庆之中。他看到了一个年轻的农家妇女，穿戴得整整齐齐，甚至还可以说得上是很亮眼的鲜艳。听说她是刚从新春同乐集会上扭完秧歌回来，因之，脸上还留着惹人欢欣愉快的笑意。问她身上穿的花衣服和手上戴的银镯子是哪里来的，她很骄傲地告诉人们："这都是斗地主挖浮财时分得的。过去受地主压迫剥削，没吃没穿，穷人哪里过得上年呢？现在真正是大翻身了！"问她是否认字，她说："过去哪有上学读书的福分？是解放后上了识字班，才能识得几个眼目前的字，能看懂黑板报，自己也可以编写几段小文。"他们还见到了一位当了18年长工的中年人，这个五大三粗的汉子说："过去种了18年的地，都是给别人种的。今天才真正算得上是土地的主人了，分得了足够的土地。因为，土地回到了咱们农民自己的手里，同样一块地，打的粮食，可比过去多上一倍还多！"

　　东北解放得早，他们来到的时候，东北全境都已解放了，而且城市里的工商业也已恢复了正常秩序。他们参观了沈阳机车制造厂、兵工厂、抚顺煤矿和吉林小丰满水电站。工厂也和农村一样，在人民当家作主的新社会里，一切都焕然一新，展现一幅令人兴奋不已的新面貌。沈阳机车制造厂在短短的时间里，就创造了历史上难以想象的奇迹。国民党3年没法完成的工作，人民政府只要3天就把它解决了。原来，这里有几百台母机和几台很大的水压机，因为电路与水路图样在日本人撤退时给销毁了，无法接通电路和水路，这些巨人般的大机器就都停摆在那里。国民党接管了3年多，也没有把电路和水路给接通，机器只好闲待着，有力气发挥不出来。人民政府接管后，由于改善了职工生活，提高了工人阶级的政治地位，全厂上下通力合作，只用3天时间就找到了图样，把电路和水路全部接通了。工人迸发的冲天干劲儿加上从前受到压抑与摧残的智慧，将过去认为无法修理、已作为废弃之物的几台机车给修理好了。在庆祝济南解放的时候，他们新造了一台"华东号"机车；为着庆祝平津解放，又新造了一台"华北号"机车。章乃器看着、听着，一种新的生命力给了他巨大的鼓舞力量。他坚信用不了几天，"南京号"与"上海号"机车也将制造出来，它们将满载着胜利的喜悦开到南京去，开到上海去。

在国民党时代，抚顺煤矿是完全采用"拆烂污"方法开采的。他们不顾工人死活大量放炮爆破，在露天矿场里只采煤不剥离石层，完全是掠夺式的开采。如今民主政府接管后，提出"替国民党还债，修复重于生产"的口号，很快改变了生产环境，工人在一片崭新的面貌下进行生产，煤炭的产量迅速增加，日产量比过去增长了好几倍。人们无不感叹地说，真是新旧社会两重天。章乃器在笔记本上也不禁由衷地记下了以下两句话：

"国民党的破坏力量和共产党的建设力量，在这里有一个鲜明的对照。"

"人民的力量真是不可抵抗的。"

章乃器怀着满腔的喜悦与兴奋心情，行走在解放了的东北土地上，行走在人民的土地上。虽然还是在冬季，却感觉到一路的春风，一路的鲜花，一路的歌声，甚至用春风、鲜花、歌声，都不能表达他内心的欢快喜悦。因此他时常对同行的人感慨万分地说："在东北大地上所看到的人民愉快情绪和新社会的蓬勃气象，那是用一般的文章难以表现出来的，它必须用诗歌，而且也只能够用诗歌来表现。一向只会写散文而不大喜欢诗歌的我，现在就要学学写诗歌了，因为，只有用诗歌才能够发泄我胸中磅礴万千、喷吐欲出的感念！"

他还对人说："我们在东北，目睹了人民力量的无比伟大，中共领导的正确与努力，民主秩序的贯彻与深入，不能不深刻地感觉到自己力量的渺小和见识的狭窄！"说到这里，他不由得联想到新近看到毛泽东主席在延安整风时所发表的几篇文章，由远及近，由大我转至小我，感触良深地说："毛泽东先生在那些讲话中，对于只有书本知识而没有实践知识的人，称之为半知识分子。我以为，我今天更加深刻地感受到，新社会里除了毛先生说的那种半知识分子之外，还有第二种半知识分子。他们是只懂得旧世界的一切，而不懂得新世界的一切。毫无自谦之意地说，像我这样的人，就是第二种半知识分子中的一员。"

正当他满怀着奔放的诗情行走在东北大地上时，忽然路边传来了广播的歌声："没有共产党，就没有中国。"这支歌，或者说这首诗，真是写得太好了，太贴近生活和逼近真实了，它说出了人们都想要说出来的心里话。自己不是想要学写诗歌吗？何妨就从这首诗歌学起。于是，他不由得跟着学唱起来。越唱，心里边感受越深；越唱，启发的诗兴越浓。但是唱着唱着，却觉得有些不对劲儿了。中国共产党成立至今，也不过二十几年；而中国历史已经是上下五千年了，怎么能说没有共产党就没有中国呢？但是，大家为什么又感到这首歌说得那么真切、那么深入人心呢？没有共产党，确实没有今日的新中国，这是千真万确的真理。但为什么，又觉得不大对劲儿呢？他想来想去，琢磨出其中的道理来了。原来，问题就出在主语概念的不确定性。"中国"是个大概念，它既涵盖着新中国，也涵盖着旧中国。当然，我们在一般的口语中，可以省略一个"新"字，人们通常也能理解你说的"没有共产党，就没有中国"，指的是新中国。但是，作为一首政治性很强、普及面如此之广的革命歌曲，这个"新"字是万万不能省略的。概念必须准确！这既是个逻辑问题，也是个常识问题。他这个天性聪慧的人，学诗的第一步，就有了这么大的一个感悟！后来毛主席得知他的修改也很赞成，说我们已通知作者本人，让他做些修改。这样，就有了今天我们唱的那段词："没有共产党，就没有新中国。"

正当他们在东北参观访问期间，平津相继解放，他们这些在东北参访的民主人士，便又分期分批地乘车来到了北平。章乃器等人是1949年2月25日最早来到北平的一批，同行者有李济深、沈钧儒、郭沫若、谭平山等人，由北平军管会主任叶剑英与董必武、彭真、薄一波等出面到车站迎接，将他们安置在六国饭店里住下。早此几天，毛泽东已经发来专函给李济深、沈钧儒、章乃器等，对他们的到来表示热烈的欢迎。不久，章乃器的妻子杨美真和子女也相继在地下党的精心安排下，秘密地乘船来到了天津，再由天津转车到了北平。当时，许多民主人士的子女也都来到北平，住进六国饭店。章乃器为了给政府节约开支，便把自己的子女打发到老朋友吴羹梅的家里去住。因为他和他的子女都看到，他们住在饭店里每天吃的是细粮鱼肉，而那些进城后的领导干部，包括肩负着主要领导重任的董必武、彭真、薄一波等同志，还是同入城前一样艰苦朴素，每餐吃的仍是小米饭、窝头和大烩菜。这同国民党的贪污腐败形成了鲜明的对比，同时也让人们一下子便清楚地认识到，今天的革命，同历史上所有的改朝换代都截然不同。共产党领导建设的新中国，真就如同那首歌中所唱的那样，"共产党他一心救中国"。新中国从今日起，将走进一个真正光明、灿烂的新时代、新世界。

章乃器这时心潮澎湃，感慨万千。多少年来，他经历了历史上多少风云变幻、人世沧桑？他与大哥章培从辛亥革命时起，心中就朦胧地树起了一个新生中国的理念。想起来已是那么遥远，日月的更迭已是遥遥不可计算。但是那个一直不曾破灭的理念，他不承想到，而且也绝对想象不到，今天竟会由梦幻变成现实。多少年来一直蕴藏在心中的期盼，包括他在抗战胜利后写的那篇小说提纲《二十年一梦》，今天这个梦境竟然真的活生生地展现在他的眼前。那些曾经为着拯救濒临亡国灭种之中国而奔走呼号、坐监入狱的人，今天完全可以得到欣慰，可以心满意足地同广大人民一起走进这个新的天地，可以欣慰地用微笑去面对那些曾经与他们一起奋斗，不幸早已牺牲在敌人屠刀之下的烈士，其中便包括他的弟弟章秋阳，和他的同监难友李公朴。在这种心潮滚滚的涌动下，他决心把在东北解放区的所见所闻和深藏在心底的真情感受，尽情地抒发出来：

"人民的力量是伟大的！"这是多年以来我们这一群人的口头禅。然而我敢断言：未踏进解放区以前，对于人民力量的想象还是模糊的，对于人民力量的估计还是很起码而太不够的。我们过去所见到的人民力量，还只限于那些一时被激怒起来的群众。他们的情绪是热烈的，但不够沉着持久。他们的任务也很少带着建设性。这和今天生活得到了改善，政治上完全翻了身，在一个明确坚强的领导之下，负起伟大艰巨的革命建国任务的解放区人民大众，是不能相比的。

他把在东北解放区的这些亲眼所见、心得体会，写成一篇长文章《人民的东北》，发表在3月17日《人民日报》上。顺便提一句，这时的《人民日报》和人民银行、人民邮电等党政机构，都已由石家庄迁至北平。

3月25日，中共中央和中国人民解放军总部由河北省西柏坡村迁进北平。那一天，章乃器和其他民主人士一起，都参加到欢迎的行列里来，前往机场去迎接毛泽东、朱德等中央领导同志。

这时，民主建国会的其他一些领导人黄炎培、盛丕华等也陆续来到北平，但人数仍然不齐。大家经过磋商，决定在民建常务理事会无法召开期间，暂时推举黄炎培、章乃器、盛丕华、孙起孟、吴羹梅等人成立五人小组，代行常务理事会职务。而作为会员组主任的章乃器，工作得更是积极主动，他向新建立的北京分会会员介绍了民主建国会的章程，同分会干事会的负责人肖心等人多次谈话，详细商谈讨论建设分会的有关宣传与组织工作的具体事宜。他还对在京的全体民建会员，介绍了参观东北解放区亲眼所见的一片欣欣向荣的景象。

（节选自《章乃器传》，邓加荣、田羽著，民主与建设出版社2011年版）

章乃器初次感受"人民的东北"

李玉刚

1949年1月7日，化装成商人的章乃器，同李济深、茅盾、柳亚子、马寅初等人一道，经过在苏联货船"阿尔丹"号长达十余天的巅簸之后，终于安全抵达东北解放区大连。中共中央特别派李富春、张闻天等前来迎候。嗣后，他们一行经沈阳转赴北平，与此同时，章乃器的夫人杨美真及子女也先后到了解放区。

1月14日，针对蒋介石的元旦"求和"声明，中共中央毛泽东主席发表时局声明，提出了著名的八项和平主张。22日，章乃器会同李济深、沈钧儒、马叙伦、谭平山、章伯钧、郭沫若等到达解放区的55位爱国民主人士，联袂发表对时局的意见，表示坚决拥护中共毛泽东主席提出的八项和平主张。他们指出："进入解放区后，我们首先获得的印象，便使我们充分欣慰，这里充满着民主自由的空气，蓬勃向上的精神。"他们认为，"人民民主革命，在中共领导之下有了今天的成就，决非轻易得来。在今天，谁如果苟安纵敌，而使革命大业功亏一篑，谁就成为中国革命的罪人，民族的罪人了。"他们还表示，"从今以后，相信我们多难的中国人民，决不会再受蒋美反动阴谋的欺骗。"这是到达解放区后章乃器等人的第一次公开表示政见。

第二天，章乃器与孙起孟、施复亮三人，以民建在解放区代表的名义，致电在港的俞寰澄及民建诸同人，请他们以在港理监事名义发表谈话，揭露蒋介石国民党反动派的"和平"阴谋。26日，在中共东北局、东北政务委员会、东北军区及各界人民为他们举行的盛大欢迎会上，章乃器在发言中痛斥了南京当局的"缓兵求和"的阴谋诡计，主张惩恶务尽，一定要将革命进行到底。

此间，章乃器还同其他爱国民主人士一道，参观了东北解放区的建设情况。他们先后到过的地方有：沈阳的机车制造厂和兵工厂，抚顺的煤矿，吉林的丰满水电厂，哈尔滨的监狱及西北郊的一个名叫挪林村的农村。在未到解放区之前，囿于"宣传必须夸张"的旧观念，他不免对新华社的有关报道略有存疑之处，但经此番亲身经历的耳闻目睹，思想感情震动极大。在解放区欣欣向荣的伟大成就面前，他简直惊异得有些不敢相信这就是真的事实。在《人民的东北》一文中，他曾这样写道："我近来时常感到散文无用，而必须用诗歌来表达。因此，一向不喜欢诗歌的我，现在却想学写诗歌，以发泄胸中磅礴的诗意。"

在东北解放区，所到之处，工人、农民或其他工作人员，"生活得到了改善，政治上完全翻了身"，"社会上已经没有人吃人、人压人的制度"。"解放了的人民的力量，首先表现在大多数人的愉快、活泼而充满了自信力的情调。"在这里，各行各业都在致力于生产建设，战争创伤正在迅速得到医治，旧中国常见的烟毒、赌博、娼妓、乞丐等社会弊病，几乎已近绝迹，到处一派蓬勃向上、欣欣向荣的景象。他说，通过和干部、工人、农民的交谈及所见所闻，"我感觉在这里，人和人之间的关系，一般地已经转变成坦白而亲睦，彼此间的隔阂与警戒似乎很少遗留下来。

进入这里，真觉得浑身轻松，得着了精神的解放，仿佛如同回到了自己的家庭一样"。

百闻不如一见。他亲眼看到的这些人民当家作主的实况，正如他一直梦寐以求的。章乃器每到一处，都是赞不绝口，欣慰之情溢于言表。如果说，这些都还是观感性的耳目一新的话；那么，这种耳目一新的观感是足可以引来思想认识的飞跃的。

章乃器的一个特点就是，在对任何事物的看法上，往往都喜欢独立思考并得出自己的结论。在这方面，章乃器在理性上解决了下述两个问题——

第一，他以一个工商业家的独特眼光，更加认识到了中共民族工商业政策的伟大。对他来说，这种赞扬完全是来自内心的钦服。他说，解放区工商业奇迹般的进步，简直是"旧世界的历史当中所没有的"。"国民党管了三年没法完成的工作，人民政府只需三天就把它解决了"。他指出：

首先是，这里没有帝国主义的商品倾销，人民用自己的力量做出来的商品，销路和利润都得到了保障；其次，便是土地改革之后，农民的购买力大大地提高，大众需要的物品，不怕没有销路；最后，便是人民政府竭力地保护有益社会的工商业，公营企业更以扶助民营企业为己任。在南京统治之下那些贪官污吏剥削工商业和官僚资本垄断市场、打击民营企业的离奇可怖现象，这里是完全没有了。……哈尔滨的经验告诉我们，反帝、反封建、反官僚资本的革命，对于广大的工农阶级和民族工商业是同样有利，它更告诉我们，在这个伟大的时代当中，"公私兼顾、劳资两利"决不是一种空想，而是绝对可能的；由此而达到"发展生产、繁荣经济"的目标，那就再自然不过了。

第二，通过最近距离的观察和体验，他更加信任了中共的伟大，对中共的领导地位在思想上有了根本的确认，特别是高度赞扬了中共与人民的亲密关系，及解放区内贯彻深入的真正民主。他直言不讳地说道：

中国革命的本质还是一个农民革命，告诉我们，农民革命是很容易走上错路而终归失败的。农民革命能绘成一幅如此美丽的伟大画面，确是空前未有的。这就不能不归功于中国共产党的卓越领导了。二十多年来经过千锤百炼的中共，不但有了坚强的组织和严格的纪律，而且有了大批优秀的干部。他们不但具备了优良的学识和才能，而且具备了优美的性格和作风。"戒骄戒躁"，"谦虚谨慎"，"实事求是"的训条，把过去"搞政治"的政客、官僚、党棍们的一套，一扫而空。再加上自我牺牲，不畏艰苦的精神，真就无往而不利了。他们不但善于建设政治，而且善于建设经济和文化；不但善于建设农村，而且善于建设都市；不但土地政策已经发挥出来无比伟大的力量，工商业政策也已经表现出来辉煌的成绩。

他还说，和当年的刘邦相比，中共则只有两章约法：第一章是"一切为着人民"，第二章是"向人民学习"。"换言之，就是诚心地服务人民，虚心地接受人民意见，耐心地领导人民，这难道还不是彻底的民主？民主这一个武器的运用，在这里可称得登峰造极了。"

应该说，章乃器的上述观感和认识，都是情不自禁并发自由衷的。在东北解放区，他目睹到这人民力量的无比伟大，中共领导的正确有力，民主程序的深入贯彻，使他"不能不感觉到自己力量的渺小和见识的狭窄"。他还说："毛泽东先生对于那些只有书本知识而没有实践知识的人，称之为半知识分子。我以为社会上还有第二种半知识分子，他们只获得旧世界的一切，而不懂得新世界的一切。像我就是半知识分子的一员。"他表示，从现在起，就要努力学习新世界里那一半知识，"把那些形式的、皮毛的旧民主主义观念的桎梏，那些传统的、正统的思想壁垒，一扫无遗地从脑子里抛掷出去！"显然，在这段时间里，章乃器是读了不少毛泽东的著作的。

> 中国的出路，只有这一条。历史上最灿烂光辉的伟大时代，就在今朝。我们是如何幸运，能够躬逢这一个伟大的时代！献身为国，全心全意地为人民服务，这真是知识分子和工商业家千载难逢的一个时机！

这，就是章乃器的结论——一个对待共产党，对待中国社会主义道路的结论。愚以为，他思想深处和理性认识上真正的根本转捩，就是发生在这个时候，而且也只能发生在这个时候。对他来说，则尤其如此！

这时的章乃器，因心情别样地欣胜而变得更加知无不言了。有一次，在参观的途中，同行的人们唱起了一首旋律优美的歌曲，开头的歌词是"没有共产党就没有中国"。章乃器立即建议说，应在这句词中加一个"新"字，改之为"没有共产党就没有新中国"，一则以示客观公允，二则更能准确地表达共产党的历史功绩。后来，当他见到毛泽东时，毛对他说："你提的意见很好，我们已经让作者把歌词改了。"闻此，章乃器尤其感佩不已，这不正是历史上所说的"从善如流"吗？

1949年2月间，因平津战役终以北平和平解放而告竣，中共中央决定将原定在哈尔滨举行的新政协会议移至北平。25日，章乃器同其他民主党派领袖及爱国民主人士，怀着激动的心情来到了解放后的人民之北平。

（节选自《章乃器》，李玉刚著，群言出版社2023年版）

洪深应周恩来邀请北上的经过

陈美英　　宋宝珍

正当洪深在厦门过着相对平静的教书生活时，中国历史正发生着翻天覆地的变化。1948年9月，辽沈战役打响，中国人民解放战争进入了战略决战阶段。11月，解放军以迅雷不及掩耳之势，又打响了淮海战役和平津战役，蒋介石政权土崩瓦解，解放军势如破竹，捷报频传，古老的神州大地震动了，亿万民众激动了。

洪深在激动中期待着，期待着祖国的新生，也期待着他为之奋斗的戏剧的新生。

一个情暖的早晨，洪深正欲去学校上课，突然他的家中来了一位陌生人，来人含笑递上了一封信，悄悄地告诉洪深，这是周恩来让他转交的。

洪深手捧书信，喃喃地念叨着"周恩来"的名字，激动得泪眼模糊，双手颤抖。此刻，他想到皖南事变之后，正当举家走投无路时，是周恩来派张光年来关照自己，给陷入绝望、迷惘中的自己送来新生的曙光；而今，在中国历史出现新的转机之时，在自己观望着前程、尚不知如何前行之时，又是周恩来派人送来了信息，导引自己走向新的天地；周恩来，一个日理万机的共产党的领导人，竟然牢牢地记住了一个普通的中国戏剧家的名字，并每每在关键时刻，给予关怀和激励，这怎能不让易于激动的洪深感激不已哪！从此，洪深的心中，对周恩来充满崇敬，他觉得这份知遇之恩、救难之情珍贵无比，即使以命相许，也在所不惜。

根据周恩来同志的指示，洪深欣然接受了党组织的安排，决定到东北解放区去，到人民的怀抱中去，为建设新中国出力。

多年的梦想就要成真了，一辈子的追求就要实现了，洪深激动得泪水涟涟，彻夜难眠。他悄悄地把党的决定告诉了夫人常青真，并说为躲避国民党特务的耳目，他只能一人独行。

常青真听后，心里也十分激动，她庆幸天终于要亮了，虽说分别在即，但她知道团圆之日很快就会来临。只是，洪深一个人去安全吗？以什么借口离开厦门呢？

夫妻俩商量了一夜，最后决定洪深佯称医治牙病离开厦门。这一夜，他俩几乎没有合过眼，把方方面面的细节，想了一遍又一遍，就怕万一露了馅儿，让特务闻到一点味，事情就糟了。

12月下旬的一天，洪深吻别妻儿，微笑着向他们挥手而去，此时，他再无"相见时难别亦难"的忧伤，却只有"青春作伴好还乡"的喜悦。

26日晚，洪深按计划在香港顺利地登上了一艘苏联货轮"阿尔丹"号，没想到在船舱里迎接他的竟是一双双亲切而熟识的目光，他们有中国国民党革命委员会主席李济深、文学家茅盾、诗人柳亚子、经济学家章乃器、学界名人翦伯赞，还有孙起孟、朱蕴山、彭泽民、邓初民等各界名流。夜色苍茫中，"阿尔丹"号载着三十多位志士鸣笛起航，在幽黑的海面上，犁开了一条通向光明的新航线。

然而，通向胜利的旅程似乎总难一帆风顺，这次北上行动，虽经周恩来妥善安排，周密布置，但船到青岛，便遭遇强大逆风，接着，一个引擎又坏了，船速越发缓慢，每小时只能航行6海里，状如老牛破车。

12天之后，"阿尔丹"号终于到达大连港，船上的人们一到岸上，便受到了党中央派来的李富春、张闻天等领导人的热情迎接。在大连期间，洪深一行人游览了市区，参观了工厂，感受到解放区人民崭新的风貌。尔后便乘专列到达沈阳。尽管他们中的大多数人都是初由温暖宜人的南国转入雪压冰封的北疆，然而，内心却被扑面而来的热流温暖着，解放区人民那一张张饱含喜悦自豪的脸，晴空下喧响着的嘹亮动人的歌声，欢乐奔放的东北大秧歌，无一不显示着新时代的到来，也无一不令这批仁人志士激情澎湃。洪深在激动中，哼唱着那首随处都听得见的新歌，"解放区的天是明朗的天……"

由于全国形势的迅速发展，新的政治协商会议改在北平召开，洪深与众多民主人士从沈阳转赴北平。

1949年2月，洪深回到了阔别多年的北平，不久，洪夫人携儿女从厦门到达上海，辗转来到北平，先借住北京饭店，后举家定居于西四小红罗厂一所民宅之中。

洪深以激动、喜悦的心情，满怀信心地迎接新中国的文化事业。1949年3月，华北解放区和国统区的作家、艺术家们汇聚北平，商讨召开全国文艺工作者大会的筹备工作，洪深与郭沫若、茅盾、周扬、田汉、叶圣陶、郑振铎等人组成了筹备委员会，会上确定了今后文艺工作的方针、任务，还决定成立一个全国性的新组织。7月2日，中华全国文学艺术工作者代表大会于北平隆重召开，中共中央向大会致电祝贺，毛泽东同志亲临大会并作了重要讲话。此次会议，洪深被选为常务主席团成员、中华戏剧工作者协会常务委员、中华全国文学艺术工作者协会委员和中华全国电影艺术工作者协会委员。9月，洪深作为无党派民主人士界别的10位正式代表之一出席中国人民政治协商会议第一届全体会议，并被推选为会议宣言起草委员会委员。

正是"沉舟侧畔千帆过，病树前头万木春"，洪深历尽万般磨难，千种坎坷，终于在雄壮的《义勇军进行曲》中，迎来了人生新的篇章。

（节选自《洪深传》，陈美英、宋宝珍著，文化艺术出版社1996年版）

陈此生北上解放区在大连登陆

刘莉玲

随着人民解放战争战略反攻的不断扩大，而且迅速地取得胜利，中共中央于1948年4月30日发布了"五一口号"，号召"各民主党派、各人民团体及社会贤达，迅速召开政治协商会议，讨论并实现召集人民代表大会，成立民主联合政府"。号召发布后，在港的各民主党派、人民团体、无党派知名人士迅即响应。继李济深、何香凝、沈钧儒等联名通电响应后，陈此生与在港的各界民主人士柳亚子、茅盾、章乃器等人也联名发表声明，"愿意表示对这一个提议的热烈赞同。同时，我们亦甚盼国内同胞暨海外侨胞迅速地团结起来，响应这一伟大号召，促成新政协早日召开，进而召集人民代表大会，成立民主联合政府，以争取民主和平之实现！"

中国共产党开始就新政协召开进行了各方面的准备工作，首先致电中共华南局"请他们和真诚反美反蒋的各民主党派、人民团体及社会知名人士交换意见"。根据这一指示，从6月起中共党员连贯即在香港代表中共以双周座谈会形式，与民革和其他民主党派领导人，就新政协召开的若干问题进行了协商。双周座谈会基本上是在何香凝、陈此生的寓所进行的。当时港英当局在政治上是倾向国民党的。因美蒋特务监视很严，每次开会前，连贯都拿出几十元钱交给盛此君，让她准备些酒菜，以聚餐为名开会，因为何香凝老人名声大，特务不敢轻举妄动，故会议常以为何老祝寿聚餐名义召开，所以大家常开玩笑说，"何香老真有福气，一年有几回生日过。"

在人民解放战争即将取得全国胜利的形势下，新政协由讨论阶段进入了实际工作的阶段。这时中共香港工委又接到中共中央的指示，要把在港的各民主党派领导人和知名人士安全送入解放区参加新政协筹备会和新政协会议。陈此生为配合党完成这一任务又做了大量的具体工作。人们一般只知道李济深从香港脱险北上是既惊险又富有戏剧性的，却不知道陈此生在其中扮演了极为重要的角色。李济深是一位有影响的人士，中共与他有密切联系，港英当局与他常有往来，美国方面同他也有接触，在国民党反动统治已经分崩离析的情况下，各种反动政治势力都想争取他，以便作为政治斗争的资本。为此，香港当局派了一个叫黄翠微的特务专门对李济深进行"保护"，黄因对沈钧儒的监视不力，沈离港北上，已受到国民党特务部门的责怪，故对李的监视就不敢再有疏忽。李要顺利地离开香港是不容易的。1948年底，中共安排李济深随第三批北上民主人士离港，并决定圣诞节第二天晚上上船，为了迷惑外界，在26日晚上，陈此生和李济深、何香凝等先参加了邓文钊先生的宴请，然后乘事先准备好的游艇，再上船，但是最后脱险还要等第二天下午船驶入公海时才行。而按惯例，特务黄翠微每天都要多次打电话到李公馆，以探李的行踪。因李的夫人不通文墨，怕她对答不上，易露破绽，所以第二天陈此生就在李济深家里"坐镇"，帮助李夫人两次巧妙地打发了黄打来的电话。傍晚，当黄亲自登门拜访以探虚实时，才发现上当了。这时，陈此生连忙将李济深的两封信递给了黄，一封是给香港当局的，一封是给黄本人的，黄看到上面有"感谢你的长期关注关照"云云，气得哭笑不得。后得知黄被国民党撤职了。

李济深走后十多天，黄绍竑奉白崇禧之命带着8万港币赶到香港，想挟持李济深去武汉举起国民党革命委员会的旗帜，联共反蒋，结果扑了个空。黄绍竑在失望之余找到陈此生，想通过他与中共在港的潘汉年、乔冠华等人联系，以摸清中共对和谈条件的底，结果一无所获，扫兴而归。

1949年1月底，陈此生和李章达、陈其瑗、陈邵先等应邀启程北上，在大连登陆。他们第一次踏上了真正由人民统治的祖国大好河山。随着三大战役的迅速胜利和北平的和平解放，原定在哈尔滨召开的新政治协商会议改在北平举行，陈此生和许多民主人士遂从大连转赴河北省平山县李家庄。2月的一天，毛泽东主席亲切地会见了陈此生和李章达等一批民主人士。当毛主席那温暖而有力的手与他的手紧紧相握时，他感到仿佛一股暖流流遍全身，竟说不出一句话来。毛主席与他们亲切交谈，赞扬他们对民主革命的贡献和献身精神，并鼓励他们戒骄戒躁继续为新中国的建设事业服务。

（节选自《陈此生传》，原载《中国各民主党派人物传（一）》，彦奇主编，华夏出版社1991年版）

林伯渠赴沈阳迎接民主人士北上

《林伯渠传》编写组

由于全国解放胜利在望，急需林伯渠回中央工作，1948年11月3日，中共中央打电报给习仲勋、林伯渠并彭德怀、贺龙，提出："因政协召开在即，临时中央政府即将建立，东北人民政府亦将建立，拟请伯渠来中央工作，并准备去哈尔滨参加政协，是否可行盼覆。"西北局本想挽留林，但从全国革命的大局出发，同意中央的决定，并于11月7日电告党中央：林伯渠于年前赶到中央。

12月16日，林伯渠告别了他的亲密的战友和同志，离开了延安。习仲勋、贺龙及西北局、边区政府和联防司令部的许多同志都来送行，祝他一路顺风，健康长寿，为党和中国人民做出更大的贡献，并请他转达陕北人民对党中央和毛主席等中央领导的衷心问候。

林伯渠乘汽车离开延安，一路上风尘仆仆，他不顾旅途劳累，每到一地都要找负责人交谈，了解当地政权建设、生产发展、群众生活和部队后勤等各方面的情况，并详尽地记在日记上。经过十一天的奔波，1948年12

月26日下午，林伯渠抵达西柏坡。在这里，他又见到了阔别数月乃至多年的毛泽东、朱德、刘少奇、周恩来、任弼时、董必武、杨尚昆、陆定一、李克农、王明，以及从东北等地赶来参加政治局会议的高岗、李维汉、刘伯承、饶漱石等人。战友重逢，欣慰无量，彼此交流情况，研究工作，畅谈终日，乃至夜阑。

林伯渠此次调来中央，主要任务是筹备召开新的政治协商会议。早在1948年五一劳动节，中共中央就号召各民主党派、各人民团体、各社会贤达迅速召开新的政治协商会议，成立民主联合政府。第二天，毛泽东主席又致电中国国民党革命委员会主席李济深、中国民主同盟中央常委沈钧儒，说明目前成立民主联合政府，加强各民主党派、人民团体的合作、拟订民主政府的施政纲领，业已成为必要，时机亦已成熟，而要实现这个步骤，首先必须召开政治协商会议，因此希望共策进行。中共的这一号召，产生了巨大反响，各民主党派、人民团体、海外华侨团体、无党派民主人士纷起响应。从8月开始，各界代表人物接受中共的邀请，即陆续到达东北、华北解放区，与中共共同研究召开政协的有关问题。林伯渠抵达西柏坡后，一面向党中央汇报情况，出席政治局会议；一面即与在西柏坡的民主人士田汉、周建人、符定一、张东荪等分别进行会晤，商谈国家大事。

1949年1月31日，北平和平解放，此后党中央派林伯渠为中共中央代表，前往东北迎接民主人士进北平。临行前，林伯渠曾多次与毛泽东、刘少奇、周恩来等进行商谈关于新政协召开的方针、原则以及赴东北迎接民主人士的一些具体问题。据《林伯渠日记》（未刊稿）1949年2月13日记载，毛泽东指示，"朋友们如有所问，找高岗把情形查清楚后商答"；"要诚恳坦白地相谈，为的是要把共同的事业搞好"；今后政府成立，"在政府中要使他们有职有权。对此要有足够认识"。毛泽东还与林伯渠谈了接民主人士到北平时，中共应派哪些人到车站迎接，以及邀请民主党派的一些负责人来西柏坡等问题。

1949年2月14日，林伯渠离开西柏坡，两天后到达沈阳。当时在沈阳的民主人士都是响应中共的号召，先后由香港和国外许多地方陆续来到我东北解放区的。林伯渠到沈阳的当天晚上，与东北局的陈云、高岗、李富春等人研究了日程安排后，就去大和饭店（当时称沈阳铁路宾馆，大和饭店是该宾馆伪满时期名称——引者注）看望旅居那里的民主人士。

2月19日，李春春召集在沈民主人士全体会议，林伯渠在会上讲话，代表党中央欢迎他们到北平共商大事，并征询了大家对行期等方面的意见。李济深代表全体民主人士致答谢词，表示对中共中央的衷心的感谢。会上并商定于2月23日启程赴北平。

在沈阳的几天里，林伯渠与民主人士频繁接触，据随同林伯渠前往沈阳的于刚在《赶沈迎接民主人士经过》中记述："不是他们来看林老，就是林老去看望他们。"林伯渠在交谈中，获知民主人士拥护共产党的领导，拥护新民主主义反帝、反封建、反官僚资本主义原则，拥护毛泽东主席在1月14日提出的以彻底消灭反动势力为基础的八项和谈条件，对于召开新政协，成立共和国政府，在原则上也表示赞同。但他们在新政府的产生方法、新政协组织与人事配备、今后党派存在与否、他们的发展前途以及中共对民主党派的方针等问题上，还存在着一些不同的看法和疑虑。林伯渠对他们进行了耐心的解释和说明，希望他们与中共共商建国大计，创建新中国，许多民主人士都感到很受鼓舞。

2月23日午后，林伯渠陪同民主人士乘火车离沈，翌日晚抵天津时，市长黄敬设宴招待。25日抵达北平。到车站欢迎的有中共方面的林彪、罗荣桓、薄一波、叶剑英、彭真等，各界民主人士的张东荪、胡愈之、楚图南、千家驹、雷洁琼、费孝通等及全国学代会代表、铁路工人代表共百余人。在车站举行欢迎仪式后，民主人士分别前往北京饭店和六国饭店住地。26日，林伯渠参加了在怀仁堂举行的欢迎民主人士大会，并讲了话。

由于要出席党的七届二中全会，林伯渠不能久羁北平，便同北平军事管制委员会主任、北平市市长叶剑英面商，请他对民主人士"政治生活的充实问题多加关注"。27日，林伯渠离开北平，前往西柏坡。

（节选自《林伯渠传》，《林伯渠传》编写组著，红旗出版社1986年版）

档案汇

中共中央发布纪念"五一"节口号

（1948年4月30日）

【新华社陕北30日电】中国共产党中央委员会发布纪念1948年"五一"劳动节口号如下：

一、今年的"五一"劳动节，是中国人民走向全国胜利的日子。向中国人民的解放者中国人民解放军全体将士致敬！庆祝各路人民解放军的伟大胜利！

二、今年的"五一"劳动节，是中国人民死敌蒋介石走向灭亡的日子，蒋介石做伪总统，就是他快要上断头台的预兆。打到南京去，活捉伪总统蒋介石！

三、今年的"五一"劳动节，是中国劳动人民和一切被压迫人民的觉悟空前成熟的日子。庆祝全解放区和全国工人阶级的团结！庆祝全解放区和全国农民的土地改革工作的胜利和开展！庆祝全国青年和全国知识分子争自由运动的前进！

四、全国劳动人民团结起来，联合全国知识分子、自由资产阶级、各民主党派、社会贤达和其他爱国分子，巩固与扩大反对帝国主义、反对封建主义、反对官僚资本主义的统一战线，为着打倒蒋介石，建立新中国而共同奋斗！

五、各民主党派，各人民团体，各社会贤达迅速召开政治协商会议，讨论并实现召集人民代表大会，成立民主联合政府！

六、一切为着前线的胜利。解放区的职工，拿更多更好的枪炮弹药和其他军用品供给前线！解放区的后方工作人员，更好地组织支援前线的工作！

七、向解放区努力生产军火的职工致敬！向解放区努力恢复工矿交通的职工致敬！向解放区努力改进技术的工程师、技师致敬！向解放区一切努力后方勤务工作和后方机关工作的人员致敬！向解放区一切工业部门和后方勤务部门的劳动英雄、人民功臣、模范工作者致敬！

八、解放区的职工和经济工作者，坚定不移地贯彻发展生产、繁荣经济、公私兼顾、劳资两利的工运政策和工业政策！

九、解放区的职工，为增加工业品的产量、提高工业品的质量、减低工业品的成本而奋斗！拿更多更好的人民必需品供给市场！

十、解放区的职工，发扬新的劳动态度，爱护工具，节省原料，遵守劳动纪律，反对一切怠惰、浪费和破坏行为，学习技术，提高生产效率！

十一、解放区的职工，加强工人阶级的内部团结，加强工人与技术人员的团结，建立尊师爱徒的师徒关系！

十二、解放区私营企业中的职工，与资本家建立劳资两利的合理关系，为共同发展国民经济而努力！

十三、解放区的职工会与民主政府合作，保障职工适当的生活水平，举办职工福利事业，克服职工的生活困难。

十四、解放区和蒋管区的职工联合起来，建立全国工人的统一组织，为全国工人阶级的解放而奋斗！

十五、向蒋管区为生存和自由而英勇奋斗的职工致敬！欢迎蒋管区的职工到解放区来参加工业建设！

十六、蒋管区的职工，用行动来援助解放军，不要替蒋介石匪徒制造和运输军用品！在解放军占领城市的时候，自动维持城市秩序，保护公私企业，不许蒋介石匪徒破坏！

十七、蒋管区的职工，联合被压迫的民族工商业者，打倒官僚资本家的统治，反对美帝国主义者的侵略！

十八、全国工人阶级和全国人民团结起来，反对美帝国主义者干涉中国内政，侵犯中国主权，反对美帝国主义者扶植日本侵略势力的复活！

十九、中国工人阶级和各国工人阶级，团结起来，反对美帝国主义者压迫亚洲、欧洲和美洲的民族解放运动、民主运动和职工运动！

二十、向援助中国人民解放战争和援助中国职工运动的世界各国工人阶级致敬！向拒运拒卸美帝国主义和其他帝国主义援蒋物资的各国工人阶级致敬！向并肩反抗美帝国主义侵略的各国工人阶级和各国人民致敬！

二十一、中国劳动人民和一切被压迫人民的团结万岁！

二十二、中国人民解放战争的胜利万岁！

二十三、中华民族解放万岁！

（选自《晋察冀日报》1948年5月1日第1版）

中共中央关于邀请各民主党派代表
来解放区协商召开新政协问题
给沪局、港分局的指示

（1948年5月1日）

沪局、港分局：

一、我党准备邀请各民主党派及重要人民团体的代表来解放区来［开］会讨论：（一）关于召开人民代表大会并成立民主联合政府问题。（二）关于在反对美国帝国主义侵略及蒋介石卖国政府的斗争中加强各民主党派各人民团体的合作及纲领政策问题。

二、我党认为召开此项会议讨论上述问题的时机业已成熟，但须征求各民主党派的意见，即他们是否亦认为时机业已成熟及他们是否愿意派遣代表来解放区。

三、会议的名称拟称为政治协商会议。会议的参加者一切民主党派及重要人民团体（例如职教社，民主建国会，学生联合会）均可派遣代表。会议的决议必须参加会议的每一单位自愿同意，不得强制。开会地点拟在哈尔滨。开会时期拟在今年秋季。会议拟由国民党革命委员会，民主同盟及中共联名发起。

四、为着上述目的，我党拟邀请李济深、冯玉祥、何香凝、李章达、柳亚子、谭平山、沈钧儒、章伯钧、彭泽民、史良、邓初民、沙千里、郭沫若、茅盾、马叙伦、章乃器、张絅伯、陈嘉庚、简玉阶、施存统、黄炎培、张澜、罗隆基、张东荪、许德珩、吴晗、曾昭抡、符定一、雷洁琼及其他民主人士来解放区开会。其中有被敌监视不能来者，可派遣本人的代表。

五、上述各点，请你们征询各人意见，首先征询李济深、沈钧儒二先生意见电告。

六、你们对于上述各点有何意见，各民主人士来解放区有何困难，亦望电告。

中央

辰东

（选自中央档案馆编：《中共中央文件选集》第17册，中共中央党校出版社1992年版）

毛泽东关于召开政治协商会议
给李济深、沈钧儒的信

（1948年5月1日）

任潮、衡山两先生：

在目前形势下，召集人民代表大会，成立民主联合政府，加强各民主党派、各人民团体的相互合作，并拟订民主联合政府的施政纲领，业已成为必要，时机亦已成熟。国内广大民主人士业已有了此种要求，想二兄必有同感。但欲实现这一步骤，必须先邀集各民主党派、各人民团体的代表开一个会议。在这个会议上，讨论并决定上述问题。此项会议似宜定名为政治协商会议。一切反美帝反蒋党的民主党派、人民团体，均可派代表参加。不属于各民主党派各人民团体的反美帝反蒋党的某些社会贤达，亦可被邀参加此项会议。此项会议的决定，必须求得到各主要民主党派及各人民团体的共同一致，并尽可能求得全体一致。会议的地点，提议在哈尔滨。会议的时间，提议在今年秋季。并提议由中国国民党革命委员会、中国民主同盟中央执行委员会、中国共产党中央委员会于本月内发表三党联合声明，以为号召。此项联合声明，弟已拟了一个草案，另件奉陈。以上诸点是否适当，敬请二兄详加考虑，予以指教。三党联合声明内容文字是否适当，抑或不限于三党，加入其他民主党派及重要人民团体联署发表，究以何者适宜，统祈赐示。兹托潘汉年同志进谒二兄。二兄有所指示，请交汉年转达，不胜感幸。

　谨致

民主革命敬礼

毛泽东

5月1日

　　（选自中共中央文献研究室编：《毛泽东书信选集》，中央文献出版社2003年版）

毛泽东关于召开新政协复各民主党派电

（1948年8月1日）

李济琛、何香凝、沈钧儒、章伯钧、马叙伦、王绍鏊、陈其尤、彭泽民、李章达、蔡廷锴、谭平山、郭沫若诸先生，并转香港各民主党派、各人民团体及无党派民主人士公鉴：

5月5日电示，因交通阻隔，今始奉悉。诸先生赞同敝党5月1日关于召开新的政治协商会议，讨论并实现召集人民代表大会，建立民主联合政府一项主张，并热心促其实现，极为钦佩。现在革命形势日益开展，一切民主力量亟宜加强团结，共同奋斗，以期早日消灭中国反动势力，制止美帝国主义的侵略，建立独立、自由、富强和统一的中华人民民主共和国。为此目的，实有召集各民主党派、各人民团体及无党派民主人士的代表们共同协商的必要。关于召集此项会议的时机、地点、何人召集、参加会议者的范围以及会议应讨论的问题等项，希望诸先生及全国各界民主人士共同研讨，并以卓见见示，曷胜感荷。谨电奉复，即祈谅察。

中国共产党中央委员会主席毛泽东

8月1日

（选自中央档案馆编：《中共中央文件选集》第17册，中共中央党校出版社1992年版）

中共中央关于欢迎民主人士北上
给东北局的指示

（1948年9月18日）

东北局：

　　香港民主人士经北鲜罗津来解放区事已见昨电。现中央经考虑，认为招待这批人士至哈尔滨较来华北更为机动和完［安］全，因此，决定洛甫代表东北局并约高崇民代表东北行政委员会，朱学范代表全国总工会立即赶往罗津，欢迎他们。据钱之光电告，第一批动身之谭平山、蔡廷锴、章伯钧、沈钧儒及蔡的秘书等5人，约申有可抵罗津。第二批离港之郭沫若、马叙伦、王绍鏊等人，数日后亦将乘苏轮北上。故洛甫、高、朱等至罗津接待第一批人后，尚可多留数日，等待第二批人到后，一起赴哈。洛甫见到他们后，可转达毛主席及中共中央欢迎之意，并说明为安全计，以先至哈尔滨，较往大连为更适宜。因我军在北宁路攻势已经发起，一俟北宁、平绥打通后，或接他们来华北开会，或由中共中央代表及来华北之各民主党派团体代表转至哈埠开会。在各方人士住哈期间，可由高岗、洛甫、林枫代表东北局并与高崇民、张学思、朱学范等人和他们正式商谈，征询他们对召开新政协会议之时间、地点、人选及议程的意见，报告中央。如他们要求并有时间，可招待他们至各地参观，对他们表示热烈欢迎态度；他们如有所见或给我们批评，我们应诚意接受其正确意见，如有错误意见则应予以善意解释。我们已另告香港乘此苏轮畅通之时，设法从沪、港两地多送进一些代表性的民主人士，以便新政协能于明年初正式举行。除民主人士外，其他来解放区的党员干部仍送大连转来华北。为协助你们并在东北局领导下进行招待和商谈工作，拟即派张友渔经大连来哈。你们如何布置这一工作，望告。

中央

9月18日

（选自中央统战部、中央档案馆编：《中共中央解放战争时期统一战线文件选编》，档案出版社1988年版）

中共中央关于邀请参加新政协者的名单
给港分局的指示

（1948年9月20日）

港分局并之光，沪局刘、刘：

　　之光申铣电悉。你们原定第二只苏轮可载郭沫若、马叙伦、王绍鳌3人及胡绳等同志北来，现此轮只来王老1人，理由未详，其他诸人不知是否等待第三次船来，如是，望电告，以便计算今年内究有几条苏轮南下，共可装回几多民主人士，因我们设想新政协大约在明春召开，故各方人士须于今冬明春全部运入解放区，方为合适。我们拟定邀请之人士，除华北由此间直接函请外，名单大致如下：国民党革命委员会如李济深能来最好，否则除蔡廷锴外，何香凝、柳亚子、朱蕴山仍望能来；民主同盟除沈钧儒外，尚有史良、邓初民、周鲸文、罗隆基、张澜、梁漱溟、曾昭抡、胡愈之、马哲民；救国会张志让、沙千里、李章达、曹孟君；第三党除章伯钧外，尚有彭泽民、韩卓儒、丘哲；民革除谭平山外，有王昆仑、侯外庐、许宝驹；民主建国会章乃器、施存统；职教社黄炎培、孙起孟；民主促进会马叙伦、王绍鳌；致公党陈其尤、司徒美堂；南洋华侨陈嘉庚、冯裕芳、王任叔；社会贤达郭沫若、马寅初、陈叔通、徐朗西、李达、周士观；文化界沈雁冰、老舍、曹禺、巴金、田汉、洪深、郑振铎、叶圣陶、翦伯赞、胡风、卢于道；经济界张絅伯、包达三、简玉阶、篑延芳、盛丕华、黄墨涵；教育界陈鹤琴、沈体兰、潘震亚；妇女（界）李德全、许广平、刘王立明、俞庆棠、沈兹九；新闻界刘尊棋、徐铸成、宦乡、赵超构、储安平、王芸生；学生联合会；妇女联谊会；各地教授；基督教男女青年会（吴耀宗、黄次咸）等。以上名单，望你们加以考虑，沪、港如有增减，望速电告，最后四项，望沪、港提出具体人选，学生代表可多推数人，要有非党学生；除以上各团体外，你们如认为尚有其他人民团体可以邀请，亦望电告。在这批名单中，定有些人不可能进来，但我们仍应致达邀请之意。为秘密慎重起见，我们可先请可靠人士，待大多数都已动身后，再邀请其他不甚可靠人士。北来人士，拟先集中哈尔滨招待商谈；华北人士如直进解放区，则集中华北。视战事发展，明春或来华北，或即在哈市召开新政协。关于此类事，外间有何反应，望随时电告。

中央

（选自中央统战部、中央档案馆编：《中共中央解放战争时期统一战线文件选编》，档案出版社1988年版）

中共中央关于向香港各民主党派团体负责人征求对召开新的政治协商会议诸问题的意见的指示

（1948年10月30日）

港分局并告沪局：

现将中央酉庚《关于召开新的政治协商会议诸问题》的文件转发给你们，这一文件，已经东北局高岗、李富春两同志代表中央抄送给在哈之沈、谭、章、蔡、王、朱（学范）6人，并与他们当面商谈。他们表示完全同意，并很满意，但要我们将此文件也送给在港各有关党派团体负责人阅看，并征求他们意见。我们认为可以。请你们于接到该项文件后，即抄送民革李济深、何香凝，民盟周新民，民促马叙伦，致公党陈其尤，救国会李章达、沈志远，第三党彭泽民，民主建国会章乃器、孙起孟，及无党派郭沫若11人，并由潘汉年、连贯分访他们或邀请他们一起聚谈，征询他们意见。同时，应声明在新政协筹备会未公开宣告成立前，仍请他们暂守秘密，以利各方代表继续北上。现在除沈、章代表民盟，谭代表民联，蔡代表国党民促，王代表中国民促外，请尽先邀请民革（如李济深能来最好）、救国会、第三党、致公党、民主建国会（如孙起孟能来可兼起代表职教社作用）各派代表及郭沫若、马叙伦等早日北来。结果如何，望告。又陈嘉庚北来事有可能否，亦望告。

中央

（选自中央统战部、中央档案馆编：《中共中央解放战争时期统一战线文件选编》，档案出版社1988年版）

中共中央关于邀请民主人士北上
给香港分局的指示

（1948年11月5日）

港分局并告沪局：

一、汉夫到后，经与商定，新政协筹备会除已到哈市之沈、谭、章、蔡、王、朱、李（德全）7人外，要能尽先将下列诸人邀请北上：

（一）民革如李济深在看到我们关于新政协诸问题的提案后，有北上意，望即电告，以便再由毛主席去电相邀，以促其行；

（二）民促马叙伦；

（三）第三党彭泽民（望告彭老其在港家用可由我们全部担负）、丘哲；

（四）救国会李章达、胡愈之（已到华北）、沈志远；

（五）致公党如陈其尤不积极要来，可不必催促，因在哈民主人士均不赞成其参加筹备会，但我们的提案仍应抄送一份给陈，如陈积极要来，我们不好拒绝，应送其北上；

（六）无党派郭沫若、马寅初（望涤新及沪局双方设法能助马老脱离沪杭，先转香港，然后北上）、李达（望设法从湖南接出，翦伯赞知其住处）；

（七）民建章乃器、孙起孟，如上海方面愿直接推出1人更好，望沪局运用；

（八）上海人民团体联合会，此是到哈诸位提议增加者，望沪局提出适当人选，送其至港或来天津直接进入解放区，许广平已北上，可列入上海民联；

（九）文化界茅盾、叶圣陶（望沪港两地从叶圣陶、郑振铎、周建人3人中邀请1人，最适当的是叶，因他既为进步人士所赞成，又为中间人士所接近，我们亟须他进来编辑中小学教科书，而开明书店又可到解放区来经营，此事务须办到）、欧阳予倩（戏剧电影以由欧阳予倩、洪深、田汉中邀请1人为好，如欧阳能来最好）、曾昭抡（以承认曾在学术界的地位，将来请其主持自然科学研究，较请共办大学及代表民盟为更好）；

（十）产业界4人（望涤新经港沪两地的联系，请上海推出两人，如张絅伯、吴蕴梅，香港推1人，如简玉阶，天津留1人，如李烛尘或李组绅）；

（十一）海外华侨陈嘉庚、司徒美堂（望汉年、连贯速依胡愈之建议打通与陈的联系，设法接其北来）；

（十二）民盟、民联及国党民促三单位如在沈、章、谭、蔡外尚推有别人为代表，亦应接其北来；

（十三）全国教授4人（吴晗已到解放区，我们拟与其商推天津教授3人，上海教授1人，沪局认为上海教授推何人为好，望速电告）；

（十四）全国学联，将由蒋管区学联及解放区学联合推4人（全国学联代表现到何处，望港局速查告）；

（十五）全国总工会、解放区农民团体、青联、妇联及少数民族5单位均将由解放区推出，但亦将包含有非党人士或在解放区以外的人士。

以上共21个单位，连中共及人民解放军，共23个单位，每单位至少1人至多4人。到有过半数单位，筹备会即可集会。因此，港分局与钱之光，必须在11、12两个月，将上述各单位代表送来解放区，其中最重要者为李济深、郭沫若、马叙伦、彭泽民、李章达、马寅初、孙起孟、茅盾、张絅伯、陈嘉庚等10人。

二、北上方法，除乘苏轮经北鲜转往东北外，还可考虑利用与儿童救济基金会的关系及与英国进行贸易的谈判，允许用香港英国商轮载运儿童救济药品及我需要的物资开来烟台交换商品，如此项谈判成功，则某些民主人士便可公开买票来烟，家属亦可同来。估计英国急需与我拉关系和通商，我肯开放烟台，而美国利用儿童救济基金会亦可同来观察，此举很易谈成，望你们加紧进行。此外，凡非过分暴露的人及党内干部均可由港乘轮至天津进来，张明（少文）夫妇经此进来毫无困难，望你们加速布置。

三、各方对我们关于新政协诸问题的建议反映如何，你们执行情形如何，均望陆续电告。

中央

（选自中央统战部、中央档案馆编：《中共中央解放战争时期统一战线文件选编》，档案出版社1988年版）

中共中央关于对待民主人士的指示

（1949年1月22日）

东北局、并告各地：

子元电悉。同意你们关于招待和欢迎民主人士的布置，发表时，欢迎地点可以不宣布。此外，望注意：

一、我党对待民主人士的方针应该是以彻底坦白与诚恳的态度，向他们解释政治的及有关党的政策的一切问题，积极地教育与争取他们。对政策问题，均予以正面解答，不加回避。除党的秘密和某些具体策略外，一切可以公开谈的都可以谈。对政策实行的情况亦应据实相告，在强调说明各种重大成就时，并应指出困难和缺点，以及我们依靠群众力量，虚心学习等，克服困难和缺点的方法。同时，请他们充分发表并提出批评和意见，以加强共同努力的精神。

二、此间曾根据上述方针和态度对民主人士进行过以下工作：（一）依据他们的提议，由我党各部门负责同志作报告（已报告过战争，军事政策，政权，土改，外交，经济，文化，教育，妇运等）。（二）举行座谈，除座谈上述报告外，还座谈过我党新年献词，主席8条文告（他们致东北民主人士的两个电报即由此产生）及有关新政协诸问题，我们有负责同志参加。（三）他们可以和我任何负责同志谈话，交换意见。（四）组织一部分同志进行日常的接触和交谈。（五）组织参观。（六）供给他们以马列著作，《毛泽东选集》（每人赠一册），党的公开文件及材料，解放区建设的材料，报纸及参考消息（无党内新闻）。（七）他们得自由与老百姓接触交谈。（八）民主人士推有负责人，并有分组研究。许多工作进行均经其负责人与我方负责同志商洽。以上各项工作进行以来，民主人士均感收获甚大。（九）关心他们的生活及疾病。这些经验，供你们参考，可依据你们的具体环境加以运用。

三、上述方针，应在干部会议上明确地传达与讨论，使大家都能掌握其精神，主动地向民主人士进行教育宣传又耐心倾听他们的意见，一方面保持积极主动，另一方面要反对我们自己的无纪律无组织状态。

中央

子养

（选自中央档案馆、西柏坡纪念馆编：《西柏坡档案》第2卷，中国档案出版社2012年版）

中共中央关于争取
李济深、沈钧儒等反对伪和平的指示

（1949年1月24日）

东北局：

　　梗午电悉。你们将李宗仁致李沈章张（蔡）电报送交他们是对的，国民党对于各民主人士的勾引是必然要继续进行的，企图破坏在我党领导下的新政协，这不仅是李宗仁个人的活动，而且是蒋介石匪帮有计划的活动，我们必须充分注意。但蒋介石匪帮大势已去，依附蒋匪帮没有最后出路，只要我们工作做得好，争取李沈章蔡及其他诸人站在22日他们自己的声明的立场上，和我们一道反对伪和平，争取真和平，是完全可能的。他们是否公开用电报的方式回答李宗仁，由他们开会商酌。假如回答的话，我们希望他们站在他们22日声明的立场上去回答。他们在欢迎会上的演说是必须回答李宗仁的，并须对蒋介石引退的欺骗性有所揭露。

中央

24日18时

　　（选自中央档案馆、西柏坡纪念馆编：《西柏坡档案》第2卷，中国档案出版社2012年版）

中共中央关于征求各民主人士
对战犯名单意见给东北局电

（1949年1月28日）

东北局：

一、经新华社发给你们的战犯名单是否收到？请你们于数日内即征求各民主人士的意见，迅速电告。

二、南京方面极为混乱，企图拉拢张澜、黄炎培、罗隆基等站在南京方面的计划已告失败。

三、北平和平解决，傅作义将功折罪，可以免除战犯罪名，此点可告民主人士，将来李宗仁、白崇禧等如能照此办理，亦可许其将功折罪，惟蒋系各主要战犯决不能宽待。

四、55人声明影响极好，莫斯科一切报纸都登载了。

五、民盟、民促、第三党、救国会、致公党各项声明均到照发。惟民革的尚未收到。

六、你们欢迎会稿件，速即发来。

中央

28日3时

（选自中央统战部、中央档案馆编：《中共中央解放战争时期统一战线文件选编》，档案出版社1988年版）

中共中央关于说服李济深
正确对待桂系军阀致高岗等电

（1949年1月30日）

高、李：

富春俭西日电及转来李济深复李宗仁电，均悉。

一、李济深复李宗仁电，函头以称"德邻先生"而不称"德邻吾兄勋鉴"为好，函后即署"李济深1月29日"，此函内容可用，如李同意，望即电告，以便经新华社公开广播。

二、黄绍竑给李济深电仍应交他，可要李复黄一电，除根据复李宗仁电的态度和内容外，还应告黄劝李、白，只有坚决站在人民方面，完全接受和实行毛主席八项条件，与我们一道反对美蒋，彻底消灭蒋贼残余力量，并直接派人至前线与人民解放军责任人接洽进行；如此，方能与美蒋反动集团分开，取得人民谅解，以赎前愆。此电可经我们转去，不应公开发表。黄绍竑和我们已有联络，此点亦可告李。

三、现在国民党反动营垒，混乱已极。蒋介石仍在暗中指挥，企图以李宗仁、孙科、邵力子、张治中等进行和平攻势，掩护他重整第二线阵容，并准备在李宗仁和谈不成或倾向投诚时，蒋好再起。目前国民党宣传广播机构，即依此方针进行挑拨和破坏，而蒋系军队亦正纷纷由江北向苏浙皖后撤。因此，李、白与蒋系裂痕正在扩大。我们的方针是加深李、白与蒋系的分裂，逼其站在我们方面，走上推翻美蒋统治的道路，为欲达此目的，必须公开地揭发李、白同样是战犯的罪状，取消其现有资本，压其与蒋系公开破裂，然后方有可能迫使李、白向人民低头。此意望告郭、谭、梅、赖等，要能善于运用，方不致使李济深在此事上摇摆不定。

中央

子陷

（选自中央统战部、中央档案馆编：《中共中央解放战争时期统一战线文件选编》，档案出版社1988年版）

毛泽东、朱德复李济深等五十六人电

（1949年2月2日）

李济深、沈钧儒、马叙伦、郭沫若、谭平山、彭泽民、章伯钧、李锡九、蔡廷锴、周建人、符定一、章乃器、李德全、胡愈之、沙千里、茅盾、朱学范、陈其尤、黄振声、朱蕴山、邓初民、翦伯赞、王绍鏊、吴晗、许广平、楚图南、丘哲、韩兆鹗、许宝驹、田汉、洪深、侯外庐、沈兹九、宦乡、杨刚、曹孟君、李文宜、罗叔章、刘清扬、张曼筠、施复亮、孙起孟、严信民、李民欣、梅龚彬、沈志远、周颖、安娥、吴茂荪、何惧、林一元、赖亚力、孔德沚、袁震、沈强、王蕴如诸先生共鉴：

2月1日来电读悉，极感盛意。中华民族与中国人民的解放斗争，百余年来，前仆后继。无数先烈的鲜血，洒遍了锦绣山河；亿兆后起的人民，表现了英雄气概。此次人民解放战争之所以胜利，是由于全国人民不畏强御，团结奋斗，各民主党派各人民团体一致奋起，相与协力，从而使人民解放军获得各方面的援助，使人民的敌人完全陷于孤立，胜负之数，因以判明。现在残敌尚存，诡谋时作。求喘息谓为求和平，待外援名曰待谈判。口诵八条，手庇战犯，眼望美国，脚向广州。欲求人民解放斗争获得最后胜利，必须全国一切民主力量同德同心，再接再厉，为真正民主的和平而奋斗。诸先生长期为民主事业而努力，现在到达解放区，必能使建设新中国的共同事业获得迅速的成功。特电布复，敬表欢迎。

毛泽东　朱德

2月2日

（选自中央档案馆、西柏坡纪念馆编：《西柏坡档案》第2卷，中国档案出版社2012年版）

周恩来致马叙伦、许广平信

（1949年2月14日）

彝老、景宋两先生：

得电逾月，尚未作复，不能以忙碌求恕，惟向往之心，则无时或已。兹乘林伯渠同志出关迎迓之便，特致歉忱，并祝康健！

周恩来

2月14日

（选自中央档案馆、西柏坡纪念馆编：《西柏坡档案》第2卷，中国档案出版社2012年版）

各民主党派民主人士通电
全国与中共筹开新政协会议

（1948年5月5日）

【本报特讯】目下解放战争胜利之局已定，独裁者窃权卖国变本加厉，我国民主运动已进入新阶级［段］，各民主党派和民主人士认为有早定大计成立全国性的人民代表组织，建立真正民主政权的必要。中共中央于"五一"劳动节号召各民主党派、各人民团体及社会贤达迅速召开新"政协"，讨论并实现召集人民代表大会，成立民主联合政府，正与各民主党派和民主人士之要求相符合，昨日李济深、何香凝（国民党革命委员会），沈钧儒、章伯钧（中国民主同盟），马叙伦、王绍鏊（中国民主促进会），陈其尤（致公党），彭泽民（中国农工民主党），李章达（中国人民救国会），蔡廷锴（国民党民主促进会），谭平山（三民主义同志联合会）和郭沫若（无党无派）诸氏为此特致电中共主席毛泽东表示同意，并通电海内外，号召国人共同策进。（该电另分送纽约冯玉祥，星洲陈嘉庚诸氏）两电原文如下：

通电全国

国内外各报馆各团体并转全国同胞公鉴：

南京反动政府，窃权卖国，史无前例。近年与美帝互相勾结，举凡政治、经济、军事、国命所系者，无不俯首听命。破坏政治协商会议，撕毁五大协议，遂使内战延绵，生灵涂炭。今更伪装民主，欲以欺蒙世界。甚至亡国大仇，同意培植日本侵略势力，使之复活。吾国目前已等于美帝之附庸，全体同胞恐亦将为未来世界大战之牺牲。

同人等日深焦虑，力图对策，盱衡中外，正欲主张。乃读中国共产党"五一"劳动节号召第五项"各民主党派，各人民团体，各社会贤达迅速召开政治协商会议，讨论并实现召集人民代表大会，成立民主联合政府"；密合人民时势之要求，尤符同人等之本旨。除电达中共表示同意外，事关国家民族前途，至为重要。全国人士自宜迅速集中意志，研讨办法，以期根绝反动，实现民主。用特奉达，至希速予策进，并盼赐教。

致电中央

中国共产党毛泽东先生并转解放区全体同胞鉴：

南京独裁政府窃权卖国，史无前例。顷复与美国互相勾结，欲以伪装民主，欺蒙世界。人民虽未可欺，名器不容久假。当此解放军队所至，箪食传于道途，武装人民纷起，胜利已可期待。国族重光，大计亟宜早定。同人等盱衡中外，正欲主张；乃读贵党"五一"劳动节号召第五项"各民主党派，各人民团体，各社会贤达迅速召开政治协商会议，讨论并实现召集人民代表大会，成立民主联合政府"，密合人民时势之要求，尤符同人等之本旨，何胜钦企，除通电国内各界暨海外侨胞共同策进，完成大业外，特行奉达，即希朗洽。

（选自香港《华商报》1948年5月6日第1版）

香港各界爱国人士联名响应"五一"号召

（1948年6月4日）

【本报特讯】香港各界爱国人士125人，顷联名发表声明，响应中共"五一"号召，赞同召开新的政治协商会议，呼吁国内外同胞迅速团结起来，以争取民主联合政府之早日实现。兹将全文刊载如下：

一年来中国的政局，起了历史上空前巨大的变化。在一年以前，都市里许多不关心政治的上层人物，表示并不反对国民党打共产党，但希望早一点打完共产党，快点给他们和平。现在呢？他们改变了。他们希望共产党早点打完国民党，快点给他们和平。

理由是十分单纯的。首先，自从国民党反动集团由"军事戡乱"进一步执行"经济戡乱"以后，它不但与全国工农为敌，而且也更显明地与全国工商业为敌了。"戡乱"的火烧到都市上层人物的身上来了，于是，他们很自然地感觉到反抗国民党的压迫并不仅是共产党的事情，而是全国人民的事情，他们自己也不能例外。

其次，是中共一步步的开明措施，逐渐揭穿了国民党反动集团的虚伪宣传。都市上层人物都慢慢地明了，只要自己没有干伤天害理的坏事，共产党是不会错待他们的。不但如此，共产党还能说得出做得到，切切实实地保护工商业。在实行土地改革繁荣农村之后，工商业还可以大大地发展。这些都已经有很多事实的证明，并不仅仅是宣传了，于是，他们不但觉得共产党没有什么可怕，而且真正是老百姓的朋友。

再其次，他们看透了国民党反动集团真是从根腐烂，无可救药的了。说军事，被歼灭的军队人数逾200万人，被俘的将级军官达200余人，真是史无先例的。"驱饥饿之兵，作不义之战"，失败本为理所当然，已成的崩溃之局，更决非人力所能挽回。说政治，对外奴颜婢膝，有为汪精卫之所不肯为；对内进行选举，威逼贿买，有为袁世凯曹锟之所不敢为。关于前者，报章记载，昭昭在人耳目，关于后者已见诸党内的控诉和民青两党的指摘，还有何说？最可怜的还是包办一切，控制一切，依然是丑声四播，里外交煎。反动如彼，低能如此，安得不垮？说经济，是剥削工农，摧残工商业的结果，已经到了最后自杀的时候了。且看在最近两个月中间，尽管兴高采烈地大吹"行宪"，尽管欢天喜地地骗到了美援，法市的价值却又已经打了几个对折。这足够证明，人心已经由失望而绝望，不再对于任何的"手法"稍存幻想了。

是的，国民党反动集团不但是应该倒，而且也必然倒了。倒了之后将如何呢？一个国家不可一日没有政府，我们将如何组织新的政府？我们要有怎样的政府呢？这又变成大家焦急的一件事了。

刚在这个时候，中共发布了纪念"五一"劳动节口号，内中第五项就提出了"各民主党派，各人民团体，各社会贤达迅速召开政治协商会议，讨论并实现召集人民代表大会，成立民主联合政府"。这一个提议真太合时了。一定可以使大家感到非常快慰，这证明了中共的领导人物，不但是政治经验丰富，而且能高瞻远瞩，把握住每一个阶级的人民期望。这更证明了中共并不如反对者之所恶意中伤，企图再来一个一党专政。本来，一个为人民谋利益的政党，是决不会像国民党反动集团一样，为着自己的特权，利用一党专政的名义，以实现换朝代的封建把戏的。

倘使过去的政协是人民代表向反动当局要索一些民主权利，那么将来的政协将是人民的政党用民主的方式和全国所有民主势力的代表们平等商谈国家大事。前者可以失败，而后者必定成功，同时过去破坏政协决议的国民党反动集团不久便要垮台了，再没有人会破坏将来政协的决议。因此，我们可以相信，将来政协的决议，一定可以百分之百地实行。

由于这一个号召，民主阵营将会加倍扩大。那样，便可以加速反动政权的崩溃。那些过去不大关心政治的人们，将会自动地起来，参加民主阵营，为自己和国家的共同前途而努力。新的政协召开之后，中国历史将会翻开灿烂的一页，进一步建立一个统一的真正属于人民的新国家。

因此，我们愿意表示对于这一个提议的热烈赞同。同时，我们亦甚盼国内同胞暨海外侨胞迅速地团结起来，响应这一伟大的号召，促成新政协早日召开，进而召集人民代表大会，成立民主联合政府，以争取民主和平之实现！

冯裕芳	柳亚子	茅 盾	章乃器	朱蕴山	胡愈之	邓初民
侯外庐	陈其瑷	张 文	韩兆鹗	周新民	李伯球	沈志远
黄药眠	李相符	陈此生	朱智贤	蒋光祖	杨子恒	王深林
吕集义	杨美真	杨伯恺	张殊明	李文宜	周 颖	罗子为
冯素陶	莫迺群	章 □	马天马	周钢鸣	龙志清	楼 栖
李子袖	钟杰臣	严锡煊	胡一声	丘克辉	郭翘然	宗君仁
冯伯恒	温康兰	蔡动之	李世浩	杜 明	王斗山	李 勉
叶珠之	张明生	宁裕祥	徐 坚	张克明	李琼仪	梁恒青
赖 启	张志平	黎 泉	李展鸿	甘善齐	何子铭	张 明
陈杏林	余德麟	何俊人	蒋方直	陈驰青	冯孝端	李白行
廖 名	胡锐良	黄梦醒	陈思敬	李一民	孙克恭	陈兴华
赵 义	陈慰慈	曾忆萍	杨 林	廖保生	李常五	陈演生
刘德新	司徒俊聪	李护	官文森	陈伯平	廖 棠	郑天保
周兆山	邹 同	陈汉群	麦实源	陈 军	陈少华	李 雄
方立之	邓 伟	江雄飞	张 康	陈少佳	黄 俭	梁德耀
李光慈	章 铭	周显明	张 荣	廖少仪	张梦醒	张 麟
庞鲁生	蔡文华	周 维	叶森玉	齐处林	黄伯倩	张 源
冯正祥	雷 存	周正杨	谢 鸿	陈 星	雷俊年	

（选自香港《华商报》1948年6月4日第1版）

香港各民主党派、民主人士
通电响应中共主张，迅速召开政协会议，
成立民主联合政府

（1948年8月3日）

【新华社陕北3日电】据迟到消息，香港各民主党派、民主团体及无党派人士于5月5日，除致电中共毛主席响应中共"五一"时局主张外，并通电国内外各报馆，各团体称："国内外各报馆，各团体并转全国同胞公鉴：南京反动政府，窃权卖国，史无先例。近复与美帝国主义互相勾结，举凡政治、经济、军事、国命所系者，无不俯首听命。破坏政治协商会议，撕毁五大协议，遂使内战绵延，生灵涂炭。今更伪造民主，欲以欺蒙世界。甚至忘国家之大仇，同意扶植日本侵略势力，使之复活。吾国目前已等于美帝国主义之附庸，全体同胞恐必将为未来世界大战之牺牲。同人等日深焦虑，力图对策，盱衡中外，正欲主张。乃读中国共产党"五一"劳动节口号第五项："各民主党派，各人民团体，各社会贤达迅速召开政治协商会议，讨论并实现召集人民代表大会，成立民主联合政府，适合人民时势之要求，尤符同人等之本旨。除电达中共表示外，事关国家民族前途，至为重要，全国人士自宜迅速集中意志，研讨办法，以期根绝反动派，实现民主。特电奉达，至希速予进行，并盼赐教。"署名者为李济深、何香凝、沈钧儒、章伯钧、马叙伦、王绍鏊、陈其尤、彭泽民、李章达、蔡廷锴、谭平山、郭沫若等。按香港各民主党派民主团体及无党派人士的两项电文系于5月间发表，因交通不便，其全文直至最近始达此间。除该项电文外，香港响应中共"五一"时局主张者，尚有中国民主促进会，中国致公党及各界人士冯裕芳、柳亚子、章乃器等125人，妇女界刘王立

明、孔德沚、郑坤廉等232人，学术界郭沫若、马叙伦、沈志远、邓初民、
千家驹、曾昭抡等19人，均于五六月间先后发表宣言。

（选自《人民日报》1948年8月6日第1版）

到达解放区的五十五位
民主人士联名发表对时局意见

（1949年1月22日）

我们现在已经先后进入解放区来了。回忆去年5月1日，中共中央号召全国，建议召开包括各民主党派、各人民团体、各民主人士的政治协商会议，以加速推翻南京卖国独裁统治，实现人民民主联合政府。我们一致认定，这一解决国是的主张，正符合于全国人民大众的要求。用特通电响应，并先后进入解放区，在人民解放战争进行中愿在中共领导下，献其绵薄，共策进行，以期中国人民民主革命之迅速成功，独立、自由、和平、幸福的新中国之早日实现。

进入解放区后，我们首先获得的印象，便使我们充分欣慰，这里充满着民主自由的空气，蓬勃向上的精神。生产建设发展猛进，社会秩序有条不紊，工农商学各界都能站在自己的岗位上努力工作，支援前线。中共党员，尤能以身作则，发扬高度自我牺牲的英勇精神，为民前锋，不辞劳瘁。而劳苦功高的人民解放大军，正以雷霆万钧之威力，发动迭次攻势，三阅月之间，先后歼灭了蒋军百余万，解放了整个的东北，和控制整个的华北与华中。军事的箭头，已经指向大江南岸了。毫无疑问，在1949年之内，中国是要得到全面的解放。

在这样的情况下面，美帝国主义卵翼下的南京国民党反动集团，的确是快要土崩瓦解了。军事挣扎既已绝望，乃改变花样，企图以政治阴谋苟延残喘。早在北线蒋军开始溃败，美帝国主义即已发动其阴谋活动，采取着双管齐下的破坏中国革命之毒计：一面，企图在革命阵营内酝酿反对派组织，希望阻止或缓和革命的步骤；一面，则唆使南京反动集团发动和平攻势，以争取时间，让反革命残余势力在大江以南或边远省份作最后挣扎。这是值得我们警惕的。

我们今天要明白表示我们的信念。我们认为，革命必须贯彻到底，革命与反革命之间绝无妥协与调和之可能。辛亥以来，屡次失败的惨痛教训，我们是应该牢牢记住的。在今天，帝国主义、封建主义和官僚资本主义，是中国人民革命之对象，是障碍中国实现独立、民主、自由、幸福之最大敌人，倘不加以彻底肃清，则名实相符的真正和平，绝不能实现。因此，我们对于蒋美所策动的虚伪的和平攻势必须加以毫不容情的摧毁。而在我们人民民主阵线内，更必须提高我们的警惕，整肃我们的阵容，齐一我们的步伐，巩固我们的团结，以防止反革命势力之侵入，人民民主专政应容纳最广泛阶层人之代表，而不能容纳反革命细菌，应使最大多数人民有充分之自由，而不能使少数反动分子有反人民之自由。由此，我们确信，全国真正为民主革命而努力的人士，必能一致努力，务使人民民主阵线之内，决无反对派立足之余地，亦决不容许有所谓中间路线之存在。

反动政权在摇摇欲坠的当前，和平攻势是愈来愈离奇了。中国的第一号战犯蒋介石的元旦广播，便公开了第一次求和哀鸣。然而，那完全是出于欺骗，他们的祸国殃民，昭昭在人耳目的历史罪状，完全推卸了，厚颜无耻地竟提出一些条件："只要和议无损于国家独立完整，而有助于人民休养生息，只要神圣的宪法不由我而违反，民主宪政不因此而破坏，中华民国的国体能够确保，中华民国的法统不致中断，军队有确实的保障，人民能够维持其自由的生活方式与目前的最低生活水准，则我个人更无他求。"有了这些条件，以四大家族为首的蒋朝政权尽可万世一系，还要"他求"什么呢？故他最后强调，他要与中共"周旋到底"而呼吁着"军民一体，举国一致，团结奋斗"，这就是蒋介石的最终目的。

今天是我们中国人民的最后考验。我们多难的中国人民，我们相信，决不会再受蒋美反动阴谋的欺骗。但在少数人的气质中也尽有这样的弱点存在，以协调为上德，以姑息为宽仁，在苟且偷安的本质之上披覆着悲天悯人的外表，这就是敌人施行和平攻势的最后心理根据，也就是敌人的最大的奥援。我们为了摧毁残敌，这最后的奥援也是应该连根铲去的。

人民民主革命，在中共领导之下有了今天的成就，决非轻易得来。在今天，谁如要苟安纵敌，而使革命大业功亏一篑，谁就成为中国革命的罪人，民族的罪人了。但我们很愉快而且很兴奋，我们毕竟看到了中共主席毛泽东先生最近发表的对时局声明，为了贯彻革命到底，为了粉碎和平攻势，严正地揭穿了蒋美集团的阴谋，而提出了真正的人民民主和平的八项条件。这正是对于蒋介石所提出的要求的无情反击，我们是彻底支持的。毫无疑问。全国人民的公意是在这儿反映出来了，我们希望全中国人民，全民主统一战线上的战友，务须一致团结，采取必要行动，坚决执行人民的公意，而使这八项和平条件迅速地全部实现。

今天是我们人民翻身改造历史的时代了，我们要创造一个人民做主人的自由生活方式和尽可能地高度的生活水准，而不是如蒋介石所要求于我们的"维持目前的生活方式和最低的生活水准"。蒋介石要我们始终做四大家族和美帝国主义的奴隶，而我们则是要做中华人民民主共和国的真正的主人。为了达到这一目的，毛先生所提出的八项条件正缺一不可，不妨让我们换一个语调来重述一遍，便是：战争罪犯必须惩办；伪宪法和伪法统必须废除，一切反动军队必须依据民主原则改编；官僚资本必须没收；土地制度必须改革，卖国条约必须废除；南京反动政府及其所属各级政府的一切权力必须接收；而将要召开的新政治协商会议和要成立的民主联合政府，也必须拒绝反动分子的参加。一句话归总，便是人民革命必须进行到底。革命进行到底的一天，便是真正的和平到来的一天，解放全面到来的一天。解放了的人民，力量是无比强大的。请看我们的友邦苏联吧，建国仅仅三十二年，已经成为全世界最坚强的和平堡垒了。我们中国人民多过苏联两倍以上，更加以地理上的优越条件，我们敢于相信，把反动政权摧毁以后，我们能以较短的期间建设成一个和平、民主、自由的新中国，人民民主共和国。光明的远景在我们的面前，我们应一致努力。

李济深　沈钧儒　马叙伦　郭沫若　谭平山　彭泽民　章伯钧
李锡九　蔡廷锴　周建人　符定一　章乃器　李德全　胡愈之
沙千里　茅盾　朱学范　陈其尤　黄振声　朱蕴山　邓初民
翦伯赞　王绍鏊　吴晗　许广平　楚图南　丘哲　韩兆鹗
冯裕芳　许宝驹　田汉　洪深　侯外庐　沈兹九　宦乡
杨刚　曹孟君　刘清扬　张曼筠　施复亮　孙起孟　严信民
李民欣　梅龚彬　沈志远　周颖　安娥　吴茂荪　何惧
林一元　赖亚力　孔德沚　袁震　沈强　王蕴如

（选自中央档案馆、西柏坡纪念馆编：《西柏坡档案》第2卷，中国档案出版社2012年版）

各民主人士在东北欢迎会上演说

（1949年1月31日）

【新华社沈阳31日电】此间中共东北中央局，东北政务委员会，人民解放军东北军区以及东北各界人民代表，于本月26日举行盛大的欢迎会，热烈欢迎为参加新政协会议而先后到达东北解放区之全国各民主党派，各人民团体，以及无党无派的民主人士。出席这次欢迎大会的计有：李济深、沈钧儒、马叙伦、郭沫若、谭平山、彭泽民、章伯钧、蔡廷锴、章乃器、李德全、沙千里、茅盾、朱学范、陈其尤、黄振声、朱蕴山、邓初民、王绍鏊、许广平、丘哲、冯裕芳、许宝驹、洪深、侯外庐、曹孟君、施复亮、孙起孟、李民欣、梅龚彬、沈志远、吴茂荪、林一元、赖亚力、孔德沚等共34人。大会于下午2时开始。首由东北行政委员会主席林枫致欢迎词。他首先代表中共东北中央局、东北政委会、东北军区及东北各界同胞，向长期在国民党统治区为民主事业而艰苦奋斗的全国各民主党派、各人民团体及无党无派的民主人士表示热烈的欢迎。接着李济深、沈钧儒、马叙伦、郭沫若等20人相继在会上发表演说，一致痛斥南京国民党的假和平阴谋，拥护中共中央毛泽东主席对时局的声明，主张在中国共产党的领导之下把革命进行到底。

中国国民党革命委员会主席李济深先生在演说中首先谈到他对中国共产党的看法，认为中国人民民主革命的所以有今天这样伟大的成就，乃由于中共领导正确，措施恰当，真正符合了全国人民大众的需要。其次说到他对解放区的观感。他说：看到一般平民真正享受了民主自由的幸福，生产建设突飞猛进，特别是动员人民的力量有了最大的成功，以及中共党员领导人民工作的艰苦努力和解放军的无比英勇，令人钦佩不已。李济深先生在谈到美蒋和平攻势时说：正当中国人民民主革命接近全面胜利时，蒋介石忽然发表元旦广播，作出求和姿态，但同时却要保持其伪宪法与伪法统，并要与"共产党周旋到底"。三星期后，他又逃之夭夭了。看他"引退"以前的种种布置，可以证明他还想在幕后指挥一切。从南京反动政权各色各样的活动看来，国民党的和平攻势，可以断言完全是美帝国主义所策动的一个大骗局，企图利用和平的美名来保持他们封建残余的力量，阻碍中国革命的彻底成功。中共主席毛泽东先生1月14日发表的严正声明，揭斥了美蒋反动虚伪的和平阴谋，并提出真正的民主的八个和平条件。这八个条件可以说完全能代表各革命的民主党派，民主团体，民主人士，以至全国人民的一致公意。南京反动政权惟有接受这八个条件，真正的民主的和平才能实现，全国人民也惟有促进实现这八个条件，真正的民主和平才能保障。希望全国人民一致起来反对假和平，争取真和平。

中国民主同盟中央常务委员沈钧儒先生讲话称：进入解放区后看到了真正人民的民主自由。在这里，没有帝国主义的侵略势力，没有四大家族，没有封建地主军阀官僚。这里有的是翻了身的人民，做了国家主人的工农劳动人民。来到东北解放区短时内的所见所闻，已充分证明了解放了的人民的创造力量是伟大得可惊的。解放军挺进到哪里，哪里的人民就组织起来支援前线，在工厂中工人自觉地改进生产方法提高生产效率，农村中解放了的农民自动交公粮，争先参加担架队，这些在我们走过的地方都亲眼看见的。这是件翻天覆地的历史上的大转变，把帝国主义封建势力官僚资本的反动统治送到坟墓中去了。我们不能忘记，被压迫人民之所以能造成这空前的历史大转变，是因为有了伟大的中国共产党和英明领袖毛泽东先生的领导，我们不能不向伟大的中共和毛泽东先生致最崇高的敬意。从济南、全东北解放至淮海、平津大捷，解放军已歼敌百余万，从而使罪恶滔天的南京反动统治，真正到了土崩瓦解的时候。天字第一号的杀人刽子手蒋介石居然也唱起和平的调子来了。3年前他破坏政协决议，不顾全国人民的反对，悍然发动了反共反人民的大内战，这些也都是为了"和平"？这个"和平"，就是为了保存他四大家族的反动统治，这是大家都明白的。然而毕竟蒋介石这个大刽子手大战争罪犯的话太引不起人民的注意，于是便依照早安排好的阴谋"引退"到幕后，而让李宗仁、孙科等另一批反动头子摆到台前来。最近在广播消息中知道李宗仁有信给民盟几个人，还提到我的名字。大家知道，李宗仁不也是个战犯吗？他们的宪法、法统，民盟早已根本否认，我们与他们谈什么好呢？人民是不会和李宗仁、孙科这些战犯来谈和平的，他们应当受到人民的惩办。如果真要谈判，也要首先无条件地接受并实行毛泽东先生的八项和平条件，这是最低限度的先决条件，缺少一个是绝对不行的。假如即将被人民摧毁的反动政权，想借和平谈判来缓和革命进攻，分散革命阵营的团结，以图保存其残余的反动力量，那我们全国人民必以加倍的力量，来粉碎这种阴谋诡计。同时，我要向大家报告一件事，就是中国民主同盟中央总部，不久前已决议迁入解放区，不久即将完成迁移工作。我们将继续与其他民主党派巩固团结，为全部彻底干净消灭帝国主义、封建势力、官僚资本对于中国人民的反动统治，完成人民民主革命而奋斗。

中国民主促进会常务理事马叙伦先生讲话，他强调只有彻底打倒帝国主义、封建势力与官僚资本主义，才能建立民主自由和平统一的新中国。几十年来中国革命进行不彻底，即因帝国主义控制了国内的封建独裁政权，并产生了官僚资本，人民在遭受重重压榨剥削下，陷入了苦难的深坑，根本谈不到享受什么自由民主。国民党反动集团虽然天天在那里诬蔑解放区和共产党，但只有在共产党领导下的解放区，才能实现真正的自由和民主。此次来解放区经亲闻目睹更加证实了这一点。关于和谈问题，马叙伦先生说，我们所争取的是真正的和平而不是马马虎虎妥协的和平，因此必须彻底打倒帝国主义、封建势力与官僚资本主义等革命对象，绝不是单纯蒋介石一个人"引退"的问题。国民党反动政府只有全部接受毛主席的八项条件，才能实现真正的和平，为了加速革命的胜利，前方应加紧作战，勇猛前进，后方应加紧生产，努力支援前线。

著名的革命文学家和历史学家郭沫若先生说，目前美蒋企图以和平阴谋掩护其军事挣扎。在蒋介石溜出南京后，放下一个李宗仁作后卫，让自己好争取时间，苟延残喘。李宗仁今天留在南京，正在拼命执行美蒋使命，进行和平攻势，公然把他虚伪的和平触角伸进了我们的民主阵营来。他在给李任潮先生的公开的电文里，竟大言不惭地要我们"北方的和平民主人士"到南京去与他讲和，他真不知天高地厚。李宗仁身居头等战犯，其罪恶实不亚于蒋介石。如果蒋介石溜走了，就应该找李宗仁算账，要他清还中国人民的血债。郭沫若先生说，为要实现真正民主的和平，我的意见就是以毛泽东主席的意见为意见，毛先生是把人民的公意反映得最正确、最集中、最完整、最迅速的伟大人民领袖。毛先生本月14日时局声明中所提的八条，完全反映了中国人民的公意。全中国的民主党派人民团体民主人士，也都一心一意地甘愿在毛泽东的领导下，在无产阶级先锋队中国共产党的领导下，团结一致，就像一个整体，决心为实现人民的公意，争取真正的和平而彻底奋斗。

白发苍苍的三民主义同志联合会主任委员谭平山先生，在讲话中阐述了必须把革命进行到底，并在这一问题上着重说明了辛亥革命时的惨痛的经验教训。他说，辛亥革命固然有成功的地方，但失败的教训更须记取。他认为辛亥革命当时主要的失败有四：首先，也是最大的失败，是对各种反革命势力特别是对袁世凯的中途妥协。第二，是革命阵营中的不纯，包括了反动的破坏分子，破坏了革命的统一战线，削弱了革命的有生力量。第三，出现了中间路线，如当时的宋教仁即认为在建国时期不应再采取革命手段，而主张议会斗争，结果他自己也死在袁世凯手里。第四，没有坚决保存和掌握自己的革命武装，使革命果实失去了保障。至此，谭先生说：这些历史上的教训，今天中国人民再不会重复了。目前的中国革命，在中国共产党的领导下面，一定可以彻底地走向胜利。

民主同盟南方总支部主席彭泽民先生讲话称：只有在中国共产党毛泽东先生的正确领导下，中国人民才能翻身。中国才能得到真正的民主独立和平。南京反动集团，完全是美帝国主义侵略中国的工具。现在它看到人民革命力量已经不能遏止，就示意蒋介石"引退"，并呼吁"和平"，企图迷惑人民，保存残余的反动势力。如果反动派不执行毛先生的八项和平条件，我们就要急起穷追，不让他们有一刻喘息机会。我们只有走彻底革命的道路，不能有第二条道路，更不容许有反对派。大家团结起来，粉碎美帝国主义阴谋，戳穿和平诡计，达到完全胜利，建立民主独立富强的新中国。

中国农工民主党主席、中国民主同盟中央常务委员章伯钧先生发表了三个意见：第一，他认为今天的欢迎大会说明全国各党派民主人士，在中共领导下团结一致，具有重大的历史意义。这个团结，表示在中共领导下的民主力量无比伟大，和蒋美对于解放区的造谣诬蔑的可耻的破产。有了中共的领导及各党派的合作，中国将迅速建设成为富强的国家，使帝国主义对中国不敢有任何妄想。第二，即将召开的政协会议是在共产党领导之下没有反动分子参加的革命的政协会议，基本精神与本质和旧政协不同，对于召开这个会议我们是很乐观的。第三，现在有人主张在民主阵营中搞反对派，提出这种谬论的人，不是神经病患者，便是受了美国老板的雇佣，或是受了英美课本的欺骗影响，民主党派人士显然地不应有此种观点，也不许可参加此种路线。最后，章伯钧先生声明：李宗仁给民盟电报中有我的名字，他是头等战争罪犯，已没有资格和我们谈和平问题，因而也没有答他的必要。

中国国民党民主促进会负责人蔡廷锴先生在讲话中回溯中国历次革命之所以失败，皆由于革命不够彻底，以致直至今日除解放区外，各地人民仍在水深火热中。人民所受的痛苦都是美帝国主义及其走狗以蒋介石为首的南京反动政权所造成的。谈及目前时局，他说：蒋介石、李宗仁、孙科和他们的主子美帝国主义，眼看着他们的统治快要完全崩溃了，乃先后哀鸣求和，蒋介石又宣布所谓"引退"，这些都是阴谋，企图以此欺骗人民，苟延残喘，我们决不能受骗。我们需要和平，但我们需要的是把美帝驱逐出中国，铲除封建残余，没收官僚资本，人民得到真正自由民主的永久和平。蔡廷锴先生说：毛泽东先生对时局声明的八项和平条件，是达到真正永久民主和平的基本条件，也正是全国人民所要求的和平条件。各民主党派应该紧密地团结合作，为实现这些条件，为求永久和平，建立新民主主义的新中国而奋斗到底。

民主建国会常务理事章乃器先生的讲话盛赞了解放区的各种建设。他说，解放区人民的伟大力量是我过去所意想不到的。这是一个真正的人民的社会，在中国历史上从来找不到解放区这样光明的时代。接着谈到目前时局，他说：现在国民党军事上已经完全崩溃了，他们企图以软的办法、和平的阴谋来阻止革命，使革命半途而废。革命战争就好像是一幅很大的图画，如果只画了一半而停止，怎么可以呢？同样地，中国这一半解放了，那一半却得不到解放，不仅解放区的人民不肯，就是蒋管区2亿以上生活在水深火热之中的人民也不会允许的。

中国妇女联谊会主席李德全先生说：中国妇女受了几千年的压迫，今天在共产党毛主席领导下，才有了好日子。前两天召开的东北妇女代表大会，充分表现了妇女是翻了身。女工成了工厂主人。一百多位农村妇女代表，有好多都是劳动英雄，她们参加了土地改革，得到了一份土地，政府还给她们发了地照。这是中国历史上从未有过的事。这些事实告诉我们，一定要在毛主席共产党领导下，为真正自由独立民主的国家服务，把中国妇女几千年受压迫不自由铲除掉。美帝国主义及南京反动政权无论用什么阴谋诡计，我们都不能上当，不能妥协。

中国人民救国会中央常务委员沙千里先生讲他来解放区后的观感：第

一，一切被压迫被剥削的人们都翻了身，昨天还是牛、马，今天成了真正的人、国家的主人翁。第二，人与人之间的关系改变了，旧社会的欺诈虚伪自私自利在淘汰，人类善良的本性在恢复。这些事实，说明物质翻了身，精神也跟着翻了身。第三，解放区的一切都是进步的，向前的，这是在中共正确领导下，加上全体人民的努力，彻底摧毁反动势力的结果。

著名的革命文学家茅盾先生说：美帝国主义及其干儿子蒋介石的和平攻势，在现在发生并不奇怪。因为半年以前，各方已指出美帝国主义在蒋介石的军事崩溃不可挽回时，就会来这一套。但是令我引为奇怪的，就是美蒋明知他的把戏会失败，为什么还要献丑呢？很明白的，他们的企图是两方面的，一方面是还想欺骗国民党统治区比较落后的人民，一方面是想麻痹留在国民党统治区的民主人士。为了实现真正民主的和平，毛主席在时局声明中已提出了八项条件，没一个人不表示坚决拥护它。只有这八条实现，中国才有真正民主的和平。如果达不到这八条，解放军就应该一直打到海南岛为止。

中国致公党主席陈其尤先生在讲话中痛斥了国民党反动派20余年来对侨胞的欺骗敲诈和摧残的情形。他说，华侨对蒋政权的痛恨不下于国内人民。而对解放区，对民主的联合政府却寄予极大的希望。将来真正的民主联合政府成立之后，华侨同志，必然会很高兴地回国效力，尽他们自己的责任，例如回国投资，创办实业，贡献技术等。

国民党统治区全国学生联合会代表黄振声说：现在国民党反动集团谈的“和平”，很明白是为了欺骗人民延长它的狗命，以便等些时候，再来屠杀人民，我们中国学生绝不能上当。有着“五四”以来优秀革命传统的中国学生，几年来坚决地和反动派做斗争。我们了解在国民党统治区的学生所追求的理想，今天在解放区完全实现了。在民主阵营中不能有中间路线，不能有反对派。我们对敌人不能随便宽大。千百死难的同学，不准许我们随便宽大。今天还在国民党集中营中的无数受难同学亦不许我们随便宽大。死难同学的血，指明着我们的道路。这条路，就是把革命进行到底。这条路，就是彻底实现毛主席的八项条件取得真正的和平。这条路，就是全国人民各民主党派团结一致，消灭反动派，建立以工农联盟为主体的人民民主的新中国。

名教授、中国民主同盟中央委员邓初民先生的讲话，把解放区和国民党统治区的差别比成为天堂和地狱。他说，所谓中间派的人们，就是不希望把革命进行到底，不要中国人民整个翻身，也不希望反革命力量完全消灭。这些人是蒋介石和平攻势的拥护者，也是蒋介石替身——李宗仁的支持者。邓先生继指出目前是历史的决定关头，应当对这些人提高警惕。如果敌人不能彻底实行毛泽东先生的八项主张，就没有真正的和平，就应当予以消灭！

中国民主促进会的常务理事王绍鏊先生以司法、教育、职工运动及土地改革工作为例，盛赞解放区的民主作风，以及解放区工作人员的艰苦奋斗精神。谈及时局问题时，他说：毛主席的八条就是中国人民的意见。而当革命在全国胜利后，还应遵照毛主席的主张，建立各革命阶级各民主党派的联合专政，以强力的机构，保卫革命果实，所有革命政权中，不要有一个反革命分子参加。

上海人民团体联合会代表许广平先生，代表上海68个进步的人民团体，以及在其影响下的40万以上的各业人民，痛斥了国民党的和平阴谋，坚决主张要把革命进行到底。她说：上海快要解放了，上海人民必定用坚决的斗争配合人民解放军，打倒反动的国民党统治。解放大上海，解放全中国！

三民主义同志会中央常务委员、国民党革命委员会中央委员许宝驹先生说：现在我们面临着一个新时代，工人、农民、妇女及一切被压迫人民翻了身。这都是由于中共及毛先生的领导正确。这个伟大成就，是中共同志们与全国人民二十几年奋斗用血换来的。主张民主革命的同志，应一心一德紧紧追随，配合中共路线，把革命进行到底。首先要认识美帝国主义是万恶之首，万乱之源，必须把美帝国主义侵略势力彻底肃清。其次应认识人民解放军已获得决定胜利，国民党反动政府如不执行毛先生八项和平条件，人民解放军一定要彻底肃清反动军事力量，绝不容许它死灰复燃。我们更要认识美帝的阴谋诡计，决不要上当。我们必须把革命进行到底，实现真正的永久的和平。

名戏剧家洪深教授说：我从事戏剧活动达30年，熟悉国民党统治区的群众生活的悲惨状况。我的20多年的同事们，大学教授们，成天吃稀饭，大多数电影界工作人员一天做12小时的工作，只获得合抗战前4角钱的报酬。国民党统治区人民要结束如此悲惨的生活，只有坚持奋斗，绝不能误入反动派的圈套，接受一个马马虎虎的和平，使反动派得售奸计，再害人民。

中国人民救国会中央常务委员、中国妇女联谊会常务理事曹孟君先生，对比了解放区与国民党区妇女的生活，指出只有在中国共产党领导下的解放区，妇女才真正翻了身。同时，国民党统治区的妇女，也正渴望着解放军的到来。因为她们明白，只有解放军到来，她们才能翻身。今天正是全国解放即将到来的时候，也是全国妇女解放即将实现的时候。国民党反动派在美帝国主义策动下发动了虚伪的和平攻势，全国2.35亿妇女同胞必定坚决反对。中国妇女是爱和平的，但是我们所要的和平是实现毛主席八个条件真正的民主的和平，而决不是反动派虚伪的和平。

民主建国会常务理事施复亮先生，在书面的谈话中，发表对目前时局的感想称：国民党20多年的统治，不仅以中共为敌，以工农大众为敌，而且与一切民主党派为敌，甚至与一切爱好和平的人民为敌，甚至与一切爱国的知识分子、小资产阶级和民族资产阶级为敌。国民党的统治，完全是血腥的统治，是好战和好杀者的统治，直接间接死在这种统治之下的人民总数在千万以上。20多年来，它从来不曾带给我们以和平。就是一时局部的和平，也只是一种奴役人民的和平，保护少数人特权的和平。所以目前的根本问题，不在于形式上有无和平，而在于和平的内容或实质如何。老实说：中国人民所希求的和平，是做主人的和平，而不是做奴隶的和平。中共领袖毛先生所提出的八项和平条件，正是代表了全国人民的利益和要求，一切渴望和平的人民，一切不愿再做奴隶的人民，都只有坚决支持中共，努力争取这些条件的彻底实现。

民主建国会常务理事、教育家孙起孟先生，在书面谈话中说道：看到解放区建设事业特别是教育事业的突飞猛进，我就越发相信，必须有彻底的革命，人民做主的前提，教育才有发展的基础。中国革命现已临近大功告成，也就是新教育的基础已经打好了大部分，断不容许把这个基础破坏或停歇下来。我敢相信，所有的中国教育工作者，都愿意高举双手，赞成中共毛主席所提出的八个和平条件。离开了这八个条件的任何一个来谈和平就是欺骗。希望全国教育界的朋友们宣传这八个条件，争取这八个条件的实现，揭穿敌人的阴谋，实现真正的民主和平。

欢迎大会由中共中央东北局代表李富春同志的讲话而结束。他说：今天的欢迎会，象征着中国民主力量的大团结，也象征着全国胜利的快要到来。诸位先生对时局的主张，证明了全国人民，各民主党派，人民团体需要真正的永久的和平，而不要虚伪的反动的和平，证明了中共中央毛主席对时局的声明，是代表着全国人民的意志，也是诸位先生1月22日的署名声明的立场。他在痛斥了国民党反动派的假和平阴谋之后，指出：只要全国人民，全国各民主党派认识一致，步调一致，团结一致，使敌人无隙可乘，我们就一定能争取真正的民主的永久的和平。李富春同志在结束讲话时说：热烈地希望诸位先生本着知无不言言无不尽的精神，批评解放区工作的缺点，我们需要这种批评，借以改进我们的共同事业。大会至此，即在热烈团结的空气中闭幕。

（选自《人民日报》1949年2月2日第1版）

各民主党派发表联合声明反对美国援华借款

（1949年2月3日）

中国民主同盟、中国国民党革命委员会、人民救国会、农工民主党、中国民主促进会、三民主义同志联合会、致公党，为美国援华借款事，特发表联合声明如次：最近美国杜鲁门总统、马歇尔国务卿向国会提出援华法案，此外尚有以贝祖贻为首之技术代表团正在华盛顿广泛接洽殖民地化中国之计划，我们不能不严正声明，认为目前南京独裁政府违法摧残民主政党逮捕学生执行内战政策，早已不能代表民意，已为全中国人民所反对之政府，美国政府如再继续积极援助南京政府，实具有助长中国内战干涉中国内政之意味。我们坚决反对此种加深中国人民痛苦之对华借款，同时绝不承认南京独裁政府所签订之任何损害中国主权之卖国条约。

（选自中国农工民主党党史资料研究委员会编：《中国农工民主党历史参考资料第4辑（中国农工民主党时期）》，1982年版）

李济深等民主人士由沈抵平，
在平中共负责人亲赴车站欢迎

（1949年2月26日）

　　【新华社北平26日电】先后自国民党统治区抵达东北解放区的民主人士李济深、沈钧儒、马叙伦、郭沫若等一行35人，已于25日乘"天津解放号"专车抵平。这些民主人士中计有：国民党革命委员会李济深、朱蕴山、李德全、朱学范、梅龚彬、赖亚力，中国民主同盟沈钧儒、章伯钧、李文宜，中国民主促进会马叙伦、王绍鏊、许广平，无党派民主人士郭沫若，中国农工民主党彭泽民、丘哲，人民救国会沙千里、沈志远、曹孟君，国民党三民主义同志联合会谭平山、王昆仑、许宝驹、吴茂荪，国民党民主促进会蔡廷锴、李民欣、林一元，民主建国会章乃器、施复亮、孙起孟，致公党陈其尤，上海人民团体联合会罗叔章，文化界民主人士茅盾、邓初民、侯外庐、洪深，产业界胡子婴等。陪同他们来平者有陕甘宁边区政府主席林伯渠、东北行政委员会副主席高崇民及新近由北平前往东北参观的田汉等3人。专车系于12时一刻安抵北平东站。亲赴车站欢迎者有此间中国共产党负责人林彪、罗荣桓、董必武、聂荣臻、薄一波、叶剑英、彭真及各界民主人士李章达、陈其发、张奚若、陆志韦、张东荪、胡愈之、周建人、楚图南、翦伯赞、陈劭先、陈此生、韩卓儒、千家驹、雷洁琼、严景耀、卢于道、夏康农、费青、费孝通及全国学联代表陈震中、北平市职工总会筹委会主任萧明、铁路工人代表李光辅等百余人。当悬有毛主席彩像的蓝色专车驶入北平前门东车站时，人民解放军仪仗队举行了隆重的欢迎仪式。

【新华社北平26日电】继李济深、沈钧儒等35位民主人士抵平后，天津民主人士亦于25日午后2时许专车抵达此间，计有经济界李烛尘、孙滨如、资耀华，教授萧来瑜、张国藩，工程师刘持均、沈理源，文化界杨刚、雷爱，工人王俊臣、王青青、刘清州，学生吴隆文、吴功俊等14人。陪同他们来平者为天津市人民政府副秘书长杨振亚等。

（选自《人民日报》1949年2月28日第1版）

国民党革命委员会声明八项条件必须坚持

（1949年1月17日）

中国国民党革命委员会发言人，关于和平问题发表谈话如次：

毛泽东先生提出的八项条件，完全是合情合理的。这两年多的内战，在独裁卖国政府军事大破坏，经济大掠夺，外交大拍卖之下，不知牺牲了多少优秀的战士和良善的民众，摧毁了多少财产，损耗了多少国家元气。对于这些祸国殃民、罪大恶极的战犯，如果不予惩办就对不起战士，对不起人民，并且无以警戒将来。"依据民主原则改编一切反动军队"，用意在消灭封建军阀与保障民主和平。至于伪宪法，伪法统，是各民主党派及民主人士一向宣言不承认的东西；没收官僚资本，改革土地制度，废除卖国条约，及召开没有反动分子参加的政治协商会议，成立民主联合政府等等，亦为各民主党派及民主人士一项宣言要做的事件。因此，我们认为，这八项条件都是必须坚持的。

（选自香港《华商报》1949年1月18日第4版）

中国国民党革命委员会号召各界拥护
毛泽东主席八项条件

（1949年1月27日）

【新华社陕北29日电】中国国民党革命委员会于27日发表对于时局声明如下：

我们为揭发美帝国主义南京国民党反动派的和平攻势与国际干涉阴谋，号召全国工、农、兵、商、学各界，号召党内爱国民主分子，一致拥护中国共产党主席毛泽东先生对于时局之主张及八项和平条件，特发表声明如下：

一、中国人民要求建立独立、民主、自由、幸福之新中国。而帝国主义、封建主义和官僚资本主义为实现独立、民主、自由、幸福之最大障碍，必须予以彻底清除，而后真正的人民民主共和国乃能建立。因之，我们认为：革命必须进行到底，不可姑息养奸，致重蹈辛亥以来革命失败之覆辙。

二、中国人民要求实现真正的永久的和平。而真正的永久的和平只有在民族独立、民主自由的环境下始能获得。没有完全独立与彻底民主，而又包容有反革命残余势力的和平，是伪装的和平，反民主的和平，不彻底的和平。因之，我们认为：完全独立与彻底民主，是中国真正永久和平实行的先决条件。而反帝、反封建、反官僚资本三项目标的贯彻，又是完全独立与彻底民主实现的前提。

三、为了贯彻反帝、反封建、反官僚资本的三项目标，扫清中国人民所要求的真正永久的民主和平实现之障碍，我们本于孙中山先生三大政策之遗教，和过去历次革命失败之教训，对于中国革命又必须有一个基本认识，便是：中国革命为国际反法西斯主义、反帝国主义运动之一环。而中国的民族民主革命又以工农大众为主力。因之，革命的三民主义必定是与新民主主义同其内容。而反帝、反封建、反官僚资本斗争的进行，又必须在中国的无产阶级政党——中国共产党领导之下，才有不再中途夭折的保证。

四、最近南京国民党反动政权，在人民解放军的破竹攻势之下，已濒于最后崩溃的命运。美帝国主义为维持其奴役中国人民特权，为保存中国反动势力和破坏革命势力，又耍出新的政治阴谋花样来了。它的第一套把戏是企图在革命阵线内组织所谓反对派；第二套把戏是企图组织反动集团残余势力，进行反革命的最后挣扎；第三套把戏是发动反革命的和平攻势，企图进行国际干涉。而这三套政治阴谋，又是互为呼应，互相配合的。第一套政治阴谋的事实表现，是去年12月霍夫曼在上海发表的声明。他说"如果'自由'分子和党派在联合政府中有普遍的代表"，"美国可能援助包括共产党在内的联合政府"。第二套政治阴谋的事实表现，是前些时美帝大吹大擂的西南五省联防运动，和最近蒋介石下野前后的江南各省大批地方军政首脑的调动。第三套政治阴谋，更预定着两个步骤：开始是头号战犯蒋介石自己出面来发动和平攻势，和发动国际干涉；倘使没有效果，便退居幕后，改由第二号战犯李宗仁出场表演，仍是继续发动和平攻势和发动国际干涉。今年元旦，蒋介石妄言维持伪宪法、保存伪法统，甚至还要保存反革命武装等"和平"条件的提出、和最近李宗仁通电高喊什么"相忍为国"，什么"救国救民"，什么"保存元气"一类的鬼话，并派定代表团要求与中共进行和谈，装出了十足的欺骗人民的姿势，都是在美帝指使之下的反革命阴谋的公开表演。

五、我们为了遵行中山先生的革命三民主义之遗教，为了效法中山先生的不妥协、不动摇、再接再厉、奋斗到底之革命精神，为了不使已近最后胜利的革命事业功亏一篑，我们对于美帝国主义及其卵翼下的南京国民党反动派的破坏革命之阴谋，不能不加以无情的打击和揭露。我们坚决拥护中共主席毛泽东先生针对着南京和平攻势阴谋而提出之实现真正的民主和平的八项条件，我们完全同意新华社对于蒋介石下野李宗仁上台，只是蒋犯退居幕后另换一种姿势的和平攻势的看法。我们又完全同意全国民主人士所发表的"我们认为革命必须贯彻到底，革命与反革命之间绝无调和之可能"，与"我们人民民主阵线内必须提高我们的警觉，整肃我们的阵容，齐一我们的步伐，巩固我们的团结，以防止反革命势力的侵入，务使人民民主阵线内决无反对派立足之余地，亦不容许有中间路线的存在"之主张。

（选自《人民日报》1949年2月2日第3版）

中国民主同盟发表对和平的态度

（1949年1月21日）

最近报载中共中央主席毛泽东先生的时局声明，提出了结束战争，实现和平的八项条件，义正辞严，充分反映了全国人民的意志。对于每一个真正爱好和平的人，这一文件的每个字每句话，都是无法加以否定的。

毛先生的时局声明，是为了揭斥以蒋介石为首的南京战犯集团的"和平"阴谋而发的。自去秋济南之役，到最近淮海战役的胜利结束为止，人民解放军在华东、中原、东北、华北几个主要战场上接连地解放了济南、郑州、开封、锦州、长春、沈阳、唐山、张家口、徐州、蚌埠等大城市，歼灭了蒋军精锐部队达百余万之众，若再加上平津太原方面被围被歼的数十个师，则蒋军的大部分主力，可说已被消灭殆尽，国民党反动统治确确实实已濒于全部崩溃的境地。这一反动统治集团，鉴于军事上的失败已至无可挽救的地步，乃重新拾起三年前的"和平"假面具来，发动了广大的"和平"攻势，企图通过政治谈判，以保存蒋朝残余力量，取得喘息机会，以便日后卷土重来。毛先生的时局声明，一方面充分地揭露了反动派的这种"和平"阴谋；另一方面又明确地提出了保障真正持久和平的各项条件。我们对于这个重大的文件，除了完全赞同与热烈拥护而外，实在再无别话可说。

我们拥护毛先生的主张，不但因为他的主张非常切合目前时局要求，充分反映全国人民的意志；同时也因为这种和平主张，基本上和本盟一年来（三中全会以来）对和平问题的见解是完全一致的。我们一向主张彻底的和平，所谓彻底的和平，民主的和平，具体地说，也就是以今天毛先生的八项条件为基础的和平。本盟三中全会政治报告中，曾强调说："人民的民主，只有在推翻反动独裁统治集团之后才能实现"，为求彻底的和平"就得扫除内战的根源，扫除和平的障碍"。什么是内战的根源与和平的障碍呢？谁都知道，那就是以美帝国主义为靠山，以封建剥削及官僚资本为基础的国民党法西斯反动集团。只有彻底扫除了这个反动集团，才能实现人民民主的和平。

这样的和平，才是真和平，是全国人民所要求的彻底的和平。蒋介石元旦文告中所说的"和平"却是十足的假和平，是战犯们所要求的反动的"和平"。因为蒋介石所提的"和平"条件中，有保存伪宪法、伪法统，乃至保障他的"戡乱"反动军队等类，而且还企图把破坏和平，爆发内战的全部责任轻轻地往曾经为和平而一再忍让的中国共产党身上推。这显然不是真诚和平的表示，而是危险毒辣的反动阴谋。

回忆本盟在1945年日寇投降后，基于全国人民对国内和平之迫切要求，曾不辞劳怨，不避艰险，对国共谈判，停战协定，政治协商，整军协定等等之促成，尽其最大之努力。但南京反动集团，违反全国民意，悍然撕毁了政协决议，破坏各项和平协定。自1946年7月起，发动了全面内战；后来又单独召开包办的伪国大，通过反民主的伪宪法；组织伪联合政府；颁布"戡乱"总动员令。在军事上，则不顾中共一再警告，不顾全国正义舆论，占领了延安、张家口、淮阴、临沂、承德、长春、安东等数十城市。直到1947年3月驱逐中共代表办事处人员，封闭中共言论机关，10月底强迫解散本盟。其间，本盟在万分艰险的条件之下，仍继续为和平奋斗，甚至牺牲了李公朴、闻一多、杜斌丞等优秀领导同志的生命。所有这一切事实，在人们记忆中还十分新鲜，充分证明了国民党反动集团是破坏和平、发动内战的罪犯集团；同时，那些事实也证明本盟今日之主张，要彻底扫除这一反动集团，才能实现真正和平，乃自过去3年来惨痛经验教训中所得的结论。所以，南京反动政府不要和平则已，如真有诚意要求和平，它就非全部接受毛先生所提出的八项条件作为谈判基础不可。我们要郑重正告南京的统治集团，和它系统下的一切地方政府及军事集团，对于这八项条件，你们要讨价还价是不行的。

最后，我们还要唤起国民党统治区全体同胞注意两点：

一、最近像著名特务头子潘公展这类人主持下的上海、南京等伪市参议会所发动的"和平"运动，我们必须给以迎头痛击。因为这些伪参议会在不久的过去，还伪造民意，大演其拥护"戡乱"的丑剧。可是今天这些伪参议员居然摇身一变，而为美丽的"和平女神"了。他们显然是企图假冒民意，化装和平，来挽救反动战犯集团全军覆灭的命运。

二、反动政府现正哀求美、英、法等帝国主义者出来调停中国内战。美国帝国主义一面装腔作势地表演不干涉中国内政，一面却在暗中策动。这种调停的阴谋，全国同胞尤其蒋管区的同胞必须提高警惕，团结一致，起来坚决粉碎帝国主义的这种毒辣阴谋。因为帝国主义者的策动调停，实际就是企图干涉中国内政。但中国的事，只有中国人民自己有权来处理，任何外国的干涉，我们是要坚决反对的。

本盟兹特吁请全国同胞，一致为实现真正持久的彻底的民主的和平而坚决奋斗。

（选自中国民主同盟中央文史资料委员会编：《中国民主同盟历史文献（1941—1949）》，文史资料出版社1983年版）

中国民主促进会为争取永久和平的宣言

（1949年1月22日）

【新华社陕北26日电】中国民主促进会于22日发表为争取永久和平的宣言，全文如下：

我们先要说明的是：中国永久的和平，必须建立在真正的民主的基础上面，这是一点也没有可疑的。我们又了解到真正的民主是必须表现在全国人民的实际生活上；必须全国人民得到标准的生活，他们的生活权完全把握在他们自己手里，不是由剥削阶级赏给他们一种"最低生活水准"，老是受着剥削阶级的支配的。我们相信，这是中国绝大多数的人民心里要说的话。

一个落后的农业国家，在帝国主义的支配、封建残余的剥削、官僚资本主义的压迫下，不是走彻底的反帝、反封建、反官僚资本的革命的路子，要想达到人民自己完全把握着生活权，享受标准的生活的目的，是绝对不可能的。我们曾经为了顾全绝大多数的人民，在痛苦劳动里保持着的生命和他们的些微财产，做过退一步的工作，就是温和地呼吁民主、和平，我们明明知道向虎狼口里要求还给我们的生命，已是不可能的，还想这样容易地得到标准的生活吗？事实自然地给了我们一个否定的答复，我们也只有担上必然的革命任务。

惟中国共产党早〈已〉经担起了历史的任务，领导着人民解放的革命。中国绝大多数的人民也有了政治的自觉，在最近两年多来反帝、反封建、反官僚资本的斗争中间，人民的力量高度地壮大了。美帝国主义的奴才国民党反动派首脑南京独裁政权蒋介石，把他统治的法宝——军警、保甲、特务和没有一些人道的杀人手段都用尽了，已不能使得人民怕他；反过来，人民的力量和人民解放军的英勇，已驱逐他到了灭亡的边头。

在人民解放的革命将要全面成功，真正的民主和永久的和平将要全部实现的时候，也是世界帝国主义的领导者——美国反动政府和他的奴才蒋介石最恐怖的时候，他们自然要尽他们的力量来阻碍我们的胜利。但是，美帝的军事、经济的援助蒋介石，已彻底失败了。这大半年来他们在"和平"的口号底下种种的阴谋，又被发现摧毁了。他们也只有末了两个毒计：一是想把伪民主革命分子混入我们阵营里做捣乱和破坏的工作；二是央求国际的干涉。可是，我们相信，我们经过辛亥和北伐两次革命不彻底的教训，我们眼看这次人民牺牲的广大，我们这次团结在反帝、反封建、反官僚资本的人民解放革命的目标下，我们必须彻底一致合作到最后的成功，决不使我们阵营里有一个反动分子可以立脚，和提出一个中间路线或是相像中间路线的口号和主张。

美帝的奴才蒋介石，正在元旦发表他闭眼瞎说的文告里说什么"国家独立""民族精神"和"保国卫种"的话，却在8日就央求美、英、法、苏来干涉中国，企图阻止革命力量的向前发展，挽救他将被灭亡的命运。这足够证明了他是没有礼、义、廉、耻的卖国奴才。可是一向主张不干涉他国内政的苏联政府已明白地拒绝了，但是我们也得严正地向世界各国声明：各国人民有自己决定他们的一切的权利；中国人民的建立人民民主共和国是中国人民自己分内的事，决不能接受任何外国的干涉；否则一切后果由原来干涉的国自己负责。

美帝的奴才蒋介石又在他的元旦文告里为了维持他的独裁国体、御用宪法、封建法统、反动军队，要恢复和平。中国共产党中央委员会主席毛泽东先生在本月14日发表的时局声明，已把他虚伪的和平和反动的阴谋都揭开了；还提出了真正人民民主和平的八个条件：一、惩办战争罪犯；二、废除伪宪法；三、废除伪法统；四、依据民主原则改编一切反动军队；五、没收官僚资本；六、改革土地制度；七、废除卖国条约；八、召开没有反动分子参加的政治协商会议，成立民主联合政府，接收南京国民党反动政府及其所属各级政府一切权力。我们认为这些条件都是和全国人民的要求相符合的；也是真正人民民主的和平的基本要求，也是被广大牺牲的人民最低限度的要求。除表示我们极端的同意，还相信全国人民也一致地支持这些条件，并要请中国共产党、人民解放军和全国人民、各民主党派、各人民团体、各民主人士一致联合起来，坚决、迅速，实现这全部条件，不叫南京国民党反动集团错认为对等的和谈，有讨价还价的地步，必须无条件全部接受这八项后才可以认为人民民主和平的实现，停止战斗的进行。

这次革命的目的，是要使中国绝大多数被压迫的人民翻过身来，才可以建立新中国。上年5月1日中国共产党发表［布］文告，要各民主党派、各人民团体、各民主人士召开政治协商会议，成立民主联合政府，这是革命进展过程里一定该有的一种程序，也是中国共产党没有私心的表现。现在局势进展，到了实现这项程序的时候，我们中国民主促进会的总部也暂时移到解放区了。我们只见中国共产党在替人民苦干，只见他们被人民的拥护，解放区满眼是新气象，使我们充满了新中国的新希望。我们诚恳地表示我们希望中国共产党坚强地领导全国人民造成一个新的、美的、快乐的、和平的、统一的、民主的中国；我们决定一致合作完成这次革命的任务。

中国民主促进会

1949年1月22日

（选自《人民日报》1949年2月2日第1版）

中国民主促进会常务理事
马叙伦、王绍鏊、许广平告本会同志

（1949年2月1日）

上海、北平、香港本会同志并转各地同志：

　　叙伦等已先后进至解放区，一遂平昔向慕之愿；据所闻见，中共领导人民解放革命，确已成功；由其全心全力为人民利益服务，故所到立被欢迎拥护。今可简要相告者：官民融成一体；工作者不肯浪费分秒时间；凡事皆有计划，以民主决定，有过即改，官吏不独无贪污，亦少嗜好；人民努力生产，日有进步；军事已至底定各地，人无菜色，道无乞殍；其土改政策，益臻完善；保护工商，绝非虚语；至于教育文化，亦在力图改良发展。总之，以伦等粗加考察，特与伪统治区相比，实已不啻天壤之分。今南京反动集团罪魁蒋介石卖国殃民，不但毫无悔悟，犹且执行美帝政策，图以虚伪和平，蒙蔽伪统治区人民，造成政治进攻之势，冀得片时喘息之机。已将其残余嫡系军力，南运离宁；后在加紧编练数十师之众，作继续屠杀人民之用。蒋介石今虽伪称"引退"，实在幕后指挥；现于其本乡溪口建设与南京通讯电台，又由顾祝同谕其所属，说明蒋介石离京之计划步骤，旨在作战到底。此法虽谬，现在南京伪副总统头等战犯李宗仁种种作风，均为秉承蒋介石之意，以装腔作势之姿态，作诿卸责任之企图。本年元旦新华社社论既揭发内外反动之阴谋；14日中共领袖毛泽东先生对时局声明，更严斥其伪情。毛先生深悉人民经10年战争之痛苦，必追求永久之和平，以此，提出八项条件，为和谈之基础，实乃符合全国人民一致之意见。上月22日，伦等已与来解放区之民主人士55人发表声明，响应毛先生之主张；各民主党派人民团体亦有表示，均在支持八项，力促真正和平之迅速实现。本会各地同志想已皆于广播聆悉。使南京反动集团少有人心,真怀诚意,自必立即无条件接受八项,实现和平。乃时逾半月,意图还价,一面仍作军事布置,一面进行政治攻势;南京已成废墟,广州欲筑新巢;显见自私顽抗,毫无悔祸之心;最后希图仍犯叛民之罪。人民力量,如日东升;反动穷途,等于枯叶;纵有阴谋,必无幸免。惟伪统治区同胞,必将遭受更惨重之荼毒;伦等身正此间,情深里井;回首天南,岂甘独乐;窃以蒋逆奴性天成,听命美帝;假号和平,冀延残喘;苟竟与以休息之期,必为卷土重来之举。此次为人民翻身之革命,进行必须到底;为国家独立之大业,任务必须完成。本会宗旨必须贯彻,同志努力必须加紧。现在除严密监视美帝继续援蒋侵华阴谋及摧毁蒋介石与其反动集团顽抗势力外,对伪统治区各地御用机关、伪造团体,以悲天悯人之态度,作助桀为虐之举动;貌为奔走和平,心乃支持叛逆者,亦须与以无情之惩警。并如假“自由民主”之名,倡“进行调解”之论;似公正而有利于顽凶,用和平以图掩其反动者,见诸报导〔道〕,日有所闻;姑存忠厚,略迟揭橥。吾人须知,在今日革命目标之下,言“进行调解”者,即为反民主之行动;走“中间路线”者,便是真和平之罪人。盖反革命即反民主;革命与反革命,民主与反民主之间,鸿沟画界,绝无调和之可能。今日情势,显然只有南京反动集团无条件接受毛先生八项主张,树立真正和平之基础;然后可以会谈关于技术问题。如对八项尚图磋商改易,即属拖延时间,自暴阴谋。人民解放军自无复与周旋之理,全国人民亦必共起支援,务达目的而后止。各地同志必早有成算,力为倡导;联合各阶层民主人士,共同击灭为美帝奴才卖国殃民之反动集团与其首领蒋介石。

伦等谨贡拳区,并祝康健。

马叙伦、王绍鏊、许广平

（选自薛启亮主编:《中国民主党派史丛书·中国民主促进会卷》,河北人民出版社2001年版）

马叙伦等劝告上海同胞，
勿上伪南京政府假和平圈套，
为全部实现毛主席八项条件而奋斗

（1949年2月4日）

【新华社陕北4日电】上海人民团体联合会理事马叙伦、沙千里、沈志远、王绍鏊、许广平、罗叔章等6人，于本月3日联名发表告上海同胞书。全文如下：

上海各界同胞们：

　　一年一度的春节又到来了。我们是上海人民团体联合会的理事马叙伦、沙千里、沈志远、王绍鏊、许广平、罗叔章等，现在从遥远的北方的解放区，向你们祝贺年禧！

　　诸位同胞，最近国民党反动军队从东北战场被全部彻底歼灭以来，接连又在淮海、平津等战区被消灭，或投降或接受改编的，达100余万。到此，蒋介石匪军的精锐主力已被消灭干净了。因而人人痛恶的南京反动派政权，确已到了土崩瓦解的绝境。

　　蒋介石眼见军事上已经彻底失败了，乃于元旦发出文告，表示要"和平"，想借政治阴谋来保存他的残余的反动力量。但同时又企图把制造内战破坏和平的责任，从自己的肩膀上轻轻地推卸到共产党身上去。

　　殊不知今天中国共产党的一切行动，凡是有眼睛有良心的人都看得很清楚，它无一不代表了而且确切地反映了全中国人民的公意。只要看1月14日中共中央主席毛泽东先生时局声明中的八项和平条件，便可知道。

　　蒋介石这个人民公敌，看见了自己的欺骗鬼［诡］计没有成功，万分不得已，而假装"引退"，跑回老巢奉化，做幕后主持人。让那个美帝国主义者一手捧上台的伪副总统第二号战犯李宗仁来"代"他。李宗仁派他的私人代表甘介侯及邵力子、张治中等，奔走沪宁之间，散布和平烟幕，来达到这反动政权的另一阴谋。同时国民党政府则继续调兵遣将，聚集于江南及浙江、福建、江西、湖南、广东、台湾各地，还在编练几十个师，作卷土重来的计划。

在本年1月22日，我们拥护真理爱好民主自由的人士，由李济深、沈钧儒、马叙伦、郭沫若等55人具名的对时局意见；及1月26日、27日民主同盟、中国民主促进会、致公党、中国人民救国会和农工农主党等民主党派的声明，都是一致拥护毛先生声明的强有力的表示。我们各界人士，尤其在上海的同胞，以前深深感受到四大家族、官僚资本以及美帝国主义的残酷压迫的痛苦。抗日胜利后，三年来，在工厂，在学校，在工商界都不断地遇到被捕、被打、被杀、被迫休业、被解雇。其侥幸而勉强维持到今天的，亦已狼狈不堪，陷于无法生存之境地，而战犯兼人民公敌的蒋介石，在他元旦文告里却还不知羞耻丧尽天良地叫我们替他保存那伪宪法、伪法统和他的反动军队，并且把他的驱迫人民投向"特种刑庭"、投向失踪死亡，及大批拘禁于比地狱更惨百倍的集中营，当作是"自由的生活方式"，把亿万人民赶向饥饿失业线上，他说还要"维持"这种"最低生活水准"。难道这是中国人民甘心情愿领受的吗？

亲爱的上海同胞们，你们曾经听到过荣成湾搁浅的船上的亲友们的经历，又曾听到过济南收复后工商业的迅速恢复，学校的短期复课，而不胜向往，极愿亲眼看到这解放区的"人间天堂"。现在我们可以保证，我们先后来到解放区，目见耳闻，都是增加生产，安居乐业。这里没有贪污，没有封建地主和官僚资本家的剥削，人民没有死亡的威胁，没有今日不知明日的遭遇。我们真真走到"人间天堂"里了。同胞们，这天堂并不是高不可登，我们有法子使得全中国的人民都享受得到。只要遵照下面的期望做去。

在解放区里，各民主团体党派人士的声明，大家公认是在中国共产党领导之下，依照毛先生的八项和平条件，一定可以达到真正的持久的和平。现时先后到了解放区的55个民主人士发表的声明，可以代表中国民主同盟、中国民主促进会、中国人民救国会、中国农工民主党、致公党和国民党进步的各派，以及无党无派的民主人士的意见。深信我上海的人民和贤明的各界民主人士，一定能够响应这一声明，不会被目前李宗仁、孙科这些战犯所施放的和平烟幕所迷惑。大家要知道，李宗仁、孙科的和平把戏，是受着美帝国主义和蒋介石在幕后指挥的，而且是和蒋介石在东南、华南、台湾等地区的积极的军事布置相配合的。蒋介石退到幕后来专心致力于继续作战的布置，叫李宗仁、孙科之流站到舞台前面来大演其"和平"丑剧，企图缓和人民解放军的追击及分化与动摇人民民主阵线的团结。这样，就好让蒋介石有时间去从容布置他的反革命军事。

上海的同胞们，必须要坚定自己的意志，伸出自己的铁拳，来坚决无情地粉碎李宗仁、孙科等所主持的和平阴谋。我们要知道李宗仁、孙科等人也是头等战争罪犯呀！他们最近不断派邵力子、张治中、甘介侯等到上海来活动，企图引诱上海的社会人士，来上他们的反动圈套。我们特此严正奉告这些人士，谁要是上了他们的圈套，把他们所搞的"和平"，当作真和平看，而且替他们奔走帮腔，那就妨害了人民解放的大事业，亦即妨害了真正、彻底、持久和平的实现。而自己也就变成了人民民主事业的罪人。

上海同胞们，我们在这里特地以最高的热忱向你们提出呼吁，希望你们勇敢地坚决地团结起来，响应最近解放区民主人士及各民主党派的时局声明，为全部实现毛先生的八项和平条件而奋斗。

（选自《人民日报》1949年2月6日第1版）

中国农工民主党领袖
揭露南京伪政府假和平阴谋

（1949年1月24日）

【新华社陕北27日电】中国农工民主党领袖章伯钧、彭泽民、丘哲三氏，于24日对于南京伪政府企图制造伪和平的阴谋，发表书面谈话如次：

南京反动的统治集团，因迫于快要遭遇全部灭亡的威胁之兆，由匪首蒋介石于今年元旦发表所谓求和自保的声明；继由伪行政院于1月19日妄自宣告无条件的停战的决议；最近，蒋匪伪装下野，布置借尸还魂的诡计以后，伪行政院复行指定所谓和谈代表；同时，伪代总统李宗仁又发表弭战谋和的谈话，并纷向有关各方进行分化性的和平试探。我们认为这一系列的欺骗行动，都是表现着蒋美一贯出演的伎俩。我们在过去旧政协的和谈中，曾受到无数次的教训。在今天，中国人民断断不会再行上当。南京反动的统治者纵然百般哀鸣求饶，亦决不会得到死灰复燃的机会。中国共产党主席毛泽东先生曾于1月14日提出八项和平主张，这就是全国人民共同的要求，实现中国永久和平之惟一的办法。南京的反动集团中，如果有悔过的分子，真正为国家保存元气，为人民留一线生机，就应当立即依照毛先生的八项主张来实现和平。我们深信，中国人民所渴望的和平，是永久的和平，所渴望的民主，是人民的民主。假使对于代表帝国主义者的利益封建势力和官僚资本的南京反动集团，尚不肯加以彻底的消灭，那么，中国人民将无从获得真正的和平与民主。以此，我们要呼吁全国人民，须切实明了南京伪政府所要制造假和平的真相，要随时随地揭发奸谋，予以严重的打击。行百里者半九十，对于一切反革命反民主假和平的分子，都要给以干脆的肃清，让他们永远没有为祸于人民的机会。

章伯钧、彭泽民、丘哲

1月24日

（选自《人民日报》1949年2月1日第1版）

中国农工民主党负责人
为上海学生英勇抗暴发表宣言声援

（1949年2月4日）

上海"一·二九"学生血案发生后全国震动，对沪上学生之民主斗争，无不表示钦敬，对独裁者之暴行，无不愤慨，旅港民主人士，新闻工作者，学术工作者暨文艺工作者马叙伦等，顷发表宣言，号召国内外同胞予同济学生以声援，华北八大学，中国致公党均发出抗议宣言与书面谈话，表示同情与支持。

吾人深悉国民党政府之独裁者始终以教育为造成其奴隶，巩固其权势之工具，惟是"五四"以来，全国学生首先觉悟，在反动政权统治区域内，领导社会为国家民族作反帝反封建之斗争，30年来已成为学生之传统思想，决非任何力量可以左右；此殆世界所公认。

十六年（1927年）国民革命之成功，实为学生是赖，独裁者不悟，攫为己有；及其据有政权，即以奴隶教育欲使学生就其牢笼，听其指挥；以遂其窃国卖国之企图。全国学生于"九一八"后已洞悉独裁者之意向，一本"五四"精神，外抗帝国主义，内与独裁作殊死斗争；此又中外所具悉。

抗日战争，学生倡导于前，社会翕从于后，独裁者被迫服从，学生方冀"天诱其衷"，立志悔悟，乃8年之中，独裁者利用军事，迫杀学生，已难具数；胜利之后，益肆残毒，重庆、昆明、南京、武汉、北平、杭州、上海，血案累累，为吾人所不忍言；稽之吾国历史暴君酷吏虐杀士儒，自古多有，未有若今日独裁者之横且甚者也。

以学生为奴隶而不足，视之如寇仇而有过，特务横行于校内，军警围击于通衢，讫于今日，已成为"司空见惯"之事实；谁无子弟，孰令至此？在学生、青年时代，情感自丰，为国家民族不惜任何牺牲，吾人惟有致敬致惜，抱惭抱歉；况自居当国之位，苟菲有分外之企图，宁忍为此丧心病狂之举动而不厌？

此次上海同济等各大学生因争自治会规章之变更与夫合理之选举，及同学学籍之恢复，为合法之请愿，苟独裁者尚未自毁其所定"宪法"，实无理由可以拒绝，况乃竟出于指挥军警，如临大敌？吾人以为苟非独裁者心虚内疚，惧青年之麇聚，致群众之附和，阻其窃国卖国之行动，则此举亦难自解。

至于谓学生行动被人煽惑，此往代狱吏诬人自救之策，况最近事实之发见，特务裁证以成罪者屡见不鲜，大学生均达成人年龄，数千人亦非少数，以此诬人，焉能取信？且吾人深悉今日对独裁者致其不满者，即独裁者之部属子弟，亦复不少，是知公道在人，心同此理，所谓"虽孝子慈孙百世不能改"者。转于此徵之。

吾人对于今日国民党政府之独裁者，陷溺已深，无期改悔。而学生为社会新生之分子，亦国家未来之栋梁，理与谊均难坐视其独裁者之惨毒摧残；用是呼吁国内外同胞，同申正谊制止独裁之暴行，予青年以援助；尤愿与国人共勉，迅图消灭独裁，实现民主；庶使帝国主义者无所凭借，而封建残余得以肃清，则国家民族自致于强固和平焉。

章伯钧、彭泽民、李伯球、王深林、杨伯恺、李世浩、郭冠杰等。

（选自中国农工民主党党史资料研究委员会编：《中国农工民主党历史参考资料第4辑·中国农工民主党时期》，1982年版）

中国人民救国会发表时局声明

（1949年1月24日）

【新华社陕北27日电】中国人民救国会发表时局声明，题为"我们要求彻底真正的和平"，全文如下：

最近宁沪等地和平空气突见浓厚。战犯头子蒋介石发出元旦求和文告于前，伪行政院又公布"先停战后和谈"的决议于后，而同时一些拥护"戡乱"的伪参议员等，也随声附和，高唱"和平"，口口声声说这是为了人民的利益。

为什么撕毁政协决议，破坏停战整军等和平协定，悍然发动全国内战的"戡乱"祸首，现在居然也提出"和平"主张来呢？显然，今天中国共产党领导的人民解放军空前胜利，反动统治即将整个崩溃，而这个反动统治下的人民已被"戡"得再也活不下去，大家都厌恶战争，反对战争。因此，在这个时候发出"和平"哀鸣，他们的企图是十分明显的，那只是希图和缓解放大军的进攻，保存残余反动势力，争取喘息时间，及模糊人民意识，麻痹人民的反抗而已。

本月19日，南京伪行政院决议主张双方先行无条件停战，然后举行和谈。接着蒋介石又发表文告宣布"引退"。至此南京反动集团的"和平"姿态，是做得愈加逼真了。然而人民的眼睛是雪亮的，在他们的残余"剿民"军队业已土崩瓦解，再也不堪一击的现在，来主张"双方先行无条件停战"，实际上是要人民解放军无条件止步，以便保存蒋介石集团的残余力量，保全长江以南反革命统治的半壁江山。这是一个非常毒辣的阴谋，与真正的和平没有什么相干。我们认为，真正的和平必须以摧毁整个国民党反动集团之统治为前提，也必须以毛泽东先生的八项和平条件之实现为前途。要想先停战而后商谈这些条件，那就证明没有和平的诚意。纵令蒋介石个人下野，而加入南京反动政府不先接受八项条件，那也仍旧无济于事。全中国人民无不酷爱和平，决不是蒋介石、李宗仁集团这种伪装的和平，保存反动残余的和平，而是要彻底的和平，真正的和平。中国共产党中央委员会主席毛泽东先生提出八项条件，主张废除蒋介石的"法统"，及其"宪法"，改编其军队，惩办战犯等等，都是全国人民一致的愿望，而为实现彻底真正的和平的最低限度的条件。这真所谓人同此心，心同此理。本会一贯主张人民利益高于一切，对于此种为人民谋求真正和平，彻底和平的主张，我们极表赞成。南京反动集团如果真有和平的诚意，稍有顾念人民痛苦的良心，应该立即全部接受彻底执行，然后战争方停得下来，真正的和平才能实现。

现在已经解放的东北、华北以及其他各解放地区，都已得到真正的、彻底的和平，人民安居乐业，生产发展猛进，工商发达，社会蓬勃，与国民党统治区黑暗、悲苦、饥饿、混乱的情形相比，刚刚成为强烈的对照。如果没有彻底的真正的和平，仍保存着反动残余，决不能达此境地。因此，国民党反动统治如不予彻底摧毁，真正的和平决不能实现，社会改革决不能进行，人民生活决不能改善。所以我们一定要坚持最低限度的八项条件，国民党统治区的同胞，也应共同起来，配合行动，并坚持督促彻底的真正的和平，决不能稍有姑息，因循坐误，致贻莫大的后患。

我们尤其要唤起同胞们注意，美帝国主义最近虽假惺惺地声明"不干涉中国内政"，实际上他的支援国民党残余军事力量，支援各个边远省份的地方反动势力，以及制造"自由主义""中间路线"集团、以分化离间革命民主阵线的一切阴谋，是一刻也不放松地在进行的。我们要特别郑重地声明，中国的事只有中国人民自己有权利处理，一切帝国主义的公开或隐蔽的、直接或间接的干涉，我们都要号召全国同胞起来予以迎头痛击。

同胞们：全国人民所渴望的彻底的真正的和平，持久的、民主的和平，不久即将完全实现。让我们为实现这样的和平而勇敢奋斗吧！

中国人民救国会

1949年1月24日

（选自《人民日报》1949年2月2日第3版）

三民主义同志联合会声明

（1949年1月27日）

【新华社陕北5日电】三民主义同志联合会于1月27日发表对时局声明如下：

三民主义同志联合会为争取真正的民主的和平，反对虚伪的反动的和平，并号召革命的三民主义者坚持反帝、反封建、反官僚资本三原则，将革命进行到底，特发表声明如下：

当兹中国人民民主革命迫近全面胜利的今天，亦即南京反动政权行将崩溃瓦解的今天，祸国殃民的第一名战犯、革命的三民主义叛逆蒋介石竟恬不知耻地在元旦广播中作出求和的姿态，提出了保存伪宪法、伪法统及反动军队等项为全国人民所绝不能容忍的条件。一方面想将战争责任轻轻地推在中国共产党身上，以图迷惑一般人们的视听，另一方面想借此取得喘息时间，以便卷土重来，消灭革命。蒋逆在广播中还自夸要"与共党周旋到底"。事隔仅仅20天，他竟又以"引退"为名，非常暧昧地出走，而实际仍在幕后策动指挥。此外，如伪外交部正式请求四强调停，伪行政院及伪中政会关于"先行无条件停战，并各指定代表进行和谈"的决议，以及派遣和谈代表等等，这一切一切的活动，都无非是作出一种求和的姿态，企图保持南京反动政权的残余势力，使中国人民民主功亏一篑，不能获得彻底的成功。

同时，我们必须认识蒋逆及其反动集团所发动的和平阴谋背后，还有美帝国主义的指示。美帝与其他一切帝国主义者莫不十分恐惧中国革命的成功，它必将用一切力量来破坏中国革命。这种事例，在中国革命运动史上已屡见不鲜。美帝今日之对华政策至为明显：一方面主使和平攻势，并扶助地方封建势力，尽一切可能来保持反动政权的残余势力；另一方面企图在民主阵营中策动组织所谓"反对派"，进行破坏中国革命。这是和平阴谋进一步的发展。其破坏中国革命的企图是并无二致的。在新民主主义的最高原则下，所谓"反对派"根本就不容许存在，反对革命基本原则的所谓"反对派"，实质上就与"反动派"无异。现在美帝确已开始进行这项工作，是我们不能不十分警觉的。至于南京反动政权公然要求四强干涉中国内政，是非常可耻的。除了苏联已公开严正声明，拒绝调停外，美英法虽传说亦已拒绝调停，但帝国主义者的本质，是无时无地不想用力量来阻挠中国革命的。我们对南京反动政权要求帝国主义干涉的无耻行为，坚决反对到底！

正在美蒋和平攻势阴雾笼罩之下，中国人民的领袖中共中央主席毛泽东先生发表了极严正的声明，提出真正的民主的和平八个条件。可以说真正代表了全国人民的公意。这八个条件，没有一条不是全国人民所要求的。难道战争罪犯不需要惩办？难道伪宪法伪法统不需要废除？难道一切反动军队不需要改编？难道官僚资本不需要被没收？难道土地制度不需要改革？难道卖国条约不需要废除？难道新政协和联合政府还能让反动分子参加？这八个条件，可以说是最合理最公平的条件。我们革命的三民主义者应该一致起来，用全力压迫"南京反动政府及其他任何地方政府与军事集团"都迅速接受这八个条件，以表示他们对于和谈的诚意，决没有什么磋商的余地。我们对于毛先生为促使真正的民主的和平提出这样八个条件，表示欣慰。同时我们相信，中共及一切民主党派团体和民主人士，必然坚持这八个条件的实现。

由于辛亥革命和北伐历次的失败的教训，我们应该充分了解帝国主义的破坏和我们自己的妥协动摇，是中国革命的最大障碍。今天的局势，已经非常清楚。中国必须毫不动摇妥协地坚持彻底地打倒帝国主义、打倒封建主义、打倒官僚资本主义、推翻南京反动政权整个统治，决不容许有一

丝一毫封建残余势力的存在。同时，我们必须确认中国共产党的领导，是
中国革命彻底胜利的最大保证。我们也必须确认新民主主义为现阶段中国
革命的最高指针。我们革命的三民主义者认为革命的三民主义与新民主主
义的内容应当一致。因此本会号召我们革命的三民主义者，认清当前局
势，谋取对于中国革命贡献力量的道路，反对虚伪的反动的和平，争取真
正的民主的和平，坚持反帝反封建反官僚资本三大原则，为彻底完成中国
人民民主革命而努力。

（选自《人民日报》1949年2月8日第1版）

国民党民主促进会声明，
毛泽东主席的八项条件是真正和平的基础

（1949年1月24日）

【新华社陕北28日电】中国国民党民主促进会于24日发表对时局的意见，全文如下：

本会于去年响应中共中央的"五一"号召以后，负责代表即先后进入解放区，期与各民主党派人士，共同为完成民主革命、建设新中国而努力。数月以来，我们看到了解放区在中共领导之下，政治、经济、军事各方面的突飞猛进，尤其地方秩序之安定、工商业之欣欣向荣，土地改革和生产建设的惊人成就，人民的确享受到了民主自由的幸福生活。更使我们兴奋的是：解放军获得广大人民的支持，在短短的几个月中，解放了东北、华北，最近在华中又解放了许多重要名城，歼灭了蒋介石反动军队的主力，很快地便会直捣京沪，摧毁反革命的南京统治，而达成解放全中国的大业。

正当解放战争迅速进展，反革命的南京统治快要崩溃的时候，在美帝国主义策动之下，蒋介石、李宗仁、孙科等，一面有计划地先后发表文告，造出哀鸣求和的烟幕；一面指使其一贯主张"戡乱"的御用民意机关，作吠影吠形的响应，希图以这种烟幕，迷糊人民的眼睛，延缓解放军的大举进攻，而使反动政权获得喘息的机会。我们回想抗战胜利之后，全国人民的意志，都祈求和平，但是蒋介石及南京反动政权，却在美帝国主义支持之下，发动大规模的反动战争，以大批国家主权，换取美帝的军火，以美帝的飞机、兵舰、运输反动军队，来屠杀人民，非把整个民族置于美帝及四大家族的奴役之下，永远不得翻身不止，哪有丝毫为和平、为人民的诚意？此际到了军事惨败，无力挣扎，于是另换一套政治阴谋，放出和平烟幕，想一面推卸其发动战争的责任，一面使反动政权得以苟延残喘。我们看蒋介石文告所说要维持伪宪法、伪法统，要军队有确实保障等等条件，和伪行政院的"先停战"再谈和的决议，不是充分显露出假和平的真面目了吗？至于蒋介石之所谓引退，实想师法民十六（1927年）、民二十（1931年）两次所谋下野的故智，由前台退到后台去暗中指挥，反动统治的形式与内容没有丝毫改变，只是他们政治阴谋的一个欺骗花样而已。

本会一向认为中国人民革命的任务是驱逐美帝国主义、铲除封建残余、没收官僚资本，建设真正独立、自由、民主的新中国。只有完成这个任务，才能得到真正的、永久的和平。苟且偷安、妥协调和，结果会使革命遭到莫大的失败的。过去革命失败，给我们的教训太惨痛了，我们不能再蹈覆辙。我们需要的是真正永久的和平，而不是一时的虚伪的和平。我们读到了中国共产党主席毛泽东先生对时局声明的八项和平条件，确认为是达到真正永久民主和平的基本条件。本会愿竭诚拥护，为促其全部实现而共同奋斗到底。

（选自《人民日报》1949年2月2日第3版）

中国致公党发表对时局通电

（1949年1月21日）

【新华社陕北26日电】中国致公党于21日发出对时局通电称：

新华社转全国人民并海外侨胞公鉴：

敬读中共中央毛主席本月14日发表对时局声明，揭斥南京反动政府和平阴谋，同时提出民主和平八个条件。辞严义正，实为全国人民最低要求。窃念中国近代内战根源，胥由国民党反动政府首领蒋介石独裁自私，卖国祸民，有以致之。抗日战争结束，中国人民予以自新，曾渴望和平，奈蒋孽性不改，投靠美帝，推翻政协，发动内战，其罪恶擢发难数。现时蒋介石战犯集团土崩瓦解，明知大势已去，假倡和平，冀保余孽，为卷土重来之计。此种愚妄阴谋，不攻自破。惟中国历次革命，对于反帝、反封建、反官僚资本三大任务，未能彻底执行，致国家乃沦于半殖民地地位。兹幸中共领导人民革命，已近全面胜利，甚望彻底肃清反动残余势力，使中国得到真正民主的和平。对于战争罪犯，并应严为惩处，以平人民公愤。本党代表海外数十万华侨，伫望祖国和平统一，独立富强，自当同为新民主主义而奋斗到底，并盼国民党统治区内各界同胞一致主张为幸。

（选自《人民日报》1949年2月1日第1版）

附　录

民主人士北上暨在辽宁期间大事记

张恺新

1948年

4月30日

▲是日上午，中共中央书记处扩大会议（史称"城南庄会议"）讨论通过了经毛泽东修改后的"五一口号"，当天陕北新华社即正式对外发布"五一口号"。

▲中共中央发布"五一口号"，其中第五条是"迅速召开政治协商会议，讨论并实现召集人民代表大会，成立民主联合政府"。代表中国共产党向全国各阶级、各社会阶层的民主进步力量发出了协商共建新中国的号召。

5月1日

▲中共中央开始筹划部署民主人士从香港北上到解放区筹备新政协事

宜。是日，中共中央向上海局、香港分局发出邀请民主人士来解放区的指示，提出一份29人名单和需要合作、协商的有关问题。随着形势的发展和时间的推移，中共中央邀请的人士也在不断增加，至1948年11月名单已达100余人。

▲毛泽东亲自致信在香港的李济深和沈钧儒，就召开政治协商会议、成立民主联合政府提出明确建议，并就政治协商会议的代表组成、会议地点和时间、三党发表联合声明等事项提出具体建议。

5月2日

▲在香港的各民主党派代表聚首一堂，对中共中央"五一口号"进行了热烈广泛的讨论。

5月5日

▲中国国民党革命委员会李济深、何香凝，中国民主同盟沈钧儒、章伯钧，中国民主促进会马叙伦、王绍鏊，中国致公党陈其尤，中国农工党彭泽民，中国人民救国会李章达，中国国民党民主促进会蔡廷锴，三民主义同志联合会谭平山和无党派民主人士郭沫若等12位民主人士联名致电毛泽东和全国同胞，响应中共"五一"号召，拥护召开新政协。同日，他们还向国内各报馆、各团体及全国同胞发出《响应中共"五一"号召的通电》，指出：中共"五一口号""事关国家民族前途，至为重要。全国人士自宜迅速集中意志，研讨办法，以期根绝反动，实现民主。用特奉达，至希速予策进"。不久，台盟、民建也通过发表声明和通过决议等方式，响应中共中央"五一口号"。随后，在中国共产党的推动和领导下，在香港掀起了一场由各民主党派和无党派民主人士参加，以筹备新政协会议为核心内容，以推翻国民党统治、建立新中国为目的的"新政协运动"，主要以座谈会和在报刊发表文章等形式展开，围绕新政协的性质、影响、任务以及召集者、召开时间、召开地点等问题展开热烈讨论，充分发表意见和建议。到1948年夏，筹备召开新政协、成立民主联合政府已成为在香港

的各民主党派和无党派爱国人士的普遍共识。

8月初

▲受周恩来委派，钱之光以解放区救济总署特派员名义从大连前往朝鲜，再从朝鲜罗津港租用苏联货轮"波尔塔瓦"号以运送货物为由勘察民主人士北上航线，为护送民主人士北上做准备。

8月下旬

▲钱之光抵达香港，与中共香港分局负责同志方方、潘汉年等共同商议安排和护送在香港民主人士乘船北上事宜，并进行了工作分工，强调了保密纪律。

8月28日

▲中共中央香港分局在香港罗便臣道李济深寓所召开会议，与李济深等民主人士商讨北上的具体事宜，"决定行动日期及行动秘密方法"。

8月30日

▲周恩来、任弼时、李维汉联名致电香港分局和钱之光，同意组织第一批民主人士搭乘苏联货轮前往朝鲜，但须注意绝对保密。

9月1日

▲民革中央执委会常委、中央政治委员会主任、国民党高级将领冯玉祥在回国筹备新政协途中，所乘"胜利"号客轮在黑海海域失火，冯玉祥不幸遇难。

9月4日

▲中共中央香港分局在香港罗便臣道李济深寓所再次召开会议，结合冯玉祥黑海遇难的情况，与民主人士们商议北上的具体事宜。

9月7日

▲鉴于冯玉祥不幸遇难，为民主人士北上安全考虑，周恩来代表中共中央致电香港分局："民主人士乘苏轮北上事，望慎重处理""不宜乘一轮，应改为分批前来，此次愈少愈好"。在得到周恩来的电示后，香港分

局最后确定沈钧儒、谭平山、蔡廷锴和章伯钧第一批北上。

9月10日

▲是日前后，民盟盟员胡愈之（救国会秘书长）、沈兹九夫妇在中共党组织安排下，从香港秘密乘坐一艘英国商船经南朝鲜仁川港抵达大连，中共旅大地委第二副书记李一氓予以接洽并安排护送胡愈之夫妇从大连登船到山东荣成俚岛登陆转往西柏坡。

9月12日

▲是日晚11时许，在中共香港党组织的精心安排下，沈钧儒、谭平山、蔡廷锴、章伯钧和以蔡廷锴秘书身份北上的中国国民党民主促进会常务理事林一元等5位民主人士在香港维多利亚港登上苏联货轮"波尔塔瓦"号。为安全起见，这批北上民主人士化装成商人、船员或运货员。钱之光和中共香港工委书记章汉夫亲自到船上送行。

9月13日

▲是日晨，中共领导下的香港联合行（后更名为华润公司）总经理秦邦礼乘游艇登上"波尔塔瓦"号货轮看望民主人士并察看安全事宜。中共香港工委书记章汉夫陪同民主人士北上，中共香港分局统战委委员李嘉人随船护送。经过海关检查，上午10时许，货轮驶出香港维多利亚港，正式起航北上。

9月16日

▲沈钧儒等第一批北上民主人士所乘"波尔塔瓦"号货轮航行至台湾海峡附近遭遇强台风，苏联船长动员全船人投入抢险，蔡廷锴亦参与其中，最终渡过险情，避免了触礁事故。

▲在香港的钱之光向周恩来发电汇报第二批北上民主人士即将乘"阿尔丹"号货轮出发的情况，中共中央决定张闻天、高崇民、朱学范分别代表东北局、东北行政委员会、全国总工会赴朝鲜罗津欢迎首批、第二批北上民主人士，后因"阿尔丹"号货轮无法如期出航，此欢迎计划取消。

▲民进常务理事王绍鏊和救国会成员方与严、民盟港九支部宣传部部长力扬从香港乘船，次日晨起航北上。

9月18日

▲中共中央就欢迎和接待民主人士北上致电东北局，称"据钱之光电告"第一批北上民主人士"约申有可抵罗津"，即钱之光推算"波尔塔瓦"号货轮大约在9月25日可抵达朝鲜罗津港。中共中央明确指示东北局："如他们要求并有时间，可招待他们至各地参观，对他们表示热烈欢迎态度"，还强调"我们已告香港承此苏轮畅通之时，设法从沪、港两地多送进一些代表性的民主人士，以便新政协能于明年初正式举行"。

▲是日为农历八月十五中秋节，"波尔塔瓦"号货轮上的章汉夫等提议大家在船上举行一场小型联欢晚会，民主人士们赏月、唱歌、唱粤剧、打太极拳，与苏联船员共同下厨烹饪，共庆传统节日。

9月19日

▲第一批北上民主人士所乘"波尔塔瓦"号货轮出现用水紧张，开始节约用水，除用于基本餐饮外不再供应淡水。

9月24日

▲"波尔塔瓦"号货轮驶近南朝鲜釜山港海域，遭遇美军两架侦察机低飞侦察，因悬挂苏联国旗而未遇麻烦。

9月26日

▲中共中央城市工作部（当时驻地在河北省平山县李家庄）更名为中共中央统一战线工作部，承担起筹备新政协、安排和护送民主人士前往解放区等工作职责。

▲沈钧儒等第一批北上民主人士在货轮上得知华东野战军解放济南的广播报道后，"欢喜若狂，料想蒋军崩溃当不远矣"。

▲王绍鏊、方与严、力扬和章汉夫一行抵达朝鲜南浦港，中共中央东北局南浦办事处副主任宫和轩等前往迎接，次日王绍鏊等人转赴平壤。

9月27日

▲经过长达15天的海上航行后，第一批北上民主人士所乘的"波尔塔瓦"号货轮抵达朝鲜罗津港。中共中央东北局常委李富春专程从哈尔滨前往迎接，东北局驻朝鲜全权代表朱理治也到码头迎接。当晚6时，民主人士一行自罗津乘专列启程，当晚在列车上过夜。

9月28日

▲早餐后，沈钧儒等第一批北上民主人士一行走下火车，到中朝交界的图们江桥头等处参观，午餐后又参观了当地的蚬场和造纸厂，然后继续乘专列前往哈尔滨。

9月29日

▲是日上午，沈钧儒等第一批北上民主人士所乘专列抵达哈尔滨火车站，中共中央东北局、东北行政委员会相关领导高岗、陈云、林枫、高崇民、蔡畅等在火车站迎接。当晚，东北行政委员会主席林枫设宴为民主人士一行洗尘，沈钧儒等5位民主人士入驻马迭尔宾馆，先期抵达哈尔滨的朱学范也在此时从原先居住的总工会招待所搬到马迭尔宾馆。

▲是日傍晚，王绍鏊在朝鲜平壤与方与严、力扬、章汉夫话别后，于当日晚7时乘火车从平壤站前往南阳站，取道朝鲜南阳赴图们。方与严、力扬和章汉夫取道大连前往河北平山县中共中央驻地报到。

9月30日

▲中共中央东北局在沈钧儒等第一批北上民主人士到达哈尔滨后的第二天，专门安排他们参观了哈尔滨市容市貌。

▲民主人士方与严、力扬和中共香港工委书记章汉夫从朝鲜出发前往大连，再从大连乘船赴山东，而后前往河北平山县西柏坡。

10月1日

▲是日上午8时，王绍鏊从图们江桥入境，在图们市短暂停留后，傍晚7时从图们站乘火车前往哈尔滨。东北局驻平壤办事处原副主任荆杰从平壤

与王绍鏊一路同行。

10月2日

▲沈钧儒、章伯钧在哈尔滨致电毛泽东、周恩来、朱德，表示"愿竭所能，借效绵薄；今后一切，伫待明教"。

▲王绍鏊抵达哈尔滨，入驻马迭尔宾馆，与第一批北上民主人士会合。

10月3日

▲毛泽东、周恩来、朱德致电慰问沈钧儒等第一批从香港北上到达哈尔滨的民主人士，电文称"诸先生平安抵哈，极为欣慰。弟等正在邀请国内及海外华侨、各民主党派、各人民团体及无党派民主人士的代表人物来解放区，准备在明年适当时机举行政治协商会议。一俟各方代表大体到达，弟等即当趋前候教"。

10月8日

▲周恩来率中央统战部草拟了《关于召开新的政治协商会议诸问题（草案）》和《提议邀请参加新政协的单位表》两个文件。两个文件经毛泽东审改后，发给中共中央东北局高岗、李富春。中央指示高岗、李富春就文件中提到的新政协诸问题，与在哈尔滨的沈钧儒、谭平山、章伯钧、蔡廷锴、王绍鏊、高崇民、朱学范等民主人士举行商谈，并指示"他们如有不明了之处，你们应善为解释"。与此同时，周恩来及中央统战部的同志与已经到达河北平山县李家庄的民主人士符定一、周建人等进行关于这两个文件的会谈协商。

10月11日

▲毛泽东致电中共中央东北局，指示高岗、李富春与在哈尔滨的民主人士恳谈一两次，征得民主人士对新政协的意见并请民主人士提出筹备新政协会议的名单。

10月21日

▲在哈尔滨马迭尔宾馆会议室，高岗、李富春根据中共中央电报指示精神，邀请沈钧儒、谭平山、章伯钧、蔡廷锴、王绍鏊、朱学范和高崇民，举行了第一次"新政协诸问题"座谈会，就《关于召开新的政治协商会议诸问题（草案）》，交换了意见。这次座谈会，标志着协商筹开新政协会议由此开端。

10月23日

▲在哈尔滨马迭尔宾馆会议室举行了第二次"新政协诸问题"座谈会，中共中央东北局领导高岗、李富春和在哈尔滨的民主人士们对新政协的原则、新政协的参加范围、新政协重要讨论事项、如何成立中央政府，以及筹备会的组成等具体事宜进行讨论，发言非常踊跃，会场气氛热烈。

11月2日

▲沈阳解放，辽沈战役胜利结束。

▲是日，冯玉祥夫人李德全和秘书、民革中央执行委员赖亚力经满洲里抵达哈尔滨，东北局、东北行政委员会相关领导高岗、林枫、李富春、蔡畅，哈尔滨市市长饶斌和先期到哈尔滨的民主人士们赴哈尔滨火车站迎接，返回马迭尔宾馆共进晚餐。

11月3日

▲中央中央致电东北局高岗、李富春，请代中央慰问抵达哈尔滨的李德全，并围绕新政协代表人选问题作出指示。

▲中共中央就沈钧儒、谭平山、章伯钧、蔡廷锴、朱学范、王绍鏊、高崇民等7位民主人士在讨论《关于召开新的政治协商会议诸问题》草案时所提出的意见作出答复，同意他们提出的增加"上海人民团体联合会"；"平津教授"可改为"全国教授"；"南洋华侨民主人士"可改为"海外华侨民主人士"的建议，还同意在新政协筹备单位中增加致公党及无党派民主人士两单位。至此，计划参加新政协筹备会的共有23个单位。

11月5日

▲中共中央关于致电香港分局，围绕邀请民主人士北上作出指示，将原来拟订的北上民主人士名单予以增加。

11月14日

▲毛泽东发表《中国军事形势的重大变化》，采纳了北上民主人士胡愈之的见解，对解放战争胜利的时间作了重要修改："现在看来，只需从现在起，再有一年左右的时间，就可能将国民党反动政府从根本上打倒了。"

11月15日

▲高岗、李富春与在哈尔滨的民主人士举行了第三次座谈会。

11月23日

▲第二批北上民主人士乘坐悬挂葡萄牙（一说挪威）国旗的"华中"号货轮从香港登船启程。这批北上民主人士有马叙伦、郭沫若、沈志远、丘哲、陈其尤、侯外庐、翦伯赞、冯裕芳、曹孟君、许宝驹、许广平、宦乡等，中共香港分局副书记兼统战委书记连贯亲自陪同。中共地下党员、脱离国民党军队阵营的中将韩练成和许广平之子周海婴随船北上。这批民主人士共12位，来自民进、民盟、农工党、致公党、九三学社、民革、民联、救国会等8个党派以及无党派民主人士。

▲是日，马叙伦在船上思念妻儿而赋诗，郭沫若当晚奉和两首。有感于丘哲患高血压症仍坚持乘船北上，上船后即写有《十一月二十三日自香港乘轮赴东北口占留别亲友》的诗，郭沫若随即写了一首《血压行》安慰丘老。

11月25日

▲经过三次重要协商及以后的几次座谈，并结合香港等方面讨论的情况和意见，中共中央由高岗、李富春为代表，与在哈尔滨的民主人士沈钧儒、谭平山、章伯钧、蔡廷锴、王绍鏊、高崇民、李德全、朱学范等8人于

是日达成《关于召开新的政治协商会议诸问题的协议》。这份文件为新政协筹备会的成立、人民政协第一届全体会议的召开、中央人民政府的组成乃至新中国的诞生，都奠定了坚实的政治基础。

▲是日前后，华中轮上的第二批北上民主人士为活跃在船上的文化生活，在郭沫若的提议下办起了《破浪壁报》。

11月26日

▲是日或次日，第二批北上民主人士所乘"华中"号货轮在航行至台湾海峡时遭遇强台风，由于船长富有应对风浪的危险，故而有惊无险。

11月底

▲由于沈阳解放，新政协筹备地点已经不再选定哈尔滨。按照中共中央指示，沈钧儒等五位第一批北上民主人士和朱学范、王绍鏊、李德全、赖亚力以及东北行政委员会副主席、民盟盟员高崇民从哈尔滨南下沈阳。行前，东北局召集民主人士们开了一次会，讨论行程等具体事宜，会上决定，为免遭国民党飞机干扰，保证民主人士人身安全，此行不乘火车而走小路，沿途也可实地感受东北解放区的氛围。此行行程二十天左右，沿途在解放区多有停留，接触到很多解放区在土改后翻身分到土地的农民，还考察了刚获得解放不久的长春市区。行程中，沈钧儒有感而发作诗《翻身乐吟》《月上射枕睡不着》等。

12月初

▲来自上海的国统区学联代表黄振声从上海北上经南朝鲜转大连，又乘火车抵达沈阳入驻沈阳铁路宾馆。黄振声因在1949年1月22日民主人士"55人通电"中署名，被归入北上民主人士行列，成为首位入住沈阳铁路宾馆的北上民主人士。

12月1日

▲上午，"华中"号货轮驶近大连港，由于大连港当时由苏军管理，对悬挂苏联以外国家旗帜的船只一律不准进港卸货，华中轮只好继续向北

航行，计划前往解放区安东港登陆。当夜，海面突然刮起大风，在黑暗中摸索前行的华中轮突然发现了前方一座灯塔的亮光，便向灯塔方向驶去，临时停在大王家岛后滩海湾。

12月2日

▲华中轮继续在大王家岛附近海滩搁浅，马叙伦等第二批北上民主人士在船上收听新华社广播得知淮海战役取得重大胜利、徐州解放的消息后十分兴奋，在船上开了一个热烈的庆祝会。郭沫若挥笔赋诗，写下《北上纪行》系列诗的第三首。是日清晨，郭沫若还即兴赋诗《船泊石城岛畔杂成》。

12月3日

▲中共安东市委书记兼安东市政府市长吕其恩率庄河县公安局局长刘铮和其他干部、战士乘小舢板木帆船破冰靠近华中轮，北上民主人士得以换乘小船在大王家岛码头登陆。登陆后，周海婴为北上民主人士们集体拍摄了一张合影照片。

12月4日

▲按照原计划，宦乡、翦伯赞和同行的中共干部连贯、地下党员韩练成要前往山东烟台转道赴河北平山县中共中央报到，他们在大王家岛同马叙伦、郭沫若等话别。郭沫若和同为历史学家的翦伯赞依依不舍，作诗《送翦伯赞》以赠之。

▲马叙伦等第二批北上民主人士在安东二道沟（今浪头港）登陆，下午参观安东市容市貌，到鸭绿江大桥进行了参观，晚上由安东省政府宴请，当晚入住安东火车站前的安东旅馆。此间，他们得知由于沈阳已经于11月2日解放，中共中央东北局机关正在从哈尔滨迁址沈阳，筹备新政协不必再前往哈尔滨，即将从安东直接抵达东北地区中心城市沈阳。

12月5日

▲马叙伦等第二批北上民主人士前往五龙背温泉汤浴，具体地点是当

时的安东省五龙背疗养所"五龙阁"。当晚，民主人士们在五龙背火车站登上安沈铁路开往沈阳的列车。

▲郭沫若在行前提前为香港《华商报》的副刊《茶亭》撰写的《抗日战争回忆录》至是日连载完毕，给外界制造郭沫若仍留在香港的假象，实际上郭本人已抵辽宁解放区。

12月6日

▲马叙伦等第二批北上民主人士于是日凌晨抵达沈阳南站，随即被接待人员和警卫战士护送到沈阳铁路宾馆入驻。中共安东省委副书记、安东省政府主席刘澜波亲自陪同民主人士们抵达沈阳。抵达沈阳的第二批北上民主人士有10人，连同随行的许广平之子周海婴共11人。中共中央东北局当日发电给中共中央汇报"民主人士郭沫若等十一人，今晨抵沈"。

▲是日中共中央东北局、东北行政委员会正式由哈尔滨迁址沈阳办公。东北行政委员会接待处办公地点即设在民主人士下榻的沈阳铁路宾馆。

▲是日晚，同住沈阳铁路宾馆的辽北省政府主席、辽宁籍民主人士阎宝航到房间看望老友郭沫若并吟诗慰勉，郭沫若当场和七律诗一首。

12月8日

▲第二批北上民主人士在沈阳铁路宾馆与陪同抵沈的中共安东省委副书记、安东省政府主席刘澜波话别，郭沫若在刘澜波所带手册上题赠诗四首。

12月9日

▲是日前后，救国会负责人之一、民盟盟员沙千里从香港乘船经南朝鲜仁川转大连，再乘火车抵达沈阳并入驻沈阳铁路宾馆，与第二批北上民主人士会合。

12月18日

▲郭沫若致信在东北解放区工作的女作家草明称"你到解放区后，工

作是很有成绩的"，并表示自己"当虔诚地向你和一切文艺解放战士学习"，表示坚信"今后必然是更有多量的磅礴雄伟的大作出现"。

12月19日

▲第一批北上民主人士沈钧儒、谭平山、蔡廷锴、章伯钧、林一元和北上抵达哈尔滨的王绍鏊，取道苏联到达哈尔滨的朱学范、李德全、赖亚力以及时任东北行政委员会副主席的民盟盟员高崇民等10位民主人士从哈尔滨出发，历时半个多月，于是日抵达沈阳并入住沈阳铁路宾馆，与马叙伦、郭沫若等第二批北上民主人士会合。

12月23日

▲中共香港分局护送民主人士北上的"五人小组"成员潘汉年、饶彰风约执行护送李济深等第三批北上民主人士登船的《华商报》经理杨奇见面，详细介绍相关实施方案。

12月26日

▲是日晚10时许，第三批北上民主人士在香港维多利亚港登上苏联货轮"阿尔丹"号，于次日上午正式起航。这批北上民主人士有李济深、茅盾夫妇、朱蕴山、章乃器、彭泽民、邓初民、洪深、施复亮、梅龚彬、孙起孟、吴茂荪、李民欣等13人，来自民革、民盟、民联、民促、民建、农工党、致公党、救国会等8个党派以及无党派民主人士夫人，其中民革中央主席李济深是当时国共双方重点争取人士。中共香港分局和香港工委派李嘉人陪同。

12月29日

▲郭沫若写信回复在沈阳的文友徐敏，告知已经来到沈阳，并告自己"暂名丁汝常"。一两天后，徐敏前来沈阳铁路宾馆拜访，郭沫若取出新作一首朗诵给徐敏听，以表达到了人民当家作主的沈阳之后的愉快心情。

12月30日

▲毛泽东为新华社写1949年新年献词《将革命进行到底》，指出"敌

人是不会自行消灭的，无论是中国的反动派，或是美国帝国主义在中国的侵略势力，都不会自行退出历史的舞台""如果要使革命进行到底，那就是用革命的方法，坚决彻底干净全部地消灭一切反动势力，不动摇地坚持打倒帝国主义，打倒封建主义，打倒官僚资本主义，在全国范围内推翻国民党的反动统治，在全国范围内建立无产阶级领导的以工农联盟为主体的人民民主专政的共和国"。文中还提出："1949年将要召集没有反动分子参加的以完成人民革命任务为目标的政治协商会议，宣告中华人民民主共和国的成立，并组成共和国的中央政府。这个政府将是一个在中国共产党领导之下的、有各民主党派各人民团体的适当的代表人物参加的民主联合政府。"随后，在沈阳的民主人士们通过听广播、阅读报纸的方式学习这篇文章，备受鼓舞。

12月31日

▲李济深等第三批北上民主人士在"阿尔丹"号货轮上与船员聚餐，共迎1949年元旦，李济深在茅盾手册上题词。

▲是日晚，入住沈阳铁路宾馆的民主人士们举行联欢晚会，共迎新年。联欢晚会开始前，中共中央政治局委员、中共中央东北局组织部部长张闻天为民主人士们作《打倒三大敌人》重要报告。亲历联欢晚会的林一元记述，"晚会是多姿多彩的，唱歌、跳舞、扭秧歌，应有尽有，各适其适，欢乐的人们，在欢乐的海洋中守岁，子夜后才陆续归寝"。

▲联欢晚会后，在沈阳铁路宾馆的民革小组举行茶话会，邀请李富春、沈钧儒、章伯钧、陈其尤、王绍鏊、高崇民等共同参加，一直畅谈至深夜。茶话会上，李富春告知各位民主人士：李济深等民主人士已于12月26日启程北上，即将抵达大连。

▲当夜，沈钧儒心情激动，即兴吟诗前三句"一串秧歌扭上楼，神灯枉为日皇留。光明自有擎天炬"，次日晨续最后一句"照澈千秋与五洲"。

▲当夜，许宝驹、郭沫若互相吟诗唱和，对新一年寄予希望。

12月底

▲著名心理学家丁瓒（中共党员）在中共党组织安排下从香港经大连抵达沈阳并入住沈阳铁路宾馆。其间，丁瓒在沈阳铁路宾馆大会议室为民主人士们举办过一次欧美心理学研究现状的专题讲座。丁瓒亦是为筹备新政协归国，后以自然科学工作者代表身份当选为第一届全国政协代表并参加新政协会议。

本月内

▲郭沫若为侯外庐在沈阳古玩店里购得的一枚篆刻章配对联，将原章刻的"公生明，偏生暗"作上联，补写"智乐山，仁乐水"为下联。

1949年

1月1日

▲李济深倡议同乘"阿尔丹"号货轮上的民主人士们在船上各自讲述自己的经历，自己当天向大家讲述了粤军第一师及国民党改组等往事，及自己求学、从军、北伐、反蒋等方面的经历。

▲是日为中国国民党革命委员会成立一周年，上午，民革中央执委会常委朱学范等民革党员在沈阳铁路宾馆会议室举行纪念民革成立一周年茶话会。

▲下午，民革小组召开第五次小组会，朱学范、谭平山、蔡廷锴、李德全、许宝驹、林一元、赖亚力等民革成员学习当天报纸上所载新华社发表的《将革命进行到底》新年献词。李富春来到小组会会场，告诉大家蒋介石也发表了新年文告，小组会对此进行了讨论，揭露蒋介石的阴谋。小组会上公推朱学范代表民革小组赴大连迎接李济深一行。

1月2日

▲农工党监察委员会主席彭泽民在"阿尔丹"号货轮上向同船民主人

士们讲述自己追随孙中山先生参加民主革命及蒋介石叛变前后的往事。

▲在沈钧儒提议下，入住沈阳铁路宾馆的沈钧儒、郭沫若、马叙伦、丘哲、彭泽民、邓初民、茅盾、沙千里、侯外庐等9位民主人士举行小型笔会书写抒发，挥毫泼墨，以丰富文化生活。

1月3日

▲是日前后，时任东北行政委员会委员兼东北社会调查所所长徐寿轩来沈阳铁路宾馆拜望郭沫若。徐在抗战期间曾工作于郭沫若任厅长的军委会总政治部第三厅，郭沫若与旧部重逢，欣然题赠七绝诗一首。

1月4日

▲在北上的"阿尔丹"号货轮上，民革中央执委会常委朱蕴山向同船民主人士讲述自己参加1907年徐锡麟刺杀安徽巡抚恩铭行动筹划事宜等往事，并追忆邓演达。

▲是日，郭沫若有感于自己和蔡廷锴都属龙，为蔡廷锴作七律诗《火龙吟》赠之。

1月5日

▲在蒋介石《新年文告》发表后，国统区的各阶层对此反应不一，一些民主阶级、上层小资产阶级及知识分子中许多人对美国和国民党桂系李宗仁抱有幻想，民主党派中也有少数人重新燃起中间道路的希望。为此，毛泽东于是日通过新华社发表了政论《评战犯求和》，对蒋介石的新年文告给予了直截了当的回答和抨击，揭露蒋介石的求和，无非是争取军事上的喘息时间，以便重整旗鼓进行反攻，指出"蒋介石的声明要确保法统、宪法、军队的存在，这充分说明他的目的是要继续保存大地主大资产阶级专政"。

1月6日

▲中国致公党在香港《华商报》发表《中国致公党发表时局声明》，针对蒋介石1927年背叛革命以来的一系列反革命行径，提出了中国致公党

的政治主张即"民主政治必须实现",并提出七项口号。通电发出前,致公党主要负责人、副主席陈其尤在沈阳通过电报审阅了这个声明。

▲是日,无党派民主人士、文艺理论家胡风和剧作家杜宣、英国归侨马本师、泰国归侨许侠、章汉夫夫人龚普生等一行13人,从香港乘坐一艘挪威商船北上。

1月7日

▲第三批北上民主人士所乘"阿尔丹"号货轮抵达大连港,中共中央东北局常委李富春、常委兼组织部部长张闻天,中共沈阳市工委书记陶铸,中共旅大地委书记欧阳钦、第一副书记韩光、第二副书记李一氓等亲自到大连港码头迎接李济深一行。民革中央执委会常委兼组工委主任朱学范也到码头迎接。登岸后,李富春以中共中央名义在大连关东饭店举行欢迎午宴,午宴后转赴大和饭店入驻。当晚,在大连火车头俱乐部观看苏联海军歌舞团文艺演出。在大连停留的三天时间里,民主人士们游览了大连市区,参观了工厂,到市场上采购了一些物品。

▲是日,到达河北平山县李家庄中共中央统战部驻地的符定一、周建人、韩兆鹗、翦伯赞(从大连经转)、刘清扬、楚图南、田汉、胡愈之(从大连经转)等19位民主人士联名致电在东北解放区的李济深、沈钧儒、章伯钧、马叙伦、王绍鏊、陈其尤、彭泽民、沙千里、蔡廷锴、谭平山等民主人士,提出"革命必须贯彻到底,断不能重蹈辛亥革命与北伐战争之覆辙""务使人民阵线内部既无反动派立足之余地,亦无中间路线可言""有赖于群策群力,有赖于中国共产党的继续领导与团结所有忠于人民革命事业之党派团体及民主人士一致行动,通力合作,方可完成人民革命之大业"并提议"倘荷赞许,尚祈诸公率先发起联衔向国外发表严正声明",为沈阳、李家庄两地民主人士于1月22日联名发表《我们对于时局的意见》(即"55人通电")奠定基础。

1月8日

▲是日清晨,李济深在下榻的大连大和旅馆客房内召集前来大连的民革中央执委会常委、组工委主任朱学范了解东北地区情况,民革中央执委会常委朱蕴山、委员梅龚彬在座。李济深听完朱学范汇报后,"对中国共产党对待民主人士真诚合作的态度非常满意;对新政协诸问题座谈会的协议非常称道;对召开新政协,成立联合政府非常乐观"。李济深还谈到了先前宋子文试图拉拢他合作的事宜以及民革接受中国共产党领导问题。

1月10日

▲李济深等第三批北上民主人士在李富春、张闻天、陶铸等陪同下乘专列从大连前往沈阳,入住沈阳铁路宾馆,与先他们赶到沈阳的民主人士们会合。入住沈阳铁路宾馆后,李济深随即看望和慰问冯玉祥夫人李德全。

▲中国民主同盟发表《申斥蒋介石的"和平"阴谋》的通电,揭露了国民党当局假和谈的本质,指出"我们需要和平,但我们所需要的是永久真正的和平,而不是和反动派妥协的和平,事实上是延长战祸的和平"。在沈阳的民盟中央常委沈钧儒、章伯钧参与审订了这一宣言。

1月11日

▲李济深与先期抵沈的第一批北上民主人士中的民革领导谭平山、蔡廷锴分别谈话,进一步询问东北解放区的情况,并关心询问与中共中央东北局接触的事宜。蔡廷锴、谭平山当时都建议李济深"既来此间,宜早些表示接受中共之领导"。

▲是日,李济深将自己在沈阳的活动日程征求民革中央执委会常委兼组工委主任朱学范的意见。

1月12日

▲李济深致电毛泽东、周恩来,告知已于10日抵沈,并肯定中国共产党领导中国革命路线正确。当晚,李济深收到毛泽东、周恩来联名复电,

表示欢迎。

▲无党派民主人士、文艺理论家胡风所乘坐的挪威商船在辽宁庄河大王家岛海岸停泊避风，次日在庄河县大王家岛公安分所所长王喜英迎接下登岛上岸。

1月14日

▲毛泽东以中共中央主席名义发表针对国民党当局"求和"阴谋的《关于时局的声明》，代表中共中央宣布了八项和谈条件。声明一经发表，立即得到民主人士们的热烈响应和社会各界的广泛拥护。

1月16日

▲郭沫若再次致信在东北解放区工作的女作家草明，祝贺其创作的长篇小说《原动力》出版并受到读者欢迎。

1月17日

▲无党派民主人士、文艺理论家胡风抵达沈阳。此后，在辽宁解放区沈阳、安东、本溪等多地参观访友。

1月19日

▲在沈阳的李济深、沈钧儒等民主人士就符定一、周建人等19人1月7日来电复电称"顷奉来电，对完成人民民主革命提示宝贵意见三点，高瞻远瞩，谋国情深，不胜敬佩。业经详细讨论，一致决议发表告国人文件，严正表示吾人对革命进行到底之态度"。

▲在河北平山县李家庄的周建人、胡愈之、楚图南、符定一、田汉、吴晗等联名致电在沈阳的民主人士，提出"毛主席所提的八条是为完成中国革命之最低限度的先决条件""坚决反对美、英、法等帝国主义国家借调停为名而干涉中国内政"，再次提议"以上两点倘蒙赞许，请连同前电所陈意见，由诸公发起，联衔向国内外发表声明"。

1月21日

▲李济深组织民革在沈阳铁路宾馆会议室召开第一次临时中央联席会

议，谭平山、蔡廷锴、朱学范、李民欣、许宝驹、朱蕴山、李德全、吴茂荪、梅龚彬、赖亚力等出席，林一元列席，会议讨论了出席临时中央联席会议的范围为中央委员、各部门负责人及联席会议的正副秘书长。李济深在会上宣布："从现在起民革中央机关北迁到沈阳办公。"

▲中国民主同盟发表《对和平的态度》的文告，响应毛泽东《关于时局的声明》中提出的实现和平八项条件，提出"本盟兹特吁请全国同胞，一致为实现真正持久的彻底的民主的和平而坚决奋斗"。

▲中国致公党发表《对时局通电》，响应毛泽东主席于1月14日发表的《关于时局声明》，并号召"本党代表海外数十万华侨，伫望祖国和平统一，独立富强，自当同为新民主主义而奋斗到底，并盼国民党统治区内各界同胞一致主张为幸"。

▲是日，郭沫若在沈阳铁路宾馆作五律《寄立群》寄给在香港的夫人于立群，抒发别后思念之情。

1月22日

▲抵达解放区的各民主党派和无党派民主人士55人联名发表通电《我们对于时局的意见》（即"55人通电"），拥护毛泽东提出的和谈八项条件，明确表示：召开新政治协商会议，建立民主联合政府的主张，"正符合于全国人民大众的要求"。强调"愿在中共领导下，献其绵薄，共策进行，以期中国人民民主革命之迅速成功，独立、自由、和平、幸福的新中国之早日实现"。这个政治声明的发表是统一战线和多党合作史上具有里程碑意义的事件，标志着中国各民主党派和无党派民主人士自愿接受了中国共产党领导，标志着各民主党派和无党派民主人士政治立场的彻底转变，为正在筹备的新政协和正在筹建的新中国奠定了重要的政治基础。在"55人通电"署名的55位民主人士中，有34位当时身在沈阳，21位在河北平山县李家庄。

▲中共中央向东北局及其他各地发出关于对待民主人士的指示。强调

"我党对待民主人士的方针应该是以彻底坦白与诚恳的态度,向他们解释政治的及有关党的政策的一切问题,积极地教育与争取他们。对政策问题,均予以正确解答,不加回避。除党的秘密和某些具体策略外,一切可以公开谈的都可以谈"。

▲中国民主促进会发表《为争取永久和平的宣言》,指出"中国永久的和平,必须建立在真正的民主的基础上面",宣言中鲜明表示"惟中国共产党早经担起了历史任务,领导着人民解放的革命"。宣言揭示出蒋介石为首的国民党反动集团假和平的实质,抨击了蒋介石的新年文告,并提到民进总部为响应中共中央"五一口号",已经转移到解放区。

▲郭沫若上午作五律诗一首,晚上续作一首,夜半得知蒋介石下野再作五律诗一首,后自题为《题灯罩诗三首》。

▲中共旅大地委副书记李一氓(抗战中任新四军秘书长)到沈阳铁路宾馆拜会郭沫若,郭沫若为李一氓题写对联一副:"国有干城扶赤帜,民之喉舌发黄钟"以慰勉。

▲是日,沈钧儒在沈阳拔牙,作诗《拔牙》。

1月23日

▲中共中央政治局委员、东北局副书记陈云,东北局常委李富春在沈阳就民革参加新政协人选名单致电中共中央,25日收到中央就此问题的复电。

1月24日

▲中共中央致电东北局,就争取李济深、沈钧儒等北上民主人士"反对伪和平"作出指示。

▲在沈阳的中国农工民主党领导人章伯钧、彭泽民、丘哲对于南京国民政府企图制造伪和平的阴谋,发表书面谈话指出:"我们深信,中国人民所渴望的,是永久的和平,所渴望的民主,是人民的民主。假使对于代表帝国主义者的利益、封建势力和官僚资本的南京反动集团,尚不肯加以

彻底的消灭，那么，中国人民将无从获得真正的和平与民主。"

▲中国人民救国会发表时局声明《我们要求彻底真正的和平》。救国会主要领导人沈钧儒、沙千里在沈阳参加了这份声明的审订。

▲中国国民党民主促进会发表对时局的意见，主旨是"毛泽东的八项条件是真正和平的基础"，在沈阳的民促代主席蔡廷锴亲自起草和修改了此文。

1月25日

▲是日，郭沫若应邀前往沈阳著名画家、篆刻家周铁衡家做客，为其印谱《后来居印草》题写书名，并题五律一首。

1月26日

▲中共中央东北局、东北行政委员会、东北军区以及东北各界人民代表在沈阳宏大电影院举行盛大欢迎会，热烈欢迎为筹备新政协会议北上东北解放区的民主人士。33位民主人士和各界人士千余人参加欢迎会。欢迎会于下午2时开始，首先由东北行政委员会主席林枫致欢迎词，李济深、沈钧儒、马叙伦、郭沫若等20位民主人士现场发言，一致痛斥国民政府的假和平阴谋，拥护毛泽东对时局的声明，主张在中国共产党领导下"把革命进行到底"。中共中央东北局常委李富春代表东北局发表讲话，充分肯定了民主人士们的发言。

1月27日

▲是日为农历腊月二十九，中共中央东北局、东北行政委员会为北上民主人士们安排一场户外文艺演出，地点在沈阳铁路宾馆门前，演出内容主要是东北地方戏和扭秧歌、踩高跷等，民主人士切身感受到解放区民众丰富多彩的文化生活。

▲中国国民党革命委员会在沈阳发表声明，拥护毛主席对于时局的主张及八项和谈条件，并强调："革命必须进行到底，不可姑息养奸，致重蹈辛亥以来革命失败之覆辙。"

▲民盟主要领导人就国民政府代总统李宗仁要求民盟"调解"发表严正谈话，回应此前李宗仁致民盟中央常委沈钧儒、章伯钧等人的亲笔信。

▲三民主义同志联合会发表对时局的声明，指出"我们必须确认中国共产党的领导，是中国革命彻底胜利的最大保证"。在沈阳的民联主要负责人谭平山参加了这个声明的起草。

▲民盟港九支部主任冯裕芳因病在沈阳某医院逝世，享年66岁，是唯一逝世于辽宁的北上民主人士，也是唯一北上民主人士中因病逝世而未能参加新政协会议者。

1月28日

▲中共中央致电东北局，"请将新华社发去的战犯名单，于数日内征求各民主人士的意见"，电文中肯定了"55人通电"的社会影响，"55人声明影响极好，莫斯科一切报纸都登载了"。

▲冯裕芳先生遗体由沈钧儒、章伯钧、蔡廷锴、郭沫若、茅盾、李富春、李初梨、朱其文等"亲观入殓"。郭沫若作七律《吊冯裕芳》以示悼念。

1月29日

▲时任中共中央东北局宣传部副部长李初梨将收藏的一对"鸳鸯端砚"赠给沈钧儒，沈钧儒睹物思人，怀念已故夫人张象徵，作诗《鸳鸯砚》。

1月30日

▲中共中央关于说服李济深正确对待桂系军阀致电东北局高岗、李富春，此件由周恩来起草。

▲得知鲁迅夫人许广平已经来沈阳后，沈阳的东北书店、光华书店有关人员在光华书店总经理邵公文带领下来到沈阳铁路宾馆拜访许广平，表示将把出版鲁迅著作的相关版税给予许广平，许广平当场婉言谢绝。

1月31日

▲中共中央主席毛泽东从西柏坡专门发电报吊唁冯裕芳。

▲是日，傅作义率部接受和平改编，解放军接管北平城防，北平和平解放。

本月底

▲李章达、陈其瑗、陈邵先、陈此生、卢于道、千家驹、夏康农、林植夫等8位民主人士在中共党组织的安排、护送下乘船从香港北上抵大连登陆，转乘船赴烟台，于2月上旬到达西柏坡。此8位民主人士来自民革、民盟、救国会、民促、农工党等党派。

▲东北妇女第一届代表大会在沈阳闭幕，取道苏联回国的民盟中央委员李文宜在沈阳参加此次妇代会后，在中共党组织安排下到沈阳铁路宾馆参加筹备新政协。

▲民建理事、救国会成员罗叔章受党组织委派，以救国会成员身份入住沈阳铁路宾馆参加筹备新政协，因其此前就在东北解放区工作，故不算作北上民主人士。

本月内

▲北上民主人士在沈阳铁路宾馆举办一个小规模的俄语入门学习班，有将近10人参加学习，由民革中央执行委员赖亚力授课，李德全等参加学习，直到2月中旬结束。

▲茅盾、孔德沚之子韦韬赶到沈阳与父母重逢，沈钧儒有感而发，写下《母心有光明》一诗。

2月1日

▲在沈阳的李济深、沈钧儒、马叙伦、郭沫若和在河北平山李家庄的民主人士共56人联名致电中共中央主席毛泽东和朱德，祝贺人民解放战争的伟大胜利，深切表示："同人等已先后进入解放区，叠奉捷音，不胜振奋。窃愿竭力追随，加紧团结，为中国之建设奋斗到底。"

▲李济深在沈阳铁路宾馆主持召开民革第二次临时中央联席会议，会议的主要内容是讨论战犯名单。会议还讨论了赴北平前的准备工作。此后

在沈阳期间，还召开了民革第三、四次临时中央联席会议。

▲马叙伦、王绍鏊、许广平以民进常务理事名义，通过新华通讯社发表公开信，函告上海、北平、香港等地民进会员，强调加紧贯彻本会宗旨，坚决站在革命一边。信中将他们来到东北解放区后的所见所闻，与国民党统治区情景进行了比较，并指出，"在今日革命目标下，言'进行调解'者，即为反民主之行动；走'中间路线'者，便是真和平之罪人。"

▲是日，许广平在驻地收到东北书店来信及所附支票，支票抬头写明"鲁迅版税"，许广平次日委托东北行政委员会交际处将版税退还给东北书店，次日书店又派员将支票送来，许广平再次拒收。三次拒收后，经民进常务理事王绍鏊做工作，许广平收下版税支票并到银行将其兑换成金条捐赠给在沈阳办学的鲁迅文艺学院。

2月2日

▲毛泽东、朱德复电到解放区的56位民主人士（其中在沈阳的有李济深等35位民主人士），表示收到2月1日来电后"极感盛意"，并指出"此次人民解放战争之所以胜利，是由于全国人民不畏强御，团结奋斗，各民主党派各人民团体一致奋起，相与协力，从而使人民解放军获得各方面的援助，使人民的敌人完全陷于孤立"，"欲求人民解放斗争获得最后胜利，必须全国一切民主力量同德同心，再接再厉，为真正民主的和平而奋斗。诸先生长期为民主事业而努力，现在到达解放区，必能使建设新中国的共同事业获得迅速的成功"。代表中共中央充分肯定了各民主党派、无党派民主人士多年来致力于民主革命所做贡献，对筹备新政协、建立新中国寄予厚望。

2月3日

▲民盟、民革、救国会、农工党、民促、民联、致公党发表联合声明，反对美国援华借款，声明指出"目前南京独裁政府……早已不能代表民意，已为全中国人民所反对之政府……绝不承认南京独裁政府所签订

之任何损害中国主权之卖国条约"。这是各民主党派主要领导人在沈阳期间，以党派名义发表的唯一一份联合声明。

▲是日或稍晚一两日之内，民联常务干事王昆仑和女儿王金陵经苏联回国经哈尔滨抵达沈阳，入住沈阳铁路宾馆，参加筹备新政协。

▲是日，郭沫若为谭平山作五律《为谭平山题画马》。

2月5日

▲中国农工民主党发表《中国农工民主党负责人为上海学生英勇抗暴发表宣言声援》，支持上海同济大学等高校的大学生反对国民党反动统治的行动，表达出对国民党当局镇压上海大学生爱国民主运动的愤慨，认为是"独裁者心虚内疚"。在沈阳的农工党主要领导人章伯钧、彭泽民参加了这份宣言的审订。

▲是日，郭沫若从沈阳古玩市场购得三龙笔洗与三凤瓶，自取名为"龙凤喜瓶"，并以此事作七绝诗一首。

▲是日前后，民建理事胡子婴在中共党组织安排下从香港北上抵达沈阳，入住沈阳铁路宾馆。

2月7日

▲是日前后，在沈阳的民主人士集体参观沈阳郊区农村，感受土改后农村翻天覆地的变化，走访农户并和农民聊天；参观访问了沈阳机车制造厂、沈阳第四机器制造厂和沈阳兵工总厂等工厂，感受解放区恢复工业生产的景象。

2月10日

▲按照中共中央部署，中共中央东北局、东北行政委员会组织在沈阳的民主人士离沈参观访问。当日上午乘火车出发，中午抵达抚顺煤矿，下午参观抚顺龙凤矿、老虎台矿和西露天煤矿。抚顺市有关领导和抚顺煤矿领导陪同参观。

2月11日

▲李济深等民主人士参观访问吉林市小丰满水电站，下午抵达吉林市区参观。吉林市和小丰满水电站领导陪同参观。

2月12日

▲李济深等民主人士在长春市区参观访问。吉林省和长春特别市有关领导陪同参观。

2月14日

▲中共中央电告东北局、华北局及平津两市，委派陕甘宁边区政府主席林伯渠前往沈阳迎接民主人士。

▲中共中央政治局委员、陕甘宁边区政府主席林伯渠于是日离开西柏坡动身前往沈阳，同行的还有文艺界知名人士田汉。

▲周恩来函复在沈阳的民进领导人马叙伦、许广平："得电逾月，尚未作复，不能以忙碌求恕，惟向往之心，则无时或已。兹乘林伯渠同志出关迎迓之际，特致歉忱，并祝健康。"

▲李济深等民主人士抵达哈尔滨市并入驻马迭尔宾馆，观览了哈尔滨市容市貌。

2月15日

▲本日起至18日，李济深等民主人士在哈尔滨参观访问，到东北烈士纪念馆、李兆麟烈士墓等地参观。哈尔滨特别市领导陪同参观。

▲在哈尔滨工作的著名作家萧军得知许广平母子来到哈尔滨，特意在一个晚间到他们下榻的马迭尔宾馆看望。

2月16日

▲林伯渠一行抵达沈阳，一下火车就来到沈阳铁路宾馆看望从吉林考察结束后未去哈尔滨而折返回沈阳的沈钧儒、谭平山、蔡廷锴、章伯钧、马叙伦、林一元等民主人士。

▲台湾民主自治同盟负责人谢雪红和台盟理事李纯青、宗教界民主人

士吴耀宗在中共党组织安排下从香港乘船北上。中共香港分局委派赵子晖同船护送。

2月18日

▲民主人士结束外出参观访问，从哈尔滨乘火车返回沈阳。

2月19日

▲李富春代表中共中央东北局召集在沈阳的民主人士举行全体会议，邀请中共中央代表林伯渠致词。林伯渠代表党中央欢迎他们到北平共商大事，并征询大家对行期等方面的意见，商定于23日启程赴北平。

▲是日起，在沈阳的民主人士们开始赴北平的相关准备工作，如收拾行装、定制行李箱、采购物品等。

2月21日

▲郭沫若等应邀参观考察中国医科大学并为该校题赠七律一首。东北行政委员会卫生部部长王斌、东北军区卫生部（当时中国医大隶属于东北军区）相关领导陪同参观。

▲许广平携子周海婴参观访问在沈阳办学的鲁迅文艺学院，并将鲁迅著作版税捐赠给该校。鲁艺全校师生举行盛大欢迎仪式迎接许广平母子，院长吕骥、副院长张庚与全校师生在校舍楼前与许广平母子合影留念。许广平还应邀为师生们作了题为《鲁迅生平事迹》的长达一个小时报告。次日，鲁艺校方经研究后决定退回许广平捐赠并托人送还给许广平。

▲是日或次日，为欢送民主人士赴北平，特邀沈阳的京剧剧团演出新编历史剧《九件衣》。

2月23日

▲是日上午，鲁迅文艺学院院长吕骥、副院长张庚赶到沈阳铁路宾馆为许广平母子送行，在许广平执意要求下收下其捐赠的鲁迅著作版税。

▲是日下午，在中共中央政治局委员林伯渠的陪同下，李济深等民主人士一行35人抵达沈阳南站（今沈阳站）。高岗、李富春代表中共中央东

北局前来火车站送行。按照中共中央的指示，东北行政委员会副主席、民盟盟员高崇民亦作为筹备新政协的民主人士代表随车前往北平，田汉亦陪同回北平。在沈阳南站，民主人士们与连日来朝夕相处的东北局、东北行政委员会相关工作人员以及警卫战士们依依惜别并拍照留念。

▲民主人士们登上悬挂着毛泽东同志彩像的蓝色专列"天津解放号"出发前往北平。途中，郭沫若看到严冬已去，春回大地，怀着激动的心情赋诗一首："多少人民血，换来此矜荣。思之泪欲堕，欢笑不成声。"

2月24日

▲北上民主人士所乘专列"天津解放号"到达天津，天津市军管会副主任、天津市人民政府市长黄敬前往迎接。当晚，黄敬设宴招待民主人士一行。

2月25日

▲中午12时，北上民主人士所乘专列顺利抵达北平东站。已经率部入关的林彪、罗荣桓和中共中央华北局、华北人民政府、华北军区、北平市领导董必武、聂荣臻、薄一波、叶剑英，彭真等到站台迎接。先期抵达北平的民主人士李章达、陈其瑗、张奚若、陆志韦、张东荪、胡愈之、周建人、楚图南、翦伯赞、陈邵先、陈此生、韩卓儒、千家驹、雷洁琼、严景耀、卢于道、夏康农、费青、费孝通等100余人也到车站迎接。民主人士们当晚分别入住北京饭店和六国饭店。

2月26日

▲新华社发表新闻稿《李济深等民主人士由沈抵平，在平中共负责人亲赴车站迎接》，营造李济深等北上民主人士从沈阳出发顺利抵达北平的社会影响。

▲在中南海怀仁堂隆重召开欢迎民主人士大会，热烈欢迎到北平的各民主党派和无党派民主人士。到北平的北上民主人士们开始投入到紧张的筹备新政协、建立新中国的各项工作中。

2月底

▲台盟主要领导人谢雪红、台盟理事李纯青和宗教界民主人士吴耀宗在中共党组织安排下，在参观安东市的造纸厂、橡胶厂和托儿所后，乘火车抵达沈阳，入住沈阳南站附近的东洋拓殖株式会社奉天支店旧址。在沈阳期间被安排参观工厂，感受解放区氛围。

3月7日

▲台盟主要领导人谢雪红、台盟理事李纯青、宗教界民主人士吴耀宗和先期北上到达沈阳的胡风乘坐专列离开沈阳前往北平参加筹备新政协。

6月15日

▲新政治协商会议筹备会在中南海勤政殿召开，参加新政协筹备会的有23个单位共134位代表，总计35位北上或由国外经辽宁到达北平的民主人士成为新政协筹备会代表，其中有30位参加了新政协筹备会。李济深、沈钧儒、郭沫若被推选为新政协筹备会副主任。

9月21日

▲中国人民政治协商会议第一届全体会议在北平中南海怀仁堂隆重召开，会议的662名代表和候补代表中，北上或由国外经辽宁到达北平的民主人士有46人，他们见证了新中国的诞生。

辽宁省政协组织创作《北上》话剧
工作实践及其启示

习近平总书记在中央政协工作会议上强调，人民政协要通过有效工作，努力成为坚持和加强党对各项工作领导的重要阵地、用党的创新理论团结教育引导各族各界代表人士的重要平台、在共同思想政治基础上化解矛盾和凝聚共识的重要渠道。为全面贯彻落实习近平总书记重要讲话精神和中央政协工作会议精神，创新建言资政和凝聚共识方式方法，辽宁省政协以党史学习教育为契机，按照中央统一部署和省委安排，深入挖掘政协历史独特题材资源，组织创作话剧《北上》，再现了民主人士北上辽宁协商建立新中国的历史画卷，讴歌了中国共产党领导的爱国统一战线。

一、主要背景

1.创作背景。2018年，辽宁省政协在整理纪念"五一口号"发布七十一周年资料时，发掘了许多关于辽宁省和沈阳、大连、丹东等市的民主人士北上红色文化资源。过去，大家都认为民主人士北上的主体活动在哈尔滨，事实上，由于形势的变化，北上哈尔滨的只有第一批沈钧儒等民主人士，而后来这些民主人士也从哈尔滨汇聚到沈阳。第二批马叙伦、郭沫若等，第三批李济深等都是通过大连、丹东来到沈阳。在沈阳期间，李济深、沈钧儒等联合各民主党派和无党派人士发表了"五五通电"，拥护共产党领导，奠定了多党合作和人民政协的基础。可以说，民主人士北上是独有的红色文化资源，是党的三大法宝之一"统一战线理论"实践的经典范例，但在研究和宣传方面的力度还远远不够，辽宁地方党史中没有记载，政协史研究中也留有很多空白，挖掘、整理这段历史既是辽宁政协人的使命更是责任。

2.历史背景。1948年解放战争进入战略决战阶段，4月30日，中共中央正式对外发布"五一口号"，提出"各民主党派、各人民团体、各社会贤达迅速召开政治协商会议，讨论并实现召集人民代表大会，成立民主联合政府"的主张，吹响了"协商建立新中国"的集结号。5月5日，李济深、沈钧儒等12人代表八个民主党派和无党派民主人士发出"五五通电"，积极响应"五一口号"。1948年下半年至1949年初，在中共中央安排部署和组织护送下，9月12日、11月23日和12月26日，以中国国民党革命委员会李济深、中国民主促进会马叙伦、无党派人士郭沫若为代表的众多著名民主人士从香港秘密乘船经大连、安东到沈阳，包括李济深、马叙伦、郭沫若、沙千里、茅盾、许广平等众多民主人士咸集沈阳，赴北平参加新政协会议，民主建政、协商建立新中国。

二、基本做法

1.领导高度重视。《北上》剧本创作过程中，得到了全国政协领导，时任中共辽宁省委书记张国清，省长刘宁，省政协主席周波，省委宣传部部长刘慧晏、统战部部长范继英的高度重视和大力支持，为《北上》话剧的成功演出奠定了坚实基础。特别是辽宁省政协原主席夏德仁，既是本剧的总策划人，也是项目的全力推动者。

2.广泛查阅收集资料。剧本主创者时任辽宁省政协副秘书长、机关党组副书记张连波（笔名：津子围，著名作家），与时任辽宁政协文史馆馆长李景阳分别组织有关人员查阅、收集、整理相关资料，参观全国政协文史委举办的《大道同行》展览，到全国政协文史馆和中央档案馆，查阅史料600多万字，阅读几十本书，整理资料30余万字，剧本创作历时一年半，从剧本提纲到形成文学剧本修改十几次。

3.潜心剧本创作。本着"大事不虚,小事不拘"的创作原则,以1948年9月至1949年2月护送香港民主人士成功北上历史事件为背景,以香港、海上、沈阳三地为基本场景,以我敌双方"护送"与"反护送"明暗斗争为主线,创作了祝华生、陶家鑫、陶兰3个主要人物,祝华生与李济深有杀父之仇却执行秘密护送人物,陶家鑫与李济深恩情如山却受命阻止李济深北上乃至行刺,陶兰与祝华生在抗战时建立生死恋情却无法相认,三位主人公爱恨情仇交织演进,通过小人物串联起大事件,北上之路成为人生转折之路、命运选择之路、灵魂救赎之路,从而同舟共济,走向光明!突出展现中共基层党员及著名爱国民主人士在北上历程中的初心与使命,讴歌中国共产党统一战线政策,充分体现革命战士及仁人志士的献身精神与家国情怀。

4.多部门联合广泛汇集众智。《北上》的主创团队,辽宁文化演艺集团、辽宁人民艺术剧院,导演陈薪伊、编剧津子围和辽艺的表演艺术家们,以精益求精的态度,打造精品的韧劲,不断沟通剧情、修改台词,对《北上》话剧倾注了大量的心血和智慧,并将原来香港、海上和沈阳三地场景集中在海上,更确切地说是"船上",使得戏剧结构更紧凑、象征意义更鲜明、艺术感染力和冲击力更强。同时,剧本提纲又征求了著名戏剧评论家马也先生和宋宝珍女士、著名导演王晓鹰先生的意见建议,进一步对剧本和舞台呈现进行丰富和完善。

5.原创话剧《北上》建组大会召开。2020年12月19日辽宁人民艺术剧院举办"原创话剧《北上》建组大会",排练工作全面展开。这期间,新冠疫情再次在辽宁复发,省委常委、宣传部长刘慧晏,副部长农涛、孙成杰、辽宁文化演艺集团党委书记韩伟、辽宁人民艺术剧院院长佟春光等领导、导演、编剧、演职人员等都为此付出了巨大的辛苦和努力。1月13日,《北上》装台试演。夏德仁、周波、刘慧晏、范继英、许波等省领导观看演出后，提出了中肯的意见和建议，剧组充分修改完善。

三、工作成效

1.党史学习教育开展以来，辽宁省政协按照中央统一部署和省委安排，深入开展党史学习教育，引导党员干部学党史、悟思想、办实事、开新局。同时注重突出政协特色，增强学习的针对性和实效性。在加强对中国共产党史、新中国史、改革开放史、社会主义发展史学习基础上，开展了统一战线史、人民政协史的学习，做到规定动作扎实，自选动作有特色，引导党员干部增强贯彻落实习近平总书记关于统战政协工作重要讲话精神的思想自觉和行动自觉。话剧《北上》及广播剧《北上》就是辽宁省政协挖掘政协历史题材资源，讲好百年党史中的政协故事的生动写照。

2.辽宁省政协组织创作的话剧《北上》，作为辽宁省庆祝中国共产党成立100周年优秀舞台艺术作品展演的开幕大剧，于5月12日在辽宁大剧院正式演出。省委书记张国清，省委副书记、省长刘宁，省政协主席周波，全国政协经济委员会副主任夏德仁当天观看演出，对《北上》给予充分肯定。

3.话剧《北上》作为辽宁省唯一一部进京演出作品，被列入中共中央宣传部、文化和旅游部、中国文学艺术界联合会举办的庆祝中国共产党成立100周年优秀舞台艺术作品展演目录，话剧《北上》系辽宁省委宣传部精品工程项目，并申报国家艺术基金项目。分别于6月30日、7月1日在北京天桥艺术中心献礼演出，7月2日中国话剧协会在北京儿童艺术剧院举办作品研讨会，受到北京观众、专家、媒体高度评价。

4.话剧《北上》在全国政协礼堂专场演出。2021年7月5日，中共中央政治局常委、全国政协主要领导出席观看并会见话剧主创人员。部分在京全国政协委员，中央统战部、各民主党派中央、全国工商联有关同志等观看了演出。时任中共辽宁省委书记张国清，省政协主席周波，省政协原主席、全国政协经济委副主任夏德仁，省委常委、宣传部长刘慧晏，省政协副主席戴玉林等有关同志观看演出。

全国政协主要领导充分肯定辽宁对挖掘政协历史题材的重视和话剧主创团队付出的努力。他指出，话剧《北上》在创作立意、故事表达、思想引领等方面进行了积极探索，生动再现了共产党人克服艰难险阻护送民主人士北上沈阳的事迹，生动再现了民主人士冲破重重阻力、毅然决然响应中共中央号召坚决北上的历程，生动再现了人民政协波澜壮阔的筹备创建过程，以艺术形式表现了人民政协制度是中国共产党、中国人民和各民主党派、无党派人士的伟大政治创造。

5.7月13日，在全国地方政协秘书长工作交流座谈会议上，全国政协副主席兼秘书长李斌在讲话中指出，在党史学习教育中，辽宁省政协参与话剧《北上》的创作、演出，再现了民主人士响应党中央号召，北上解放区参与协商建立新中国的过程和历史，效果很好。中宣部作为重大题材调到北京进行演出，全国政协机关和在京政协委员组织观看，反响非常好。7月27日，汪洋主席在全国政协委员学习习近平总书记在庆祝中国共产党成立100周年大会上的重要讲话精神交流会上再次提到话剧《北上》。

6.在话剧剧本基础上改编的广播剧《北上》由沈阳广播电视台原创基地承制，5月9日在全国全网多媒体播出，被中宣部、国家广播电视总局列为"庆祝中国共产党成立100周年优秀广播剧展播节目（全国26部，辽宁唯一一部）"。自6月起到12月，中央广播电视总台央广文艺频率、各省级广播电台文艺频率、都市频率、交通频率等在黄金时段滚动播出。"学习强国"学习平台、喜马拉雅、蜻蜓FM等网络平台也在首屏首页设立专栏。

话剧《北上》及广播剧《北上》引起戏剧界及广播电视界数十位专家的高度关注和充分肯定，《人民日报》、《光明日报》、新华网等70余家新闻单位和网络媒体广泛报道。

四、经验启示

1.民主人士北上的历史给我们一个鲜明的启示：人民政协是政治组织，是中国特色的制度安排，人民政协从诞生那天起就具有鲜明的政治性，旗帜鲜明讲政治是人民政协的本质要求。中国共产党领导是人民政协事业发展进步的根本政治保证，也是新时代人民政协必须恪守的根本政治原则，是中国最大的政治。要针对人民政协汇集各党派、各团体、各民族、各阶层、各界人士的特点，正确处理一致性和多样性的关系，增强政治意识，时刻绷紧政治这根弦，坚持从政治上看问题想问题，把坚持党对政协一切工作的领导贯穿全过程，体现在各方面，加强对各党派、各界别、各族各界人士的引导，不断增强他们对中国共产党和中国特色社会主义的政治认同、思想认同、理论认同、情感认同，牢固树立"四个意识"，坚定"四个自信"，自觉接受中国共产党领导，自觉维护习近平总书记的核心地位，自觉维护中共中央权威和集中统一领导，画好政治的最大同心圆。

2.《北上》话剧创作演出的成功给我们的启示

一是领导高度重视是工作成功的基础。2019年7月17日，时任辽宁省政协原主席夏德仁会见鲁迅文化基金会会长、鲁迅嫡孙周令飞先生，周令飞先生说围绕北上这段史实他正在北京组织交响乐。津子围同志提议可以做一个话剧。夏德仁主席高度重视和大力支持，8月12日在话剧《北上》策划方案上做出批示：选题意义重大，要对历史负责，集中力量，做出精品。省政协原主席夏德仁和现任主席周波多次向全国政协领导和省委汇报，省委书记张国清做出重要批示并对此过问创作情况。省委宣传部高度重视和支持《北上》创作，2019年12月18日，时任省委宣传部部长张福海专门听取了汇报，表示全力支持，继任部长刘慧晏亲自抓项目并现场指导。2020年8月5日初稿形成后，省委宣传部组织了研讨会，辽宁人民艺术剧院"艺委会"认为："好题材,好故事,大部头,重量级。历史转折的关键时刻,人心向背的明智选择,共产党人的高风亮节,中华民族的希望所在。"省委统战部范继英部长在繁忙工作中抽出时间,认真审阅剧本,提出了很多好的修改意见。可以说,正是各位领导和有关部门的高度重视和全力支持,才使得《北上》以红色经典剧目形式展示在大家面前。

二是大量占有一手材料是工作成功的必要条件。《北上》编剧团队沿着民主人士北上登陆路线,深入丹东市浪头港及大连市王家岛实地调研考察和走访。在丹东市实地考察一撮毛旧港址,走访相关人员。在大连市庄河王家岛北上民主人士大连登陆地实地考察,走访马叙伦、郭沫若、许广平等住宿的旧址,访问民间人士、文化馆馆长,考察历史文化名镇青堆子和普兰店城子坦镇。通过实地考察,加深了对作品重大意义的认识,增强了责任感和使命感。通过民间采访丰富了诸多细节和真实史料,对进一步创作、润色和修改完善剧本起了十分必要的作用。同时,观看央视纪录片《北上北上》,参观哈尔滨政协文史馆,参观全国政协文史委举办的《大道同行》展览,走访了全国政协文史馆和中央档案馆,阅读几十本书,整理出近30万字的基础材料,仅资料收集工作就持续了3个月。正是这样大量占有一手材料为《北上》剧目成为红色经典创造了必要条件。

三是多部门联动形成合力是工作成功的关键。辽宁省委宣传部、统战部,辽宁省政协办公厅,辽宁省文化演艺集团,辽宁人民艺术剧院,著名导演陈薪伊团队和剧本编创团队,各个部门、各个单位和相关人员,无缝衔接、倾力配合,尤其是在疫情防控常态化的背景下,克服各种各样困难,全力打磨,让《北上》成功进京展演,成为红色精品剧目。